W0033851
978 3770011162

Inhalt

	Einführung	7
1	Mord in der Moschee	15
2	Erwachsen werden	19
3	Flache Wurzeln	33
4	Araber und Juden	44
5	Nicht ganz Krieg	58
6	Umgang mit Politikern	67
7	Umgang mit Nasser	76
8	Die erste Ehefrau	90
9	Bedrohung von links	95
10	Höhepunkt im Jahr 1958	107
11	Ein neues Stadium	120
12	Die zweite, die dritte Frau	127
13	Umgang mit der PLO	138
14	Auf dem Weg in den Krieg	154
15	Die Katastrophe	166
16	Bürgerkrieg	180
17	Ermordung eines Freundes	195
18	Wieder Krieg	201
19	Was für ein Frieden?	207

20	Die Konsequenzen von Camp David	223
21	Vierte Frau, Großfamilie	244
22	Ein Abkommen mit Arafat	252
23	Vergebliche Bemühungen	268
24	Krieg am Golf	280
25	Endlich Frieden	297
26	Demokratie und Fortbestand	312
27	Bändigung der Islamisten	328
28	Kanonen und Butter	338
29	Das Ende einer Ära	345

Anhang:

Zeittafel	371
Der haschemitische Stammbaum	375
Karten	376
Anmerkungen	381
Personenregister	391
Bildnachweis	398

Einführung

Er wurde als das beschrieben, was man einen Macho nennt, und das Verhältnis zu seinen vier Frauen war durchaus nicht glatt und reibungsfrei. Obgleich im Westen weithin bewundert, trat er im eigenen Land wie ein Autokrat auf, wenn auch als ein gütiger. Seine Macht stützte sich auf Personenkult. Er war sehr ehrgeizig, zumal er glaubte, er müsse eine Bestimmung erfüllen. Zweifelsohne jedoch war Hussein Ibn Talal, dritter König von Jordanien, ein befähigter Mann mit Charakter, der der Welt etwas mitzuteilen hatte.

Unter seiner Herrschaft gab es nur einige wenige politische Gefangene (überhaupt keine, behauptete er gern). Im Gegensatz zu anderen arabischen Machthabern stand er an der Spitze einer Quasi-Demokratie mit einer verhältnismäßig gesunden Wirtschaft. Er kam – mal mehr, mal weniger gut – mit den jordanischen Islamisten zurecht. Auch trug sein Personenkult nicht so extreme Züge wie der vieler anderer, und gegen leidenschaftlichen Ehrgeiz gibt es bekanntlich keine Gesetze. Wäre sein Handeln von Leitsätzen bestimmt gewesen, dann hätten diese gut zu ihm gepaßt: „Mäßigkeit, Stabilität und Toleranz für alle Zeit!" und „Meine haschemitische Familie auf ewig!" Einen Widerspruch hätte er darin nicht entdeckt.

Auf der Weltbühne trat Hussein von Jordanien als eine ungewöhnliche Gestalt in Erscheinung, bekannt nicht zuletzt durch die Länge seiner Regierungszeit. Von den zeitgenössischen Staats- und Regierungschefs war außer der britischen Königin Elizabeth niemand länger im Amt als er. Seine offizielle Thronbesteigung fand statt, als er achtzehn war, am 2. Mai 1953. Der ersten politischen Krise sah er sich am 4. Mai 1954 ausgesetzt, als er, neunzehnjährig, seinen ersten Ministerpräsidenten entlassen mußte. Der erste amerikanische Präsident, mit dem Hussein zu tun hatte, war Dwight D. Eisenhower. Dessen persönlichem Eingreifen hatte Hussein es zu danken, daß sein Regime gerettet wurde. Einen ähnlichen Dienst erwies ihm der britische Premierminister Harold Macmillan. Lange nachdem diese Staatsmänner und auch Charles de Gaulle, den der König gleichfalls kannte, die internationale Bühne verlassen hatten, war Hussein immer noch da. Seine Gesprächspartner waren jetzt Bill Clinton, Tony Blair und Jacques Chirac.

Husseins Verdienst besteht nicht allein in seinem Überleben, mag das auch das wichtigste Talent des Politikers sein. Die Leistung, die er in dieser Hinsicht vollbrachte, ist jedoch bemerkenswert. Er überstand einen Giftanschlag. Ein Flugzeug, das er selber steuerte, wurde um ein Haar vom Himmel geholt. Fast auch fiel er einem Attentat aus dem Hinterhalt und einem Luftangriff zum Opfer. Rundfunkstationen „brüderlicher" arabischer Regierungen, vor allem der ägyptischen, bestürmten die Jordanier, ihren König umzubringen. Husseins Großvater, König Abdallah, ist immerhin am 20. Juli 1951 in der großen El-Aksa-Moschee in Jerusalem erschossen worden. Der Mord geschah vor den Augen Husseins, der damals noch Schüler war. Später, als König, war er darauf gefaßt, dasselbe Schicksal zu erleiden, unternahm aber gleichwohl alles, genau dies zu verhindern.

Husseins Herrschaft geriet heftig ins Schwanken, als der irakische König Feisal, sein Cousin, in Bagdad ermordet wurde. Hilfe kam damals von Großbritannien und indirekt auch von Israel. Im Sechstagekrieg 1967 besetzten die Israelis die Westbank. Palästinensische Guerillas unter Jassir Arafat riefen in Jordanien eine Art Staat im Staate ins Leben. Sie hatten vor, Hussein zu stürzen, bis der König schließlich, fast im letzten Augenblick, gegen sie vorging. Syrische Truppen fielen in das Land ein, wurden aber mit vereinter Unterstützung der USA und Israels von Husseins Streitkräften zurückgedrängt.

Mit Husseins Überlebenskampf ging sein Bemühen um Anerkennung einher. Ob zu Recht oder Unrecht, viele Araber betrachteten den König und die haschemitische Herrscherdynastie nicht als echte Verfechter der arabischen Sache. Die Ursachen der Probleme reichten zurück in die Geschichte. Zum einen stammte die Familie der Haschemiten nicht aus Jordanien. Sie war aus dem Hedschas gekommen, einer Provinz des Osmanischen Reiches, in der die heiligen Städte Mekka und Medina sowie die Hafenstadt Dschidda liegen. Der osmanische Sultan hatte König Husseins Urgroßvater, der ebenfalls Hussein hieß, zum Emir des Hedschas (dem lokalen Gebieter, der sich gewöhnlich als direkter Nachkomme des Propheten Mohammed betrachtet und den Ehrentitel Scherif trägt) ernannt.

Zum anderen war Scherif Hussein von fanatischen Anhängern des Gründers der Saud-Dynastie in Saudi-Arabien, Abdulaziz Ibn Saud, aus dem Hedschas vertrieben worden, wobei er einen Großteil seiner Legitimität wie auch die der Haschemiten-Dynastie einbüßte.

Drittens war der Sohn des Scherifen, Abdallah, 1921 von keinem anderen als Winston Churchill zum Emir von Transjordanien – dem Territorium der Eastbank – ernannt worden. Abdallah erhielt finanzielle Zuwendungen, um mittels der von britischen Offizieren befehligten Streitkräfte der Arabischen Legion Ruhe und Ordnung im Land zu gewährleisten.

Und schließlich war Emir Abdallah die Westbank am Ende von Geheimverhandlungen mit führenden Vertretern der Juden, vor allem mit Golda Meir, zugesprochen worden, ein Ergebnis, das auch der britische Außenminister Ernest Bevin befürwortete. Abdallah kam mit den Juden überein, daß sie, wenn das britische Mandat für Palästina 1948 auslief und die britischen Streitkräfte das Land verließen, ihren in den internationalen Teilungsplänen festgelegten Teil Palästinas bekämen; er selbst, Abdallah, sollte den arabischen Teil erhalten.

Der Handel ließ sich gut an. Abdallah berief zwei Versammlungen arabischer Stammesfürsten aus dem Westjordanland ein, die einverstanden waren damit, daß ihr Land Transjordanien angegliedert wurde, woraus schließlich Jordanien entstand, unter dem nunmehr zum König aufgestiegenen Abdallah. Diese Form angewandter Realpolitik machte Sinn.

Die übrigen arabischen Führer verfielen in heillose Meinungskämpfe. Abdallahs Rivale, der Mufti von Jerusalem, erwies sich als hartgesottener Widerpart, der nicht wahrhaben wollte, daß der Staat Israel eine Realität geworden war und es auch bleiben würde. Abdallah und König Hussein aber verwandten nun alle Energie darauf, ihre Regierungen und das Volk mit dieser Realität vertraut zu machen. Das mochte zwar der einzig zukunftsweisende Weg sein, doch die Legitimität der Haschemiten in der arabischen Welt wurde dadurch kaum gestärkt.

Dies alles steht im Widerspruch zur offiziellen Geschichtsschreibung. Sie stellt Scherif Hussein als einen echten arabischen Nationalhelden dar, der das Banner zum großen Aufstand der Araber gegen das Osmanische Reich gehißt hat (dessen Zusammenbruch sich doch schon vor dem Ersten Weltkrieg und in den Jahren seines Verlaufs abzeichnete). Geleistet habe er das mit Waffen und finanziellen Mitteln, die ihm die britische Regierung zur Verfügung stellte. Nun läßt sich allerdings nicht bestreiten, daß, während sich die Briten im Feldzug gegen die Türkei der Araber aus dem Hedschas bedienten, Scherif Hussein seinerseits die Briten für arabische Interessen eingespannt hat. Als Gegenleistung für die Unterstützung der Briten und Franzosen gegen die Türkei erhielt er die sich später als wertlos erweisende Zusicherung der Großmächte, sie würden, sobald der Krieg vorbei sei, den loyalen Arabern Unabhängigkeit gewähren.

Ebenso läßt sich behaupten, Emir Abdallah habe 1948 die Westbank für die Araber „gesichert", indem er seine Arabische Legion unter dem Kommando von Generalleutnant Sir John Bagot Glubb (Glubb Pascha) mit dem Auftrag entsandte, den arabischen Teil Palästinas einzunehmen. Hätte er das nicht getan, wären sicherlich die Juden sehr der Verlockung erlegen, zur Westbank vorzustoßen, niemand hätte sie daran hindern können. Emir Abdallahs Kritiker glaubten jedoch, er habe sich allein von persönlichem Ehrgeiz leiten lassen, nicht so sehr von der Verteidigung arabischer Interessen. Wie Abdallah, ohne mit der Wimper zu zucken, Geld von den Engländern und den Juden nahm, so bedenkenlos ließ sich König Hussein finanziell nicht nur von den Briten und den Amerikanern unterstützen, sondern auch von den Saudis, den Kuwaitis und anderen arabischen Autokraten. Die Haschemiten waren überzeugt, die Geldgeber für ihre Zwecke auszubeuten, doch umgekehrt galt dasselbe.

Im übrigen aber hat die Bereitschaft des Königs, Großbritannien und Amerika, möglicherweise auch Israel um Hilfe zu bitten, wenn er keine andere Lösung sah, seinen Anspruch, ein arabischer Nationalist zu sein, nicht gerade glaubhafter gemacht. Wie die Fragwürdigkeit seiner Legitimität als arabischer Herrscher warf ein anderes Problem Schatten auf Husseins Königtum. Es bestand in der Art der Beziehungen, die er zu Jassir Arafat unterhielt, dem Vorsitzenden der Palästinensischen Befreiungsorganisation (PLO) und heutigen Präsidenten der Palästinensischen Autonomiebehörde. Dieses Verhältnis war gleichbleibend schlecht. Beide suchten Einfluß auf die Situation der Westbank zu nehmen, Spielraum für Kompromisse gab es nicht. Hussein hielt Arafat für verschlagen, unzuverlässig, unberechenbar und skrupellos; Arafat glaubte, und das nicht ohne guten Grund, der König wolle sich seiner entledigen, fände sich nur die passende Gelegenheit. Eigentlich verlangten die Umstände nach einer engen Zusammenarbeit der beiden, doch dazu kam es nicht.

Der Nutznießer war Israel. Für Hussein war es eine schier ausweglose Situation. Nachdem die palästinensischen Guerrillas in Jordanien gleichsam einen Staat im Staate gebildet hatten und Husseins Thron ernsthaft bedrohten, trieben jordanische Streitkräfte sie unter erheblichen Verlusten nach Syrien und in den Libanon. Der König hatte sich behauptet. Die Palästinenser aber sprachen fortan vom „Schwarzen September" und entführten im Gedenken an die blutige Abfuhr etliche Flugzeuge, während Anhängern des Königs jener Monat als „Weißer September" in Erinnerung blieb.

Hussein mußte aber auch Niederlagen hinnehmen, sogar schwere. Ohne die Konsequenzen zu bedenken, erklärten arabische Führer von empfindsamer Gemütsart, Männer, die nicht selbst gegen Israel kämpfen wollten, Arafats PLO zur einzigen rechtmäßigen Vertretung des palästinensischen Volkes. Hussein wurde sowohl das Recht abgesprochen, über das Westjordanland zu herrschen, über ein Gebiet also, das einst zu Jordanien gehörte, als auch über dessen Zukunft mit den Israelis zu verhandeln (die ihn, ebenso wie die Amerikaner, als verläßlichen Partner akzeptiert hätten).

Von da an war der König ein politischer Führer, der allerdings noch seine Rolle suchte. Auf Verhandlungsspiele konnte er sich erst einlassen, als sich die PLO einverstanden zeigte. Mehr als ein Jahrzehnt hatten die Araber damit vergeudet, ein allen genehmes Rezept zu finden. Ihre Zerstrittenheit spielte den Israelis direkt in die Hände. Sie errichteten in der Westbank Hunderte von Kibbuzim und sonstige Niederlassungen, Wohnsiedlungen und Militärstützpunkte. Die Situation wäre eine völlig andere gewesen, wenn Hussein, von Israel wie von den Vereinigten Staaten gleichermaßen anerkannt, von den Arabern autorisiert worden wäre, die Palästinenser zu vertreten. Das aber war nicht der Fall, so daß die Araber allein bei sich selbst die Schuld suchen müssen.

Bei der Vorbereitung der Friedenskonferenz von Madrid spielte der König immerhin eine Schlüsselrolle. Er mußte sich dann aber auf Friedensgespräche zwischen Jordanien und Israel beschränken, dieweil die Zukunft der Westbank allein von PLO-Unterhändlern und den Israelis erörtert wurde. Während der anschließenden Gespräche in Oslo wurde der König völlig im dunkeln gelassen. In den Jahren danach war er immer noch auf der Suche nach einer ihm angemessenen Rolle. Zunehmend wurde es die des Elder statesman, der seine Stimme erhebt, wann immer man ihn darum bittet oder wenn er es in einer Krise für nötig hält. Die Hoffnung, irgendwann doch noch Einfluß auf die Westbank und – wichtiger noch – auf die heiligen Stätten in Jerusalem gewinnen zu können, hat Hussein nie ganz aufgegeben.

Neben Arafat stand Husseins Ambitionen noch jemand im Wege: Benjamin Netanjahu. Lange schon träumte Hussein von dem Wohlstand, den der Frieden mit Israel dem Nahen Osten bescheren würde. Fernstraßen würden entstehen, Eisenbahn- und Fluglinien, welche die Hauptstädte miteinander verbänden, außerdem ein internationales Netz von Öl-, Gas- und Wasserleitungen, eine Freihandelszone sowie zahlreiche gemeinsame Projekte; Investitionen würden ins Land strömen und Sicherheitsrisiken bis zur Bedeutungslosigkeit schrumpfen. Diesen Traum teilte mit ihm, unter anderen, Israels Shimon Peres. Nach Oslo schien seine Verwirklichung greifbar nahe, ja eigentlich unabwendbar. Sein Ende fand er nach der Wahl Netanjahus zum israelischen Ministerpräsidenten. Netanjahu tat alles, um die Osloer Verträge zu untergraben und Israel wieder zum früheren sicherheitsversessenen Nahost-Ghetto zu machen. Hussein war verzweifelt, sein Lebenswerk begann zu bröckeln. Sein eigenes Friedensabkommen mit Israel begann bei den Jordaniern höchst unpopulär zu werden. Folglich sah er seine neue Aufgabe zunehmend darin, auf Netanjahu energischen Druck auszuüben.

Es gibt freilich auch positivere Aspekte seiner langen Regentschaft. So ist Husseins Verhältnis zu den islamischen Fundamentalisten in Jordanien einmalig in der gesamten arabischen Welt. Die meisten der betreffenden Länder stecken die Islamisten in Gefängnisse, sie werden mundtot gemacht, ins Exil oder in den Untergrund getrieben; viele suchen Zuflucht in der Gewalt. Nicht so in Jordanien. Den Fußstapfen seines Großvaters folgend, wahrte der König stets ein gutes Einvernehmen mit der Moslem-Bruderschaft, der bedeutendsten islamischen Organisation, während er sich gleichzeitig um einen moderaten Islam und ein besseres Verständnis für die jordanischen Christen und Juden bemühte. Er ermächtigte einen seiner Ministerpräsidenten, Fundamentalisten ins Kabinett zu berufen, einige amtierten dann sogar in einer allerdings recht kurzlebigen Regierung. Hussein rief die Bruderschaft auf, sich an den Wahlen von 1998 zu beteiligen. Sie lehnte ab, doch nicht aus Gründen, die mit dem Islam zusammenhingen. Die Bruderschaft fürchtete vielmehr, die Wahlgesetze würden das Ergebnis zugunsten der regierungsfreundlichen Kandidaten, die Volksstämme oder Großfamilien repräsentierten, verzerren. Anzeichen dafür, daß die Moslem-Bruderschaft Gewaltakte begehen würde, gab es nicht.

Es war überhaupt schwierig, Hussein aus religiösen Gründen zu kritisieren. Er trat stets als gläubiger Muslim auf; er betrachtete sich als direkten Nachkommen Mohammeds und pflegte in seinen öffentlichen Reden Gebetsformeln einzuflechten wie „Gepriesen sei Gott!"

Nach arabischem Verständnis war Husseins Jordanien ein offenes, freies und demokratisches Land, ein Modell für den Nahen Osten und den Maghreb. Nur die Herrschaft König Hassans von Marokko befand sich, was die demokratischen Verhältnisse betraf, auf etwa gleichem Entwicklungsstand. Nach westlichen Maßstäben jedoch hat Jordanien noch einen weiten Weg vor sich. Es wurde regiert von einem ziemlich autokratischen Monarchen, der ganz nach Belieben Ministerpräsidenten berief und entließ und sich selber um Schlüsselfragen der Außenpolitik kümmerte. Politisch rangierte nach Hussein fast während seiner gesamten Regierungszeit nicht etwa der Ministerpräsident, sondern der Bruder des Königs, Kronprinz Hassan. Im Januar 1999 wurde allerdings

Husseins Sohn Abdallah zum Kronprinzen ernannt, als König mittlerweile vielleicht ebenso autokratisch und beim Volk beliebt wie sein Vater. Hussein versuchte, das Ohr stets nahe am Volk zu haben. Über die Stimmung im Lande hielt ihn der Geheimdienst auf dem laufenden. So zögerte er nicht, sich gegen den Westen und den größten Teil der arabischen Welt auf die Seite des irakischen Diktators Saddam Hussein zu stellen, nachdem dessen Truppen in Kuwait eingefallen waren. Er reagierte damit nur auf die Euphorie unter den Palästinensern in Jordanien, als Saddam sich scheinheilig zum Rückzug aus Kuwait bereit erklärte, wenn Israel die Westbank räume. Hussein war klar, daß er, hätte er in den Chor derer eingestimmt, die Saddam verdammten, mit gewaltigen, alles andere als friedlichen Demonstrationen rechnen müßte. Nach dem Golfkrieg gab er sich dann redliche Mühe, den Schaden im Westen und in der arabischen Welt wettzumachen, bis man ihm wieder respektvoll zuhörte, wohin er auch kam.

Die Wirtschaft Jordaniens befand sich, als König Hussein starb, in recht gutem Zustand, wenngleich Armut immer noch weit verbreitet ist. Hussein hatte Strukturreformen unterstützt, der Dinar war frei konvertierbar, und die Devisenreserven waren beachtlich. Viele Palästinenser, die vom Golf vertrieben worden waren, hatten sich in Amman niedergelassen und errichteten dort ihre Häuser, so daß in der Hauptstadt ein Bauboom entstand. Schon sprach man davon, Amman in ein Finanzzentrum zu verwandeln. Krankenhäuser und Universitäten befanden sich auf ansehnlich hohem Niveau und zogen Ausländer an. Das waren stolze, vorzeigbare Leistungen.

Letztlich aber hing alles vom weiteren Verlauf des Friedensprozesses ab, den Hussein so gut er konnte gefördert, zeitweilig auch vorangetrieben hat. Sein Tod hat in dieser Hinsicht zunächst viel Unsicherheit hinterlassen.

Mord in der Moschee

Es war der amerikanische Botschafter, der König Abdallah von Jordanien nahelegte, Abstand zu nehmen von seinem Plan, in der El-Aksa-Moschee in Jerusalem zu beten. Statt dessen solle er das Gebet in der Moschee in Amman verrichten, dort sei er unter Freunden. „Mir ist zu Ohren gekommen", warnte der Diplomat, „daß die Gefahr eines Anschlags auf Ihr Leben besteht." Der König antwortete: „Auch wenn es wahr wäre, was Sie sagen – ich würde trotzdem gehen. Ich werde sterben, wann es mir bestimmt ist."

Daß die Reise nicht ungefährlich sein würde, wußte Abdallah. Zu Prinz Hussein, seinem damals sechzehnjährigen Enkel, sagte er: „Ich habe eine ganze Reihe von Leuten gebeten, morgen mit mir nach Jerusalem zu kommen. Aber merkwürdig, manche von ihnen wollen nicht, es ist, als ob sie sich vor irgend etwas fürchteten. Soviel Ausreden habe ich mein Lebtag nicht gehört."[1]

Im Juli 1951 war die Lage im arabischen Ostteil Jerusalems angespannt. Am 16. jenes Monats war dort Riad al-Sulh, ein prominenter libanesischer Politiker, ermordet worden. Für die Absicht König Abdallahs, in der El-Aksa-Moschee zu beten, gab es zwei Gründe: einen offensichtlichen und einen streng geheim gehaltenen. Der erste ging darauf zurück, daß der König den Mord an al-Sulh als Versuch seiner palästinensischen Gegner wertete, seine Herrschaft zu destabilisieren. Abdallah wollte zeigen, daß er sich vor ihnen nicht fürchtete, daß immer noch er der Herr im Lande war.

Der andere, der geheime Grund war eine Verabredung. Der König hatte es arrangiert, sich während seines Aufenthalts in Jerusalem, und zwar am Sonnabend, dem 21. Juli, heimlich mit Reuven Shiloah und Moshe Sasson vom israelischen Außenministerium in einem Jerusalemer Haus zu treffen. Man wollte über mögliche Bedingungen für ein Friedensabkommen zwischen Jordanien und Israel sprechen (laut Sasson).[2] Allen Widrigkeiten zum Trotz begab sich der neunundsechzigjährige Abdallah nach Jerusalem. Israel war damals schwer zu Zugeständnissen zu bewegen. Die Palästinenser, vor allem jene Hunderttausende, die infolge der Staatsgründung Israels im Jahr 1948 zu Flüchtlingen geworden waren, stellten sich entschieden gegen einen Frieden mit den Juden, die ihnen als grausame Landräuber und Unterdrücker erschienen. Viele Palästinenser träumten von der Rückkehr in die Heimat, sobald Israel auf dem Schlachtfeld geschlagen wäre, zugleich jedoch fürchteten sie, Abdallah plane, sie zu verraten. „Ich weiß, daß ich gehaßt werde", sagte der König einem Besucher. Dennoch, im Frieden mit Israel sah er die einzig vernünftige Lösung.

Hussein, den Enkel, überraschte Abdallah ein paar Tage vor Antritt der Jerusalem-Reise mit Worten, die den jungen Mann wie aus heiterem Himmel trafen. „Ich hoffe, Du bist Dir bewußt, daß Du eines Tages Verantwortung übernimmst", erklärte der König. „Ich verlasse mich darauf, daß Du Dein Bestes tust und dafür sorgst, daß mein Werk nicht vergebens war." Dann bat ihn Abdallah, ihn in die El-Aksa-Moschee zu begleiten, und zwar – der Wunsch kam völlig unerwartet – in Uniform. Hussein, der seinen Großvater geradezu vergötterte und nichts lieber tat, als in dessen Zelt zu sitzen und zuzuhören, wenn er mit Gästen sprach, sagte augenblicklich zu.

Gleichfalls noch bevor Abdallah Jordaniens Hauptstadt Amman verließ, unterhielt er sich mit Bekannten über Leben und Tod. „Wenn ich denn schon eines nicht natürlichen Todes sterben müßte, dann am liebsten durch einen Schuß in den Kopf, abgegeben von irgendeinem Unbekannten", sagte er. „Das wäre die einfachste Todesart."

Es war Freitag, der 20. Juli, als der König und der junge Prinz inmitten von Sicherheitskräften bei der El-Aksa-Moschee eintrafen. Eine

Ehrenwache präsentierte die Gewehre. Abdallah rügte sie, er wünschte kein auffälliges militärisches Zeremoniell an heiligen Stätten. Dann betrat er den großen Hof, erwies seinem Vater Hussein, dem König des Hedschas, an dessen Grab die Ehre und ging in die Gebetshalle, wo etwa tausend Gläubige der direkt und von Lautsprechern übertragenen Lesung aus dem Koran lauschten. Wie sein Enkel sich später erinnerte, war der König gerade durch den Haupteingang getreten und hatte kaum drei Schritte im Innern getan, als von rechts ein Mann hinter einem großen Türflügel hervorstürzte. Er wirkte nicht normal. Er hielt eine Waffe in der Hand und schoß, bevor noch jemand reagieren konnte. Nur zwei Meter war der Attentäter entfernt gewesen, Abdallah hatte ihn nicht bemerkt. Der König, hinter dem rechten Ohr getroffen, fiel zu Boden, sein Turban rollte zur Seite.

Der Mann feuerte weitere Schüsse ab. Einer traf einen Orden auf Husseins Brust und prallte ab. Hussein deutete das später als Fügung: Das Verlangen des Großvaters, ihn in Uniform zu begleiten, habe ihm das Leben gerettet.

Da der Rundfunk das Freitagsgebet aus der Moschee übertrug, wurden die Hörer von Radio Jerusalem Ohrenzeugen der Schüsse, auch jener, die Abdallahs Soldaten voller Entsetzen und Angst in die Menge feuerten. Zurück blieben an die zwanzig Tote und etwa dreihundert Verletzte.

Das Gefolge des Königs begab sich von der Moschee zum Jerusalemer Flugplatz, wo ein schottischer Geschwaderkommandeur der jordanischen Luftwaffe, Jock Dalgleish, auf den jungen Prinzen zukam und sich erbot, ihn in einer zweisitzigen Dove nach Amman zu fliegen. Hussein nahm das Angebot an. „Ich hätte nicht gedacht", schrieb er, „daß Dalgleish mir zwei Jahre später das Fliegen beibringen würde, „und daß sieben Jahre darauf Jock und ich in einer ähnlichen Maschine, von Nassers syrischen MiGs angegriffen, um unser Leben kämpfen mußten."

Wer war es, der den König umbrachte? Ein absolut Unbekannter, ein Niemand, der auf diese Weise sein Verlangen stillte, ein Schneiderlehrling aus Jerusalem mit krimineller Vergangenheit, Mitglied des „Heiligen Krieges", einer paramilitärischen Gruppe, die von Haj Amin Husseini angeführt wurde, dem Mufti von Jerusalem. Die Hintermänner waren, wie die Ermittlungen ergaben, Abdallah al-Tall, ein ehemaliger

Berater des Königs, der die Seite gewechselt hatte und in Kairo lebte, sowie zwei Verwandte des Muftis. Es hieß, die Ermittler hätten festgestellt, daß 60.000 palästinensische Pfund geflossen waren, eine gewaltige Summe. Dem israelischen Historiker Avi Shlaim zufolge wurde vermutet, daß der Mufti, König Ibn Saud von Saudi-Arabien und die ägyptische Regierung bei der Vorbereitung und Finanzierung des Mordes gemeinsame Sache machten.

Die Reaktionen auf den Anschlag waren unterschiedlich. Der französische Konsul in Jerusalem, kein Freund des mit England sympathisierenden Abdallah, meinte: „600.000 Palästinenser freuen sich über seinen Tod."[3] Die Briten hatten das Gefühl, die Hauptstütze ihrer Nahost-Strategie sei unter ihnen weggebrochen. Prinz Hussein war erschüttert. „Von allen Menschen war er es, der den entscheidendsten Einfluß auf mein Leben hatte", schrieb er, als er selber König von Jordanien geworden war. „Er hat mich, das weiß ich, sehr geliebt, und ich liebte ihn bis zu dem Punkt, an dem ich mich vor seiner ziemlich strengen äußeren Erscheinung nicht mehr fürchtete. Für ihn, glaube ich, war ich ein Sohn."

Als er am 6. November 1995 in Jerusalem die Grabrede auf Jitzhak Rabin hielt, den ermordeten israelischen Ministerpräsidenten, erinnerte der sechzig Jahre alte König Hussein an seinen Großvater Abdallah und das Schicksal, das ihn 1951 in Jerusalem traf. Mit dessen Fatalismus fügte er hinzu: „Wenn meine Zeit kommt, dann wird es hoffentlich wie bei meinem Großvater und wie bei Jitzhak Rabin sein." Dieses letzte irdische Abenteuer blieb ihm versagt.

2
Erwachsen werden

Prinz Hussein mag für seinen Großvater in der Tat ein geliebter „Sohn" gewesen sein, das Leben in der jordanischen Königsfamilie war jedoch schwierig und voller Spannungen. Bei Husseins Vater, dem Kronprinzen Talal, zeigten sich Symptome einer psychischen Erkrankung, und dessen Vater, Abdallah, der ehemalige Emir von Transjordanien, wußte mit Talal nicht viel anzufangen.[1] Als gesunder, kräftiger Mann stand er dem Leiden seines Sohnes verständnislos gegenüber. Talal litt an heftigen Stimmungsschwankungen: In einem Augenblick liebenswürdig und vernünftig, konnte er im nächsten sich völlig in sich kehren oder zu Gewaltausbrüchen neigen, was Schweizer Spezialisten schließlich als Dementia preacox diagnostizierten, eine Form der Schizophrenie.

Für einen Mann in den Vierzigern, der sich an der britischen Militärakademie Sandhurst, als Kavallerieoffizier in der Arabischen Legion Jordaniens und als Richter der Stammesgerichte gewissenhaft auf seine Aufgaben als König vorbereitet hatte, war das ein trauriges Los. Abdallah, der sich sehnlich einen tapferen, unerschrockenen Beduinensohn als Nachfolger wünschte, hielt Talal für unbeholfen und schwierig, mehr noch für schwach und unentschlossen. „Mein eigener Sohn haßt mich", beklagte er sich. Talal war ein Sohn Abdallahs und dessen erster Frau Musbah, die gleichzeitig seine Cousine ersten Grades war.

Seine Krankheit hielt Talal nicht davon ab, zu heiraten und fünf Kinder zu zeugen. Wenn er sich wohl fühlte, bezauberte er sie als Geschichtenerzähler. Dann erschien er freundlich und sanftmütig, ganz im Gegensatz zum rauhbeinigen, unerbittlich strengen Abdallah. Die Eigenschaften von Talals Frau Zain veranlaßten ihren Sohn Hussein, wenn er sie schilderte, zur Wahl der stärksten Adjektive: Sie war nicht nur ausnehmend schön, sondern auch ungemein klug, zärtlich und liebevoll, stets auch mit gutem Rat und Worten der Ermutigung zur Stelle – „ein wesentlicher Faktor in meinem Leben".

Hussein rechnete es seiner Mutter hoch an, daß sie seinen Vater tatkräftig unterstützte, nach König Abdallahs Tod seine Stelle übernommen und Jordanien regiert hat, wenn auch noch nicht einmal ein ganzes Jahr. Ohne sie hätte Talal die Situation kaum gemeistert.

Husseins Kindheit, die Zeit, die er im Elternhaus verbrachte, war alles andere als leicht. Talal, der Vater, galt als arm. Die finanziellen Zuwendungen, die er vom König erhielt, betrugen nicht mehr als 1.000 Pfund im Jahr. Die Familie wohnte in einem Haus mit fünf Zimmern und nur einem Bad. Die sich verschlimmernde Schizophrenie des Kronprinzen, aber auch die Schwierigkeiten im Verhältnis zu seinem Vater müssen eine ständige Belastung gewesen sein. Einmal war die Familienkasse offenbar so erschöpft, daß Hussein, wie er berichtet hat, auf Bitten seiner Mutter ein für einen kleinen Jungen schmerzliches Opfer brachte: Er verkaufte das Fahrrad, das ihm der irakische Kronprinz Feisal am Ende eines Besuchs in Bagdad als Abschiedsgeschenk hinterlassen hatte – Husseins ganzer Stolz, Gegenstand all seiner Freude.

Als er sechzehn Jahre wurde, war Hussein auf sieben Schulen gegangen, in Amman und der ägyptischen Stadt Alexandria. Allem Anschein nach war er ganz nach den Launen seines Großvaters und seines Vaters von einer Lehranstalt zur anderen geschickt und wieder heruntergenommen worden; Abdallah favorisierte Englisch und islamkundliche Fächer, während Talal mehr Wert auf Arabisch legte. In seiner ersten, einer christlichen Missionsschule, fiel Hussein nicht durch besonders hervorragende Leistungen auf.

Am glücklichsten fühlte er sich in der Zeit, die der Ermordung seines Großvaters unmittelbar voraufging. Am Victoria College in Alexandria, das er damals besuchte, brachte man ihm nicht nur Arabisch und Englisch bei, er lernte nach eigenen Worten auch „Fußball, Kricket,

Bücher und Kameradschaft kennen". Seinen Großvater erfreute er damit, daß er Fechtstunden nahm. Es tat ihm gut, genau wie andere Jungen behandelt zu werden und Freunde zu haben, wenngleich er wehmütig bekannte: „Richtig enge hatte ich nie."[2] Anderen Berichten zufolge wurde der kleine, ernst dreinblickende Schuljunge sogar schikaniert.

Nachdem er zu der Erkenntnis gelangt war, Talal sei seiner als Nachfolger nicht würdig, setzte Abdallah alle seine Hoffnungen auf Hussein, Talals ältesten Sohn. Als der Prinz in Abdallahs letztem Lebensjahr vom Victoria College nach Hause gekommen war, um dort seine Ferien zu verbringen, weckte man ihn jeden Morgen um sechs Uhr und brachte ihn eine halbe Stunde später in den Königspalast. In einem Studierzimmer lernte er mit einem Hauslehrer Arabisch und las religiöse Texte. Gelegentlich frühstückte er mit seinem Großvater: eine Tasse Kaffee mit Kardamom, dazu Fladenbrot mit Butter und Marmelade. Manchmal, wenn der König mit englisch sprechenden Gästen zu tun hatte, fungierte Hussein als Dolmetscher. Abdallah behauptete, er spreche nur Arabisch und Türkisch, in Wirklichkeit verstand er auch Englisch und konnte es vermutlich auch sprechen.

Zumeist aß Prinz Hussein mit seinem Großvater zu Abend. „Ich hörte aufmerksam zu, wenn er sich über die Feinheiten und Tücken des schwierigen Geschäfts äußerte, König zu sein", schrieb er später. „Oder ich saß dabei, wenn er sich mit hochrangigen Besuchern unterhielt, sah auch zu, wenn er diktierte oder Schach spielte."[3] Die Art, in der Hussein auf das Herrscheramt vorbereitet wurde, erinnert an die Erziehung, die der Earl of Chatham seinem Sohn, William Pitt dem Jüngeren, angedeihen ließ, sie hätte nicht besser sein können. In der Zeit zwischen Abdallahs Tod und der eigenen Thronbesteigung vergaß Hussein nicht, was er gelernt hatte.

Dennoch machte sich in ihm eine gewisse Verbitterung breit. Er konnte nicht den Anblick der vermeintlichen Freunde des Großvaters vergessen, die sich abwandten und hastig in Sicherheit brachten, als Abdallah erschossen am Boden lag. Aus dem Kopf gingen ihm auch nicht jene raubgierigen Politiker, die sich sogleich um die Überreste der Macht rissen. Er war überzeugt: „Wenn das Leben schon nichts gilt, der Mensch als solcher ist noch weniger wert."

Nach Abdallahs Tod mußte Hussein die Absicht aufgeben, an das Victoria College in Alexandria zurückzukehren, denn es gab Spannun-

Hussein in der Landestracht als königlicher Prinz.

gen in den Beziehungen zwischen Ägypten und Jordanien. Abermals galt es, die Schule zu wechseln. Diesmal ging der Prinz nach Harrow, auf eine der angesehensten englischen Privatschulen, wo auch sein Cousin Feisal studierte, der spätere König des Irak, der ebenfalls einem politischen Attentat zm Opfer fiel.

Die Zeit in Harrow war nicht ganz problemlos. Hussein mußte erkennen, daß sein Englisch doch nicht so gut war, wie er angenommen hatte. Schwer verständlich für ihn waren nicht nur der betont aristokratische Redestil (den er für „Gebrabbel" hielt), sondern auch die vielfach ungeschriebenen Verhaltensregeln einer privaten Internatsschule. Husseins beste Fächer waren Geschichte und englische Literatur, doch er hatte Mühe, sprachlich alles zu verstehen und gedanklich zu verarbeiten. Zunächst hielten ihn seine Mitschüler für versnobt, arrogant und unnahbar. Doch bald gewann er Freunde, lernte Rugby spielen und wurde, von einem ziemlich klein geratenen Jungen kaum anders zu erwarten, in seiner Mannschaft als einer der beiden Gedrängespieler eingesetzt. Der Lehrer, der ihn betreute, erinnert sich: „Mit Beginn des Semesters kam er zum erstenmal dazu, Rugby zu spielen. Noch nie zuvor hatte er ein solches Spiel gesehen, folglich auch absolut keine Ahnung. Aber noch vor Spielende ging er ran wie ein alter Hase."[4] Eine von Husseins Erinnerungen spiegelt die Anerkennung durch seine Mitschüler wider und den Stolz, den er, wie er sagte, auf dem Rugbyplatz empfand, als jemand ihm einen langen, flachen Paß zuwarf und schrie: „Lauf Hussein! Jetzt bist Du dran!" Später, 1962, inzwischen längst König, blickte Hussein mit einer gewissen Selbstachtung auf die Zeit in Harrow zurück. Er zählte etliche alte Harrowianer zu seinen Freunden und trug gern seine Harrow-Krawatte.

Einmal erkundigte sich ein höherer britischer Beamter, wie sich Hussein und Feisal, die beiden Prinzen, in Harrow entwickelten. Feisal, erklärte der Direktor, wirke wohlerzogen, ruhig und bescheiden, wahrscheinlich würde er einmal einen ausgezeichneten Monarchen abgeben, falls die Umstände danach seien. Hussein dagegen sei energischer, eigensinnig und resolut, aller Voraussicht nach einmal ein starker Herrscher. Die Hausmutter des künftigen Königs hielt ihn jedoch für übererregbar und fand, daß er mitunter einsam sei.[5] Außerdem meinte sie, er wäre „ein sehr abgeklärter Bursche, im Innern aber auch ein einfacher

Mensch" gewesen, der bisweilen auch über die Sorgen redete, die er sich um seinen Vater machte.[6]

Sein Faible für schnelle Autos entdeckte Hussein noch in Harrow. Als erstes besaß er einen blauen Rover, danach einen kastanienbraunen Bristol, der mit Leichtigkeit 90 Meilen pro Stunde fuhr. In Schuß gehalten wurde der Wagen von einer Werkstatt, mit deren Chef, Maurice Raynor, sich Hussein anfreundete. Raynor kam später nach Amman, um sich um Husseins Sammlung erlesener Automobile, darunter ein alter Morgan-Sportwagen, zu kümmern.

1997 spendete König Hussein einen größeren Geldbetrag für die Renovierung der Vaughan-Schulbibliothek in Harrow – sehr zum Beifall der Ehemaligen in der Harrow-Association, von denen so mancher zum britischen Establishment gehört. Im selben Jahr wurde der König zum Präsidenten der Gesellschaft gewählt. Er flog zum alljährlich stattfindenden Dinner, der traditionell würdevollen Veranstaltung in der Merchant Taylor's Hall in der Londoner City. Von Husseins Besuch berichtete der *Harrow Record*: „In einer bewegenden Rede bekannte Seine Majestät, er sei zwar nur kurz in Harrow gewesen, habe dort jedoch eine wichtige Zeit seines Lebens verbracht, die ihn tief beeindruckte."

Während Husseins Schulzeit in Harrow verschlechterte sich der Zustand seines Vaters. Es hieß, König Abdallah sei daran nicht ganz unschuldig. Mit seiner dominierenden Art und der vernichtenden, Talals Selbstvertrauen zerstörenden Kritik verstand er es tatsächlich, seinen Sohn einzuschüchtern. Schon als Talal an der britischen Militärakademie Sandhurst ausgebildet wurde, gab es Vorfälle, die man als „etwas schikanierend" für den jungen Kronprinzen empfand. Vater und Sohn sprachen kaum miteinander. 1940 hatte Abdallah einen geheimen Erlaß unterzeichnet, der Talal aus der Thronfolge herausnahm, später allerdings für ungültig erklärt wurde. In der Rangfolge als erster nach dem König stand Naif, Talals Halbbruder. Die Engländer schätzten ihn als untätiges Leichtgewicht ein, das keine britischen Interessen verletzen werde. Talal dagegen wurde 1940 vom britischen Gesandten in Amman, Sir Alec Kirkbride, als „unmäßig in seinen Gewohnheiten, unzuverlässig und im Grunde seines Herzens zutiefst anti-britisch" eingestuft.

Gegen Ende des Krieges hatte Talal es geschafft, das Trinken einzuschränken, das zu einem Problem geworden war, und sich gegenüber jedermann freundlich zu verhalten. Doch hielt das nicht lange an. 1948 und 1949 verwiesen britische Diplomaten auf „Anfälle von übermäßiger Reizbarkeit" und auf „unberechenbaren Jähzorn".[7]

Im Mai 1951, kurz nach der Abreise seines Vaters zu einem Staatsbesuch in die Türkei, erlitt Talal einen Nervenzusammenbruch. Ärzte rieten ihm, sich in Beirut behandeln zu lassen. Dort wies ein Facharzt die Schuld an seinem Zustand Abdallah zu; im übrigen, sagte er, brauche er eine lange Genesungszeit. Doch bereits im Juni war Talal wieder zu Hause. Er brach erneut zusammen und begab sich diesmal in die Schweiz. Sein Aufenthalt dort fiel zeitlich mit dem Attentat auf König Abdallah zusammen. So kam es, daß in Amman Talals Halbbruder Naif zum Regenten ernannt wurde. Die Oberhäupter der einflußreichsten Familien Jordaniens hielten es indessen für weniger riskant, sich von dem unberechenbaren Erstgeborenen regieren zu lassen als von dessen jüngerem Bruder, dem der Ruf eines Müßiggängers anhaftete. Zum Wechsel ermutigt fühlten sie sich durch einen Bericht des ehrenwerten Edelmannes Said al-Mufti, dem der Kronprinz Talal zufällig an einem seiner seltenen guten Tage in Genf begegnet sein mußte. Jedenfalls schien ihm, Talals Geisteszustand sei wieder in Ordnung. Um den Eindruck zu bestätigen, wurden zwei Ärzte nach Genf geschickt. Wider besseres Wissen, vielleicht auch von al-Mufti dazu ermuntert, diagnostizierten sie, Talal litte zwar an Depressionen, sei aber keineswegs geisteskrank. Zur selben Zeit sah Naif in Amman die ihm bis dahin entgegengebrachte Unterstützung schwinden. Man verübelte ihm den Versuch, sich selbst auf den Thron zu hieven, zuletzt hatte er sogar einen Staatsstreich in Erwägung gezogen.[8]

Bei seiner Rückkehr wurde Talal ein herzliches Willkommen vom Volk bereitet. Allgemein erhoffte man sich, er werde etwas frischen Wind in das alte Regime bringen und es von gewissen Günstlingen des ermordeten Königs befreien.

Der neue König und sein Ministerpräsident, Tawfiq Abul Huda, machten Zugeständnisse, zu denen sich Abdallah niemals bereitgefunden hätte. So wurde eine Art Verfassungsreform eingeleitet mit dem Ziel, nicht mehr länger zu verkünden, alle Macht gehe vom König aus. Damit waren die ersten Schritte getan zur Schaffung einer konstitutionellen Monarchie und zur Anerkennung der allgemeinen Menschenrechte.

Gleichwohl blieben natürlich noch erhebliche rechtliche Probleme vorerst ungelöst.

Talal besuchte den Hedschas, das am Roten Meer gelegene Land seines Großvaters, König Hussein, und seines Vaters, König Abdallah, das von Abdulaziz Ibn Saud von Saudi-Arabien erobert worden war. Talal reiste in einem saudischen Flugzeug. Damit erkannte Jordanien symbolisch die Eroberung haschemitischen Landes – einschließlich Mekkas und Medinas – durch Ibn Saud an. Talal war es auch, der den Vertrag über die kollektive Sicherheit der Arabischen Liga unterzeichnete. König Abdallah hatte den Pakt strikt abgelehnt, zumal sich die Liga weigerte, seine Übernahme der Westbank im Jahr 1948 anzuerkennen; jetzt zuckten Talal und Abul Huda nur die Schultern.

Bis zum Januar 1952 hat Talal, mit Abul Hudas Unterstützung, als Monarch sein Land alles in allem mit Umsicht, sogar mit bescheidenem Erfolg regiert. Allmählich jedoch stellte sich die Schizophrenie wieder ein, verursacht vermutlich durch die Belastungen, die sein Amt mit sich brachte. Einmal, nach einem Essen für einen Botschafter, riß er mitsamt aller Gläser und Bestecke das Tischtuch von der Tafel und schlug auf seine Frau und die Tochter ein. Während eines Aufenthalts in Paris irrte er orientierungslos durch die Straßen.[9] Königin Zain und ihre Familie, einschließlich Kronprinz Hussein, konnten bei einem Urlaub in Europa die Verschlechterung seines Zustands – und damit auch die wachsende eigene Bedrohung – aus nächster Nähe erleben. Zain schwieg bezüglich der Symptome, in der Hoffnung, sie vergingen wieder, bald aber bemerkte auch Abul Huda die Veränderung. Der König verfiel in den autoritären Stil seines Vaters. So bestand er darauf, daß der Ministerpräsident zwei hohe Beamte entließ, die er als seine Feinde ansah. Ein britischer Diplomat meldete häufigere und sich steigernde Angriffe Talals auf seine Frau und Kinder.[10]

Das Finale kam schnell, begleitet von peinlicher Publizität. Im Mai 1952 bat der Ministerpräsident seine drei wichtigsten Minister, den Versuch zu unternehmen, Talal zu einer medizinischen Behandlung im Ausland zu überreden. Talal aber stimmte nur unter dem Vorbehalt zu, in „Urlaub" zu gehen und für den Juni einen Thronrat einzuberufen, der während seiner Abwesenheit die Amtsgeschäfte führen sollte.

Währenddessen hielt sich die Königin mit ihrer Familie – außer Hussein, der in Harrow war – in einem Hotel in Lausanne auf, wenig geneigt, nach Amman zurückzukehren und der Unberechenbarkeit Talals ausgesetzt zu sein. Es war dieses abwartende Fernbleiben, das schließlich eine Lösung der Krise herbeiführte. Die Königin erklärte, sie kehre nur dann zurück, wenn Talal sich anderswo niederlasse, vielleicht in Ägypten oder auf Zypern. Als sich die Lage zuspitzte, rief sie Hussein von Harrow zu sich nach Lausanne. Talal flog in die Schweiz, scheinbar, um die Königin nach Hause zu holen. (In dieser Zeit ließ Talal auch verlauten, er wolle mit dem Schiff in die Vereinigten Staaten reisen, später abdanken und sich dann im Hedschas einem Leben im Gebet hingeben.)

Der Wechsel auf dem Thron, der einen Zusammenbruch des jungen Staates hätte auslösen können, verlief ziemlich glatt. Der umsichtige, doch entschlossene Kirkbride wie auch der britische Befehlshaber der jordanischen Arabischen Legion, Generalleutnant Sir John Bagot Glubb (Glubb Pascha), taten das ihre, ebenso die jordanischen Notabilitäten. Langfristig setzten sie alle ihr Vertrauen in Hussein.

An dem, was geschehen mußte, gab es keinen Zweifel: Es galt, Talal für nicht amtsfähig zu erklären, er mußte entweder abdanken oder abgesetzt und durch Kronprinz Hussein ersetzt werden. Da die Schweizer Behörden jede Mithilfe verweigerten, beschaffte sich Ministerpräsident Abul Huda von ägyptischen und jordanischen Ärzten diagnostische Berichte, aus denen eindeutig Talals Unfähigkeit zur weiteren Amtsausübung hervorging. Für den 11. August wurde eine Sondersitzung beider Häuser einberufen. Einstimmig votierten die Abgeordneten dafür, Talal abzusetzen und Hussein zum neuen König zu krönen. Dank für den sanften Übergang und den Machterhalt des Hauses Haschem kommt vor allem dem Ministerpräsidenten Abul Huda zu, einem geschickt operierenden Sachwalter der damaligen jordanischen Politik.

Talal wurde zunächst nach Ägypten gebracht, 1953 kam er in ein Pflegeheim in der Türkei. Dort blieb er, alljährlich besucht von Zain und Hussein, bis zu seinem Tod im Jahr 1972.

Es fällt nicht schwer, sich vorzustellen, welche Eindrücke ein derartiges Familiendrama bei einem jungen, heranwachsenden Angehörigen hinterlassen hat. In seinen Aufzeichnungen aus dem Jahr 1962 schreibt Hussein kaum etwas über diese Zeit, außer daß die Schizophrenie seines Vaters sich zunehmend verschlimmert hatte und daß, wie immer in solchen Fällen, „meine Mutter und ich hofften, bis alle Hoffnung dahin war, daß er je wieder gesund würde". Was mit dem Vater geschehen war, muß Hussein zutiefst erschüttert haben. Hinzu kam die Sorge, Talals Geisteskrankheit könnte sich in der Familie fortsetzen. Ohnehin ständig vor dessen Stimmungsumschwüngen auf der Hut, muß ihm Talals Verhalten besonders peinlich gewesen sein, wenn der mit Leuten zu tun hatte, die nicht zur Familie gehörten. Zweifellos hat Hussein sich auch stets schützend vor seine Mutter, die Königin Zain, gestellt.

Wenn nicht alles täuscht, dann neigte Hussein schon damals dazu, sich in sich selbst zurückzuziehen. Die meiste Zeit verbrachte er, von der Familie getrennt, in Internaten, in die er eigentlich nicht so recht paßte, und in denen er jeweils auch nie lange blieb. Bereits in seiner Jugend, die vor allem von zwei Persönlichkeiten geprägt wurde, von König Abdallah und seiner Mutter, scheint er eine pragmatisch-nüchterne Verhaltensweise entwickelt zu haben, die es ihm gestattete, Widersprüche zu überbrücken. Während ihn etwa das starken Schwankungen unterworfene Auftreten des Vaters störte und beunruhigte, behandelte er ihn zugleich mit kindlichem Respekt und bedauerte ihn wegen der Kürze seiner Regentschaft.

Am 12. August 1952 veränderte sich das Leben des jungen Prinzen für immer. Ein Page klopfte an die Tür seines Zimmers im Lausanner Hotel Beau Rivage. In der Hand hielt er ein silbernes Tablett mit einem Brief, adressiert an „Seine Majestät König Hussein". Darin wurde diesem mitgeteilt, was in Amman geschehen war. Unverzüglich kehrte Hussein nach Hause zurück, angenehm überrascht von einer, wie er fand, spontanen, enthusiastischen Begrüßung. Um sich der Bevölkerung zu zeigen, unternahm er eine längere, ausgedehnte Reise durch das Land, doch bis zur Inthronisierung waren es noch sechs Monate. Wie und womit sollte er die Zeit verbringen? Sein Onkel, Scherif Nasser bin Jamil, und der Ministerpräsident empfahlen Sandhurst, etwa fünfzig Kilometer südwestlich von London. Hussein ergriff die Gelegenheit; um alle Einzelheiten kümmerte sich Glubb Pascha.

In Harrow war Hussein wie ein Schuljunge behandelt worden, zu Recht. In Sandhurst aber gewann er das Gefühl, als Mann akzeptiert zu werden, obgleich er erst siebzehn war. Der Schnellkurs, den er absolvierte, war keiner der „abgespeckten" Art, wie man sie ausländischen Honoratioren anbot. Vielmehr schloß die Teilnahme außer nächtlichen Angriffsübungen in schwierigem Gelände auch jede Menge harten Drill auf

Hussein (links) während seiner Schulzeit in England zusammen mit seinem Vetter Feisal, bis zum Sturz der Monarchie 1958 König des Irak.

Am 8. August 1952 zum Nachfolger seines Vaters Talal zum König proklamiert, bestieg Hussein I. am 2. Mai 1953 in Amman den Thron.

dem Kasernenhof ein. Der Vorzug einer Sonderbehandlung wurde Hussein offenbar nicht gewährt. Feldwebel in Sandhurst liebten es, die Offiziersanwärter anzubrüllen: „Ich sage Sir zu Ihnen, und Sie sagen Sir zu mir! Der einzige Unterschied ist der, daß Sie es wirklich meinen und ich nicht!" Einmal, als Hussein durch einen falschen Exerzierschritt auffiel, soll ihn der Ausbilder angeschrien haben: „Was sind wir doch heute für ein lahmer kleiner König, Sir!" Sandhursts Regimentsoberfeldwebel Lord pflegte ihn, in üblicher Lautstärke, mit „Mister King Hussein, Sir!" anzusprechen. (Später, als eine Folge der Sendereihe „This is Your Life!" Lord gewidmet war, erschien Hussein überraschend im britischen Fernsehen.)

Kameraden in Sandhurst erwiesen dem angehenden jordanischen König so wenig Respekt wie er ihnen. Nachdem Scherzbolde aus seinem Fahrrad die Luft herausgelassen hatten, gerade als er dringend zu einem Vortrag mußte, lockerte Hussein in der Nacht bei dreißig anderen Rädern die Ventile. „Sie müssen mich in Verdacht gehabt haben", meinte er später, „doch keiner konnte jemals beweisen, wer es gewesen war."

Eine andere Geschichte trug sich im Old Bailey zu, dem obersten Strafgerichtshof in London. Hussein hatte in der Nähe des Richters Platz genommen, um der britischen Justiz bei der Arbeit zuzusehen. Plötzlich aber geriet er in äußerste Verlegenheit: Mitten in der Verhandlung ertönte die Weckeinrichtung seiner Armbanduhr. Irgend jemand hatte sie genau auf die Mittagszeit gestellt.

Der Versuch des Offiziersschülers Hussein, einen anderen Streich durch ein Schuldbekenntnis aus der Welt zu schaffen, nahm eine überraschende Wende. In Sandhurst hatte jemand über Nacht das Feueralarmsystem außer Betrieb gesetzt. Als sich der Übeltäter auch nach hartnäckigen Appellen nicht meldete, und eine allgemeine Ausgangssperre verhängt worden war, nahm Hussein die Schuld auf sich. Wie er denn die Tat begangen haben wolle, fragte ihn daraufhin der Kommandeur, sei er nicht zur betreffenden Zeit in London gewesen, um seinen Geburtstag zu feiern? Hussein kam nicht umhin, das „Geständnis" zu widerrufen. Sein Hinweis jedoch, daß mit ihm noch einige andere Kameraden Ausgang nach London hatten, überzeugte den Kommandeur – er nahm alle London-Urlauber jenes Tages von der Ausgangssperre aus.

Den Wagen, den der junge König fuhr, benutzte er nicht allein für sich, übers Wochenende nahm er darin oft Kameraden nach London mit. Das waren glückliche Tage, voll jugendlichem Überschwang, wenngleich auch nicht ganz frei von Sorgen und Ungewißheiten, was die Zukunft betraf. Hussein wurde zu einem Anglophilen. Er bewahrte sich eine enge Verbindung zu Sandhurst und stiftete 1996 einen prächtigen Silberpokal, der seither als Preis jenem ausländischen Offiziersschüler verliehen wird, dessen Ausbildung die größten Fortschritte aufweist. Anders als Harrow hat Sandhurst keinen Ehemaligen-Verband, die Militärakademie aber zeichnete den König zweimal auf eine bemerkenswert ungewöhnliche Art aus: Bei der Entlassungsfeier – gleichbedeutend mit der Ernennung zum Offizier – durfte Hussein 1981 und 1993 Königin Elizabeth vertreten, eine beispiellose Ehrung.

Die Monate in Sandhurst gingen rasch zu Ende. Am 2. Mai 1953 übernahm Hussein nach einem Festzug, der an der jubelnden Menge vorbei zum Parlamentsgebäude in Amman führte, die Macht in seinem Land mit der ganzen Verantwortungslast eines Königs. Der Amtseid, den er ablegte, war schlicht: „Beim Namen Gottes schwöre ich, daß ich die

Verfassung schützen und meinem Volk treu sein werde." Dann betete er am Grabmal seines Großvaters und begab sich nach Hause, um die Glückwünsche seiner Mutter entgegenzunehmen. Sie appellierte an ihn, sich nicht durch den Glanz der Königswürde blenden zu lassen.

So begann eine Herrschaft, die lang war und wechselreich, nicht selten auch dramatische Züge trug. Jordanien sah sich zeitweilig konfrontiert mit Syrien, Ägypten, Saudi-Arabien und der PLO. Die Legitimität der Haschemiten-Dynastie wurde in Frage gestellt, insbesondere wegen der engen Bindungen an Großbritannien, später auch an die Vereinigten Staaten. Vielen erschien Jordanien als Marionette des Westens. Lange folgte Hussein der Strategie seines Großvaters und hielt engen, geheimen Kontakt mit Israel, dem Widersacher der Araber. Wie einst Abdallah, so ließ auch er sich, was Israel betraf, von einer pragmatischen Denkweise leiten. Nach Husseins Ansicht war der jüdische Staat eine Realität, die man akzeptieren, auf die man sich einstellen mußte: Keine Zunahme der Terrorakte, keine noch so großartigen Reden würden sie zum Verschwinden bringen. Im Gegenteil, bei mindestens drei Gelegenheiten war es gerade die Unterstützung Israels, die die haschemitische Herrschaft rettete. Vor diesem Hintergrund nimmt es nicht wunder, daß Attentäter auch Hussein immer wieder nach dem Leben trachteten.

Flache Wurzeln 3

Das Geschlecht der Haschem, zu dem König Husseins Großfamilie gehört, stammt nicht aus Jordanien. Die Wurzeln liegen vielmehr im Hedschas, dem Stammland von Saudi-Arabien mit den heiligen Städten Mekka und Medina, wo der Prophet Mohammed gelebt und gelehrt hat. Auch Dschidda, der Pilgerhafen am Roten Meer, gehört zum Hedschas. Am Anfang des 20. Jahrhunderts war der Hedschas eine Provinz (Vilayet) des Osmanischen Reiches. Regiert wurde er zum Teil vom Sultan und seinem Vertreter, dem Gouverneur (Vali). Gewöhnlich unterstand der Vali einem heimischen Gebieter, dem Emir, der von den osmanischen Herrschern in Konstantinopel, dem heutigen Istanbul, ernannt wurde. Traditionellerweise waren die Emire hochgeachtet, weil sie für sich in Anspruch nahmen, direkte Nachkommen Mohammeds zu sein. Das berechtigte sie und ihre Nachfahren zur Führung des Titels Scherif.

Die Amtseignung der Scherifen wurde daran gemessen, wie sie die alljährliche Pilgerfahrt, den Hadsch, in den letzten Monaten des muslimischen Mondkalenders auf der letzten Etappe durch Stammesland nach Mekka abwickelten. Für den Emir war das ein einträgliches Geschäft: Lizenzen, Zoll und andere Gebühren trugen jedes Jahr dazu bei, die laufenden Ausgaben zu decken.

Hussein bin Ali, Husseins Urgroßvater und der Begründer der Haschemiten als herrschende Dynastie, war 1853 in Konstantinopel geboren worden. Seine Cousine Abdiye gebar ihm drei Söhne: Ali, Abdallah und Feisal. Schon seit Jahrhunderten standen sich damals zwei Familien als Rivalen im Wettbewerb um den Posten des Emirs gegenüber, die Familie Awn und die Familie Zaid. Awn al-Rafiq war von 1882 bis 1905 Emir. Er lag im Streit mit seinem Neffen Hussein, der, um sie von den Auseinandersetzungen fernzuhalten, mit den genannten drei Söhnen 1893 vom Sultan nach Konstantinopel beordert wurde. Sechzehn Jahre lebte die Familie dort, in einem Haus mit Blick auf den Bosporus. Für Abdallah reichte die Zeit, die ihn stark prägte, vom elften bis zum siebenundzwanzigsten Lebensjahr. Er lernte fließend Türkisch wie auch Arabisch, doch der Hauslehrer der Kinder fand ihn „spitzbübisch".

1908 erkannte der Sultan Husseins Anspruch an, Emir des Hedschas zu werden. Der Bewerber der Familie Zaid, Ali Haydar, behauptete zwar, in noch direkterer Linie von Mohammed abzustammen als die Awns, bekam aber von einem osmanischen Regierungsbeamten zu hören: „In der Politik spielen solche Dinge keine Rolle."[1] Hussein war nun einmal der Ältere, und dies genügte, um seine alleinige Anwartschaft durchzusetzen. Daß er der Regierung zusätzlich die Zusicherung seiner Loyalität und Verläßlichkeit gab, ist zumindest anzunehmen.

T. E. Lawrence, der berühmte „Lawrence von Arabien", schildert Scherif Hussein, der, als Lawrence ihn traf, etwa sechzig Jahre alt war, als äußerlich so glatt und zuvorkommend höflich, daß er fast wie ein Schwächling wirkte. Lawrence ergänzte: „Aber dahinter verbargen sich staatsmännische Klugheit, brennender Ehrgeiz, dazu Weitblick, Charakterstärke und Zähigkeit, die ganz unarabisch waren... Seine tscherkessische Mutter hatte ihm Eigenschaften vererbt, die Türken wie Arabern fremd waren."[2] (Die Tscherkessen sind ein nichtarabisches muslimisches Volk, dessen Stämme hauptsächlich im Kaukasusgebiet lebten. Im 19. Jahrhundert wurden sie von den Russen unterworfen und großteils zur Auswanderung gezwungen. Viele ließen sich seit 1878 im heutigen Jordanien nieder, wo sie, weit über ihren zahlenmäßigen Anteil hinaus, wichtige Beiträge zur Entwicklung der jordanischen Gesellschaft leisteten.)

Am Hof in Konstantinopel erhielten Scherif Hussein und seine Söhne eine regelrechte Ausbildung in der Kunst der Verschlagenheit. Dem Scherif kam diese Schulung zustatten, bis ihn der Ehrgeiz überwältigte und er mit den Söhnen in den Hedschas zurückkehrte, die Söhne, wie

Lawrence schreibt, „als junge Effendis in europäischer Kleidung und mit türkischen Sitten. Der Vater befahl ihnen, arabische Kleider anzulegen, gab ihnen, um sie wieder zu Arabern zu machen, Gefährten aus Mekka und schickte sie mit dem Kamelreiterkorps zur Überwachung der Pilgerstraßen in die Wüste hinaus... Bald wurden sie abgehärtet und bekamen Selbstvertrauen."

Abdallah, der zweite Sohn des Scherifen, erinnerte sich später, daß er bei der Ankunft im Hedschas das Gefühl gehabt habe, „in Ehre und Ansehen" nach Hause gekommen zu sein. Dem Vater wurde von seinen rauhbeinigen neuen Untertanen Respekt, ja sogar Verehrung entgegengebracht.[3] Gehörte Hussein immerhin nicht dem edlen Haus von Banu Haschim an, der Familie des Propheten selbst, dem Stamm der Quraisch? Seine Abstammung in männlicher Linie führte er auf die Prophetentochter Fatima zurück. Insofern stand er in der Rangordnung noch vor dem türkischen Gouverneur, dem Vali.

1910 war Abdallah wieder in Istanbul. Er gehörte als einer von zwei „gewählten" Abgeordneten aus dem Hedschas dem neuen osmanischen konstitutionellen Parlament an. Bis 1914 verbrachte der „Delegierte für Mekka" den Winter und das Frühjahr in der Istanbuler Volksvertretung, wo er sich allerdings kaum hervortat, und den Rest des Jahres über weilte er im Hedschas.[4]

Auf diese Weise entwickelte er ein besonderes Verständnis für die Beziehungen zwischen einer imperialen Macht und einer armen kolonialen Randprovinz. Seine Denkart war alles andere als nationalistisch. Mit den damals existierenden internationalen Herrschaftsstrukturen ging er pragmatisch um, Veränderungen paßte er sich rasch an. So scheint es denn auch fast selbstverständlich, daß weder eine Ideologie noch nationalistische Überzeugungen die Richtschnur seines Handelns abgaben. Stärker jedenfalls war der Wille zur Verteidigung der Interessen seiner Familie, gepaart mit der Vorstellung, daß er, indem er eigene Belange verfolgte, auch die Anliegen der Haschemiten vertrat und somit wiederum die des gesamten Volkes.

Bald nach seiner Rückkehr in den Hedschas beging Scherif Hussein einen fatalen Fehler. Offenbar glaubte er, sein Territorium sei zu klein, und begann, Ausschau in südliche Richtung zu halten, zum Nedjd, einem Wüstengebiet, das von armen und wenig zivilisierten Arabern bewohnt war. Ihr Anführer hieß Abdulaziz Ibn Saud. Die Hauptstadt des Gebiets, Riad, bestand aus einem von einer Lehmmauer umgebenen Dorf. Aber die dort lebenden Stammesleute, die Ikhwan (Brüder), Angehörige der streng puritanischen islamischen Wahhabi-Sekte, galten als religiöse Fanatiker, die skrupellos für ihren Glauben mordeten.

1910 berichtete der britische Konsul in Dschidda, Scherif Hussein habe von Ibn Saud eine jährliche Zahlung verlangt. Außerdem habe er sich unterstanden, die dem Nedjd-Herrscher untergebenen Stammesführer zu ermuntern, ihre Treue fortan ihm und seinen türkischen Herren zuzuwenden.

Eine militärische Expedition, die Scherif Hussein in Ibn Sauds Gebiet entsandte, nahm „zufällig" den Lieblingsbruder des Herrschers, Saad, gefangen. Für Saads Freilassung hatte Ibn Saud die Angliederung von Nedjd an das türkische Hoheitsgebiet zu proklamieren sowie regelmäßige, in der Höhe nicht genannte Zahlungen an den Scherifen zu entrichten. Daraufhin sann Ibn Saud auf Rache, ebenso geduldig wie entschlossen.

Scherif Hussein hat sich dem Eintritt der Türkei in den Ersten Weltkrieg an der Seite Deutschlands entschieden widersetzt. Er wußte, daß ferne Randgebiete der Türkei wie der Hedschas britischen Angriffen so gut wie schutzlos ausgeliefert sein würden. Deshalb trat er, nachdem 1914 zwischen Großbritannien und der Türkei der Krieg erklärt worden war, auf Anraten seines Sohnes Abdallah an die Briten mit dem Angebot heran, sich auf ihre Seite zu stellen.

Sein Verhandlungspartner war zunächst Lord Kitchener, später Sir Henry McMahon. Scherif Hussein, der den Kontakt über Abdallah aufnahm, strebte einen Handel mit den Briten an, der ihn zum Herrscher über einen unabhängigen Hedschas machte, möglichst noch über mehr. Die „McMahon-Briefe", wie sie später genannt wurden, waren bewußt vage gehalten, aber vertrauensvoll im Ton. Das britische Außenministerium sagte schließlich Zahlungen von 50.000 Pfund an Hussein und weitere 10.000 an Abdallah zu – freilich nur „als Gegenleistung für eindeutige Aktionen und für den Fall, daß ein angemessener Aufstand stattfindet". Zur gleichen Zeit überwiesen ihm die Osmanen etwa 50.000 Goldpfund mit der Zusage, die Zahlung jährlich zu leisten – nicht schlecht für einen mittellosen Außenposten in der Wüste.

Der große Aufstand der Araber begann im Juni 1916. Husseins Söhne Ali und Feisal ließen die Strecke der neuen Hedschas-Bahn, die von Damaskus bis in die Nähe von Medina führte, unterbrechen. Die am nächsten Tag überall im Hedschas einsetzenden Angriffe auf die Türken führten zu ihrer Vertreibung aus Mekka. Bald zog Scherif Hussein mit einer Truppe, die ihm ergeben war, in die heilige Stadt ein.

Im Verlauf der Revolte beging Scherif Hussein einen zweiten verhängnisvollen Fehler: Er erklärte sich vor einer Versammlung ihm wohlgesonnener Stammesfürsten und mit enthusiastischer Unterstützung von Abdallah zum „König der Araber".[5] In diesem voreiligen Akt erkannte Ibn Saud vom Nedjd zu Recht eine weitere Bedrohung seines öden Wüstenreichs. In Wirklichkeit war der Scherif König des Hedschas geworden, nicht aber Arabiens, und das Land selbst war von der türkischen Einflußsphäre in die britische übergegangen.

Die Mitglieder von König Husseins Kabinett bildeten eine seltsame, wenig homogene Gruppe. So war der Außenminister ein Professor aus dem anglo-ägyptischen Sudan, der Verteidigungsminister ein ägyptischer Armeehauptmann. Die Briefmarken wurden von einer britischen Agentur in Ägypten gedruckt; die Schiffahrt auf dem Roten Meer kontrollierten die Briten, und der Chef der britischen Mission im Hedschas übernahm die Rolle des osmanischen Vali.[6]

Lawrence hielt den neuen König für „völlig ungeeignet für die Turbulenzen einer neuen Regierungsbildung aus dem alten türkischen System". Von Husseins Söhnen erschien ihm Feisal und Zeid vertrauenswürdig, Abdallah aber war „ein Intrigant" und Ali „ein religiöser Fanatiker".[7]

Die Engländer schätzten den neuen Herrscher nicht sonderlich, förderten jedoch die Bemühungen seiner Söhne, die Türken zu vertreiben. Im geheimen Sykes-Picot-Abkommen von 1916 (benannt nach den Verhandlungsführern, dem Briten Sir Mark Sykes aus Großbritannien und Georges Picot aus Frankreich) hoben die Bündnispartner die vagen Versprechen wieder auf, die sie dem Scherifen bezüglich eines unabhängigen Arabien gemacht hatten. Statt dessen teilten sie im voraus den Nahen Osten, so wie sie ihn sich für die Nachkriegszeit vorstellten, in Einflußzonen auf: Frankreich sollte erhalten, was heute Syrien und Libanon ist, den Engländern wurden der Irak und Transjordanien zugesprochen. Palästina wollte man unter internationale Verwaltung stellen.

Im November 1917 folgte eine sehr eindeutige Erklärung von Sir Arthur Balfour, dem damaligen britischen Außenminister. Er schrieb: „Seiner Majestät Regierung betrachtet die Schaffung einer nationalen Heimstätte in Palästina für das jüdische Volk mit Wohlwollen und wird die größten Anstrengungen unternehmen, um die Erreichung dieses Ziels zu erleichtern, unter der Voraussetzung, daß nichts unternommen wird, was die bürgerlichen und religiösen Rechte bestehender nichtjüdischer Gemeinschaften in Palästina... beeinträchtigen könnte."[8] Zu dieser Zeit wurde die Bevölkerung in Palästina auf 600.000 Araber und 80.000 Juden geschätzt.

Das Sykes-Picot-Abkommen und die Balfour-Deklaration kamen Dolchstichen in den Rücken des Scherifen gleich. Die Briten und Franzosen waren offensichtlich nicht gewillt, einem schwachen, unerprobten Verbündeten Land und Macht zu übereignen, obwohl sie die Bereitschaft dazu formell bekundeten. Später sollten sie den Haschemiten noch ihre Dankbarkeit erweisen, ohne indessen die Kontrolle über ihr Einflußgebiet aufzugeben.

Am Ende des Ersten Weltkriegs, 1918, war die türkische Herrschaft zusammengebrochen: Medina und Akaba waren gefallen; ein Truppenverband, geführt von Prinz Feisal, dem zweiten Sohn des Scherifen, und von T. E. Lawrence, war in Damaskus einmarschiert.

Prinz Abdallah hielt die östlich von Mekka gelegene Oasenstadt Taif belagert. Er zeichnete, vermutlich mit ein paar Ausschmückungen, sein Zusammentreffen mit dem Vali auf, bei dem es sich um einen türkischen General handelte: „Er schien erfreut, mich zu sehen, und sagte nach ein paar Augenblicken: ‚Das ist eine große Katastrophe – wir waren Brüder, und jetzt sind wir Feinde.' Nun, da unsere Positionen vertauscht waren, fühlte ich mich mutiger in seiner Gegenwart, erwiderte aber so behutsam, wie ich konnte: ‚Der Herr ist wieder Herr geworden und ist befreit von der Sklaverei und dem Joch dessen, den er erleuchtet hat.' Sein Gesicht wurde bleich wie ein Laken, doch er faßte sich und sagte: ‚Ich wußte, daß das arabische Volk sich eines Tages von uns lostrennen würde, nie aber hätte ich gedacht, daß es so rasch ginge.'"[9]

Während die Haschemiten frohlockten und von den Briten und Franzosen ihren Lohn erwarteten, mußte Scherif Hussein sich auf eine gerechte Bestrafung gefaßt machen. Ibn Saud fühlte sich von den Briten vernachlässigt, die den kosmopolitisch eingestellten Hussein zu ihrem Favoriten erwählt hatten. Nicht nur, daß Ibn Saud eine geringere Vergütung erhalten hatte als der Scherif, er fühlte sich im abgelegenen, unwirtlichen Nedjd auch isoliert. Ein Machtkampf zwischen beiden schien unausweichlich.

Einen Vorteil immerhin besaß Ibn Saud gegenüber Hussein: die Gefolgschaft der fanatischen Ikhwan. „Ich habe gesehen, wie sie sich auf ihre Feinde werfen", schrieb ein arabischer Augenzeuge. „Ohne jede Todesfurcht und ohne sich darum zu scheren, wieviele fallen, rücken sie Reihe um Reihe vor, ein einziges Ziel vor Augen – den Feind zu schlagen und zu vernichten. Gewöhnlich kennen sie kein Pardon, schonen weder Knaben noch alte Männer. Sie sind wahre Todesboten, deren Gewalt niemand entkommt."[10]

Nach einigen kleineren Scharmützeln zwischen den Ihkwan und Scherif Husseins Leuten bereiteten beide Seiten sich auf eine offene Schlacht bei Turaba vor, einem rund hundert Kilometer von Mekka entfernten Ort. Doch es kam zu keinem Kampf. Statt dessen überrannten die mit Schwertern, Speeren und alten Gewehren bewaffneten Ikhwan in der Nacht des 25. März 1919 die von Prinz Abdallah angeführten Truppen des Scherifen. Einem Bericht des britischen Agenten und bekannten Arabisten Harry St John Philby[11] zufolge, floh der Prinz im Nachthemd. Die meisten seiner Leute wurden getötet. Die aufgeschreckten Briten, beunruhigt, forderten Ibn Saud auf, aus der Situation keinen Vorteil zu ziehen. Er beschloß, abzuwarten. Die nicht stattgefundene Schlacht von Turaba aber bedeutete für Scherif Hussein den Anfang vom Ende, künftig würde alle Verantwortung bei Abdallah liegen.

1920 nahm Prinz Feisal als Abgesandter seines Vaters an der Pariser Friedenskonferenz teil. Dort knüpfte er Kontakte mit den Zionisten und besprach mit ihnen die Möglichkeit eines gemeinsamen Bündnisses gegen die Europäer – eine unrealistische, allzu phantastische Vorstellung. Desgleichen schickte Feisal einen außergewöhnlichen Brief an einen amerikanischen Zionisten, Felix Frankfurter, später Richter am Obersten Gerichtshof der USA. Er schrieb: „Wir haben das Gefühl, daß Araber und Juden der Rasse nach Vettern sind, die auf ähnliche Art und Weise unter der Unterdrückung einer Macht gelitten haben, die stärker war als sie selbst, und die durch einen glücklichen Zufall in der Lage gewesen sind, gemeinsam den ersten Schritt zur Verwirklichung ihrer nationalen Ziele zu tun. Wir Araber, insbesondere die Gebildeten unter uns, blicken mit tiefster Zuneigung auf die zionistische Bewegung… Wir werden die Juden daheim auf das herzlichste willkommen heißen."[12]

Später, im Januar 1919, verständigte Prinz Feisal sich mit dem gemäßigten Zionistenführer Chaim Weizmann über ein einvernehmliches Verhältnis zwischen Arabern und Juden. Die Idee war, daß beide Völker ohne britische Einmischung zuammenlebten, wobei den Juden eine Art eigene Provinz eingeräumt werden sollte. Doch daraus wurde nichts. Hätten die Palästinenser damals von der Existenz jener Übereinkunft gewußt, viele von ihnen hätten sie gewiß als Hochverrat eingestuft.

Als die Briten Prinz Feisal das Königreich Syrien anboten, ging er darauf ein. Schon fünf Monate später vertrieben ihn französische Truppen und stellten das Land gemäß dem Sykes-Picot-Abkommen unter das Protektorat Frankreichs. Gerüchte besagten, Feisal könne statt dessen König des Irak werden, – was aber würde dann noch für den mißgünstigen Abdallah bleiben? Wohl nicht viel. Der machthungrige Prinz hatte sein Augenmerk jedoch auf das Land zwischen dem Hedschas, dem Irak und Palästina östlich des Jordans gerichtet. Die unwirtliche Wüste war von den Osmanen wie auch von den Engländern kaum beachtet worden, berüchtigt als ein Gebiet, in dem Räuber ihr Unwesen trieben, und nur von ein paar unerschrockenen britischen Offizieren überwacht.

Mit dem Segen seines Vaters machte sich Abdallah 1920 mit einer kleinen Gruppe von Gefolgsleuten und Stammesangehörigen von Medina aus auf den Weg. Nach einem Zwischenaufenthalt in Ma'an traf er 1921 in Amman ein. Seine erklärte Absicht war, in Syrien einzudringen, seinen Bruder wieder auf den Thron zu setzen und eigene Ansprüche auf das Königreich Irak geltend zu machen. Unklar blieb allerdings, woher er die Streitmacht für ein derart unwahrscheinliches Abenteuer nehmen wollte.

Vielleicht war das einer der Punkte, über die er mit den Engländern verhandelte. Abdallah war schließlich kein Narr und sich seiner Verwundbarkeit durchaus bewußt. Darüber hinaus gibt es, wie ein Historiker jener Region berichtet – auch wenn die Briten sie leugneten –, „Beweise dafür, daß Abdallahs Ankunft mit Großbritannien abgesprochen gewesen ist"[13].

Abdallahs Schritt fiel zusammen mit einer Konferenz in Kairo, die Winston Churchill, der damalige Kolonialminister, leitete. Churchill verfolgte eine „scherifische" Politik mit dem Ziel, kleine Königreiche zu schaffen und dabei jeweils pro-britische Mitglieder der Familie des alten Scherifen zum Thron zu verhelfen. Er hatte Syrien französischen Machtinteressen überlassen und plante, den unglücklichen Feisal nunmehr auf den irakischen Thron zu hieven. Deshalb war es wichtig, daß eine freundlich gesonnene Regierung das Land zwischen dem Irak und Palästina kontrollierte. Irgendwer mußte es regieren – warum nicht Abdallah?

Die Lösung war einfach. Abdallah sollte bleiben können, wo er war, vorausgesetzt, er machte drei Zugeständnisse: Er gab seinen Anspruch auf Jordanien auf, erkannte das britische „Mandat" über Transjordanien als Teil des Mandats über Palästina an (1920 auf der Konferenz von San Remo zugestanden) und versprach, in bezug auf Syrien den Franzosen keine Schwierigkeiten zu machen. Auf einem halbstündigen Treffen in Jerusalem bot Churchill, unterstützt von Lawrence, Abdallah das Emirat Transjordanien unter diesen drei Bedingungen an.

Als jemand, der sich keinen Trick entgehen läßt, unterbreitete Abdallah ein Gegenangebot: Macht mich zum König sowohl von Palästina wie von Transjordanien. Im Gedanken an die Balfour-Erklärung lehnte Churchill ab: Die dort genannten Grenzen ließen sich auf keinen Fall auf Gebiete östlich des Jordans ausweiten. Doch bot er Abdallah die stattliche Summe von 5.000 Pfund pro Monat an, um eine Polizeitruppe ausbilden und unterhalten zu können. Erleichtert angesichts der Chance, ein riskantes politisches und militärisches Abenteuer zu beenden, stimmte Abdallah den britischen Bedingungen zu. So wurde mit einem Federstrich, wie man Churchill später zitierte, an einem Sonntagnachmittag im Jahr 1921 das Emirat Transjordanien geschaffen.[14]

Am 16. September 1922 erteilte der Völkerbund Großbritannien das Mandat über Palästina. Dabei wurde festgelegt, daß die „nationale Heimstätte" für das jüdische Volk in Palästina zu errichten sei, im übrigen habe die Mandatsmacht die Rechte aller Einwohner zu schützen. Östlich des Jordans jedoch sollte die Balfour-Erklärung nicht gelten.

Im folgenden Jahr wurde Transjordanien als selbständiger Staat anerkannt. Es erhielt von Großbritannien eine jährliche Zuwendung von 150.000 Pfund und bekam britische „Berater", zu denen auch Harry St

John Philby zählte. Gleichzeit bestieg Feisal den irakischen Thron. Viel später, nachdem Abdallah ermordet worden war, hielt Churchill vor dem britischen Unterhaus in London auf ihn eine aufschlußreiche Lobrede. „Ich selbst war verantwortlich für… seine Ernennung oder Erhebung zum Emir von Transjordanien im Jahr 1922", sagte er. Abdallah habe Mekka verlassen, um die Franzosen aus Syrien zu vertreiben, doch „wir überredeten ihn, diesen zerstörerischen Schritt zu unterlassen… Er riskierte alles, um das Vertrauen derer zu gewinnen, mit denen wir zusammenarbeiteten… Die Araber haben einen großen Kämpfer verloren, die Juden einen Freund und jemanden, der Schwierigkeiten hätte beilegen können… und wir verloren einen treuen Kameraden und Verbündeten."

Unterdessen liefen die Ereignisse im Hedschas auf einen Höhepunkt zu. In der Türkei wurde im Zuge der von Kemal Atatürk geleiteten Reformen 1924 das Kalifat abgeschafft. Der ins Exil vertriebene Sultan, der letzte Herrscher des Osmanischen Reiches, hatte auch den Titel des Kalifen inne und war damit einer der höchsten geistlichen Führer des Islam gewesen. Der Posten war also vakant. Scherif Hussein, von den Briten vom „König der Araber" zum bescheideneren „König des Hedschas" degradiert, hielt seine Zeit für gekommen.

Er erinnerte öffentlich daran, daß er ein Nachfahre des Propheten Mohammed war und auch das höchst ehrenvolle Wächteramt über die heiligen Stätten in Mekka und Medina bekleidet hatte. Während eines Besuchs bei seinem Sohn Abdallah in Transjordanien ernannte Hussein sich selbst zum Kalifen. Sein Sohn Feisal, König des Irak, eilte nach Amman, um zu gratulieren. Während andere arabische Führer fern blieben, blickte Ibn Saud finster drein.[15]

Den Scherif störte es offenbar nicht, daß er sich mehr und mehr mißliebig machte. C.E. Vickery, der britische Vertreter in Dschidda, meinte, bis 1920 sei er zu einem Mann geworden, „gehaßt und gefürchtet von den eigenen Untertanen, mit dem es buchstäblich unmöglich ist, zusammenzuarbeiten oder in ihm auch nur einen vernünftigen Menschen zu sehen. Es gibt keinen Pfuhl auf der Welt, der so verdreckt ist wie die Städte des Hedschas. Scherif Hussein hat jedes Verbesserungsprogramm verhindert, allen Fortschritt blockiert."[16]

Der Gegenspieler war Ibn Saud mit seinen Ikhwan. „Er ist ein Mann von fabelhafter Erscheinung, über 1,80 Meter groß und mit der Ausstrahlung desjenigen, der es gewohnt ist, Befehle zu erteilen", schreibt Gertrude Bell, eine Kennerin auch entlegener Teile der arabischen Welt. „Obgleich er kräftiger gebaut ist als der typische Nomaden-Scheich, besitzt er die Merkmale des gebildeten Arabers, das markante Adlerprofil, sehr fleischige Nasenflügel, auffallende Lippen und ein langes, schmales Kinn, vom Spitzbart betont. Unter Männern, die im Kamelsattel groß geworden sind, hat er, wie es heißt, als ein unermüdlicher Reiter nur wenige Rivalen. Als Anführer irregulärer Truppen bewährt er sich durch Tollkühnheit." Auf Weisung der Engländer ließ Ibn Saud die Hände vom Hedschas.[17]

T. E. Lawrence begab sich dorthin, um im Sinne der Politik Churchills ein Übereinkommen zwischen Großbritannien und dem Scherifen zu erreichen. Als Gegenleistung für britischen Schutz und ansehnliche Finanzhilfen sollte Scherif Hussein die Rechtmäßigkeit internationaler Mandate sowie die Balfour-Deklaration anerkennen. Es sollte, mit anderen Worten, keine Unabhängigkeit geben und keine Behinderung der jüdischen Einwanderung. Der alte Mann lehnte ab. Großbritannien entzog ihm daraufhin den Schutz und die Hilfsgelder.

Der Krieg mit Ibn Saud, sofern man ihn als solchen bezeichnen kann, begann 1924. Prinz Ali und seine Soldaten flohen aus Taif aus Angst vor den Ikhwan noch vor deren Eintreffen. Wer in der Stadt geblieben war, man sprach von etwa dreihundert, wurde hingeschlachtet, die Häuser geplündert. Da Mekka das nächste Ziel war, sah der alte Scherif sich zur Abdankung zugunsten von Prinz Ali gezwungen. Er ging nach Zypern ins Exil und später nach Amman; 1931 starb er.

Ibn Saud ließ sich dazu bewegen, den Ikhwan in Mekka nicht freie Hand zu lassen; deshalb hielt sich, als die Stadt fiel, der Schaden in Grenzen. 1925 wurde Ali, weil die ihm noch loyal ergebenen Städte belagert waren, überredet, seinem Vater ins Exil zu folgen. Ibn Saud machte sich selbst zum König des Hedschas. Von nun an war es das Schicksal der Haschemiten-Dynastie, sich weitab von den Wurzeln ihrer Herkunft zu entfalten.

4
Araber und Juden

So fatale Folgen der Entzug der britischen Unterstützung für den alten
Scherif hatte, so entscheidend war deren Empfang für das Überleben des
Emirs Abdallah von Transjordanien. Bei der Übernahme seines neuen
Amtes hatte Abdallah, von den Engländern ermutigt, Transjordanien die
Provinzen Ma'an und Akaba einverleibt, obgleich sie zum Königreich
Hedschas gehörten. Ibn Saud war darüber mehr als ungehalten. 1924 fie-
len die Ikhwan in Transjordanien ein und nahmen Kurs auf Amman, Ab-
dallahs Hauptstadt. Nur dem energischen Eingreifen einer Staffel der
britischen Luftwaffe und einer Einheit gepanzerter Fahrzeuge war es zu
verdanken, daß sie wieder abzogen.

Auf diese Weise trat das Emirat seine Existenz an, mit stark ein-
geschränkter Unabhängigkeit unter dem Schutz eines fremden und
scheinbar allmächtigen Landes. Diese Teilselbständigkeit Transjordaniens blieb noch viele Jahre bestehen. Abdallahs Traum von einem vereinigten arabischen Königreich mit Syrien, Libanon, dem Irak, Transjordanien und Palästina (natürlich mit ihm als König an der Spitze) erwies sich als unrealistisch. Abdallah glaubte dennoch bis zu seinem Tode
daran.

Nach außen hin wirkte Transjordanien nicht sonderlich vielverspre-
chend. Es bestand aus einem kultivierbaren Streifen am Ostufer des Jordans, ein paar unterentwickelten Städten, unbedeutenden Vorkommen

von Bodenschätzen – von Phosphaten und Kalisalz abgesehen – sowie jeder Menge Wüste. Die Regierung stützte sich auf britische Finanzhilfe.

1928 unterzeichnete Abdallah mit Großbritannien einen Vertrag, in dem er das britische Mandat und die Kontrolle der Engländer über seine Außen- und Finanzpolitik anerkannte. Im Gegenzug sicherte Großbritannien Transjordanien militärische Unterstützung für den Fall eines Angriffs zu. Außerdem wurde Transjordaniens „Unabhängigkeit" in dem Abkommen ausdrücklich bestätigt.

Das Vertragswerk erwies sich bald als nützlich. Die Ikhwan versammelten sich im Süden von Abdallahs Wüstenreich erneut zum Angriff, wurden aber von britischen Flugzeugen und der von Briten ausgebildeten Arabischen Legion zurückgeschlagen.

War Abdallah eine Marionette? Ja und nein. Er war Realist. Seine Stärke bestand darin, daß er die Grenzen der eigenen Macht und Einflußmöglichkeiten ebenso gut kannte wie die der führenden Vertreter ausländischer Mächte, mit denen er zu tun hatte. Es war lebenswichtig, ein Freund der Engländer zu sein – und gefährlich, ihr Feind zu sein. Innerhalb dieses vorgegebenen Rahmens agierte Abdallah mit Geschick. Wenn er auch in besonderem Maß dem Traum anhing, eines Tages die Herrschaft über Syrien anzutreten, so unternahm er doch in dieser Hinsicht nichts, außer sein Ziel in aller Stille zu verfolgen (denn die Briten waren dagegen). Andererseits nutzte Abdallah seine bemerkenswerte Gewandtheit und das Bündnis mit den Engländern, um Kontrolle über das Westufer des Jordans und den Ostteil von Jerusalem zu erlangen (was die Briten billigten).

Er war von kleiner Statur, untersetzt und äußerlich wenig anziehend. Ihm fehlte das vornehme, elegante Auftreten seines Bruders Feisal. Doch er war klug. Er ging Risiken ein, allerdings mit großer Vorsicht; er besaß eine gewisse Würde, neigte aber auch zu Übertreibungen. Er war ein talentierter Erzähler und vermochte mißtrauische Gäste (etwa Israelis) mit der lauteren Wärme seiner Wesensart für sich zu gewinnen; völlig seelenruhig aber konnte er auch Leute täuschen, die er für dumm oder weltfremd hielt – oder für beides.

Er war kein Administrator. „Abdallah ist ein Betrüger", sagte ein britischer General. „Er gibt sein Geld für sich und seine Freunde aus. Aus Mangel an Macht, Talent und Energie kann er nicht regieren. Wir verschwenden unser Geld an ihn, und das Land fällt in Verderben und Anarchie."[1]

Diese Ansicht verbreitete sich mehr und mehr unter den Engländern. T. E. Lawrence meinte schon, Abdallah aus dem Emirat ins Exil eskortieren zu müssen. 1924 unterwarf sich Abdallah einem Ultimatum aus London: Die Briten wollten künftig wissen, wo ihr Geld abblieb. Von da an wurden die Klagen seltener.

Für die letzten zwanziger und die dreißiger Jahre sind in den Annalen Transjordaniens keine Ereignisse von größerer Bedeutung verzeichnet. Unter Abdallah blieb es ruhig im Emirat, zumal die Briten, allen voran der doppeldeutig als „Minister" bezeichnete Alec Kirkbride, dafür sorgten, daß er keine „Fehler" beging. Immer noch erschien der Emir als Außenseiter aus dem Hedschas, ganz konzentriert darauf, seine Position in Amman zu festigen.

Er tat es mit Erfolg. „Von 1932 bis 1948 war ganz Jordanien tatsächlich eines der glücklichsten kleinen Länder der Welt", schrieb der Mann, der später britischer Befehlshaber der Arabischen Legion war und als Glubb Pascha bekannt geworden ist. Der britische Kolonialismus hatte den Höhepunkt erreicht, als Glubb Pascha mitteilen konnte, die neun Jahre zwischen 1930 und 1939, in denen er in engem Umgang mit Beduinen die jordanischen Grenztruppen befehligte, zählten zu den glücklichsten seines Lebens. „Ich liebte diese armen, einfachen Menschen aufrichtig und wurde mit ihnen so vertraut, daß ich mich unter ihnen wie zu Hause fühlte."[2]

Trotz aller administrativen Fehler und Unbedachtsamkeiten stand Emir Abdallah dem Volk nahe. Er erschien zu regelmäßig abgehaltenen öffentlichen Audienzen und war bemüht, bei der Lösung individueller Probleme zu helfen. Hussein, sein Enkel, führte diese Tradition, nachdem er König geworden war, weiter. Das alles entsprach gewiß keiner Demokratie im westlichen Sinne. Vielmehr handelte es sich um eine offene Form autoritärer Macht, die Transjordanien aber gut zu bekommen schien. König Hussein übernahm später manche der Herrschaftsmethoden seines Großvaters, und zu den Beduinen entwickelte er eine ähnliche Zuneigung wie Glubb.

Der Emir verfolgte weiter seinen Traum von einem Groß-Syrien, das sich von Damaskus und Beirut über Palästina bis zum Hedschas erstreckte. Jungen arabischen Nationalisten, die ihn in Amman aufsuchten, teilte er seine Vorstellungen mit, ohne daß man sich dabei über gemeinsame Ziele verständigte: Abdallah wollte der autokratisch regierende, konservative Monarch des Reiches bleiben, der er war, die jungen Nationalisten aber wollten Macht für sich selbst und wünschten sich eine Republik.

Keiner der Nachbarn war von der Idee eines Groß-Syriens angetan. Die Engländer gaben einer „Teile und herrsche"-Politik den Vorzug und lehnten eine aus eigener Vollmacht regierende Persönlichkeit ab. Ibn Saud wiederum wollte mit den Haschemiten nichts zu tun haben, König Feisal im Irak war gegen die Expansion einer benachbarten Macht, während die Damaszener und Palästinenser hochmütig auf den aufstrebenden Wüstenkönig herabblickten.

Die Jahre zwischen den beiden Weltkriegen verliefen in Transjordanien ziemlich ruhig. Anders sah die Lage jenseits des Jordans aus, wo die Bestimmungen der britischen Mandatsregierung in Kraft waren und die Balfour-Erklärung galt. Der Zustrom jüdischer Einwanderer verstärkte sich und beunruhigte zunehmend die Palästinenser, die meinten, ein größeres Anrecht auf das Land zu haben. Zwar hatten die Juden, räumten sie ein, im Altertum für kurze Zeit über dieses Gebiet verfügt, unter König David; wir jedoch, so die Palästinenser, sind direkte Nachkommen des Volkes von Kanaan, von dem ebenfalls im Alten Testament die Rede ist, und seither lebten wir hier in großer Zahl. (Die Juden hielten ihr Augenmerk nicht nur auf das Land zwischen Mittelmeer und Jordan, sie richteten es auch auf das östlich des Flusses liegende Gebiet. „Transjordanien ist seit frühester Zeit ein integraler und vitaler Bestandteil Palästinas gewesen", erklärte der Zionistenführer Chaim Weizmann. „Dort haben die Stämme von Ruben, Gad und Manasse als erste ihre Zelte aufgeschlagen und ihre Herden geweidet.")

Im Mandatsgebiet Palästina waren es vor allem drei Städte, die herausragten: als erste Jerusalem, Sitz der Mandatsregierung und der Zentrale des Obersten Arabischen Komitees unter Führung von Haj Amin Husseini sowie des Obersten Muslimischen Rates, sodann das wohlhabende Nablus und das bedeutend weniger reiche Hebron. In der Mandatszeit stieg der Anteil der palästinensischen Araber an der Einwohnerschaft Jerusalems auf rund vierzig Prozent, weitere vierzig Prozent waren Juden, die restlichen zwanzig Prozent palästinensische Christen.

In den ersten Jahren versuchten Palästinenserführer die Briten davon zu überzeugen, daß sie mit der Balfour-Deklaration einen Fehler begangen hatten. Sie drängten sie, die Erklärung wieder zurückzunehmen, doch die in Ausschüssen und mittels Petitionen unternommenen Vorstöße mißlangen.

Ende der zwanziger und in den dreißiger Jahren brachen Konflikte aus. Muslime und Juden gerieten im Streit um gemeinsame oder rivalisierende Ansprüche auf religiöse Stätten aneinander. Von besonderer Heftigkeit waren die Auseinandersetzungen um die westliche Mauer des Tempelbergs in Jerusalem und um die Grabstätten von Abraham und Sarah in Hebron. Dazu kamen dann Unternehmungen bewaffneter Widerstandsgruppen. Izzedine al-Qassam, einem religiösen Anführer, gelang es, viele Palästinenser aus den Armensiedlungen an der Küste für seine Zwecke zu mobilisieren. Er unternahm Überfälle aus dem Bergland um Nablus, bis ihn 1935 die Engländer töteten. (Sechzig Jahre später wollten „Brigaden des Izzedine al-Qassam" sein Andenken ehren, indem sie mit Bombenanschlägen den Nahost-Friedensprozeß auszuhebeln suchten.)

Doch wie auch sonst gelang es den Palästinensern nicht, eine gemeinsame Front zu bilden. Haj Amin Husseini wurde nach Unterstützung durch die Briten, die auf der Suche nach einem „verläßlichen arabischen Gewährsmann" waren, zum Großmufti von Jerusalem ernannt. Und Haj Amin entwickelte sich zu einem kompromißlosen palästinensischen Nationalisten, der danach strebte, seine Macht zu vergrößern.[3]

Zwischen den beiden führenden Jerusalemer Familien, den Husseinis und den Nashahibis, kam es zu Rivalitäten. Während die Husseinis mehr zu einem pan-arabischen Nationalismus tendierten, verhielten sich die Nashahibis pro-britisch. Die Arabische Exekutive, nach eigenem Anspruch eine repräsentative Palästinenserorganisation, war in sich zerstritten. Mittlerweile kauften die Juden gutes Küstenland auf und ersetzten die palästinensischen Landarbeiter durch jüdische. Die Grenzen waren klar: Arabische Nationalisten erstrebten die Unabhängigkeit Palästinas und bestanden darauf, daß die jüdische Zuwanderung und der Verkauf von Land an Juden aufhörten. Die Juden wiederum waren zur Fortsetzung ihrer Einwanderungs- und Siedlungspolitik entschlossen. Erfolgreich erinnerten die Engländer damit an die Einhaltung der Zusagen, die die Balfour-Erklärung enthielt.

Das unvermeidliche Ergebnis des Konflikts war der Aufstand der Jahre 1936-39, der mit einem palästinensischen Generalstreik begann. Die Briten weigerten sich, arabischen Forderungen nachzugeben. Die Juden beschäftigten keine arabischen Arbeiter mehr. Daraufhin brachten palästinensische Untergrundkämpfer Züge zum Entgleisen, blockierten oder verminten Häfen, zerstörten elektrische Überlandleitungen und setzten eine Ölpipeline außer Betrieb.[4] Die Engländer gingen hart vor, bis der Streik in den Städten zum Erliegen kam. Im Lande setzte er sich fort, bei Kriegsausbruch 1939 jedoch war der Aufstand auch in abgelegenen Gegenden niedergeschlagen. Viele führende Köpfe befanden sich im Gefängnis oder, wie Haj Amin Husseini, im Exil. Die Nashashibis hatten sich herausgehalten.

Vom östlichen Jordanufer her beobachtete Emir Abdallah die Unruhen und schließlich ihre Unterdrückung. Es hätte überrascht, wenn dieser ehrgeizige und nimmermüde Mann nicht versucht hätte, eigenen Nutzen daraus zu ziehen. Anhänger Husseinis behaupteten, tatsächlich habe ein Geheimplan existiert, wonach Palästina unter dem Mandat zwischen Arabern und Juden aufgeteilt und der Emir zum Herrscher über den arabischen Teil ernannt werden sollte.[5]

Abdallah scheint zu dem Schluß gekommen zu sein, daß seine Vorstellung von einem Groß-Syrien sich nur nach und nach verwirklichen ließe und daß der erste Schritt dahin in der Übernahme Palästinas bestünde. Um dies zu erreichen, bedürfte es der Einwilligung der Briten, der Juden und der Palästinenser. Und die wären alle erst noch zu überzeugen.

Abdallah wußte, daß es in seinem eigenen Interesse lag, wenn er sich mit den Briten gut stellte. Seine Loyalität wurde belohnt. Die Briten erkannten die Notwendigkeit, Sicherheit und Ordnung in dem Gebiet zu garantieren, ohne daß man dafür die Kosten für die ständige Anwesenheit britischer Truppen aufbrachte. So beschlossen sie, unter ihrer Kontrolle Einheiten aus Landesbewohnern aufzustellen. Es sei auch besser, sie im loyalen, abhängigen Transjordanien zu stationieren als in dem unruhigen Mandatsgebiet Palästina. Die Arabische Legion, zunächst von Colonel Frederick Peake, später von Glubb Pascha befehligt, wurde also in Transjordanien ins Leben gerufen.

Bei den Palästinensern empfahl sich Abdallah mit seinem Charme, mit seinem Titel und seiner Nützlichkeit. Die Nashashibis befürworteten, daß er Palästina übernahm, die Husseinis aber waren dagegen. Um guten Willen zu zeigen und einflußreiche Familien für sich zu gewinnen, ernannte Abdallah gebildete Palästinenser zu seinen Beratern. Doch die Zeit war noch nicht reif, Palästina blieb vorerst unter britischem Mandat.

Was die Juden betraf, so vertraute Abdallah seinem während der Jahre in Konstantinopel verfeinerten Sinn für Machtpolitik. Er war überzeugt, daß die Einwanderer bleiben würden, ja daß noch mehr kämen, und daß die Briten die Versprechungen der Balfour-Deklaration halten würden. Anders als die Husseinis, die die Juden als verhaßte Eindringlinge betrachteten, die es mit allen Mitteln zu bekämpfen galt, begriff Abdallah, daß er sich mit ihnen arrangieren mußte – möglichst zum eigenen Vorteil.

Dem Emir war klar, daß, wie sein Enkel, König Hussein, später schrieb, „die zionistische Bedrohung und Lawine gebremst, aber nicht gänzlich verhindert werden konnte". „Ethik und Machtpolitik stimmen nicht immer überein. Das tragische Ruinieren und Demontieren des palästinensischen Volkes, zu dem seine Führung unbewußt beigetragen hat, bestand darin, daß es sich unerbittlich weigerte, diese unliebsame, doch unabänderliche Tatsache zu begreifen oder anzuerkennen." Emir Abdallah andererseits „hatte den zionistischen Eisberg und sein ganzes Ausmaß erkannt, während andere nur die Spitze davon sahen. Darum war seine Strategie und Taktik darauf ausgerichtet, die möglichen Folgen eines Frontalzusammenstoßes zu vermeiden beziehungsweise zu verringern. Andere sahen nur die Spitze des Eisbergs und reagierten mit übersteigertem Selbstvertrauen, mangelnder Flexibilität und äußerster Selbstzufriedenheit".

Was für ein Handel hätte denn für die Juden akzeptabel sein und Abdallah zum Vorteil gereichen können? Ihm schwebte ein haschemitisch-zionistisches Bündnis vor. Palästina könnte zu einem Kondominium werden, regiert von Palästinensern und Juden, doch ohne die dubiosen Vorteile britischer Oberhoheit. Er selbst, der geniale, vertrauenswürdige Abdallah würde ein gütiger Monarch sein und seinem Groß-Syrien einen Schritt näherkommen.

Die Sache war natürlich von vornherein zum Scheitern verurteilt: Die Zionisten hatten ihr Herz an die Gründung eines unabhängigen jü-

dischen Staates gehängt, anderes kam nicht in Betracht. Abdallah, groß-
geworden im osmanischen Vielvölkerreich und im kosmopolitischen
Konstantinopel erzogen, wird gewiß kein Antisemit gewesen sein, doch
die Juden fragten sich, wie gefestigt wohl seine Herrschaft sei. Die Antwort erhielten sie 1951, als Abdallah ermordet und sein Enkel der Nachfolger wurde: Die Herrschaft war stabil.

Kontakte zu den Zionisten waren schon frühzeitig geknüpft worden.
Bereits in den zwanziger und dreißiger Jahren gab es Gespräche mit jüdischen Repräsentanten. 1924 zum Beispiel sprach Oberst Frederick
Kisch, der Vorsitzende der palästinensischen Zionistischen Exekutive,
mit dem Emir und seinem Vater, König Hussein des Hedschas, der gerade zu Besuch in Amman war. Kischs Vorschlag eines gemeinsamen ara-
bisch-jüdischen Komitees fiel auf steinigen Boden. 1926 rief Abdallah
die Juden auf, sich in Transjordanien niederzulassen und dort zu investieren. „Wir sind arm, und Ihr seid reich", sagte er. „Bitte kommt nach
Transjordanien. Ich garantiere für Eure Sicherheit." 1931 kehrte Kisch
zurück und sorgte dafür, daß ein jüdischer Arzt den König am grauen
Star operierte. Als Abdallah im selben Jahr keinen arabischen Bauern für
staatliches Land fand, das in seinen Besitz gefallen war, schloß er heimlich ein Geschäft mit einer jüdischen Firma ab. Der Emir kam nicht um
hin, es rückgängig zu machen, nachdem die Sache bekannt geworden
war. Die Angelegenheit trug sehr dazu bei, daß Abdallah in der arabischen Welt in Mißkredit geriet. Er habe Geld von der Jewish Agency genommen, hieß es.[6]

Dagegen hat eine weitere Unbedachtheit, die er damals beging, seinem Ansehen nicht geschadet. Der Emir gab dem schwarzen Sklaven-
mädchen Nahida, das ursprünglich als Spielgefährtin für die Tochter
Maqbuga aus Mekka geholt worden war, die Freiheit zurück und machte es zu seiner dritten Frau. Nach der Heirat ließ er ihr einen Palast bau-
en. Ihre Erfolge – Nahida handelte später mit Immobilien – schrieb man
in Amman dem Einfluß geheimer Zaubermächte zu.

1934 unternahm Abdallah erneut den Versuch, sein Kondominium
von Arabern und Juden unter der haschemitischen Monarchie ins Leben zu rufen. Er unterbreitete seinen Vorschlag den beiden palästinensischen Familienclans, den Husseinis und den Nashashibis, sowie der Jewish Agency. Nur die Nashashibis stimmten zu. Der starrköpfige Natio-

nalist Haj Amin Husseini beharrte auf einer Beendigung des britischen Mandats, der Aufhebung der Balfour-Erklärung und der vollen Unabhängigkeit der Araber. Er haßte Abdallah.

Angesichts der finanziellen Abhängigkeit Abdallahs von Großbritannien und seiner Freude am Geldausgeben wurde ihm 1936 von jüdischer Seite finanzielle Unterstützung für den Fall angeboten, daß er in Transjordanien jüdische Ansiedlungen zuließ. Abdallah zögerte. Doch einem jüdischen Bericht zufolge, erhielt er ohnehin Geld von den Juden.[7]

Im Jahr darauf veröffentlichte eine Kommission unter Earl Peel ihr Untersuchungspapier. Sie war in London beauftragt worden, einen Bericht über den Aufstand der Araber vorzulegen und darin Vorschläge zur Lösung der Probleme zu unterbreiten. Die Kommission sprach sich für eine Teilung des Landes aus: Die Palästinenser sollten etwa achtzig Prozent des gesamten Territoriums in Besitz nehmen, der jüdische Bevölkerungsanteil fünfzehn Prozent, der Rest, ein Küstenstreifen zwischen Jerusalem und Jaffa, sollte Mandatsgebiet bleiben. Der für die Araber vorgesehene Teil, so Peels Vorschlag, sollte mit Transjordanien unter Emir Abdallah verschmelzen und finanzielle Unterstützung sowohl von den Juden wie von den Briten erhalten.

Überglücklich stimmte Abdallah dem Peel-Bericht sofort zu. Arabische Nationalisten jedoch, mißtrauisch gegenüber den Juden und dem Emir, auch in unbedarfter Fehleinschätzung ihrer eigenen Schwäche, lehnten die Pläne ab. Die Zionisten zögerten. Man kann darüber nur spekulieren, wie die Geschichte der Juden verlaufen wäre, hätten sie sich augenblicklich mit dem ganzen internationalen Gewicht ihres Volkes hinter den Bericht gestellt.

Schon im Jahr darauf war es zu spät. Die britische Regierung lehnte eine Teilung ab und schlug statt dessen eine Föderation vor, die innerhalb von fünf Jahren zur Unabhängigkeit führen sollte, mit einer Limitierung der jüdischen Einwanderung und des jüdischen Grundbesitzes. Haj Amin Husseini lehnte diesen eindeutig pro-palästinensischen Vorschlag mit der Begründung ab, fünf Jahre seien eine viel zu lange Zeit. 1938 ging er ins Exil, die Jahre des Zweiten Weltkriegs verbrachte er in Deutschland.

Die Region war vom Krieg kaum betroffen, im Gegenteil, der Bevölkerung ging es wirtschaftlich recht gut. Palästinensische Produkte erzielten hohe Preise, und die Palästinenser selbst fanden in zunehmend großer Zahl Beschäftigung bei britischen Militäreinrichtungen. Abdallah verhielt sich loyal den Briten gegenüber, desgleichen die Juden. Der Emir pflegte seine Kontakte. 1942 sprach er mit dem Zionistenführer Moshe Sharett über seinen immer wiederkehrenden Traum, ein teilweise jüdisches Palästina einer Vier-Staaten-Föderation mit Transjordanien, Syrien und Libanon einzugliedern, mit ihm als König.

Nach dem Krieg belohnten die Briten Abdallah für seine Loyalität. 1946 wurde er zum König von Transjordanien ausgerufen; sein Land erhielt die völlige Unabhängigkeit, mochte es auch weiterhin auf britisches Geld und Know-how angewiesen sein. Die Vereinbarungen, die der Unabhängigkeitserklärung zugrunde lagen, sicherten den Engländern praktisch in ganz Transjordanien alle Freiheiten.[8]

In den Nachkriegsjahren verstärkten sich Abdallahs Kontakte mit den Juden. Sein erster Gesprächspartner war 1946 Elias Sasson, Leiter der arabischen Sektion in der politischen Abteilung der Jewish Agency, der fließend Arabisch sprach und Abdallah, wie es in jüdischen Quellen heißt, mit Geld versorgte.

Ein Jahr später nahmen die Spannungen zu: Die jüdischen Behörden in Palästina beharrten auf einer Teilung des Landes und verlangten den ungehinderten Zustrom weiterer Siedler, während die Arabische Liga die Husseinis und das Arabische Hohe Komitee in Jerusalem in ihrer Forderung nach sofortiger Unabhängigkeit eines arabisch geführten Staates unterstützte. Jüdische Untergrundkämpfer begannen ihre Aktionen gegen die britische Mandatsmacht.

In geheimen Botschaften an den britischen Außenminister Ernest Bevin brachte Abdallah seine Bereitschaft zum Ausdruck, den arabischen Teil eines geteilten Palästinas unter seine Fittiche zu nehmen, wenn Großbritannien, wie zugesagt, das Mandat aufgab. Zugleich gab der König zu verstehen, daß er sich darüber öffentlich nicht äußern könne. Tatsächlich mußte er mitunter das genaue Gegenteil erklären, aus Furcht, allzu ehrgeizig und landhungrig zu erscheinen.

Bevin, der gewiefte frühere Gewerkschaftsführer, verstand die Lage. „Das scheint das Naheliegendste zu sein, das sich tun läßt", sagte Bevin zum transjordanischen Premierminister Tawfiq Abul Huda[9] bei dessen Besuch. „Aber dringt nur nicht in Gebiete ein, die den Juden zugewiesen sind." Statt ein Teil des Problems zu sein, erwies sich Abdallah, Großbritanniens verläßlichster Gefolgsmann und Verbündeter, als Teil der Lösung, wie er es schon für Winston Churchill gewesen war. Rückendeckung erhielt er von Sir Alec Kirkbride.

Dieser bemerkenswerte Kolonialoffizier besaß die Achtung und das Vertrauen der Oberen in Transjordanien und hatte Abdallah gelegentlich vor Fehltritten bewahrt. Kleine Sünden des Königs übersah er gelassen, solange sie britischen Interessen nicht schadeten. Andere Briten, die in der Region Dienst taten, waren weniger nachsichtig. Einer sagte, Abdallah sei von anderen arabischen Führern mit Verachtung als britische Marionette behandelt worden, beim Schachspiel habe er fortwährend gemogelt. Und ein anderer wußte, daß hochgestellte Araber seinen Namen nur mit einem mitleidigen Lächeln oder einem Achselzucken erwähnten.

Abdallah sah es als seine Aufgabe an, mit den Zionisten über die Aufteilung Palästinas ein Abkommen zu schließen. Aber das war schwierig. Da der Mufti, das Oberste Arabische Komitee und auch die benachbarten Herrscher hinsichtlich seiner Motive größtes Mißtrauen hegten, durfte Abdallah seine Karten nicht öffentlich ausspielen, auf keinen Fall den Anschein erwecken, mit den Juden verbündet zu sein. Vielmehr mußte er den Eindruck hervorrufen, in engem Schulterschluß mit den arabischen Brüdern der zionistischen Bedrohung zu widerstehen.

Im August 1947 empfahl ein UN-Sonderausschuß die Teilung Palästinas. Abdallah, diesmal klüger als zu der Zeit, da die Peel-Kommission sich für eine Teilung ausgesprochen hatte, verhielt sich ruhig, insgeheim aber setzte er sich mit allem Nachdruck für die Teilung ein. Die UN-Empfehlung wurde angenommen.

Dann kam es hart. Großbritannien gab das Mandat auf, überzeugt, daß die Teilung nicht friedlich verlaufen würde. Die arabischen Nachbarstaaten bewaffneten sich mit Hilfe der Briten und waren bereit zur Intervention. Die 1945 gebildete Arabische Liga richtete sich darauf ein, militärische Aktionen gegen die Juden zu koordinieren und so die Teilung zu verhindern. Der UN-Sonderausschuß für Palästina hatte zwar den Befürwortern der Teilung zugestimmt, doch keinen Vorschlag gemacht, wer den arabischen Teil regieren sollte. Abdallah mußte handeln.

Am 17. November 1947 traf der König sich mit Golda Myerson (die ihren Namen später in die hebräische Form Golda Meir umwandelte), der amtierenden Leiterin der politischen Abteilung der Jewish Agency.[10] Wiederum schlug er eine „unabhängige hebräische Republik in einem Teil Palästinas innerhalb eines transjordanischen Staates, der beide Ufer des Jordans umfaßt, mit mir als Oberhaupt" vor. Die Idee traf auf keine Gegenliebe. Golda Meir wollte zwei Staaten, einen arabischen und einen jüdischen. Was die Juden denn tun würden, erkundigte sich Abdallah, wenn er den arabischen Teil Palästinas übernähme. Sie würden wohlwollend reagieren, erwiderte die Gesprächspartnerin, sofern er sich bei der Errichtung eines jüdischen Staates nicht einmischte und damit einen militärischen Konflikt provozierte. Abdallah versicherte, er werde seinen Soldaten nicht erlauben, gegen die Juden zu kämpfen, auch nicht, mit anderen Truppen gegen sie zu kooperieren. Einer der bei dem Gespräch anwesenden Juden schrieb in einem offiziellen Bericht: „Am Schluß stellte Abdallah die Frage nach einer beträchtlichen Erhöhung unserer Finanzhilfe."[11]

In einem Schreiben an den Mann, den Foreign-Office-Obere „Mr. Bevins kleinen König" nannten, unterstützte der britische Außenminister Abdallahs Vorhaben, den arabischen Teil von Palästina zu übernehmen. Was den für die Juden vorgesehenen Teil anging, so sollte er ihnen ohne weiteres Aufhebens überlassen werden. Bevin verband dies jedoch mit einer ernsten Warnung vor der Gefahr, daß ein falscher Schritt den König in der arabischen Welt isolieren könnte.

Es überrascht nicht, daß Abdallah mit dem nahenden Ende des Mandats zu der Ansicht gelangte, sich offiziell mit den anderen Arabern verbünden zu müssen, vor ihnen aber seine wahren Absichten verbarg, ja sogar den eigenen Ministerpräsidenten im unklaren ließ. Die mißtrauische Golda Meir war besorgt über Gerüchte, wonach Abdallah ein Doppelspiel mit den Juden trieb und sich an einer arabischen Invasion in Palästina beteiligen wollte. Abdallah erwiderte, er sei Beduine und daher ein Ehrenmann; er sei König und deshalb doppelt ein Ehrenmann; außerdem würde er niemals ein Versprechen brechen, das er einer Frau gegeben habe. Golda Meir und ihr Chef, David Ben-Gurion, blieben davon unbeeindruckt.

Nachdem Kämpfe zwischen jüdischen Streitkräften und palästinensischen Freischärlern ausgebrochen waren, gewannen die Juden die Oberhand. Mit viel Geschick ließ sich Abdallah von der Arabischen Liga

John Glubb (Pascha) übernahm zu Beginn des Zweiten Weltkrieges das Kommando der „Arabischen Legion" in Jordanien und baute eine straff gegliederte Elitetruppe auf. 1956 wurde er von König Hussein entlassen.

bevollmächtigen, seine Arabische Legion nach Palästina zu entsenden, um den Menschen dort zu helfen. Daraufhin herrschte Verwirrung. Die Jewish Agency versuchte, Abdallah schriftlich an seinem Versprechen festzunageln, sich auf jüdischem Boden jeder Einmischung zu enthalten. Abdallah reagierte ebenfalls schriftlich, und zwar in einer nationalistischen Tonart, wohl zur Freude des Muftis von Jerusalem. Er sprach öffentlich von Krieg, möglicherweise, um seine Pläne zu verbergen, vielleicht aber auch, weil ihn das schreckliche jüdische Massaker an unschuldigen Dorfbewohnern in Deir Yassin zutiefst schockiert hatte. Die Anführer der Juden konnten nicht glauben, daß Abdallahs gegenüber Golda Meir geäußerte Selbsteinschätzung als Beduine, als König und als Mann immer noch galt. Doch das tat es, das war durchaus so.

Abdallahs Versprechen wurde bekräftigt durch Glubb Paschas Entschlossenheit, sich an die Befehle aus London zu halten und sicherzustellen, daß seine Arabische Legion auf der arabischen Seite der von der UNO festgelegten Trennungslinie blieb. Die Befehle kamen dem britischen General sehr entgegen: Er fürchtete sich vor einer Niederlage durch die Juden, die seine stolze kleine Armee mit nicht voraussehbaren Folgen völlig ausgelöscht hätte. Die Regierung in London wollte die Legion aus dem Krieg heraushalten und unterließ es folglich, sie für den Ernstfall mit genügend Waffen und Munition auszurüsten. Ständige Ersuchen um eine bessere Versorgung stießen auf taube Ohren.

5
Nicht ganz Krieg

Bevor 1948 das britische Mandat auslief, versuchten arabische Freischärler, manchmal von unfähigen Offizieren geführt, in das von der UNO
den Juden zugesprochene Gebiet einzudringen. Mit fester Entschlossenheit wären sie vermutlich weit gekommen; doch sie zögerten. Die
Arabische Legion in Transjordanien signalisierte, daß sie nicht eingreifen würde. Bevin ließ in einem Geheimtelegramm dem amerikanischen
Außenminister George Marshall die vertrauliche Nachricht zukommen,
daß britische Offiziere, die vorübergehend zur Arabischen Legion versetzt waren, sich laut Befehl nach Transjordanien zurückziehen müßten,
falls die Legion in Kämpfe mit jüdischen Einheiten auf dem den Juden
zugesprochenen Territorium verwickelt würde.

Glubb Pascha drückte dies in einer Botschaft nach London so aus:
„Die transjordanische Regierung hat nie die Absicht gehabt, sich an
ernsthaften militärischen Operationen zu beteiligen, sie war sich von Anfang an voll bewußt, daß eine Teilung unvermeidlich sei."[1] Abdallah und
Glubb gelang es jedoch, jüdische Sondierungen im arabischen Ost-Jerusalem zu vereiteln. Glubb nahm für sich in Anspruch, seine kleine,
schlecht ausgerüstete Truppe sei es gewesen, die Jerusalem „rettete". Die
Freiwilligen der Arabischen Befreiungsarmee jedenfalls, ein bunt zu-
sammengewürfelter Haufen, waren es mit Sicherheit nicht. „Der Gedanke, daß ein Trupp von Banditen und Schwärmern sich in drei, vier

Wochen in eine Armee verwandeln lasse, war lächerlich", schrieb Glubb später.[2]

Die Juden machten mit ihren anderen Widersachern aus Ägypten und Syrien kurzen Prozeß. Abdallah betrachtete die „brüderlichen" arabischen Verbände dieser Länder als Hindernis gegen die Errichtung einer ständigen jordanischen Kontrolle über die Westbank und unternahm nur wenig zu ihrer Unterstützung. Bei einem Treffen mit den Israelis wünschte er diesen sogar Erfolg bei der Vertreibung der Ägypter aus dem Gaza. Inzwischen hatte die Arabische Legion einen Großteil der später so genannten Westbank besetzt. Schließlich unternahm Abdallah einen entscheidenden Schritt.

Unter der Ägide des Muftis wurde im September 1948 – mit eindeutiger Stoßrichtung gegen die Interessen Abdallahs – in Gaza eine „gesamtpalästinensische Regierung" gebildet. Im Monat darauf erklärte sie ihre Unabhängigkeit. Abdallah weigerte sich als einziges Mitglied der Arabischen Liga, sie anzuerkennen. Wenige Tage später berief er in Amman einen „Palästinensisch-arabischen Kongreß" ein, an dem einige tausend angesehene Persönlichkeiten aus ganz Palästina teilnahmen. Sie rügten den Mufti öffentlich und lehnten die Anerkennung der „Regierung" in Gaza ab. Sie allein, erklärten sie, seien die eigentlichen Repräsentanten des palästinensischen Volkes. Ihre Bitte war, ihre palästinensische Heimat unter jordanische „Protektion" zu stellen.

Um dies perfekt zu machen, berief Abdallah im Dezember in der Westbank-Stadt Jericho eine zweite Konferenz ein. Die Resolution, die verabschiedet wurde, rief zur Vereinigung von Transjordanien und dem arabischen Palästina unter der haschemitischen Krone auf. Außerdem brachte sie den Mangel an Vertrauen zum Obersten Arabischen Komitee und anderen Hardlinern zum Ausdruck. Am Treffen in Jericho nahmen die Bürgermeister von Hebron, Bethlehem und Ramallah sowie einige militärische Befehlshaber und ehemalige Gefolgsleute des Mufti teil – für Abdallah ein großer Erfolg. Zunächst freilich mußten ihn auch die Juden akzeptieren.

Am 14. Mai 1948 verkündete David Ben-Gurion die Gründung des Staates Israel. Präsident Harry Truman erkannte ihn im Namen der Vereinigten Staaten sofort an, nachdem eine pro-israelische Lobby in Washington ihre Kräfte gezeigt und damit einen amerikanischen Präsidenten verärgert hatte – übrigens nicht zum letzten Mal. Es lag im amerikanischen Interesse, für die vertriebenen Juden aus Europa eine Heimat zu schaffen. „Viele Juden neigten eher zu dem Glauben, unsere Palästinapolitik sei dasselbe wie das zionistische Programm für den Staat Israel", notierte Truman später. „Wann immer sie mit ihren Vorstellungen nicht übereinstimmte, beschuldigten sie uns, unsere Haltung sei eine pro-arabische geworden... Ich glaube nicht, daß das Weiße Haus jemals einem solchen Druck und solcher Propaganda ausgesetzt war, wie ich es in diesem Fall erlebte. Mich störte und ärgerte die Hartnäckigkeit einiger extremer Zionistenführer, die politischen Motiven folgten und politische Drohungen ausstießen. Manche schlugen sogar vor, daß wir souveräne Staaten zu einer ihnen genehmen Stimmabgabe in der Vollversammlung [der Vereinten Nationen] drängten."[3]

König Abdallah erkannte Macht an, wo er sie wirken sah. Er war geneigt, mit dem neuen Staat seine eigenen Geschäfte zu machen, ohne Rücksicht auf das, was seine arabischen Brüder taten, doch die Engländer hielten ihn davon ab. Trotzdem liefen die Gespräche weiter. Die aktivste und doch schattenhaft im Hintergrund bleibende Gestalt auf israelischer Seite war während der gesamten Zeit der Arabist Elias Sasson. An einigen Begegnungen nahm auch der junge Oberst Moshe Dayan teil, der spätere Generalstabschef der israelischen Armee. Eine wichtige Rolle spielte der exzentrische Reuven Shiloah, ein Mann vom Außenministerium, der dort sozusagen sein eigener Herr war.

Avi Shlaim, der angesehene israelische Historiker, beschreibt ein ungewöhnliches Zusammentreffen von Abdallah, Sasson und Dayan. Dayan zeigte sich am Ende der Begegnung erstaunt darüber, daß Sasson eine 1948 brennende Frage nicht zur Sprache gebracht hatte: Israels Verlangen nach Freilassung von siebenhundert Gefangenen. „Sasson ging, vom König geleitet, zur Tür, und als sie an der Tür angekommen waren, umarmte ihn der König", schreibt Shlaim. „In diesem Augenblick schob Sasson die Hand unter die Seidenschärpe des Königs. Abdallah stockte der Atem, denn dem Brauch der Beduinen gemäß muß der Scheich dem Mann, der ihm eine Hand unter die Schärpe schiebt, einen Wunsch erfüllen. Sassons Opfer hob beide Hände zum Zeichen der Kapitulation. Er sagte: ‚Elias, wünsche dir bitte, was erfüllbar ist.' Dayan blickte ungläubig drein und schien sich wohl zu fragen, ob Sasson noch bei Sinnen sei.

Als Sasson um Entlassung der siebenhundert Gefangenen bat, wandte der König sich an Abdallah al-Tall (seinen Berater, später vermutlich Planer seiner Ermordung) und fragte ihn nach seiner Meinung. Al-Tall erklärte, einige der Gefangenen seien Frauen und Kinder und für die Arabische Legion nichts weiter als eine Belastung. Zugleich versicherte er dem König, die Briten würden gegen die Freilassung der Gefangenen keine Einwände erheben. ‚Gut‘, sagte Abdallah, ‚laßt sie gehen, mögen sie gesegnet sein!‘"

Als nächstes stellte sich die Frage nach einer dauerhaften Friedensregelung zwischen Arabern und Juden. Die Israelis wollten sie, Abdallah ebenfalls. Am 28. November 1948 wurde zwischen al-Tall und Dayan eine Waffenruhe ausgehandelt.[4] Daß es die Ägypter waren, die sie in die Wege geleitet hatten, stellte sich als günstig heraus für den König: So erschien er nicht als der, der mit dem Feind offizielle Gespräche führte. Aber die Verhandlungen zogen sich hin und ließen den Israelis Zeit, nach Süden bis zum Golf von Akaba vorzustoßen und Eilat zu erobern, und zwar unter dem Kommando eines ungewöhnlich befähigten jungen Obersten namens Jitzhak Rabin.

Abdallah verhandelte danach mit den Israelis Walter Eytan vom Außenministerium, mit Yigael Yadin, Moshe Dayan und Yehoshafat Harkabi. Sie präsentierten ihm ein Ultimatum: entweder Zustimmung zu einer Waffenstillstandslinie, die zu israelischem Vorteil neu festgelegt werden sollte, oder Fortsetzung der Kampfhandlungen. Abdallah erschien der Plan unfair, mit Recht, aber er schickte sich ins Unvermeidliche: Einige ausschließlich von Arabern bewohnte Dörfer im Norden sowie ein größeres Landstück fielen an Israel. Die Zahl der Flüchtlinge wuchs. Hunderte von Dorfbewohnern waren von ihrem Grundbesitz abgeschnitten. Die Israelis erhielten weit mehr, als sie erwartet hatten. Dennoch berührte die Linie nicht Transjordanien, sondern verlief durch die Westbank. So geriet zwar nicht das gesamte Gebiet, das nach dem jüngsten UN-Teilungsplan arabisch werden sollte, aber doch ein Großteil davon unter Abdallahs Fittiche, einschließlich das arabische Ost-Jerusalem.

Unter Schirmherrschaft der UNO mit ihrem angesehenen stellvertretenden Generalsekretär Ralph Bunche kam es am 3. April 1949 auf der griechischen Insel Rhodos zum Abschluß von Waffenstillstandsvereinbarungen. Abgesehen von der formalen Bestätigung seiner Herrschaft über die Westbank, wurde Abdallah eine große, ansehnliche, unmittelbare Belohnung zuteil: Sein Vertreter unterzeichnete den Vertrag erstmalig im Namen des neuen Haschemitischen Königreichs Jordanien. Der Preis war allerdings hoch: Abdallahs Popularität sank, nachdem er dem Waffenstillstand zugestimmt hatte, gewaltig. Nun stellten diese Vereinbarungen freilich keine endgültige Lösung dar. Abdallahs Ziel war, daß die Teilung als Dauerzustand akzeptiert und seine Herrschaft über die Westbank auch offiziell bestätigt wurde. Doch die Verbitterung Hunderttausender Palästinenser, die man von Haus und Hof vertrieben hatte, war groß. Durfte ein wahrer Araber-Führer von lauterer Gesinnung freiwillig das Haupt beugen und ein unabsehbar gültiges Abkommen unterzeichnen, das die Demütigung der Araber durch die Juden besiegelte?

Bis zu dem Zeitpunkt, da Israel seine Unabhängigkeit erklärte, hatten schon 300.000 Palästinenser ihr Land verlassen. Nach UNO-Angaben war die Zahl der Flüchtlinge bis Anfang 1949 auf 750.000 und bis Juni desselben Jahres auf 940.000 gestiegen.

Niemand konnte das Massaker am 9. April 1948 in Deir Yassin vergessen. In dem Dorf, keine zehn Kilometer westlich von Jerusalem, hatten zwei Gruppen jüdischer Extremisten, die Irgun Zvai Leumi und die Stern Gang, unter Führung von Menachem Begin und Jitzhak Schamir 254 Zivilisten ermordet, darunter rund hundert Frauen und Kinder. Viele Leichen waren verstümmelt in einen Brunnen geworfen worden – die Botschaft an die Palästinenser konnte nicht deutlicher sein. Und wie um sie noch zu unterstreichen, liefen jüdische Untergrundkämpfer durch das Araberviertel von Jerusalem und schrien über Lautsprecher: „Noch ist der Weg nach Jericho frei… Flüchtet aus Jerusalem, bevor man euch umbringt!"

Auch die offizielle jüdische Führung blieb nicht frei von Schuld. Im Juli 1948, als jüdische Einheiten Lydda und Ramleh angriffen, zwei Städte außerhalb des Territoriums, das die UNO den Juden zugesprochen hatte, wollte der jüdische Kommandeur Yigal Allon von David Ben-Gurion wissen, was mit der Bevölkerung der beiden Städte, rund 70.000 Arabern, geschehen solle. Dem Historiker Benny Morris zufolge antwortete Ben-Gurion mit einer energischen, wegwerfenden Handbewegung: „Jagt sie fort!"[5]

Diese bittere Erfahrung hat sich bleibend in die Seele der Palästinenser eingegraben. Die Frage, auf die sie eine Antwort suchten, lautete: Sollen wir mit allen Mitteln weiterkämpfen, bis die Israelis ins Meer getrieben sind, oder sollen wir uns der Realität stellen und Wege des Zusammenlebens schaffen? König Abdallah und sein Enkel Hussein entschieden sich mit vielen pragmatisch denkenden Persönlichkeiten ihres Volkes für die zweite Möglichkeit. Jahrzehnte später auch Arafat. Der Mufti dagegen wählte die Konfrontation.

Daher überraschte es nicht, daß die jeden Kompromiß ablehnenden Anhänger des Muftis König Abdallah mit Haß als Verräter an der palästinensischen Sache verfolgten. War nicht ein enger Berater von ihm, Oberst Abdallah al-Tall, aus Wut darüber, daß er bei einer Beförderung übergangen und nicht zum Brigadegeneral ernannt worden war, nach Kairo gegangen und hatte dort im Januar 1950 Dokumente vorgelegt, die Abdallahs Kontakte mit den Israelis bewiesen? Für die Hardliner und ihr Gefolge auf der Straße war Abdallah der personifizierte Verrat.

Um zu einem Übereinkommen zu gelangen, fanden in Lausanne von der UNO unterstützte formelle Gespräche statt. Israel sah sich dabei einer gemeinsamen, absolut unnachgiebigen Delegation aus Ägypten, Jordanien, Libanon und Syrien gegenüber. Alle Verhandlungen liefen über UN-Vermittler, niemand sprach mit der Gegenpartei von Angesicht zu Angesicht. Israel zeigte sich zu keinen Konzessionen bereit, war jedenfalls mit Entschiedenheit dagegen, die Rückkehr von Flüchtlingen zuzulassen. Ein begabter jüngerer Diplomat der Israelis mit dem Namen Abba (vormals Aubrey) Eban ließ verlauten, das einzige, was man erwarten könne, sei ein Waffenstillstand.

Wie es das Scheitern der Konferenz von Lausanne erforderte, kam es danach zu geheimen bilateralen Kontakten zwischen Israel und Abdallah. Im Haus des Königs in Shuneh fanden mehrere bis zu dreitägige Begegnungen mit dem Ziel einer Friedensregelung statt. Doch die Bemühungen blieben vergeblich, denn gleichzeitig rüsteten die Leute des Muftis zum Krieg. Mehrere Persönlichkeiten des öffentlichen Lebens wurden für den Fall mit dem Tod bedroht, daß sie Friedensvereinbarungen unterstützten. Es begann eine Kampagne, die darauf abzielte, Jordanien aus der Arabischen Liga auszuschließen. Das benachbarte Syrien kündigte die Sperrung der Grenzen an, Saudi-Arabien traf ebenfalls Anstalten, Jordanien zu isolieren. Die gesamte arabische Welt schien sich im Widerstand gegen einen Friedensvertrag zwischen Israel und Abdallah vereint zu haben.

Gleichwohl erkannte Abdallah Chancen für eine Einigung. Er dachte daran, das Ziel eines dauerhaften Friedens zwischen Israel und der arabischen Welt aufzugeben; die Araber würden dann, sozusagen im Gegenzug, sich seiner Annexion der Westbank nicht widersetzen. So votierte er in der Arabischen Liga als erstes für eine Resolution, die jeden separaten Friedenspakt mit Israel verbot. Der zweite Schritt war am 11. April 1950 die Abhaltung allgemeiner Wahlen von Delegierten, die nicht nur Transjordanien, sondern auch die Westbank vertraten. Die meisten Gewählten schienen ebenso gegen einen Friedensvertrag mit Israel wie für die Angliederung der Westbank zu sein. Am 24. April jenes Jahres verabschiedeten beide Häuser des Parlaments eine Resolution, die die „völlige Einigkeit der beiden Seiten des Jordans und ihren Zusammenschluß zu einem Staat, dem Haschemitischen Königreich Jordanien" bekräftigte.

Abdallah war damit, unvorstellbarerweise, noch immer nicht zufrieden. Tags darauf empfing er in aller Heimlichkeit Reuven Shiloah vom israelischen Außenministerium, um ihm mitzuteilen, er sei zuversichtlich, daß sein Volk den Frieden mit Israel begrüßen werde. Dabei stand die Stimmung in Jordanien entschieden dagegen. Überdies schienen die Israelis nicht bereit, als Gegenleistung für einen Frieden auch nur einen Zentimeter von den Gebieten wieder herzugeben, die sie erobert hatten. Abdallah stand allein; seine Minister beurteilten die Möglichkeit eines Tauschgeschäfts mit Israel überwiegend skeptisch.

Leute wie Dayan, die zu der Ansicht neigten, Juden würden immer gehaßt und müßten unentwegt Stärke demonstrieren, ließ das alles ungerührt. Nur die Engländer sorgten sich wegen Abdallahs Waghalsigkeit. Da sie fürchteten, Isolation könnte den König verletzlich machen, legten sie ihm nahe, behutsamer vorzugehen..

Avi Shlaims maßgebende Darstellung jenes Zeitabschnitts basiert stark auf den Zeugnissen israelischer Politiker, die damals an den Gesprächen beteiligt waren. Shlaim ist überzeugt, daß die israelischen Verhandlungsführer die Gelegenheit zu einem dauernden Frieden bewußt beiseite schoben. Mit deutlicher Zustimmung zitiert er aus einem Telegramm des leidenschaftlich pro-israelischen Botschafters Großbritanniens in Tel Aviv, Sir Knox Helm, das Israel kritisiert. „Seine (Israels) größte Schwäche", schrieb Helm, „bleiben die höchst unangenehmen Merkmale des jüdischen Charakters, mit einer Unfähigkeit zu erkennen, daß das Erlangen des letzten Hellers nicht unbedingt das beste Geschäft ist, daß in einer unvollkommenen Welt übertriebener Ernst keine Tugend darstellt und daß, vielleicht das Wichtigste, Stärke sich nicht immer in Gewalt offenbart."[6]

Hätte Israel Jordanien für den Außenhandel garantierten Zugang zu einem Mittelmeerhafen eröffnet, wäre nach Shlaims Meinung die Entwicklung womöglich anders verlaufen. Es half kaum, daß Moshe Sharett im Januar 1951 im israelischen Parlament verkündete, die palästinensischen Flüchtlinge würden für den Verlust ihrer Häuser und Ländereien nur eine kollektive Entschädigung erhalten. Israel gewann in Palästina auch dadurch keine Freunde, daß es palästinensische Konten bei Banken einfror, die sich auf israelisch gewordenem Boden befanden. Israels Weigerung, einige noch offene Fragen zum Grenzverlauf mit Jordanien zu klären, und die offensichtlichen Eingriffe in die Wasserversorgung aus dem Jordan gehörten ebenfalls zu einem eher unerfreulichen Verhaltensmuster. Seltsam, als kleine, von Feinden umgebene Macht hätte Israel eigentlich an einem Freund an seinen Grenzen gelegen sein müssen. Jordaniens König wäre dafür geeignet, auch dazu bereit gewesen. Israel aber hat es nicht nur versäumt, diesen Freund zu gewinnen, es schwächte ihn auch noch.

Deutlicher hat sich der König damals nicht erklären können. „Warum wollen Sie Frieden mit Israel?" fragte ihn Moshe Sasson, Elias' Sohn. „Frieden wünsche ich", erwiderte Abdallah, „nicht weil ich Zionist geworden bin oder mir um Israels Wohlergehen Sorgen mache, sondern weil es im Interesse meines Volkes liegt. Ich bin überzeugt, daß es, wenn wir nicht mit Euch Frieden schließen, einen neuen Krieg geben wird und wieder einen und noch einen, und wir wären die Verlierer. Daher kann Frieden mit Euch für die arabische Nation nur von allerhöchstem Nutzen sein."[7] Einem amerikanischen Besucher sagte er später: „Trotz der Arabischen Liga hätte ich die Unterstützung meines eigenen Volkes und die stille Rückendeckung zumindest der Briten, wenn ich einen Frieden mit dem Hinweis auf Zugeständnisse seitens der Juden rechtfertigen könnte. Doch ohne irgendein Zugeständnis von ihnen hätte ich schon verloren, bevor ich überhaupt anfange."

Es war eine Zeit erhöhter Nervosität. Der Zustrom von Flüchtlingen nach Jordanien und dessen Zugriff auf die Westbank veränderten die bisherige Zusammensetzung der Bevölkerung. Bis 1951 war das Verhältnis von Palästinensern und Transjordaniern zwei zu eins gewesen, wobei die Macht im Land eindeutig in den Händen der Transjordanier unter ihrem von außerhalb gekommenen König lag. Zwar gab es eine Art Parlament, in Wirklichkeit jedoch war es Abdallah, der die Regierungsgeschäfte mit strenger Autorität leitete.

Äußerungen seines Enkels zufolge wurde er von vielen gefürchtet. Für die Flüchtlinge gab es nicht genügend Arbeitsplätze, so daß es Abdallahs Feinde und deren bildungsarme Anhänger leicht hatten, auf den „Verräter" zu zeigen und ihn für ihre Lage verantwortlich zu machen.

Daß Abdallah, wie manchmal behauptet wird, um jeden Preis mit den Juden Frieden schließen wollte, trifft nicht zu; doch ging mit seiner Ermordung am 20. Juli 1951 eine Epoche zu Ende. Die Chance für einen frühzeitigen Friedensvertrag zwischen Israel und Jordanien verflüchtigte sich, das Abkommen kam erst 1995 zustande. Immerhin aber hatte der König eine Politik des Pragmatismus in engem Kontakt mit den Israelis eingeleitet, die sein Enkel übernahm.

Abdallah hinterließ ein junges, noch ungefestigtes Königreich. Zusammengehalten werden konnte es nur von einem Herrscher, der tapfer war, klug und umsichtig – wenn es sein mußte, auch erbarmungslos hart. Talals Geisteskrankheit hat es nicht zugelassen, daß er seine Fähigkeit erprobte, in einem Meer voller Haie zu überleben. Anders dagegen Hussein, der die Gelegenheit wahrnahm. Da begannen die Haie auch schon, ihre Kreise zu ziehen.

6

Umgang mit Politikern

Am 2. Mai 1953, an seinem achtzehnten Geburtstag nach dem islamischen Kalender, legte Hussein den Amtseid ab und wurde damit König, faktisch wie dem Titel nach. Um den Anspruch der Haschemiten-Dynastie zu bekräftigen, in Arabien eine führende Machtrolle zu übernehmen, wurde am selben Tag Husseins Cousin Feisal König des Irak. Die erste Ernennung von einiger Bedeutung, die Hussein vornahm, war die seines Freundes Fawzi al-Mulqi zum Premierminister. Es war der Auftakt zu Husseins langer Erfahrung im Umgang mit Politikern, von denen er nicht wenige als „habgierig" und als „Opportunisten" empfand, von Machthunger getrieben.

Al-Mulqi begann in Verbindung mit der konstitutionellen Monarchie eine völlig neue, offenere Form von Politik einzuführen. Mit Hussein befreundet war der neue Ministerpräsident seit der Zeit, als er ambitionierter jordanischer Botschafter in London war und der junge Prinz Schüler in Harrow. Seine Einladungen zu Londoner Partys mit der Gelegenheit, Mädchen kennenzulernen, fanden Anklang bei Hussein, weniger allerdings bei den Lehrern.[1]

Damals schon ließ Hussein erkennen, welche Art von König er einmal sein würde – nicht einer wie Talal, aber auch nicht wie sein Großvater Abdallah. Er ließ sich zum Piloten ausbilden. Sein Lehrer war Wing Commander Jock Dalgleish, derselbe, der ihn von Jerusalem nach Am-

König Hussein in der
Uniform eines Düsen-
jägerpiloten bei einem
Besuch in England
(1955).

man geflogen hatte, nachdem König Abdallah ermordet worden war. Im Rang eines Obersten der Arabischen Legion stand Dalgleish an der Spitze der winzigen jordanischen Fliegertruppe.

Als er sich entschieden hatte, Flugunterricht zu nehmen, kamen, wie sich der König später erinnerte, „fast täglich Abgesandte von politischen und anderen Parteien, von meiner Familie, von Freunden", Leute, die ihn anflehten, vom Vorhaben abzulassen. Dalgleish trug seinen Teil schon während der ersten Flugstunde bei, indem er erbarmungslos Loopings flog. Am Ende war dem König schlecht. Gefragt jedoch, wann er die nächste Flugstunde zu nehmen wünschte, bestimmte er einen Termin für den nächsten Tag.

Schließlich vermochte der junge König allein zu fliegen. Von hohen Hofbeamten war Dalgleish zwar instruiert worden, dies tunlichst zu verhindern, Hussein aber hat berichtet, wie er eines Tages die Gelegenheit beim Schopf ergriff: Als alle Blicke sich auf eine von der Landebahn abgekommene Maschine konzentrierten, kletterte er in seine De Havilland Dove und rief einem besorgten Bodeningenieur zu, den Ko-Piloten werde er auf dem Weg zur Startbahn aufnehmen. Augenblicke später befand er sich in der Luft. Der Alleinflug war ein voller Erfolg.

Hussein lernte danach Düsenflugzeuge, Hubschrauber und seine Lockheed Tristar fliegen. Er nahm an Schießwettkämpfen teil, ebenso an Kunst- und an Formationsflügen. Es wäre schon sehr verwunderlich gewesen, hätten Familienangehörige und auch Hofbeamte sich keine Sorgen um ihn gemacht. Denn so erstaunlich seine Fähigkeiten im Cockpit waren, ein kleiner Fehler, eine technische Panne oder eine Nachlässigkeit in der Wartung der Maschine hätten fatale Folgen haben können.

In seinem 1962[2] erschienenen Buch berichtet Hussein über zwei offensichtlich beängstigende Vorfälle. Beim ersten, der sich bei einer Landung ereignete, brach das linke Rad. Das Flugzeug rutschte auf dem Treibstofftank, der zum Glück nicht explodierte, bis es endlich zum Stehen kam. Beim zweiten, der ebenfalls beim Landen passierte, war das Fahrgestell blockiert. Hussein meisterte das Problem, indem er nach einer Preßluftflasche griff und damit das verklemmte Gestell aus der Halterung löste.

Nach der ersten der beiden Pannen zeigte Hussein sich ein wenig verschnupft über Äußerungen eines britischen Offiziers („gönnerhafte Besserwisserei"). Der wollte bemerkt haben, daß der König die Maschine zu spät aufsetzte, erst am oberen Ende der Bahn. Hussein, wie immer insgeheim im Wettstreit mit anderen, wußte aber die Geschichte zu ergänzen und berichtete, daß kurz danach derselbe Offizier, als er selber landen wollte, das Fahrgestell auszufahren vergaß.

(Viele Jahre später, als Hussein sie zu einem haarsträubenden Hubschrauberflug in Baumhöhe mitnahm, lernten Henry und Nancy Kissinger das Fürchten. Sie habe nie geahnt, bemerkte Nancy, daß Helikopter so tief fliegen könnten. Der Rest der Tour wurde daraufhin knapp über dem Boden zurückgelegt.[3] Bei anderer Gelegenheit versetzte Hussein seine Passagiere an Bord eines Hubschraubers vom Typ Hawk in Angst und Schrecken. Das königliche Fluggerät sei plötzlich so steil in die Höhe gezogen, gab einer der Betroffenen preis, daß es „um ein Haar vom Himmel gestürzt" wäre.)

Allein im Flugzeug – dem blutjungen König verschaffte das ein glückhaftes Gefühl von Frieden, auch von Entrückung von allen Wirrsalen der jordanischen Politik. Das Fahren schneller Autos empfand er als Nervenkitzel. Wenn aber das Flugzeug wieder im Hangar war und der Wagen in der Garage, sah er der wirklichen Welt ins Gesicht.

Der Antritt der neuen Herrschaft erschien als ungemein entscheidender Moment: Er würde Aufschluß geben über die künftige Verteilung der Macht auf den König, auf seine Berater, auf die Regierung und das Parlament. Würde der König seinen Stempel der Regierung aufdrücken und etwa so regieren wie sein Großvater? Oder würde er, ähnlich wie sein Vetter Feisal im Irak, in Abhängigkeit von seinem Onkel, Scherif Nasser bin Jamil, geraten? Ein europäischer Diplomat nannte Nasser einmal einen „Bullen von einem Mann", der imstande sei, ein Pferd mit ein paar Schlägen ins Genick zu töten. Wieviel Macht würde er dem Regierungschef und dem Parlament zugestehen? Wie ausgleichend würde er auf die um Einfluß konkurrierenden Interessengruppen – Briten, Ostjordanland-Bewohner, Palästinenser und Tscherkessen – einwirken können?

Bald stellt sich heraus, daß Hussein sich von niemandem bestimmen ließ. Innerhalb eines von der Vernunft vorgegebenen Rahmens handelte er nach eigenem Ermessen. Er genoß es, König zu sein. Bei einer für ihn typischen Gelegenheit, nämlich während eines Fluges, beschloß er, mit Dalgleish in Nikosia essen zu gehen – und sie taten es auch. Das königliche Gefolge war entsetzt.

Al-Mulqi, Husseins Ministerpräsident, war ausgebildeter Tierarzt, hatte aber nie praktiziert. Er war Diplomat in Kairo, Paris und London gewesen, danach jordanischer Außenminister. Als solchem fehlte es ihm deutlich an Detailverständnis für die Politik seines Landes. Er besaß keine festen politischen Grundüberzeugungen, würde also – sicherlich zur Freude Zains, Husseins Mutter – dem König nicht den Rang ablaufen können. Tatsächlich stellte al-Mulqi ein Kabinett auf breiter Basis zusammen, dem auch zahlreiche Oppositionelle angehörten. Die Pressezensur wurde gelockert – mit der Folge, daß den Zeitungen prompt die Selbstkontrolle entglitt. Auch kamen im ersten Halbjahr der neuen Regierung einige politische Häftlinge frei.

Während al-Mulqi sich mehr und mehr den Ruf eines Liberalen erwarb, erlernte der junge König noch das Knüpfen feiner Beziehungsfäden und mischte sich nicht ein. Bei seiner ersten Bewährungsprobe geriet al-Mulqi in Bedrängnis. Hussein war Erbe eines Landes geworden, dessen Bevölkerung, rund 1,5 Millionen, sich aus weit mehr Palästinensern – Eingesessenen und Flüchtlingen – zusammensetzte als aus Bewohnern des Ostjordanlandes. Nur widerstrebend akzeptierte ein Teil der palästinensischen Mehrheit die Herrschaft der Haschemiten, und entsprechend gespannt blieb das Verhältnis zu Israel. Palästinensische Untergrundkämpfer rüsteten sich zu Angriffen gegen den als Landräuber verhaßten Nachbarn, ohne Rücksicht auf Konsequenzen für Hussein und auch dann noch, als ein jordanisches Dorf bei einem israelischen Vergeltungsschlag völlig zerstört worden war. Al-Mulqi befürchtete Schlimmstes. Um die Israelis abzuschrecken, bat er die Engländer, vorübergehend Truppen im Land zu stationieren, änderte seine Meinung danach aber zweimal. Als die Briten schließlich am 14. Oktober 1953 zustimmten, war es zu spät.

Am Tag zuvor hatten palästinensische Guerillas in einem israelischen Dorf nahe Lydda eine Bombe gezündet. Ihr fielen eine Frau und zwei Kinder zum Opfer. Wie Glubb bestätigt, unternahmen die Jordanier „alles nur Mögliche, um die Täter zu finden". Sie ließen sogar einen israelischen Spürhundetrupp über die Grenze, um die Spuren zu verfolgen, allerdings vergeblich. Sie hätten „jeden ihrer Nerven angespannt, um die Infiltration zu verringern, die in der Tat auch schon stark zurückgegangen war".[4] Die Arabische Legion bemühte sich erfolgreich, das Einsickern palästinensischer Freischärler nach Israel zu verhindern und israelische Racheakte abzuwehren.

Dennoch übten die Israelis innerhalb von vierundzwanzig Stunden Vergeltung. Kommandos unter einem jungen Offizier namens Ariel Sharon zerstörten ein weiteres jordanisches Dorf, Qibya, und töteten dabei 66 Männer, Frauen und Kinder. Ein großer Teil des Dorfes wurde dem Erdboden gleichgemacht.

Al-Mulqi befahl der Arabischen Legion, die Grenze zu überwachen. Als die israelische Armee mit Mobilmachung reagierte, stellte er klar, die Legion würde nur zu ihrer eigenen Verteidigung schießen. Der von linksorientierten Kräften angeführte Proteststurm, der daraufhin in Jordanien losbrach, richtete sich gegen die von britischen Offizieren befehligte Legion. Man warf ihr Unfähigkeit vor, Israel angemessen zu bestrafen. Glubb Pascha stehe „im Sold der Juden", wurde behauptet, er gehöre vor ein Kriegsgericht. Oppositionspolitiker wie Abul Huda hatten ihren großen Tag.

Glubb war überzeugt, daß zumindest einige der Guerillas von Syrien und Saudi-Arabien bezahlt wurden. Dort hätte man es aus mehreren Gründen gern gesehen, wenn der junge König geschwächt und möglichst gegen einen anderen ausgewechselt worden wäre. Nachdem die Freischärler ihren Angriff ausgeführt hatten, zogen sie sich über Jordanien zurück. Damit „rechtfertigten" sie einen Gegenschlag der Israelis auf ein jordanisches Dorf, der in keinem Verhältnis zu seinem Anlaß stand. Ähnlich, doch höchst seltsam, trug sich ein anderer Vorfall zu: Ein Trupp palästinensischer Guerillas kam per Taxi aus Damaskus angereist, drang in derselben Nacht in Israel ein, sprengte ein Haus in die Luft, kehrte nach Jordanien zurück und fuhr sofort wieder über die Grenze nach Syrien.[5]

Hussein, Glubb und al-Mulqi sahen sich in Fallstricken und fühlten sich ausmanövriert. Israel berief sich auf eine Klausel in der Allgemeinen Waffenstillstandsvereinbarung. Danach konnte es den UNO-Generalsekretär bitten, ein Treffen mit Vertretern Jordaniens einzuberufen, um über Änderungen des Abkommens zu sprechen. Die Israelis wußten, daß die nationalistische Stimmung in Jordanien derart stark war, daß keine jordanische Regierung es sich wünschen konnte, an einem Tisch mit Repräsentanten der Unterdrücker Arabiens gesehen zu werden. Jordanien

Vorbei an Beifall klatschenden Beduinenhäuptlingen betritt König Hussein den Konferenzraum im königlichen Palast in Amman.

verweigerte die Teilnahme – und die Israelis konnten vor aller Welt geltend machen, daß ihr Ölbaumzweig zurückgewiesen worden war.

Innenpolitisch verhielt sich al-Mulqi weiterhin liberal (oder tolerant, je nach Sichtweise derer, die sich mit ihm befaßten). Das bedeutet, daß die Presse und das Parlament unabhängiger wurden. Glubb wurde zunehmend kritisiert. Unter dem Druck der Opposition kam es zu einer Verfassungsänderung. Das Parlament verabschiedete eine Resolution, in der der Sowjetunion Dank ausgesprochen wurde für ihr Votum im UN-Sicherheitsrat zugunsten der arabischen Sache. Al-Mulqi geriet dadurch unter Beschuß der Royalisten und Linken: Augenscheinlich verlor die Regierung die Initiative, ihr drohte die Macht zu entgleiten. Enttäuscht von seinen Politikern entließ der neunzehnjährige Monarch im Mai 1954 seinen Ministerpräsidenten. Niemand hatte ihn dazu aufgefordert. Hussein selber war dabei, für sich einen Platz im Establishment der jordanischen Politik zu bestimmen.

Zum Nachfolger al-Mulqis ernannte Hussein den nüchternen Royalisten und politischen Manipulator par excellence Tawfiq Abul Huda. Er
hatte als Ministerpräsident sein Land geschickt durch die Krisen des
Übergangs von König Talal zu König Hussein gesteuert und danach Platz
für al-Mulqi gemacht.

Das neue Kabinett stand zu hundert Prozent loyal zum König. Im
Hinblick auf die einzelnen Bevölkerungsteile wirkte es ausgewogen:
Nicht nur, daß jede Region vertreten war – eine Hälfte der Minister
stammte aus dem Ostjordanland, die andere von der Westbank –, sondern es gab auch zwei Christen und zwei Tscherkessen.

Abul Huda war ein ebenso treuer Monarchist wie ein überzeugter
Demokrat. Seine Aufgabe bestand darin, die Autorität der politischen
Führungsschicht wiederherzustellen und dem jungen König zu helfen,
seine Macht zu konsolidieren. Als er erklärte, er wolle die Grundzüge von
al-Mulqis Politik beibehalten, beeilten sich Skeptiker, politische Partei-
en zu bilden, aus Sorge, Abul Huda könne seine Meinung ändern. Vier
Parteien hatten die Chance, registriert zu werden: die Nationalsozialisten
(andere als die, an die der Name denken läßt, vielmehr eine Gruppierung linksgerichteter bürgerlicher arabischer Nationalisten, die für engere Verbindungen zu Syrien und Ägypten eintraten); zweitens die
Volkspartei (Umma), eine Partei der Oberschicht, geführt vom ge-
wandten früheren Ministerpräsidenten Samir al-Rifai; sodann die pro-
kommunistische Nationale Front und die Baath-Partei, die mit der syrischen Partei gleichen Namens verbunden war und einen „arabischen
Sozialismus" anstrebte.

Ein Bericht besagt[6], Abul Huda habe das Ziel verfolgt, eine Vertrauensabstimmung im Parlament zu gewinnen und danach lediglich die Nationalsozialisten und Umma zu registrieren. Trotz all seines Geschicks
konnte Abul Huda jedoch nicht sicher sein, die nötige Stimmenmehr-
heit zu erhalten. Um dem König die Peinlichkeit und sich selbst eine
Niederlage zu ersparen, bat er Hussein um die Auflösung des Parlaments
mit anschließenden Neuwahlen. Hussein war einverstanden. Vor den
Wahlen lehnte es dann Abul Huda mit kaum nachvollziehbarer Begründung ab, die Nationale Front und die Baath-Partei zu registrieren.
Außerdem verbot er vier Zeitungen. Die Nationalsozialisten und Umma
ersuchten den König, eine Regierung auf breiter Basis zu bilden, um sie

mit der Aufsicht über die bevorstehenden Wahlen zu beauftragen. Hussein, um innenpolitische Stabilität besorgt, schwankte. (Nach dem Urteil einiger Kritiker wechselte der König in den frühen Jahren häufig die Meinung und gab stets demjenigen recht, der zuletzt mit ihm sprach.) Anarchie drohte, Hussein verschwand vom 11. Juli bis 8. August in den Urlaub. Es war ein gefährliches Spiel. Doch der König hatte die Staatsgeschäfte den dienstwilligen Händen von Abul Huda und Glubb überlassen, und das zahlte sich aus: Im Land herrschten Ruhe und Ordnung. Als er zurückkehrte, beschloß er, daß Abul Huda die für den 16. Oktober angesetzten Wahlen organisiere.

Die beiden loyalen Oppositionsparteien konnten sich während des Wahlkampfes nicht auf eine gemeinsame Kandidatenliste einigen, ebensowenig die Nationale Front und die Baath-Partei. Abul Hudas Politik des Teilens und Herrschens, aber auch Manipulationen bei der Abstimmung in der Armee gaben den Ausschlag: Die dem Ministerpräsidenten genehmen Kandidaten räumten gründlich ab. Die Umma-Partei und die Nationalsozialisten errangen je zwei Sitze, die Nationale Front und die Baath-Partei jeweils nur einen, die Anhänger des Ministerpräsidenten hingegen 28. Der britische Botschafter berichtete, es sei ein „sehr plumper"[7] Wahlbetrug gewesen. Auf den Straßen kam es zu Protesten.

Für Hussein wurde es riskant, allzusehr von einem Ministerpräsidenten abhängig zu sein, der unpopulär war, den er aber nicht fallenlassen konnte. Er traf eine vernünftige Entscheidung: Abul Huda sollte an der Macht bleiben, aber als Chef einer Koalition. Auf Verlangen des Königs stellte der Ministerpräsident eine Koalition zusammen und unternahm dann einen Schritt, um im Volk Vertrauen herzustellen: Er machte sich stark für eine Revision des Britisch-Jordanischen Vertrags. Die Geste appellierte offensichtlich an nationale Gefühle und fand weithin Anklang. Als Abul Huda dann aber zu Gesprächen nach London kam, zeigte sich, was er wirklich wollte, nämlich den Zugriff auf die Unterstützung der Arabischen Legion durch den britischen Staat. Bisher war das Geld direkt an Glubb Pascha gegangen. Die Briten weigerten sich höflich, den „verwaltungsmäßig sinnvollen" Zahlungsweg zu ändern. Bei seiner Heimkehr meldete sich Abul Huda diplomatisch krank.

7
Umgang mit Nasser

In Ägypten stürzte 1952 eine Gruppe junger Offiziere den korrupten König Farouk und ersetzte ihn durch General Muhammad Neguib als Regierungschef. Zwei Jahre später wurde Neguib von Oberst Gamal Abdel Nasser abgelöst, einen glühenden Nationalisten, der die Sympathien der arabischen Welt im Sturm eroberte. Das Abkommen, das Nasser 1954 unterzeichnete, beendete die 72jährige britische Herrschaft über Ägypten. Nasser wollte der Führer der gesamten Region sein. Zurückblickend sagte Hussein 1962: „Er war der erste arabische Staatsmann, der die Fesseln des Westens abgestreift hat. Ich muß zugeben, ich fand diese Tatsache in hohem Grad sympathisch."[1] Gleichwohl geriet Husseins Thron dadurch in Gefahr.

Die Araber, demoralisiert durch die Staatsgründung Israels 1948, träumten von einem Führer, der gegen die Vorherrschaft des Westens rebellierte. Nasser zögerte nicht, seinen Finger ins Auge der „Imperialisten" zu bohren, und der breiten Masse gefiel es.

Der Ärger begann 1955. Als Reaktion auf Nassers radikale Form des Nationalismus schlossen die Türkei und der Irak (unter dem haschemitischen König Feisal und dem verschlagenen Nuri es-Said) im Februar den Vertrag von Bagdad. Es handelt sich um einen Beistandspakt auf Gegenseitigkeit, mit dem Resultat, daß sich Länder im Norden zum Widerstand gegen Nassers Ideen zusammenschlossen. Großbritannien, von dem die Initiative ausging, trat noch im selben Jahr bei. Jordanien zögerte. In nationalistischen arabischen Medien hieß es, Iraks Mitgliedschaft in einer offensichtlich von den Engländern betriebenen Einrichtung beweise nur, daß König Feisal noch immer eine britische Marionette sei. Mit dem Beitritt Jordaniens, der anderen Marionette, wurde ebenfalls gerechnet.

In jenem Monat machte Nasser weltweit Schlagzeilen. Grund war, daß er in Bandung an einer Konferenz von Ländern teilnahm, die im Kalten Krieg nicht paktgebunden waren. Fotos von dort zeigten ihn zusammen mit dem chinesischen Ministerpräsidenten Chou En-lai, Jugoslawiens Staatschef Tito und dem indischen Präsidenten Jawaharlal Nehru. Von nun an spielte Nasser um sehr viel höhere Einsätze.

Statt, wie Ägypten es lange getan hatte, Waffen aus dem Westen zu beziehen, gab Nasser die Bestellungen in einem zum Ostblock gehörenden Land auf, der damaligen Tschechoslowakei (in Wirklichkeit stammten die Lieferungen aus der Sowjetunion). Die demonstrative Bekundung der Unabhängigkeit vom Westen versetzte die arabischen Völker in Begeisterung, zumal Nasser auch ein Verteidigungsbündnis mit Syrien und Saudi-Arabien unterzeichnete. Die Regierungen Großbritanniens und der USA waren wie vom Schlag gerührt.

Wie sollte der Anfänger-König von Jordanien reagieren? Im Falle eines Bündnisses mit Nasser riskierte er, daß sich Ägypten sein Land einverleibte. Trat er dem Pakt von Bagdad bei, dann begab er sich damit an die Seite seines Vetters Feisal und der Briten, engen Verbündeten, ebenso unter den Schutz der ihm freundlich gesonnenen Türken. Er befände sich also in gleichgearteter Gesellschaft, würde aber im größten Teil der arabischen Welt als Abtrünniger gelten.

Hussein glaubte sich einem Kompromiß nahe. Doch zunächst, im Mai 1955, entließ er Abul Huda. Er tat es teils wegen dessen Ambivalenz in bezug auf das Bagdader Abkommen und wegen seiner heftigen Abneigung gegenüber dem irakischen Führer Nuri es-Said, aber auch, weil es schwierig war, mit Abul Huda auszukommen.

Hussein ersetzte ihn durch Said al-Mufti, einen getreuen Tscherkessen, der sich ungezwungener gab und umgänglicher war als Abul Huda. Al-Mufti stand auch dem Vertrag aufgeschlossen gegenüber. Obwohl er ein geselliger Mann war, vermochte er aufmerksam zuzuhören und mit

Vorbedacht zu handeln. Mit der Ernennung behauptete der zwanzig-jährige König einmal mehr die zentrale Rolle, die er in der Regierung sei-nes Landes innehatte.

Um Jordanien den Beitritt zum Bagdad-Pakt schmackhaft zu ma-chen, entsandten die Briten ungeschickterweise den Chef des General-stabs Ihrer Majestät, General Sir Gerald Templer. Er war als Sieger aus den Kämpfen der Engländer gegen kommunistische Rebellen in Malay-sia hervorgegangen. Templer war leicht erregbar und nervös. Als Ket-tenraucher hatte er die Angewohnheit, auf Empfängen seine Zigaretten im Sherryglas eines Untergebenen auszudrücken. Bei Gesprächen mit dem König schrie Templer und schlug, um seinen Worten Nachdruck zu verleihen, derart mit der Faust auf den Tisch, daß die Teegläser und Tassen hochsprangen. Er versprach zusätzliche Bataillone und Panzer so-wie den Aufbau einer Luftwaffe für die Arabische Legion. Großbritan-niens Unterstützung sollte von 10 Millionen auf 12,5 Millionen Pfund im Jahr steigen. Die Feuerkraft der Arabischen Legion sollte um 35 Pro-zent zunehmen. In der Tat ein sehr verlockendes Angebot.

Der König reagierte enthusiastisch. Als sich abzeichnete, daß das Ka-binett über der Beitrittsfrage geteilter Auffassung war, erbot er sich spon-tan, eine eigene Absichtserklärung zu unterschreiben. Das wurde ihm von Mitgliedern des Kabinetts und vermutlich auch von den Briten aus-geredet. Eine solche Geste hätte den König augenblicklich angreifbar ge-macht.

Der sanftmütige al-Mufti wurde zur Schlüsselfigur: Bei keinem der Treffen mit Templer ließ er sich zu einer Unterschrift bewegen. Er wußte immerhin, woher der Wind im Nahen Osten wehte, der junge König da-gegen, der zu ungestümem Handeln neigte, wußte es offenbar noch nicht.

Während die Verhandlungen in Amman liefen, hatte sich in der dor-tigen ägyptischen Botschaft einer von Nassers scharfsinnigsten Helfern eingerichtet. Sein Auftrag war, im Volk Stimmung gegen jeden nur mög-lichen Vertragsabschluß mit Templer zu machen. Der Ägypter hieß An-war Sadat. Ohne Husseins Beitrittserklärung, begleitet aber von einem Sturm negativer Publicity in den arabischen Medien, den Sadat mit ent-facht hatte, reiste Templer wieder ab.

Hussein wurde vom Kairoer Rundfunksender, der „Stimme der Ara-ber", als Werkzeug in den Händen der Briten gebrandmarkt. Man warf ihm vor, er halte immer noch am Britisch-Jordanischen Abkommen fest, das Zuwendungen in Höhe von 12 Millionen Pfund garantierte, und daß es ein Engländer, Glubb Pascha, sei, der die Arabische Legion (die jordanischen Streitkräfte) kommandiere.

Hussein versuchte, beide Welten zu für ihn günstigen Lösungen zu bewegen. Er wollte dem Pakt beitreten und damit die Briten und seinen Cousin im Irak zufriedenstellen. Vor Angriffen Syriens und Ägyptens wäre er dann sicher. Gleichzeitig wollte er mehr Waffen von den Briten kaufen und ihre Zustimmung zum vorzeitigen Auslaufen des Britisch-Jordanischen Vertrags. Auf diesem Wege würde die „Arabisierung" der hauptsächlich von Briten befehligten Arabischen Legion beschleunigt, auch den Interessen der arabischen Nationalisten wäre gedient.

Hussein rechnete bei seinen Plänen mit Nassers Unterstützung. Der äußerte sich bei Gesprächen unter vier Augen auch durchaus zustimmend. Tatsache aber blieb Husseins Entschluß, dem britisch dominierten Pakt von Bagdad beizutreten, der Nasser als imperialistischer Bremsklotz seiner pan-arabischen Träume verhaßt war. Hussein hätte sich über das, was nun folgte, klar sein müssen.

Im Dezember brach, völlig überraschend für den König, an mehreren Stellen Jordaniens ein offener Aufstand gegen die Regierung aus, angeheizt von Radio Kairo und, wie man weithin annahm, von Saudi-Arabien. (Die Saudis waren auf die jordanische Hafenstadt Akaba aus, die sie als Bestandteil des alten Königreichs des Hedschas für sich beanspruchten.) Said al-Mufti, der Premierminister, trat zurück. In einer weiteren Fehleinschätzung ersetzte Hussein ihn durch seinen Innenminister Hazza al-Majali, einen Befürworter des Beitritts zum Bagdad-Pakt. Mehrere Minister erklärten ihren Rücktritt. Die Unruhen hielten noch fünf Tage an. Bürogebäude wurden in Brand gesetzt, das Philadelphia Hotel, voll von Touristen, überfallen. Wilde Horden, die regierungsfeindliche Parolen schrien, zogen durch Ammans Hauptstraßen. Der Haschemiten-Thron war in Gefahr. Schließlich stellte ein Aufgebot der Arabischen Legion wieder Ruhe und Ordnung her. Als die Volksmenge mit Tränengas auseinandergetrieben war, wurde eine Ausgangssperre verhängt.

Der neue Ministerpräsident meinte für den Beitritt Jordaniens zum Bagdad-Pakt eine parlamentarische Mehrheit zu finden. Bei den Parla-

mentsabgeordneten handelte es sich um Ja-Sager, die ihr Mandat überwiegend den Manipulationen des früheren königstreuen Ministerpräsidenten Abul Huda verdankten. Al-Majali war sich ziemlich sicher, daß
diese gefügigen Parlamentarier den König unterstützen würden, ungeachtet des Aufruhrs auf der Straße. Doch um das festzustellen, blieb
nicht genügend Zeit. Die Lage verschlechterte sich, am 20. Dezember
trat er zurück.

Hussein befand sich in einer mißlichen, von ihm selbst verschuldeten
Situation. Um sich daraus zu befreien, löste er das Parlament auf, ordnete vorzeitige Neuwahlen an und ernannte Ibrahim Hashim, einen getreuen, erfahrenen, royalistischen Politiker, der für seine Rechtschaffen-
heit bekannt war, zum vorläufigen Ministerpräsidenten. Hashim verkündete, seine Interimsregierung habe „kein Recht, sich mit politischen
Fragen zu befassen, Verpflichtungen einzugehen oder sich an Verträge zu
binden". Das hieß, sie würde den Bagdad-Pakt nicht unterzeichnen.
Hashim gelang es augenblicklich, die Lage zu beruhigen. Schon bald jedoch begriff der König, daß seine Entscheidung sich als unglücklich erweisen und radikalen Nationalisten, die mit Nasser sympathisierten, den
Weg zum Wahlsieg eröffnen könnte. Und noch eine Krise zeichnete sich
mehr und mehr ab.

Vielleicht um sie abzuwehren, riefen im Januar 1956 einige Abgeordnete, die den Verlust ihres Sitzes befürchteten, den Obersten Rat an.
Er solle, verlangten sie, nach Prüfung der Gesetze erklären, die Auflösung
des Parlaments und Ausrufung von Neuwahlen seien ungültig gewesen;
die Dokumente seien nicht, wie vorgeschrieben (er war zurückgetreten)
vom Innenminister unterzeichnet worden. Der Rat gab der Klage statt
und erklärte die Entscheidungen für gesetzeswidrig.

Das führte zu neuem Aufruhr. Der König sah sie wiederum „angeführt von Kommunisten" und von Nassers „Stimme der Araber". In
Wirklichkeit verkörperten die zornigen Demonstranten in den Straßen
nichts anderes als die Vox populi.

Sie bekannten sich, ob zu recht oder unrecht, zu Nasser. Sie wandten sich gegen die Vorherrschaft der Briten und Türken, so zurückhaltend und wohlwollend deren Herrschaft auch war. Vielen von ihnen war
bekannt, daß der Urgroßvater ihres Königs, Emir Hussein, sein Amt im
Hedschas vom Sultan des Osmanischen Reiches erhalten hatte, als er mit

König Hussein hält zum ersten Mal in der Geschichte des jordanischen Parlaments am 1. Oktober 1957 eine Rede zur Parlaments-
eröffnung. Vorausgegangen war ein aufgedecktes Mordkomplott
gegen den König im April.

seiner Familie in Konstantinopel lebte; daß Abdallah, der Großvater, sein
Amt in Transjordanien Winston Churchill und die Übernahme der
Westbank 1948 Ernest Bevin und David Ben-Gurion zu verdanken hat-
te. Und der junge König selbst? Hussein, erzogen und ausgebildet in
Alexandria, Harrow und Sandhurst und beschützt von einer von den Bri-
ten befehligten Armee, war auch bei allergrößter Einbildungskraft kein
wahrer Nationalist. Radio Kairo nannte ihn gern „die haschemitische
Hure", einen „imperialistischen Lakaien" und „tückischen Zwerg".[2]

Anders als die Krawalle gegen Templer endeten die Tumulte um die
Wahl, nachdem Militär aufgeboten worden war, das die Menschenmen-
gen zerstreute. Neuer Ministerpräsident wurde Samir al-Rifai. Er erklär-
te, Jordanien werde keinem „neuen Pakt" – gemeint war der Bagdad-
Pakt – beitreten. Auch die Entscheidung für ihn zeigte gewisse Ecken:
Al-Rifai, damals persönlicher Sekretär König Abdallahs, war in geheimer

Mission zu den Israelis geschickt worden, seine Kritiker hielten ihn für pro-zionistisch. Zugleich aber galt er als besonnen, klug und loyal. Doch wie auch immer, die Krise war vorbei – vorläufig jedenfalls.

Doch gerade da sah Hussein sich mit einer unerwartet neuen Bedrohung konfrontiert. Sie kam aus Saudi-Arabien. Im Januar 1956 zogen die Saudis Truppen an der Grenze zusammen und schienen bereit, in Jordanien einzufallen. Husseins Streitkräfte hätten sie unmöglich aufhalten können. Am 12. Januar aber kam Hilfe von den Engländern: Der britische Gesandte in Saudi-Arabien ließ die dortige Regierung wissen, sein Land würde Jordanien im Falle eines Angriffs verteidigen. Prompt zogen sich die Saudis zurück.

Hussein war danach klar, daß er sich schnell auf die mittlerweile veränderte Lage einzustellen hatte, sofern er sein Land nicht von Nasser und Kräften des arabischen Nationalismus zerstört sehen wollte. Er mußte imstande sein, sich selbst zu verteidigen. Wo die empfindlichsten Schwachstellen lagen, wußte er genau. Die eine war die Existenz des Britisch-Jordanischen Abkommens von 1948 (die ihn als „Marionette" erscheinen ließ), die andere bestand darin, daß es britische Offiziere waren, die seine Armee führten. Das Geld, mit dem Großbritannien die Arabische Legion finanzierte, ging nicht direkt an die jordanische Regierung, sondern landete auf einem Konto, das Glubb Pascha kontrollierte. Das schien nicht länger hinnehmbar. Hussein kam zu dem Schluß, daß die Engländer das Land verlassen müßten.

„Es war mein ausdrücklicher Wunsch, mehr Jordanier in höheren militärischen Positionen zu haben, um nach und nach die Befehlsgewalt selbst übernehmen zu können", schrieb der König später. „Doch das widersprach der damals üblichen Politik Großbritanniens, dessen Absichten, gelinde gesagt, lächerlich waren."[3]

Der König wußte Glubbs Liebe zu Jordanien und seine Loyalität zu schätzen. Doch mußte die Loyalität eines Engländers nicht zwangsläufig gespalten sein? Als Offizier an der Spitze der Arabischen Legion gehörte dieser tüchtige Realist mit dem mißgestalteten Kinn zu den Mächtigsten im Land, zählte sozusagen zum festen Bestand, hatte er doch bereits seit 1930 in Jordanien gedient.

Dennoch, der höchste Posten, zu dem ein jordanischer Offizier unter Glubb aufsteigen konnte, war der eines Regimentskommandeurs.

Stabsstellen waren den besser ausgebildeten, erfahrenen Briten vorbehalten, von denen einige im Zweiten Weltkrieg sogar eine Brigade befehligt hatten. Als Konzession auf die Forderungen, die Legion zu „arabisieren", wurde dem König nach eigenen Aussagen 1956 zugesagt, die Royal Engineers würden bis 1985 einen arabischen Kommandanten bekommen. Solche Vorstellungen entsprangen einem blasierten britischen Überlegenheitsgefühl und stifteten bei ehrgeizigen jordanischen Offizieren Unzufriedenheit. Der Ärger war also programmiert. War es wirklich so, daß Glubb die Arabisierung bremste? Nach eigener Aussage hatte er Pläne ausgearbeitet, wonach der letzte britische Offizier innerhalb von zehn Jahren das Land verlassen haben sollte, die meisten sogar schon innerhalb von drei Jahren.

Der König und der General waren oft auch geteilter Meinung in Fragen der Verteidigungsstrategie. Hussein wollte Waffen, Munition und Kampfflugzeuge, um israelische Strafaktionen (als Erwiderung auf Angriffe von Palästinensern, die von Jordanien aus operierten) an der Grenze abwehren zu können. Die Briten kamen solchen Bestellungen mitunter nur zögernd nach, und zwar auf Anraten des stets vorsichtigen Glubb. Für den Kriegsfall wollte Hussein bessere Liefergarantien, als die Briten zugestehen wollten, außerdem völlige Aktionsfreiheit. Den jungen König ärgerte auch Glubbs kühl-sachliche, leidenschaftslose Empfehlung zum Umgang mit den Israelis: Sie sind stärker als Eure Arabische Legion; kämpft nicht an der Grenze gegen sie; zieht Euch zurück und erobert Euer Land später wieder.

Das Problem war nur, daß dieser vernünftige militärische Rat politisch wenig Sinn machte: Um Seite an Seite neben Nasser stehen und den Thron gegen seine Kritiker verteidigen zu können, mußte Hussein den Eindruck erwecken, sein eigener Herr zu sein und bereit, gegen israelische Vergeltungsschläge, wenn auch maßvoll, vorzugehen. Nur so konnte er sich in der arabischen Welt behaupten.

Als Glubb einmal auf einer Konferenz im Königspalast seine Politik erklärt hatte, zog der König einen Zettel aus der Tasche und las nervös davon ab. „Ich gebe keinem der eben gehörten Pläne meine Zustimmung", sagte er. „Nicht eine Handbreit meines Landes will ich jemals preisgeben. Die Armee wird die Demarkationslinie verteidigen. Dann werden wir angreifen. Ich will Sanktionen, keinen Rückzug."[4] Er schloß mit der Empfehlung, Glubb solle Urlaub nehmen. Das war die Reaktion eines jungen, noch unerfahrenen Mannes.

Tage später trafen der König und der General wiederum im Palast zusammen. Glubb wünschte einige Fragen mit ihm zu besprechen. Die Haltung des Königs hatte sich gewandelt, er lächelte und war freundlich, erinnerte sich Glubb später. Die Meinungsverschiedenheiten seien geringfügig gewesen, ohne größere Bedeutung. Glubb hatte hinterher den Eindruck, daß „der König offensichtlich auf Gerüchte und Beschwerden rangniedriger Offiziere hörte. Er hielt solche Geschichten für wahr. Aber kein einziges Mal hat er mich um eine Erklärung gebeten. Deshalb wußte ich auch nie, was ihm zu Ohren gekommen war."[5]

Trotzdem, Hussein schenkte dem General drei ganze Tage seine ungeteilte Aufmerksamkeit, damit der seine Verteidigungsstrategie für das Gebiet an der Demarkationslinie und anderswo darlegen konnte. „Seine Majestät gestand, überzeugt zu sein", notierte Glubb.

Hussein zufolge waren es zwei handfeste Gründe, die es im Verhältnis zu Glubb „knirschen" ließen. Der Anordnung des Königs, der Arabischen Legion die Kontrolle über den Sicherheitsdienst zu entziehen und ihn dem Innenministerium zu unterstellen, wurde nicht entsprochen (in seiner Autobiographie erwähnt Glubb keinen Sachverhalt, der dies erklären könnte). Außerdem wurde Hussein ohne vorherige Absprache eine Liste von Offizieren der Arabischen Legion präsentiert, die subversiver Tätigkeiten verdächtigt wurden und die Glubb entlassen wollte. Glubb war äußerst sicherheitsbewußt; Hussein scheint ihn als selbstherrlich eingeschätzt zu haben. Der König bekam, was er selbst als einen „Wutausbruch" bezeichnete. Einen von vielen.

Bei dem, was dann geschah, dürfte Ali Abu Nuwar, damals einer der Adjutanten des Königs, eine Schlüsselrolle gespielt haben. Das erste Anzeichen dafür war eine Bemerkung des Königs gegenüber Glubb: „Sie wissen, Pascha, es gibt Leute in diesem Land, die versuchen, zwischen Ihnen und mir Ärger zu stiften." Am Tag vor Glubbs Entlassung rief Ali Abu Nuwar an und wollte wissen, ob er, Glubb, am folgenden Tag in Amman sei. Rückblickend schrieb Glubb: „Der Schlüssel zu dieser Situation war der junge König selber, und das Problem war, ob Ali Macht über ihn gewinnen oder von sich überzeugen konnte."[6]

Der General, der vermutlich Zugang zu Geheimdienstakten hatte, äußerte unumwunden, daß Ali Abu Nuwar Mitglied der stark linksge-richteten syrischen Baath-Partei war, die schon lange auf Glubb Paschas Entlassung hinarbeitete. (Abu Nuwar wurde später Stabschef der Streit-kräfte.)

Als sein Entschluß feststand, handelte Hussein schnell. Er erschien auf einer Kabinettssitzung und erklärte, Glubb sei zu entlassen. „Das ist mein Befehl", sagte er. „Ich wünsche, daß er sofort ausgeführt wird." Da-mit gab es weder für Glubb noch die britische Regierung eine Chance, mit Druck zu reagieren. So geschah es, daß Hussein, damals einund-zwanzig Jahre alt, am 1. März 1956 den neunundfünfzigjährigen Glubb aus dem Dienst entließ, dazu seine beiden wichtigsten Mitarbeiter: Co-lonel W. M. Hutton, den Stabschef, und Colonel Sir Patrick Coghill, Chef des Geheimdienstes. Außerdem suspendierte er acht Komman-deure. Am Tag darauf wurde Glubb im Auto des Königs zum Flughafen von Amman gebracht und auf dem Rollfeld vom Verteidigungsminister und dem Bürochef des Königs verabschiedet.

Glubb wurde von seiner Frau begleitet. Als sie am Tag zuvor von ihrem Mann erfuhr, daß er gefeuert worden war und vor der Ausweisung stand, ließ sie das ungerührt: „Jetzt trinken wir erst einmal Tee, dann bringe ich beizeiten die Kinder zu Bett, und die Nacht über packen wir."[7]

Die britische Regierung war verblüfft. Dabei war in Berichten ihrer Botschaft in Amman immer wieder von persönlichen Ausbrüchen des Königs gegenüber seinem britischen Mentor die Rede gewesen.[8] Die in Jordanien verbliebenen britischen Offiziere wurden angewiesen, das Land zu verlassen. Anthony Eden, der neurotische britische Premiermi-nister, zog Vergeltungsmaßnahmen in Erwägung, doch klügere Köpfe hielten ihn davon ab. Glubb bewies Vernunft und Nüchternheit und riet, nichts zu unternehmen. Dasselbe tat Sir Alec Kirkbride, der kurz vorher als britischer Minister in Jordanien zurückgetreten war. Er reiste heimlich nach Amman und erfuhr dort, daß Hussein keineswegs daran dachte, den Britisch-Jordanischen Vertrag zu kündigen und damit auf die britische Finanzhilfe zu verzichten. Um dies zu ändern, scheute man keinen noch so abwegigen Versuch.

Der König besaß nun die alleinige Kontrolle über seine Streitkräfte, blieb jedoch, was deren Unterhalt anging, weiterhin abhängig von bri-tischem Geld. Immerhin, es geschah noch etwas: Seine Entscheidung, die Engländer nach Hause zu schicken, machte ihn populär. In Amman, so hieß es, herrschte Freudenstimmung, selbst Kairo und Damaskus waren des Lobes voll. Er schien endlich sein eigener Herr zu sein, und war es doch wieder nicht: Im Staatshaushalt deckten die Steuereinnahmen nicht die Ausgaben, es sah aus, als müßte er sich ständig auf Hilfe von außen stützen. Daß Hussein veränderten Umständen aber durchaus Rechnung tragen, die Staatsausgaben ausgleichen und so seine Unabhängigkeit stärken konnte, sollte sich noch erweisen.

Einen Großteil des Rückhalts, den der König in der arabischen Welt gewonnen hatte, verlor er schon zwei Wochen nach der Entlassung von Glubb Pascha. Auf Empfehlung der törichten Briten konferierte er in Bagdad mit Iraks König Feisal und dessen Premierminister Nuri es-Said. Beiden haftete weithin der Ruf an, „Marionetten der Imperialisten" zu sein.

Kaum daß die im Zusammenhang mit Glubbs Entlassung aufgetretene Krise vorüber war, stand Husseins Thron abermals auf dem Spiel – und das gänzlich ohne sein Wissen. 1956 machte der amerikanische Außenminister John Foster Dulles überraschend einen Strich durch das Kreditangebot zu dem Plan, mit Hilfe der Vereinigten Staaten bei Assuan einen gewaltigen Nil-Staudamm zu errichten. Nassser reagierte mit der Nationalisierung des Suezkanals, der bis dahin von einer internationalen Konzessionsgesellschaft mit britischen Anteilen betrieben wurde. Für Eden war die Verstaatlichung nicht hinnehmbar.

So setzten Großbritannien, Frankreich und Israel jenes Manöver in Gang, das dann als Suezkrise bezeichnet wurde. Die drei Länder vereinte ein gemeinsames Interesse, Nasser zu stürzen. Für die Israelis rangierte er als Feind an oberster Stelle, als jemand, der es darauf absah, sie ins Meer zu treiben. Den Franzosen erschien er als Brandstifter, der das französische Algerien aufzuwiegeln versuchte. Und Eden sah in ihm einen „neuen Mussolini", der die im Nahen Osten seit langem etablierten britischen Interessen unmittelbar gefährdete. David Ben-Gurion in Israel, Guy Mollet in Frankreich und Eden waren übereinstimmend der Meinung, es sei an der Zeit, daß Nasser verschwinde.

Doch wie? Vorgesehen war, daß Israel, das darin einen Casus belli sah, die ägyptische Halbinsel Sinai angriff und besetzte. Großbritannien und Frankreich sollten Truppen entsenden, sozusagen ein „Friedenskorps", das bis zu einer endgültigen Regelung die Kanalzone besetzt hielt. Damit, so meinte man, würde Nasser an Macht verlieren. Die Operationen waren auf einem streng geheimgehaltenen britisch-französisch-israelischen Treffen in Sèvres, Frankreich, abgesprochen worden.

Die Suezkrise endete für die drei Hauptakteure in einem absoluten Desaster. Militärisch verlief sie ergebnislos. Die arabische Welt stellte sich fast einhellig gegen die drei Regierungen. US-Präsident Eisenhower, der 1944 als General die Landung der alliierten Truppen in der Normandie geleitet hatte, war empört, weil er vorab von den beiden engsten Verbündeten Amerikas, den Briten und Franzosen, nicht informiert worden war. Großbritannien war gespalten: Die in der Opposition stehende Labour Party unter Hugh Gaitskell richtete heftige Vorwürfe gegen Premierminister Eden. Das Ansehen, das er als Außenminister unter Winston Churchill besessen hatte, war dahin. Eden trat zurück. Unter starkem Druck der USA zogen die Briten und Franzosen ihre Truppen zurück. Nassers Macht blieb unangetastet. Der Suezkanal wurde geschlossen. Das Machtvakuum, das die Briten und Franzosen hinterließen, füllten die Vereinigten Staaten und die Sowjetunion.

Jordanien ging aus allem unbeschädigt hervor, allerdings nicht dank seines eigenwilligen jungen Königs. Das Protokoll von Sèvres zog Jordanien mit in Betracht. So war es der Wunsch von Ben-Gurion, daß darin die Beendigung des Britisch-Jordanischen Vertrags festgelegt beziehungsweise der Vertrag außer Kraft gesetzt würde. Er hätte sich dann ungehindert die Westbank aneignen können. Die endgültige Fassung enthielt eine Klausel, wonach Israel während der Feindseligkeiten mit Ägypten keinen Angriff gegen Jordanien unternehmen würde. Andererseits würde Großbritannien Jordanien nicht unterstützen, falls es Israel angriffe. Genau dies aber hatte Hussein im Sinn, mit Bodentruppen, die den israelischen unterlegen waren, und praktisch ohne jegliche Luftunterstützung.

Der König kann schwerlich darüber informiert worden sein, auf welche Weise sein Land in Sèvres bewahrt blieb. Er wußte offenbar auch nichts von jener ebenso geheimen Démarche, die Präsident Eisenhower während seiner Bemühungen um die Wiederwahl unternommen hat. In einem Memorandum vom 15. Oktober 1956 erklärt er: „International scheint es fast beschlossene Sache zu sein, daß Jordanien zerbricht, und selbstverständlich werden alle umliegenden Länder, einschließlich Israel, eifrig darauf aus sein, von den Trümmern ihren Anteil zu erhalten.

Tatsächlich besteht einiger Verdacht, daß die jüngsten brutalen Schläge israelischer Grenztruppen gegen Stützpunkte auf jordanischem Boden darauf abzielen, den Auflösungsprozeß zu beschleunigen... Ich sagte dem Außenminister, er möge den Israelis mit aller Deutlichkeit klarmachen, sie müßten sofort mit diesen Angriffen an der jordanischen Grenze aufhören."

In indirekter Anspielung auf die politische Macht der jüdischen Bevölkerungsgruppe in Amerika bat Eisenhower Außenminister Dulles auch, Ben-Gurion zu warnen, „irgendeinen gravierenden Fehler in dem Glauben zu begehen, das Gewinnen einer eigenen Wahl habe für uns das gleiche Gewicht wie die Erhaltung und Verteidigung des Friedens". Eine israelische Aggression müsse „unweigerlich in die Katastrophe führen, und auch solche Freunde, wie er sie in der Welt noch habe, egal, wie stark, könnten nichts dagegen tun." An Deutlichkeit war die Botschaft nicht zu übertreffen.[9]

Eisenhower war war sich des Risikos, das er einging, bewußt. Gegenüber seinem Sohn äußerte er, wenn Amerika mit Gewalt eine israelische Invasion in Jordanien verhinderte, „verlöre ich die Wahl. Zumindest New York, New Jersey, Pennsylvanien und Connecticut wären nicht zu halten." Am Ende des Gesprächs mit Dulles aber bekräftigte er die Absicht, sich in seiner Entscheidung unter keinen Umständen von den bevorstehenden Wahlen beeinflussen zu lassen. „Wenn infolge dieser Haltung irgendwelche Stimmen verlorengehen", fügt er hinzu, „dann müssen wir mit der Situation fertigwerden, unser Gewissen jedenfalls läßt keine andere Haltung zu."[10] Damit war Husseins Überleben gewährleistet.

Als israelische Verbände durch die Negev-Wüste in Richtung Suezkanal vorstießen, erhielten die jordanischen und syrischen Streitkräfte den Befehl zur Mobilmachung für die Operation Beisam, die unter dem Oberbefehl des ägyptischen Generals Abdel Hakim Amer stand. (Ägypten, Syrien und Jordanien hatten im Oktober 1956 ein Militärabkommen geschlossen). Das Planziel war, Israel an seiner empfindlichsten Stelle, der „Wespentaille" zwischen Westbank und Mittelmeer, in zwei Teile zu trennen. Ägyptische Truppen waren indessen nicht verfügbar, und die syrischen erwiesen sich als Luftgebilde. Leistungsfähig schien allein die Arabische Legion, doch sie war zu klein, zu schlecht ausgerüstet und der Sache, um die es ging, nicht gewachsen.

Trotzdem war der König entschlossen, sofort anzugreifen. Sein Stabschef, General Ali Abu Nuwar, ließ sich zur zögernd darauf ein und plädierte für mehr Zeit. Die Operation, die er vorbereitete, sollte nicht nur zur Zweiteilung Israels, sondern auch zur Einschließung des jüdischen Westteils von Jerusalem führen. Husseins neuer Ministerpräsident Suleyman Nabulsi war zwar arabischer Nationalist und Anhänger Nassers, wandte sich aber grundsätzlich gegen das Vorhaben, Israel anzugreifen. Als größtes Verdienst in seiner Amtszeit wurde ihm später angerechnet, daß er Jordanien aus dem Krieg heraushielt und es damit vor der Niederlage bewahrte. Sir Charles Duke, der britische Botschafter, gab der jordanischen Regierung Kenntnis vom wichtigsten Punkt des Sèvres-Protokolls: Im Falle eines jordanischen Angriffs auf Israel würde dieser Britisch-Jordanische Vertrag außer Kraft gesetzt, Jordanien wäre also ganz und gar auf sich gestellt. Schließlich war es dann Nasser selbst, der dem König per Telegramm zur Zurückhaltung riet. Jordanien folgte dem, ohne daß es zu regierungsfeindlichen Unruhen kam.[11]

Zeitlich fiel die Suezkrise mit einschneidenden politischen Veränderungen in Amman zusammen. Die verschobenen Wahlen wurden am 21. Oktober 1956 abgehalten. Gewinner war das Bündnis oppositioneller Gruppierungen (die bisherige Regierung hatte sich aus ranghohen Personen aus dem weiten Freundeskreis des Königs zusammengesetzt). Wahlberechtigt war, nach der Verfassung von 1952, jeder männliche Jordanier ab zwanzig Jahren; ein Gesetz aus dem Jahr 1955 erlaubte die Gründung politischer Parteien.

Von insgesamt vierzig Sitzen errang die Opposition zweiundzwanzig. Nabulsis Nationalsozialisten, die größte Partei, stellt zwölf Abgeordnete, gefolgt von den Moslem-Brüdern, die vier Sitze erhielten. Mit der Regierungsbildung beauftragte Hussein den Führer der Nationalsozialisten, Nabulsi. Damit kündigte sich eine weitere Krise an.

8
Die erste Ehefrau

Fast schien es unmöglich, daß der junge König in derart drangvollen, wechselhaften Zeiten Gelegenheit fand, sich Gedanken übers Heiraten und eine eventuelle Nachkommenschaft zu machen. 1955 kam er zu einem sechstägigen Besuch bei Präsident Nasser nach Kairo. Es war eines der seltenen Zusammentreffen, bei denen es zwischen beiden Männern ein herzliches Einvernehmen gab. Am Ende des Besuchs wurde bekanntgegeben, der König habe sich mit einer entfernten Cousine, der haschemitischen Prinzessin Dina Abdel Hamid, verlobt. Zwei Monate späte heiratete das Paar.

Hussein und Prinzessin Dina kannten sich aufgrund der gemeinsamen familiären Herkunft recht gut. Dinas Urgroßvater war vor Scherif Hussein Emir des Hedschas gewesen. Sie war eine Urgroßnichte des Scherifen Hussein. Wie es hieß, war der Heiratsantrag „aus völlig heiterem Himmel" gekommen. Mit gespielter Enttäuschung erklärte Dina, eigentlich habe sie sich gewünscht, Lehrerin und Schriftstellerin zu sein. Sie war erwachsen (26 Jahre alt), hatte am Girton College in Cambridge Englische Literatur studiert und am Bedfort College for Women, das der London University angeschlossen war und sich damals mitten im Regent's Park befand, ein Postgraduierten-Diplom in Sozialwissenschaften erworben. Nach Hause zurückgekehrt, begann sie Englisch an der Kairoer Universität zu unterrichten; nebenher interessierte sie sich weiter für

Im April 1955 heiratete König Hussein die sieben Jahre ältere ha-schemitische Prinzessin Dina Abdel Hamid. Die Ehe mit der Mut-ter seiner Tochter Alia dauerte nur achtzehn Monate.

Sozialwissenschaften. Sie war streng erzogen, wirkte aber weltoffen und elegant. Die Frage, ob die Entscheidung zu heiraten nicht nur für den jungen Hussein, sondern auch für sie selbst die richtige sei, legte sie sich immer wieder vor. In aller Stille aber wurden Vorkehrungen getroffen. Trotzdem, die offizielle Bekanntgabe des Eheversprechens kam für Dina überraschend, ebenso für ihren Vater.

Denn Dina hatte sich in Amman mit ihrem Verhalten im Zusammenhang mit den Krönungen Husseins und seines Vetters, König Feisal vom Irak, nicht gerade Freunde geschaffen. Ursprünglich lagen die Termine für beide Krönungen einen Monat auseinander, damit jeder Gast Gelegenheit habe, an der einen wie der anderen teilzunehmen. Später jedoch änderte man dieses Arrangement, vermutlich aus Gründen der öffentlichen Wirkung. Die Verwandtschaft jedenfalls sah sich nunmehr gezwungen, nur zu einer der auf den 2. Mai 1953 anberaumten Krönungsfeierlichkeiten zu erscheinen. Dina stand dem in Amman ansässigen Zweig der Dynastie näher, verehrte aber auch Feisals Mutter. Um sie nicht zu kränken, nahm sie an keiner der beiden Krönungen teil. Dies wiederum dürfte sie nicht beliebt bei Husseins Mutter Zain gemacht haben, die einen starken Einfluß auf ihren Sohn ausübte und sich wohl auch der Hochzeit widersetzt hat, die dennoch am 2. April 1955 stattfand.

Daß Dina sich ihre eigene Meinung bildete, hat den jungen König offenbar irritiert. Nach einem Besuch in Jerusalem erfuhr sie, Hussein sei aufgefallen, daß ihr die Menschen von der Westbank lieber seien als die Bewohner des Ostjordanlandes. Bei anderen Gelegenheiten hörte sie, der König habe sie in Verdacht, in ein Komplott verwickelt zu sein.

Im Juni 1955 begleitete Dina ihren Gatten auf einem offiziellen Besuch in London. Hinterher vertraute ein höherer britischer Beamter, der zum Militärflughafen Northolt, außerhalb Londons, gefahren war, um das Paar zu empfangen, seinem Tagebuch an: „Die versammelten Fotografen waren nur an Königin Dina interessiert, die in ihrem Kleid und Mantel von Dior sehr schön, doch eher ein wenig untersetzt aussah, während ihr König, sehr jung und ernst, die Parade der RAF-Garde abnahm und ohne ein Lächeln den versammelten arabischen Diplomaten die Hände schüttelte."[1] Fünf Tage später, nachdem er mit dem Königspaar gespeist hatte, bezeichnete der Tagebuchschreiber die Königin als „attraktiv" (sie war schwanger). Dina gebar eine Tochter, Alia, und Hussein war „überglücklich".

Was veranlaßte Hussein, Dina zu heiraten? Vielleicht, das Schicksal seines Großvaters vor Augen, die Sorge um das Fortbestehen der Haschemiten-Dynastie, der Wunsch, so schnell wie möglich einen Nachkommen zu zeugen. Daher auch die Verbindung mit einer Frau von makelloser haschemitischer Abstammung. Wenn dies die Beweggründe waren, dann muß er von der Geburt eines Mädchens enttäuscht gewesen sein.

Achtzehn Monate nach der Hochzeit reiste Dina nach Kairo, um einen schwer erkrankten Verwandten zu besuchen. Kurz nach ihrer Ankunft betrat der jordanische Botschafter ihr Haus, einen dicken Brief in der Hand. Dina rätselte zunächst über den Inhalt und gab dann erfreut dem Botschafter die Vermutung preis, es könnte sich um Fotos aus Amman handeln. Dem Botschafter war die Sache peinlich. Denn als Dina den Umschlag öffnete, fand sie einen langen Brief von Hussein. Er legte ihr dar, daß nach seinem Gefühl die Ehe nicht funktioniere, im Grunde erklärte er sie damit für beendet. Das war es also. Dina blieb in Kairo, nach Amman kehrte sie nicht mehr zurück. Wie der Anfang, so war auch das Ende ihrer Ehe „aus völlig heiterem Himmel" gekommen.

Wie konnte das geschehen? Zum Teil vermutlich, weil Hussein sieben Jahre jünger war; seine Ausbildung hatte mit kurzen Aufenthalten in Harrow und Sandhurst geendet, ein Universitätsleben hatte er nicht kennengelernt. Aufgewachsen war er in Amman, einer Stadt, die welterfahrene Bürger Kairos für provinziell hielten. Zum Teil vielleicht auch, weil Dina sich Seiner Majestät nicht ehrerbietig genug unterwarf. Sie interessierte sich engagiert für Jordaniens soziale Probleme, die auf Husseins Prioritätenliste nicht unbedingt obenan standen. Der König dachte mehr ans eigene Überleben.

Besonders auskunftsfreudig war Hussein nicht. In seinem Buch[2] schrieb er, „Ich wurde mit Dina verheiratet", nicht, „Ich habe Dina geheiratet". Das deutet darauf, daß die Heirat arrangiert worden ist, ohne voraufgehendes Werben, das womöglich zur Liebe geführt hätte, von dem wohl beide träumten. (Immerhin tanzten beide sehr gern miteinander.) Seine kurze Beschreibung Dinas hebt hervor, daß sie „eine hochintelligente Frau mit einem Masters-Diplom von Cambridge und ein paar Jahre älter war als ich". Ihre Persönlichkeit, ihr Aussehen, ihr familiärer Hintergrund bleiben unerwähnt.

Zunächst, schrieb Hussein, habe er gehofft, er könne um die Ehe herum ein glückliches Familienleben aufbauen. Er habe erwartet, das Eheglück eines ganz normalen Mannes erleben zu können, doch das sei ihm nicht vergönnt gewesen – damals nicht. Die Ehe habe sich als Fehlschlag erwiesen, sagt er. Sie gehörte zu den Dingen, die nicht einfach selbsttätig liefen – eine traurige, schwierige Zeit. Die Scheidung sei heftig kritisiert worden, fügt er hinzu. Es sei aber besser gewesen, einer solchen Krise „mit Mut und Offenheit" zu begegnen.

Die Version vom Ende seiner Ehe in der Autobiographie des Königs – „wir trennten uns, und meine Ex-Frau reiste nach Kairo ab" – stimmt nicht mit anderen Berichten überein, wonach sich Dina zu jener Zeit bereits in Kairo aufhielt.

Hussein erwähnt auch nicht, daß seine Tochter damals drei Monate alt war und daß er es Dina sechs Jahre lang verwehrt hat, das Mädchen zu sehen. Dann, völlig unerwartet, als sie sich in einem Londoner Krankenhaus befand, erhielt Dina Besuch vom König. Es sei absurd, meinte er, daß sie ihr Kind, das jetzt Husseins zweite, aus England stammende Frau, Prinzessin Muna, aufzog, derart lange nicht habe sehen dürfen, sie solle nach Amman kommen. Dina kam dann auch, und es muß ein bewegender Augenblick gewesen sein, als sie bei der Begrüßung die jetzt Siebenjährige zum erstenmal „Mama" sagen hörte. Eine Erklärung für Husseins ursprüngliche, zweifellos grausame Entscheidung gibt es nicht, ebensowenig wie für die Aufhebung des Verbots. Später hat er Mutter und Tochter gestattet, sich öfter zu treffen, so daß sich zwischen beiden eine normale Beziehung entwickeln konnte.

Es kann sein, daß Hussein in besonderem Maße daran lag, sein Kind – immerhin das erste des Königs – zu beschützen. Vielleicht beunruhigte ihn die Vorstellung, Alias Schicksal könnte zu sehr in den Händen einer geschiedenen Frau liegen, dazu noch mitten in der arabischen Welt. Dina, die Mutter, hat später übrigens einen Offizier geheiratet, der im Libanon in Jassir Arafats Untergrundarmee El Fatah Dienst getan hatte, einem Teil der PLO.

Bedrohung von links

Während Großbritannien, Frankreich und Israel sich immer tiefer in ihre militärischen Operationen gegen Ägypten verwickelten, verfolgte Hussein eine Politik, die geeignet war, jede Kritik zu widerlegen, er sei nicht standhaft und entschlossen genug. Hatte er sich zu Beginn des Suezkrieges nicht für militärische Aktionen an der Seite Ägyptens ausgesprochen? Diese Haltung setzte er konsequent fort, indem er den Briten die Benutzung ihrer Stützpunkte in Jordanien für Angriffe auf Ägypten untersagte. Das betraf die Marinebasis in Akaba, Armeestützpunkte in Akaba und Ma'an sowie die Flugplätze von Amman und Mafraq. Die Briten sagten zu, Mafraq nicht zu benutzen. Hussein bat den Irak, Truppen in die Eastbank zu entsenden, was auch geschah. In seiner etwas zweifelhaften Rolle als arabischer Nationalist, den die Briten finanzierten, geriet Hussein mit Suleyman Nabulsi aneinander.

Der neue Ministerpräsident war radikal, galt aber auch als Pragmatiker. Sein offen eingestandenes langfristiges Ziel war eine Art Verschmelzung Jordaniens mit dem nationalistischen arabischen Regime in Syrien. In diesem Punkt stieß er bei Hussein auf absolute Gegnerschaft.

Allerdings handelte Nabulsi auch als Realist. Bis über das künftige nach seiner Meinung ideale Verhältnis mit Syrien entschieden war, favorisierte der Ministerpräsident eine konstitutionelle Monarchie: Ausübung der legislativen und exekutiven Macht durch die Regierung über das Parlament. Für Hussein wäre diese Regierungsform weniger schlecht gewesen, letztlich aber doch unakzeptabel. Dasselbe galt für die eigentümliche Schräglage des unberechenbaren Nabulsi in der Außenpolitik. Hier verfocht er einen glühenden Antiimperialismus, sehnte sich nach Freundschaft mit der Sowjetunion und machte keinen Hehl aus seiner Abneigung gegenüber dem haschemitischen Irak.

Wie immer trat Hussein dafür ein, daß der Erhalt seines Zweiges der Haschemiten-Dynastie vor allem durch die Verbesserung des Lebensstandards in Jordanien gesichert werden müsse. Im übrigen plädierte er für eine eigene Form des arabischen Nationalismus. Er war für gute Beziehungen zu Ägypten und Syrien, gewiß aber nicht für eine Vereinigung, sowie für enge Bindungen an den Irak, doch ohne jegliche irakische Bevormundung. Über seinen neuen Premierminister bewahrte der König Schweigen.

Der erste Pfeiler des Hussein-Regimes, den die Regierung unter Nabulsi zu Fall bringen wollte, war der Britisch-Jordanische Vertrag mit den daran gekoppelten 12 Millionen Pfund. Mit 39 von 40 abgegebenen Stimmen errang die Regierung im Parlament die Zustimmung zu dem Antrag, mit Großbritannien Verhandlungen über die Außerkraftsetzung des Vertrags aufzunehmen und die betreffende Summe durch arabisches Geld zu ersetzen: jeweils fünf Millionen ägyptische Pfund von Ägypten und Saudi-Arabien und 2,5 Millionen ägyptische Pfund von Syrien. Hussein dürfte kaum Gefallen an der Aussicht gefunden haben, von diesen drei unzuverlässigen und potentiell feindseligen Ländern abhängig zu sein.

Aber er ließ nicht mit sich spielen. Zur gleichen Zeit gab das amerikanische Außenministerium bekannt, Jordanien habe inoffiziell um Erhöhung der Auslandshilfe, die es bisher erhielt, im Gegenwert von 12 Millionen Pfund gebeten. Das entsprechende Ersuchen kann nur von Hussein gekommen sein, nicht von Nabulsi.

Präsident Eisenhower sah, daß die Wellen völlig umgeschlagen hatten. Infolge ihres Suez-Abenteuers hatten Großbritannien und Frankreich ihren gesamten Einfluß im Nahen Osten eingebüßt, andererseits konnte man die Region nicht Nasser und der Sowjetunion überlassen. In einer Rede vor dem amerikanischen Kongreß verkündete der Präsident im Januar 1957 die „Eisenhower-Doktrin". Ihr Ziel war die weitere Ausbreitung des „internationalen Kommunismus" im Nahen Osten durch die Unterstützung antikommunistischer Regierungen und durch Gewährung von Militär- und Wirtschaftshilfe zu unterbinden. Regierungen, die sich zu der Doktrin bekannten, kassierten ab.

Ihre Länder waren dann allerdings bald auch Zielscheiben „anti-imperialistischer" Kritiker in der arabischen Welt. Insofern war die Geheimhaltung amerikanischer Kontakte zu Jordanien besonders wichtig. Aufgenommen wurden sie 1957 vom amerikanischen Militärattaché in Amman, Lieutenant-Colonel James Sweeny, und Botschafter Lester DeWitt. Aus amerikanischer Sicht war Hussein dem Westen eindeutig freundlicher gesonnen als Nabulsi mit seinen Freunden in Syrien und Ägypten. Der König muß als geradezu idealer Klient der Doktrin erschienen sein. Die Amerikaner erhielten, was die weitere Behandlung Jordaniens betraf, das Einverständnis der Briten, die in der Klemme saßen und ihre überseeischen Verpflichtungen reduzieren mußten. Amerika sprang ein: Jordanien wechselte in die Einflußsphäre der USA.

Im März 1957 lief im gegenseitigen Einvernehmen der Britisch-Jordanische Vertrag mit seiner 12 Millionen Pfund umfassenden Finanzhilfe aus. Etwa zur selben Zeit begann die amerikanische Central Intelligence Agency (CIA) mit Zahlungen von „Millionen von Dollar" an Jordanien.[1] Wenn, wie es den Anschein hat, das Geld direkt an Hussein ging statt an Nabulsis radikale Regierung, dann war die Position des Königs jetzt schlagartig gestärkt. Gleichwohl ließ die Regierung nicht von ihrer oppositionellen Einstellung ab.

Seine eigene Überzeugung wie auch die seines neuen Zahlmeisters reflektierend, beschwor Hussein die Gefahr der „kommunistischen Unterwanderung". Er warnte vor einem „neuen Imperialismus", sprach von Jordaniens „Existenzberechtigung" und erinnerte diejenigen, die ihm zuhörten, an seine Haltung während der Suezkrise und an die Entlassung Glubbs. Eine dieser Verlautbarungen fiel zeitlich mit dem Erscheinen der ersten kommunistischen Wochenzeitung in Jordanien zusammen. Am 2. Februar 1957 ließ der König eine Mitteilung an Nabulsi schicken, die nicht nur von neuem seine antikommunistische Linie betonte, sondern auch den Anspruch unterstrich, unabhängig Macht auf die Regierung auszuüben. Der Tonfall war deutlich. „Wir wünschen, daß dieses Land unerreichbar ist für kommunistische Propaganda und bolschewistische

Theorien", schrieb er. Auf einer Kabinettssitzung ordnete er an, die Presse solle die Eisenhower-Doktrin nicht kritisieren.

Parallel zu solchen politischen Schachzügen kam es zu Verschwörungen, die hauptsächlich Armeeoffiziere anzettelten. In der ersten Januarwoche 1957 erhielt Hussein von einem loyalen Offizier den Hinweis auf jordanische Armeeoffiziere in Beirut und Damaskus, die „in Nachtklubs Vermögen ausgaben, Geld, das sie gar nicht verdient haben konnten. Sie scheinen ständig mit Russen zusammenzustecken oder aber mit der ägyptischen Clique."

Der König ließ geheime Nachforschungen anstellen, bis zwei Armeeoffiziere in Zivilkleidern dabei ertappt wurden, wie sie vor dem St. Georg Hotel in Beirut die Nummer eines jordanischen Autos notierten. Sie wurden verhaftet und zurückgeschafft.

Der öffentlichen Wirkung wegen, die er sich davon versprach, nutzte Hussein seine Kontakte zum Leiter des Sicherheitsdienstes, Generalmajor Bahjat Tabara. Der war dem König treu ergeben und ignorierte die Tatsache, daß er eigentlich dem von den Nationalen Sozialisten geführten Innenministerium unterstellt war. Tabara sorgte dafür, daß das täglich erscheinende Bulletin der sowjetischen Nachrichtenagentur TASS beschlagnahmt und deren Büro in Ammann – Nabulsi hatte die Eröffnung ausdrücklich genehmigt – geschlossen wurde. Außerdem konfiszierte er andere sowjetische Publikationen, darunter auch Filme.

Nabulsi schoß zurück. Im März beschloß das Parlament einen neuen Regierungskurs angesichts eines bevorstehenden Treffens arabischer Führer in Kairo. Gefordert wurden die Unterstützung des Neutralismus und die Ablehnung der Eisenhower-Doktrin. Hussein wurde dabei tunlichst übergangen. Im selben Monat jedoch schickte er einen persönlichen Gesandten, Bahjat al-Talhuni, nach Kairo, Damaskus und Riad, ohne nun seinerseits das Kabinett zu unterrichten. Seine Botschaft: Er, Hussein, werde auf jeden Fall zu dem ihnen gegebenen Wort stehen, gleich, welche Regierung in Jordanien an der Macht sei. Der König fürchtete Anschläge gegen ihn, finanziert von der Sowjetunion. „Die Propaganda war fürchterlich", schrieb er. „Um die Leute zu bestechen, wurden Vermögen gezahlt."

Wieder schoß Nabulsi zurück. Er legte dem König Anträge zur Billigung vor. Dazu gehörte einer, der die Aufnahme diplomatischer Beziehungen mit China und der Sowjetunion vorsah. Ein anderer kündigte die obligatorische „Pensionierung" von Tabara als Sicherheitschef an. Keine dieser in Aussicht genommenen Maßnahmen war für den König annehmbar.

Noch nie hatte der damals zweiundzwanzigjährige Monarch in einer derart tiefen politischen Krise gesteckt. Seine Widersacher schienen alle Trümpfe in der Hand zu haben: Sie besaßen die Mehrheit im Parlament, und was ihr Verlangen nach engeren Bindungen an Syrien und Ägypten betraf, so durften sie sich wahrscheinlich der Zustimmung des einfachen Mannes von der Straße sicher sein.

Gleichzeitig machten einige höhere Offiziere der „befreiten" Armee Front gegen den König, vielleicht in der Hoffnung, den Beitrag Nassers zum Sturz des ägyptischen Königs Farouk auf ihre Weise kopieren zu können. Daß sie ihre Karten bei der Operation Haschim am 8. April offenlegten, bleibt unbegreiflich. Truppen vom Ersten Panzerregiment besetzten die vier wichtigsten Straßenkreuzungen in Amman, vorgeblich, um die Autos zu zählen, die in die Hauptstadt hineinfuhren und sie verließen. Eine andere Erklärung lautete, es ginge darum, die Gebrauchstüchtigkeit der Fahrzeuge jener Einheit zu prüfen. In Wirklichkeit sollte man, wie es hieß, die Freunde des Königs verunsichern. Die Folge war, daß Hussein sofort eine Verschwörung witterte. Daß er mit dem Rücken an der Wand stand, war ihm klar. Während die Operation Haschim lief, für die er seinen Stabschef Ali Abu Nuwar verantwortlich machte, fühlte er sich „wirklich allein". Es bedurfte einiger Kühnheit, wenn er seine Autorität wiederherstellen wollte.

Am deprimierendsten war für Hussein die Nachricht, daß man von Abu Nuwar sagte, er stünde in enger und häufiger Verbindung mit Kairo. Untersuchungsbeamte lenkten den Verdacht auch auf Abdallah Rimawi, Staatssekretär im Außenministerium und altgedientes Mitglied der linksgerichteten pro-syrischen Baath-Partei, die ihren Sitz in Damaskus hatte.

Am 10. April erhielt Nabulsi von Hussein den Laufpaß. Auf „Anordnung des Königs" trat der Ministerpräsident zurück, überzeugt davon, der Herrscher werde ihn mangels Alternative bitten, ins Amt zurückzukehren. Zunächst sah es auch ganz so aus, als ob Nabulsi recht behielte: Dem Kandidaten des Königs, dem 64 Jahre alten Hussein Fakhri al-Khalidi, ehemaliger Außenminister, Bürgermeister von Jerusalem und Anhänger des Muftis, bis er die Seiten wechselte und König Abdallah unterstützte, gelang es nicht, ein Kabinett zu bilden, das sowohl die Zustimmung des Königs wie auch die des Kreises um Nabulsi fand. Koalitionsführer wollten auch die Baath-Partei am Kabinett beteiligen; der König wies das zurück. Als nächstes bat der König Abdel Halim al-Nimr, bis dahin Minister für Verteidigung und Inneres, die Regierungsbildung zu versuchen; er stieß auf dieselben Schwierigkeiten.

Am 13. April 1957 sickerte durch, Hussein beabsichtige, Said al-Mufti, den tscherkessischen Royalisten und früheren Ministerpräsidenten mit der Zusammenstellung eines neuen Kabinetts zu beauftragen. Das bedeutete offene Konfrontation zwischen dem König und seinen Gegnern, die das Parlament kontrollierten. Fast schien es, als sollten Nabulsi und dessen Verbündete provoziert werden. An diesem Tage sollte vieles geschehen.

Dem Bericht des Königs zufolge, wurde Said al-Mufti von Abu Nuwar in eine Kaserne außerhalb Ammans bestellt. Dort sei ihm unverblümt eröffnet worden, entweder stimme der König der Bildung einer Regierung zu, die seine Widersacher akzeptieren konnten, oder es gebe „Ärger". Die Situation war explosiv, der Druck auf den Zweiundzwanzigjährigen enorm. Scherif Nasser bin Jamil, sein Onkel, bedeutete ihm, „alles scheint verloren zu sein". Er stellte Hussein am 13. April vor die Wahl, entweder abzudanken oder ums Überleben zu kämpfen. Hussein erinnerte sich später, erwidert zu haben: „Ich muß bleiben. Ich werde fest bleiben und kämpfen, ohne Rücksicht auf die Konsequenzen."[2]

Abu Nuwar meinte es ernst mit dem „Ärger", den er am 13. April angedroht hatte. Eine Gruppe loyaler Offiziere aus Zerqa, Jordaniens bedeutendster Militärbasis, übermittelte dem König in Amman einen Brief und warnte ihn vor Unannehmlichkeiten, sie selber rechneten mit dem Befehl, Amman zu umstellen. Ein anderer Offizier teilte ihm mit, es gebe „überall Verräter", das Erste Panzerregiment jedoch sei loyal. Es ist unklar, ob damals ein in sich logischer, geheimer und gut organisierter Militärputsch inszeniert wurde; die Lage in Zerqa jedenfalls muß völlig verworren gewesen sein. Kein Zweifel aber besteht offenbar daran, daß sich Widerstand an mehreren Stellen regte, und zwar aus Augenblickssituationen heraus. Ein loyales, mehrheitlich aus Beduinen bestehendes Regiment erhielt den Befehl, die Kaserne zu einer Übung ohne Waffen zu verlassen. Alle Manöver, worin sie auch bestanden, konnten sich leicht zu einer umfassenden Revolte entwickeln, sofern man sie nicht sofort im Keim erstickte.

Hussein berichtet, er habe noch am selben Abend von Abu Nuwar, der bei ihm in Amman im Büro war, eine Erklärung für sein Verhalten verlangt. Abu Nuwar wurde von einem Anruf seines Cousins Ma'an unterbrochen, dem Kommandeur der Prinzessin-Alia-Brigade. Ma'an meldete dem Stabschef, die Soldaten der Brigade meuterten offenbar gegen abtrünnige Offiziere, sie planten, nach Amman vorzurücken, um den König zu beschützen.

Hussein reagierte, wie er selbst berichtet, mit einem Bravourstück. Abu Nuwar fehlte es an militärischer Unterstützung, um in einem Putsch die Macht an sich zu reißen. Im Büro des Königs waren ihm ohnehin die Hände gebunden. Hussein ergriff die Initiative: Er bestand darauf, mit Abu Nuwar und Scherif Nasser nach Zerqa zu fahren. Auf dem Weg dahin, berichtet der König, begegnete er loyalen Truppen, die zu seinem Schutz unterwegs nach Amman waren. Als Abu Nuwar hörte, wie einige lautstark seinen Tod forderten, bat er den König inständig, ihn nach Hause zu lassen, um seine Familie zu beschützen. „Abu Nuwar", schrieb der König, „zitterte vor Angst."

In Zerqa ist Hussein, seinen Erinnerungen zufolge, wie ein Held gefeiert worden. Rasch stellte er die Ordnung wieder her. Zuwendung erfuhr er vor allem von Beduinen im Offiziersrang, aber auch solche Männer erwiesen ihm ihre Loyalität, die bei Beförderungen vielfach zugunsten von Nicht-Beduinen mit besserer Schulbildung übergangen worden waren.

Hussein kehrte nach Amman zurück. Auch Abu Nuwar traf wieder ein, der alte Freund, mit dem er in glücklicheren Tagen mit jugendlichem Überschwang Pläne für die Zukunft des Landes geschmiedet hat. Hussein sagte, er habe einen jammernden Mann vor sich gehabt, das Gesicht voller Tränen und unwahre Geschichten erzählend. Hussein hat ihn nicht hinrichten lassen. Er war „so müde, so krank von der Scham für meine Mitmenschen, daß ich es nicht fertigbrachte". Abu Nuwar ging nach Damaskus. In den Tagen danach flohen seine mutmaßlichen Mitverschwörer, darunter der Chef des Militärgeheimdienstes.

Im Offiziersclub im nordjordanischen Zerqa veranstaltete der neue Chef der Arabischen Legion, General Radi Inab (rechts), eine Loyalitätskundgebung für König Hussein.

Spätere Ereignisse legen die Vermutung nahe, daß die ursprüngliche Geschichte aufgebauscht worden ist und allzusehr Husseins Talent zur strategisch wirksamen Großzügigkeit hervorhebt. Ma'an wurde später von einem Militärgericht vom Vorwurf des Verrats freigesprochen. Er trat wieder in die Armee ein, wurde zum General befördert und ging schließlich als Botschafter nach Großbritannien. Abu Nuwar wurde begnadigt und ließ sich als Geschäftsmann in Amman nieder. Er beteuerte seine Unschuld und behauptete, jene Autofahrt nach Zerqa sei seine Idee gewesen. Später wurde er Botschafter in Frankreich.

Husseins Geschick, im rechten Moment Großmut zu beweisen, kam noch bei anderer Gelegenheit zur Geltung. Es erinnert an einen Rat, den einst der amerikanische Präsident Lyndon B. Johnson gegeben hat. Danach ist es stets besser, seinen Feind „im Zelt zu haben, und er pißt hinaus, als daß er draußen steht, und er pißt herein".

Zunächst konzentrierte sich Hussein weiter darauf, die Ordnung wiederherzustellen, insbesondere bei den Streitkräften. Das war schwierig. Gerade als er sie brauchte, wurde seine Hauptschaltstelle für Jerusalem von eigenen Leuten geschlossen. Scherif Nasser, sein Onkel, stellte eine ultra-loyale Palastgarde auf.

Krise folgte auf Krise. Eine syrische Panzerbrigade, unter dem Kommando eines ägyptischen Generals und seit der Suezkrise im Norden Jordaniens stationiert, rückte nach Süden vor und umstellte Irbid. Eine zweite Brigade aus Saudi-Arabien, die nach dem Suezkrieg nach Jordanien verlegt worden war, wurde von König Saud jedoch dem direkten Befehl Husseins unterstellt. Gestärkt durch diese willkommene Geste, machte Hussein den Entschluß der Syrer zunichte, nach Süden vorzurücken. Es war wohl kein Zufall, daß Abu Nuwars Nachfolger als Stabschef der jordanischen Streitkräfte, General Hiyyari, am 20. April nach Syrien floh.

Um so erstaunlicher war, daß sich mitten in all diesen Schwierigkeiten der König und das Parteienbündnis unter Führung der Nationalen Sozialisten am 15. April auf einen Ministerpräsidenten einigten. Zum zweitenmal in der Krise entschied sich Hussein für al-Khalidi. Diesmal gelang dem ehemaligen Bürgermeister von Jerusalem die Kabinettsbildung. Sein Vorgänger Nabulsi nahm seltsamerweise die Zurückstufung auf den Posten des Außenministers hin. Die neue Regierung schien genau denselben Kurs zu verfolgen wie die vorherige.

Nach den Ereignissen in Zerqa trat der König entschlossener auf, zumal die regierungsfeindlichen Kundgebungen andauerten. An einem „Patriotischen Kongreß", der am 22. April 1957 in Nablus stattfand, nahmen neben Parlamentsmitgliedern, die Nabulsi und die Nationalen Sozialisten unterstützten, auch prominente Ärzte und Anwälte teil. Eine Erklärung, die am Schluß verabschiedet wurde, forderte die Vereinigung mit Syrien und Ägypten. Für den 24. April wurde zu einem Generalstreik aufgerufen, ferner verlangte man die „Säuberung von unzuverlässigen und korrupten Elementen", womit unzweideutig Hussein und seine Sympathisanten gemeint waren. Wiederum spitzte sich die Lage zu.

Ministerpräsident al-Khalidi, ein Mann ohne hohen Selbstanspruch, trat nach Schwierigkeiten, in die er geraten war, am 24. April zurück. Hussein nutzte die Gelegenheit. Noch am selben Tag bildete er nach einer langen Dringlichkeitssitzung mit engsten Beratern eine neue Regierung, mit Ibrahim Hashim als Premier an der Spitze und loyalen Honoratioren als Ministern. Hashim bewährte sich als verläßlicher Strohmann. Die wirkliche Macht lag beim König, bei dem stellvertretenden Ministerpräsidenten Samir al-Rifai, dem Innenminister Falah al-Madadaha und dem Verteidigungsminister Suleyman Toukan.

Auf Drängen des libanesischen Präsidenten Camille Chamoun schickte die Regierung der USA Einheiten ihrer Sechsten Flotte ins Mittelmeer. Die Amerikaner versicherten dem König „mit Israels Versprechen, sich jeden Versuchs zu enthalten, Vorteile aus dieser Situation zu ziehen, ihrer ‚Sympathie und politischen Unterstützung‘". Der Sprecher des Weißen Hauses erklärte, Präsident Eisenhower betrachte „die Unabhängigkeit und Integrität Jordaniens als wesentlich"[3].

Hussein ging mit bemerkenswertem Tempo vor. Um 1.30 Uhr in jener Nacht zum 25. April verhängte er das Kriegsrecht und verbot alle politischen Parteien. Für fünf Städte – Jerusalem, Amman, Irbid, Ramallah und Nablus – erließ er ein Ausgehverbot. Fünf Wochenzeitungen durften nicht mehr erscheinen. Mehrere hundert Menschen wurden verhaftet, darunter Nabulsi (der noch bis 1961 unter Hausarrest stand). Die Überwachung der öffentlichen Ordnung übertrug er dem inzwischen „gesäuberten" Militär, das auch die Oberaufsicht über die Polizei und die Sicherheitsdienste übernahm.

Jordaniens Nachbarn reagierten zurückhaltend. Hussein versuchte nicht, sich mit Ägypten und Syrien anzulegen, was auch umgekehrt galt. Doch weder Ägypten noch Syrien leisteten, wie versprochen, einen Beitrag zum jordanischen Hilfsfonds, der den Britisch-Jordanischen Vertrag ablösen sollte. Allein Saudi-Arabien hielt sein Wort.

Viel wesentlicher war, daß die Vereinigten Staaten 10 Millionen Dollar beisteuerten. Formell bekräftigt wurde die Absprache in einer Note vom 29. April. „In Erwiderung einer jordanischen Bitte um wirtschaftliche und technische Hilfe", heißt es in dem Bericht des State Department, hätten die Vereinigten Staaten zugestimmt, die „Freiheit" Jordaniens zu gewähren und seine „ökonomische und politische Stabilität" zu erhalten.[4]

Außenminister Samir al-Rifai bezog sich in seiner Antwort an den amerikanischen Botschafter auf ein früheres amerikanisches Hilfsangebot. „Angesichts der augenblicklichen Lage", schrieb er, „wäre die jordanische Regierung Eurer Exzellenz und der Regierung der Vereinigten Staaten dankbar für jede zusätzliche Unterstützung, die zum jetzigen Zeitpunkt gewährt werden kann." (Die Formulierung „zusätzliche Unterstützung" deutet an, daß bereits Geld nach Jordanien floß, möglicherweise mit Hilfe der CIA.) Der Botschafter antwortete mit der Zusage von 10 Millionen Dollar, „um die Freiheit Ihres Landes sicherzustellen und die ökonomische und politische Stabilität zu erhalten"⁵.

Hilfe war inoffiziell schon einige Zeit vorher in Erwägung gezogen worden. In einem Telegramm an das State Department berichtete der amerikanische Botschafter am 13. Februar vom politischen Machtkampf zwischen Hussein und seinen Gegnern. Er empfahl die Gewährung amerikanischer Unterstützung für den Fall, daß Hussein als Sieger hervorginge.

Ist der König, wie er später behauptete, in den dramatischen Ereignissen des Jahres 1957 „wirklich allein" gewesen? Nein. Königin Zain, die Frau des Ex-Königs Talal und Husseins Mutter, spielte im Hintergrund eine starke, wenn auch diskrete Rolle; ihr Einfluß sollte noch viele Jahre andauern. Ein britischer Botschafter schilderte sie einst als „eine Frau von großer Intelligenz und Charakterstärke". Auch begleitete Husseins Onkel, Scherif Nasser bin Jamil, ihn und Abu Nuwar nach Zerqa und stand ihm in anderen schwierigen Augenblicken zur Seite. Nasser war Zains Bruder. Es gab zwei Personen, die Husseins Vertrauen genossen und mit denen er rechnen konnte: Bahjat Tabara, der sich um die innere Sicherheit kümmerte, und Bahjat al-Talhuni, der Hofmeister des Königs.

Die Art, wie er – nach eigener Darstellung – die Situation in Zerqa gemeistert hat, bezeichnet den Anfang einer neuen Etappe in Husseins Herrschaft. Damit, daß er Abu Nuwar dazu brachte, mit ihm zu fahren, bewies er nicht nur Mut, sondern auch die Fähigkeit zu rasch entschiedenem Handeln und zum Nutzen unversehens vorteilhafter Umstände. Seine Befehle zeugten von Autorität und wurden in der Regel befolgt. Der Erfolg von Zerqa verlieh ihm genügend moralische und politische Kraft, seinen Willen durchzusetzen. Als alles vorüber war, erklärte er auf einer Pressekonferenz die Entlassung Nabulsis mit dem Hinweis, er, Nabulsi, habe „die Anordnungen des Königs nicht befolgt" – soviel zum Thema konstitutionelle Monarchie.

Aber die Zeiten waren hart. Im Nahen Osten lag die Quelle politischer Macht oft genug im Lauf eines Gewehrs. Diese Lektion ist dem König durch die Verhältnisse im Irak nachdrücklich eingehämmert worden. Und noch etwas prägte sich ihm ein: Außer nahen Verwandten und den alten, ihm loyal ergebenen Ministern durfte er niemandem trauen.

10

Höhepunkt im Jahr 1958

Nachdem er unbeschadet aus einer internationalen Krise hervorgegangen war, wandte Hussein sich strategischen Problemen der Nachbarregion zu. 1958, als Dreiundzwanzigjähriger, hatte er zu entscheiden, wie er mit der Allianz der beiden am stärksten gefürchteten Gegenspieler umgehen sollte, mit Ägypten unter Präsident Nasser und dessen Juniorpartner Syrien in der neu gegründeten Vereinigten Arabischen Republik (VAR). Die Gefahr für Hussein lag klar und unmittelbar zutage: Ägypten und Syrien hatten keine gemeinsame Landesgrenze, die sie öffnen konnten; Jordanien und Israel lagen dazwischen. Trat Jordanien der VAR bei, gefolgt vom haschemitischen Irak, würde Ägypten sich in einer Vierstaaten-Föderation mit Syrien verbinden können. (Die Verbindung zwischen Ägypten und Jordanien wäre eine maritime gewesen, über den Golf von Akaba, entlang der israelischen Stadt Eilat.)

Nassers Ideen hätten dabei in der arabischen Welt weiter an Boden gewonnen. Israel wäre eingeschlossen gewesen, mit Ausnahme der Zugänge zum Mittelmeer und – mit Eilat – zum Roten Meer. Abermals vielleicht hätten die Araber davon geträumt, „die Juden ins Meer zu treiben". Zum Teil wohl, um der VAR zu trotzen, schlossen sich Jordanien und der Irak im Februar 1958 zur Arabischen Union zusammen.

Beide Bündnisse hatten ihre Schwachpunkte. Ägypten und der Irak waren größer und mächtiger, hatten auch mehr Einwohner als ihre Partner Syrien beziehungsweise Jordanien. Dennoch waren Jordanien und der Irak in einem entscheidenden Vorteil: Sie besaßen eine lange gemeinsame Grenze, was bedeutete, daß beide Länder sich relativ leicht hätten vereinigen können. Ägypten und Syrien dagegen lagen weit voneinander entfernt. Beide Bündnisse ließen ihre Absicht zur Machtteilung erklären, ungeachtet der Schwierigkeiten, die in solchen Zusammenschlüssen stecken.

Beide Systeme vereinigten arabische Nationalisten, doch gab es zwei Arten von Nationalismus. Nassers Version war eine radikale. Als „Antiimperialist" hatte er die Briten und Franzosen zum Rückzug aus Ägypten gezwungen und den Suezkanal verstaatlicht. Seine Abhängigkeit vom Westen glich er dadurch aus, daß er eine strategische Allianz mit der Sowjetunion einging, die ihn mit Waffen und Beratern versorgte und Hilfe beim Bau des Assuan-Staudamms versprach. Nasser befürwortete auch eine staatliche Kontrolle der Wirtschaft.

Husseins arabischer Nationalismus konnte sich davon kaum deutlicher unterscheiden. Er wurzelte in der Tradition einer Familie, jener des Hauses Haschim, direkten Nachfahren des Propheten Mohammed. Ihr Patriarch, der Emir Hussein des Hedschas, hatte „das Banner des Großen Arabischen Aufstands gegen die Türken gehißt". Es waren die Vertreter dieser Familie in Jordanien – Abdallah, Talal und nun Hussein –, die das Haschemitische Königreich auf einem Boden errichtet hatten, der fast nur aus Sand bestand. Gewiß, um überleben zu können, war die Familie abhängig von Fremden. Doch hatte sie sich nicht, als sie ihren Zweck erfüllt hatten, von Glubb Pascha und seinen britischen Offizieren getrennt? 1958, als es zum Bündnis zwischem dem Irak und Jordanien kam, wurde als Emblem dieser Union das Banner jenes Aufstands neu entrollt. Husseins Herrschaft durchzieht ein leidenschaftlicher Glaube an den Auftrag, den das Schicksal den Haschemiten auferlegte.

Was Demokratie anging, so hat Hussein klug die Wichtigkeit des Parlaments als einer Einrichtung erkannt, in der Leute „Dampf ablassen" konnten. Auch hatte es den Vorzug, daß es dem König jeweils die Richtung anzeigte, aus der politisch der Wind wehte. Doch anders als etwa in Großbritannien war das Parlament kein Souverän, die oberste Gewalt ging allein vom Haschemiten-König aus. Wenn es aus strategischen Gründen geboten schien, trat Hussein den Rückzug an, um dann unversehens wieder aufzutauchen, hin und her pendelnd und geduckt im Kampf – Mann gegen Mann – mit seinen Gegnern. Oberhand behielten in jedem Fall Hussein und seine Familie. Der König war es, der zuletzt das Sagen hatte.

Wer in der arabischen Welt hätte sich wohl das Recht nehmen dürfen, dieses alles andere als demokratische Spiel zu kritisieren? Im Grunde gab es damals keine arabische Regierung, die sich nicht in der Hand einer Königsfamilie oder eines Militärdiktators befand. Einem Personenkult in der Art Nassers leistete Hussein keinen Vorschub. Wäre durch freie, allgemeine Wahlen eine Partei an die Macht gelangt, die als oberstes Ziel die Umwandlung Jordaniens in eine Republik anstrebte – wer weiß, Hussein wäre vielleicht geneigt gewesen, seine Zelte abzubrechen, um zu gehen. Viel wahrscheinlicher allerdings ist, daß er auf seinem Platz ausgeharrt und eine derartige Regierung unerbittlich bekämpft hätte.

Das Konzept der Arabischen Union war eindeutig. Hussein mußte sich danach bewußt sein, daß seine Gegner in Ägypten, Syrien und auch in Jordanien nicht ruhen würden, bis er vertrieben war. Im Mai 1957 gab Syrien Husseins Forderung nach, ein seit der Suezkrise im Norden Jordaniens stationiertes Bataillon zurückzuziehen: Es gab keine Alternative als Krieg. Jenseits der Grenze aber warteten größere Kontingente der syrischen Armee nur darauf, loszuschlagen.

Jordanien, klein und verwundbar, stellte im Bündnis mit dem Irak für jeden Angreifer eine wesentlich größere Herausforderung dar. Vorteilhaft war auch, daß die Arabische Union eine Allianz innerhalb der Familie war. Hussein war seinem Vetter Feisal sehr zugetan und vertraute ihm.

In einem ungewöhnlichen Akt von Selbstverleugnung und Eigeninteresse unterstellte Hussein sich Feisals Autorität. Ibrahim Hashim von Jordanien wurde unter dem Iraker Nuri es-Said stellvertretender Ministerpräsident. Suleyman Toukan aus Jordanien übernahm das Verteidigungsministerium der Union, Oberkommandierender der gemeinsamen Streitkräfte aber war ein Iraker, General Rafiq Aref. Sitz der Regierung und der ausländischen Botschaften in der Union wurde Bagdad, nicht Amman, doch erhielten die Botschaften den einfachen Rang diplomatischer Missionen.

Für Syrien und Ägypten stellte die Arabische Union eine direkte Herausforderung dar, sie war eine Rivalin im Machtkampf, mit der eine

Konfrontation unvermeidlich schien. Andererseits, so wird Hussein vielleicht überlegt haben, ließ sich der Konflikt zwischen den beiden Bündnissystemen auf Dauer ohnehin nicht umgehen. Er goß noch Öl ins Feuer, indem er auf anti-haschemitische Propaganda in der Kairoer „Stimme der Araber" und anderen Medien reagierte. Die Erfahrungen in Zerqa hatten sein Selbstvertrauen gestärkt; sein Ton gegenüber Ägypten wurde zunehmend schärfer.

Gleichzeitig unternahm Hussein alles, um den Vorwurf zu entkräften, eine Marionette der Imperialisten zu sein. Er hatte, wenn auch mit Zweifeln, den Beitritt zum Bagdad-Pakt abgelehnt. Ebenso weigerte er sich, die Eisenhower-Doktrin anzuerkennen – was ihn nicht hinderte, im Frühjahr 1957 außer 30 Millionen Dollar auch Waffen von den Vereinigten Staaten anzunehmen.

Aus Husseins Sicht wies die Arabische Union zwei bedauerliche Schwächen auf. Die eine war, daß Feisal über keine politische Basis verfügte. Sein unpopulärer, als Regent amtierender Onkel, Kronprinz Abdul Ilah, war ein Mann von anmaßend herrischer Natur, Feisal dagegen schwach: Er ließ es zu, daß Abdul Ilah ihn an Geist und Seele verletzte, ihn etwa aus Ungeduld in aller Öffentlichkeit mit verächtlicher Geringschätzung behandelte. Hussein reagierte auf solche Respektlosigkeit mit Empörung.

Einmal, in Sandhurst, war er während einer Fahrt in Feisals Auto Zeuge einer Auseinandersetzung zwischen beiden Männern gewesen. Hussein ließ anhalten, stieg aus und setzte die Fahrt im eigenen Wagen fort, der dem ersten gefolgt war. Bei anderer Gelegenheit entdeckte Hussein in einer Autokolonne einen offensichtlich aus zweiter Hand stammenden Sportwagen mit Feisal am Lenkrad, während Abdul Ilah in einem funkelnagelneuen Rolls Royce saß. Am nächsten Tag überließ Hussein in einem jähen Anfall von Zorn seinem Vetter einen wertvollen Aston Martin.

Doch es half alles nichts – Feisal war weder Abdul Ilah noch dem Ministerpräsidenten Nuri as-Said gewachsen. Im Unterschied zum jungen Hussein war ihm verwehrt, durchs Land zu reisen, sich mit Oberhäuptern großer Familien zu treffen, vor dem Volk aufzutreten und öffentlich zu reden. Insofern wäre er auch gar nicht in der Lage gewesen, angesichts einer irakischen Version der Ereignisse von Zerqa so zu verfahren wie seinerzeit Hussein.

Die zweite Schwäche der Arabischen Union wurzelte in der Inkompetenz und Selbstgefälligkeit der Männer, die Feisal umgaben. Sie machten in ihrem Umfeld keine Bekanntschaft mit dem brutalen Axiom der arabischen Politik jener Jahre: Verschwörungen sind unvermeidlich, und Verschwörer töten. Hussein kannte diese Regel aus Erfahrung. Er kannte auch den unschätzbaren Wert von Nachrichtendiensten und die Erfordernisse der inneren Sicherheit. Nach dem Geschehen von Zerqa hatte er aus Beduinen eine königliche Schutzgarde zusammengestellt, die, später zu einem Bataillon verstärkt, ausschließlich aus handverlesenen, ihm treu ergebenen Soldaten bestand; angeführt wurde die Garde von Scherif Nasser bin Jamil. Die festgenommenen Verschwörer entgingen der Hinrichtung; den Grundlinien der allgemeinen Politik folgend, steckte man sie lediglich ins Gefängnis. (Von Blutvergießen, wenn es sich irgend vermeiden ließ, hielt Hussein nicht viel.)

Im Zusammenhang mit der Verhaftung eines Agenten von Nasser, eines Kadetten in einem Panzerregiment, erfuhr Hussein von den Vorbereitungen eines Putsches, der gleichzeitig, nämlich Mitte Juli, in Jordanien und im Irak stattfinden sollte. Er habe Handgranaten auf den König und auf Scherif Nasser bin Jamil werfen sollen, sagte der Verhaftete aus. Zur gleichen Zeit wurde Hussein von der amerikanischen Mission über eine von Syrien unterstützte Verschwörung von Armeeoffizieren informiert, die ihn umbringen und eine Republik ausrufen wollten. Beide Vorhaben hatten offenbar miteinander zu tun.

Hussein erhöhte den Alarmzustand seines eigenen Sicherheitsapparats, rief Feisal an und bat um Entsendung eines engen Vertrauten. Ihm sollten alle in Amman vorliegenden Berichte zugänglich gemacht werden. Es kam General Aref, der Oberkommandierende der Vereinten Streitkräfte. Er habe die „verdammten Einzelheiten", wie Hussein später schrieb, verabredungsgemäß erfahren. Aref aber schaute nur „höflich gelangweilt" drein und erklärte mit herablassendem Lächeln, die irakische Armee „gründe sich auf Traditionen", sei insofern also eine völlig andere als die jordanische[1]. Von allem, was daheim wirklich geschah, hatte der General kaum eine Ahnung.

König Feisal und Kronprinz Abdul Ilah wie auch Nuri es-Said waren höchst unpopulär. Viele Irakis mochten sich nur widerwillig mit der Tatsache abfinden, daß ihnen am Ende des Ersten Weltkriegs die obskuren Haschemiten aus dem rückständigen Hedschas von den Briten aufgezwungen worden waren – nicht mehr als der Ersatz des Osmanischen Reiches durch den britischen Imperialismus. Weit verbreitet war die Bewunderung für Nassers Form des arabischen Nationalismus, und was den Bagdad-Pakt anging, so hielt man ihn für eine gegen Nasser gerichtete imperialistische Verschwörung. Zahlreiche politisch aktive Iraker waren Republikaner, keine Monarchisten.

Am 14. Juli 1958 nahmen die Republikaner eine ihnen praktisch in den Schoß gefallene Gelegenheit wahr. Im Libanon war ein Aufstand gegen Präsident Camille Chamoun ausgebrochen. Es gab Befürchtungen, daß die Unruhen auf das nahe Jordanien übergreifen könnten. Hussein waren noch die Warnungen vor dem Komplott im Gedächtnis, das seinen Sturz und die Umwandlung Jordaniens in eine Republik bezweckte. Deshalb und um „Flagge zu zeigen", bat er den Irak, ihm eine Brigade zu schicken. Den Irakis kam der Wunsch nicht ungelegen, konnten sie doch Nasser beweisen, daß man, wenn es um Jordanien ging, mit dem Irak zu rechnen hatte.

Doch die Entscheidung, eine Brigade unter Führung von Oberst Abdul Salam Aref nach Jordanien zu senden, erwies sich als verhängnisvoll. Ohne auf Warnungen aus Jordanien zu achten, befahlen die Herrscher des Irak der Brigade, vor Antritt des Wegs nach Amman durch Bagdad zu ziehen. Aref führte den Befehl aus, machte dabei aber einen kleinen Abstecher zur Rundfunkstation. Er ließ das Gebäude besetzen, um dann über den Sender zu verkünden, es sei eine Revolution im Gange. Ein Teil der Einheiten wurde zum Königspalast geschickt. Unter solchen Umständen und angesichts nur einer Brigade hätte ein irakischer Hussein mit Onkel und Berater gewiß die Oberhand behalten. Abdul Ilah jedoch wies die Wache an, keinen Widerstand zu leisten: Sie waren umstellt. Als er am nächsten Tag, dem 15. Juli 1958, zusammen mit dem König versuchte, den Palast zu verlassen, wurden beide erschossen. Nuri es-Said gelang die Flucht mit einem Boot auf dem Tigris. Nicht lange, da entdeckte man ihn, als verschleierte Frau verkleidet. Er wurde auf der Stelle erschossen und bei Nacht verscharrt.

Aref drängte auf Liquidierung von Verrätern, es regierte das Recht der Straße. Abdul Ilahs Leichnam wurde verstümmelt durch die Stadt geschleift und nachts am Tor des Verteidigungsministeriums aufgehängt.

Den toten Nuri es-Said grub der Mob wieder aus und zerrte ihn durch die Straßen. König Feisal blieb begraben.[2] Umgebracht wurden auch zwei führende Jordanier: Ibrahim Hashim, der frühere Ministerpräsident, der stellvertretender Ministerpräsident der Arabischen Union geworden war, und Suleyman Toukan, Verteidigungsminister der Union.

Hussein registrierte das alles von Amman aus, erbittert und enttäuscht. Daß er die Führung der irakisch-jordanischen Arabischen Union übernahm, brachte keinen Nutzen. Er schickte Truppen unter dem Befehl von Scherif Nasser bin Jamil über die Grenze in den Irak, in der Hoffnung, daß sich ihnen ein in Jordanien stationiertes irakisches Regiment anschließen würde.[3] Doch die Iraker folgten Befehlen aus Bagdad und kehrten zurück, um den Umsturz zu feiern. Auch die jordanischen Expeditionstruppen waren bald wieder in ihren heimatlichen Garnisonen. Alles war sehr schnell vorüber.

Hätte die Arabische Union den Putsch erfolgreich niederschlagen können? Vermutlich nicht. Wäre Oberst Arefs Aktion fehlgeschlagen, so wären andere gefolgt, und einer der Versuche wäre gewiß geglückt, einfach infolge von Abdul Ilahs und Nuri es-Saids Nachlässigkeit und König Feisals Schwäche. Aber selbst dann, wenn es zu keinem Umsturz gekommen wäre, scheint schwer vorstellbar, daß dieses eigentümliche Bündnis jemals wirklich funktioniert hätte. Wäre Hussein lange in einer bescheidenen, untergeordneten Position geblieben, oder wäre der willensstarke junge Mann nicht allmählich unruhig geworden, überzeugt, daß er als Chef der Union bessere Arbeit leisten würde als sein Vetter Feisal?

Solche Überlegungen gehen von der Annahme aus, die damals führenden Persönlichkeiten im Nahen Osten seien zu mittel- und langfristigem Denken in der Lage gewesen. In Wirklichkeit waren sie es nicht. Oft war für Hussein die Frage des Überlebens eine, die sich tagtäglich stellte. Wann immer ihre strategischen Unternehmungen den bedrängten Haschemiten eine Atempause schenkten, war sie willkommen. Gelegenheit dazu bot die Arabische Union. Die Pause, die sie verschaffte, währte allerdings nur kurz.

(Dreißig Jahre später, 1988, ordnete der irakische Diktator Saddam Hussein an, die Gräber Feisals und seines Großvaters, König Feisal I., wieder herzurichten. Da Hussein schon lange der Ansicht war, der Zustand der Gräber sei eine Schande, wußte er Saddam Husseins Geste zu würdigen, so zynisch sie vielleicht auch gemeint war.) Der König und der Diktator besuchten den Friedhof gemeinsam. Das Verhältnis Husseins zum Irak gestaltete sich danach enger. Mitte der neunziger Jahre jedoch, als der König wieder gegen Saddam Hussein Stellung bezog, schien es so, als träumte er von der Wiederherstellung der haschemitischen Macht im Irak.[4]

Nach den Geschehnissen im Irak war König Hussein doppelt um den Schutz des eigenen Landes besorgt. Doch dem nunmehr Dreiundzwanzigjährigen drohte eine neue Krise. Bei den Westmächten, namentlich in den USA, herrschte die Einschätzung vor, Hussein sei mit seiner Kraft am Ende. In einer geheimen Besprechung im Weißen Haus am 14. Juli 1958 sagte der CIA-Chef Allen Dulles: „Hat der Putsch im Irak Erfolg, dann scheint es nahezu unvermeidlich, daß er eine Kettenreaktion auslöst, die für die pro-westlichen Regierungen im Libanon, in Jordanien und Saudi-Arabien zum Verhängnis wird und ernsthafte Probleme für die Türkei und den Iran aufwirft."

Soweit sie sich auf Jordanien bezog, stellte die Prognose keine maßlose Übertreibung dar. Ägypten, Syrien und Saudi-Arabien wetzten ihre Messer. Drei Staaten standen bereit, Jordanien zu verteidigen, jeder auf seine Weise: Großbritannien, Amerika und Israel. Für Großbritannien bedeutete Jordanien Halt in einer Region, die es einmal beherrscht hatte; Amerika erschien es als Bastion gegen den internationalen Kommunismus, und für Israel garantierte es einfach den Fortbestand eines moderaten, pro-westlichen Landes mit dem Vorzug, daß der jüdische Staat nicht ausschließlich von feindseligen arabischen Mächten umgeben war.

Hussein brauchte fest garantierte Öllieferungen und die symbolische Anwesenheit britischer oder amerikanischer Truppen als Mittel zur Abschreckung. Die Versorgung mit Erdöl war problematisch, Syrien hatte gegen Jordanien eine Handelsblockade verhängt, die auch Öllieferungen mittels Tankwagen betraf. Jordanien importierte deshalb Öl aus dem Irak, bis auch diese Quelle versiegte, als Folge des Staatsstreichs. Sodann erboten sich die Vereinigten Staaten zu Öltransporten per Luftbrücke über Saudi-Arabien, nach wenigen Lieferungen jedoch brach das System zusammen, weil sich die Saudis weigerten, die Genehmigung zu erteilen. Hussein erinnerte sich später, daß er König Saud in einem hitzigen Telefongespräch, bevor er den Hörer aufknallte, sagte: „Bis zum Lebensende werde ich diesen Akt gegen mein Land in der Stunde der Not nicht vergessen."[5] Der saudische Ministerpräsident, Sharif Faisal, hat die Blockade offenbar im Glauben verhängt, Hussein habe ausgespielt, möchte Ärger mit Nasser nicht riskieren. Später spielte Hussein, einem israelischen Historiker zufolge, „die Episode als einen verständlichen Akt von Realpolitik" herunter. Das Öl jedenfalls kam schließlich aus dem Libanon. Da Jordanien und der Libanon keine gemeinsame Grenze haben, wurde es mit Zustimmung Israels durch dessen Luftraum eingeflogen.

Sorge bereitete auch die innere Sicherheit. Auf Veranlassung des allgegenwärtigen Scherif Nasser bin Jamil kam es zu einer Säuberungsaktion, in deren Verlauf alle mutmaßlichen radikalen Kräfte aus dem Offizierskorps entfernt wurden. Doch das genügte nicht, Hussein benötigte auch militärische Unterstützung aus dem Ausland. Bevor er sich an Großbritannien und Amerika wandte, erörterte er die Lage im Kabinett und Parlament und holte sich dort die Zustimmung, um Hilfe nachzusuchen. Er bestellte die Gesandten beider Staaten zu sich, legte ihnen Jordaniens Wünsche dar und erklärte, es sei ihm gleich, welches Land die Truppen schicke.

Das kam einer Wende gleich. Einerseits war es demütigend für eine arabische Regierung, Großbritannien und die USA um Hilfe anzugehen, die dazu dienen sollte, im eigenen Volk Ruhe und Ordnung zu halten und mögliche Bedrohungen seitens arabischer Nachbarn abzuwehren. Das Ersuchen kam ganz gewiß nicht von einer Regierung, für deren Spitze es womöglich um Leben und Tod ging. In anderer Hinsicht war man sich in führenden Kreisen Jordaniens einig, es sei besser, den eigenwilligen jungen König zu unterstützen, als ihn einem sicherlich nicht erfreulichen Schicksal zu überlassen und sich selber einer harten Militärdiktatur unter syrischer oder ägyptischer Aufsicht zu unterwerfen. Das Gefühl, in einer besseren Lage zu sein als in Wirklichkeit, leistete einem jordanischen Nationalismus Vorschub, der eng mit den Haschemiten verbunden war, sich allerdings auf das Ostjordanland beschränkte. Viele Bewohner der Westbank sahen in Hussein immer noch einen autokratisch herrschenden Fremden aus dem Land jenseits des Jordans. Gleich nach der Entscheidung, um britische oder amerikanische Hilfe zu bitten, ergingen entsprechende Ersuchen an die Gesandten der beiden Länder (am 16. Juli 1958, zwei Tage nach der Ermordung König Feisals). Die Anfrage war schon erwartet worden, britische wie auch amerikanische Militärbehörden hatten eine solche Möglichkeit eingeplant. Man vereinbarte, daß eine amerikanischen Marineeinheit sich um den Libanon kümmerte und die Engländer nach Jordanien zurückkehrten.

Der Libanon schien nicht gefährdet. Unerschrockene Marines, die mit Landungsbooten und in voller Kampfausrüstung an Land stürmten, stießen an Beiruts Sandstränden auf überraschte Mädchen im Bikini. Hussein jedoch behauptete, die jüngste Verschwörung gegen die Regierung in letzter Minute vereitelt zu haben. Er war der Ansicht, die Lage der Regierung sei „bis zum Äußersten angespannt" gewesen, Jordaniens Zukunft habe „an einem Faden" gehangen.

Harold Mcmillan, der britische Premierminister, handelte rasch. Er berief eine abendliche Dringlichkeitssitzung seines Kabinetts ein, auf der beschlossen wurde, auf Zypern stationierte Fallschirmtruppen nach Jordanien zu entsenden. Innerhalb weniger Stunden befanden sich die Flugzeuge an jenem 17. Juli in der Luft. Wiederum kam Israel Jordanien zu Hilfe. Den ersten drei Beverly-Transportern, die einen Voraustrupp von etwa hundert Mann beförderten, gestattete die Regierung in Jerusalem, durch israelischen Luftraum direkt nach Amman zu fliegen, obgleich die Maschinen von dort aus unerklärlichen Gründen keine offizielle Landeerlaubnis erhalten hatten. Israelische Kampfflugzeuge begleiteten sie.

Dann gab es eine Pause, in der Ministerpräsident David Ben-Gurion über die Folgen für Israels Souveränität nachdachte, falls er erlaube, die Luftbrücke bis zum Ende fortzusetzen. (Seine Antwort: Es würde, alles in allem, keine Auswirkungen nach sich ziehen.) Einige Berater hatten offenbar vorgeschlagen, Hussein seinem Schicksal zu überlassen. Ben-Gurion konsultierte jedoch Washington, wonach das Kabinett ihm grünes Licht gab. Am 17. Juli besetzten zwei Bataillone den Flughafen von Amman.

Die Anwesenheit der Briten verlieh Jordanien automatisch den Anschein nationaler Stabilität. Die Fallschirmjäger standen bereit, an jeden beliebigen Ort im Königreich zu fliegen und eingedrungene Verbände hinter ihre Grenzen zurückzudrängen. Sie, die britischen Truppen, bildeten eine Art Stolperdraht: Vom Feind berührt, hätte das dadurch ausgelöste Signal die Engländer sofort in den Kampf geschickt.

Die britische Streitmacht in Jordanien litt jedoch unter Treibstoffmangel. Hinzu kamen Schwierigkeiten bei der Benutzung des israelischen Luftraums. Macmillan bat Eisenhower um Hilfe. Der Präsident versicherte, man werde „eine Übereinkunft mit Israel suchen und finden", John Foster Dulles habe „bereits mit Ihrer Botschaft hier über diese Angelegenheit gesprochen". Tatsächlich kam eine Übereinkunft zustande. Es waren dann amerikanische Globemasters, die den benötigten Nachschub und andere Versorgungsgüter einflogen.

Damit ließ für den jungen König zwar die militärische Bedrohung nach, die Propaganda ging jedoch weiter. Hussein erinnerte sich, wie er im Radio einmal die „Stimme der Araber" (Radio Kairo) hörte: „Wir werden kämpfen, bis wir den kriminellen König von Jordanien vernichtet haben."

Und es gab Anschläge. Hussein berichtet nicht nur von einem Versuch der ägyptischen Botschaft, einen jordanischen Beamten zu bestechen mit dem Auftrag, den König zu töten, sondern auch von dem Plan ägyptischer Armeeoffiziere, „Jordanien zu übernehmen und mich zu liquidieren".

Sehr sonderbar mutet ein Vorfall an, der sich am 10. November 1958 zutrug. Hussein saß selbst mit im Cockpit des Flugzeugs, mit dem er von Amman nach Zypern flog, um nach einem kurzen Zwischenaufenthalt von dort zu Ferien mit der Familie nach Genf aufzubrechen. Der Flug sollte über syrisches und libanesisches Hoheitsgebiet führen. Hussein zufolge waren die Syrer genau über die Route informiert worden, außerdem habe er vor dem Start in Amman im Rahmen einer Abschiedszeremonie eine Rede gehalten. Trotzdem tauchten plötzlich, als er sich in der Luft befand, syrische Jets neben seiner Maschine auf. Eine bedrohliche Situation. Ein israelischer Historiker erklärte sie allerdings mit dem Hinweis auf das spätere Eingeständnis Jordaniens, die Regierung habe infolge eines „Verwaltungsfehlers" Syrien nicht formell um Erlaubnis zum Überfliegen seines Territoriums gebeten.

Die Anweisung jedenfalls, die Hussein vom Kontrollturm des Flughafens Damaskus erhielt, besagte, er sollte auf dem nächsten syrischen Flugplatz oder auf einem anderen Rollfeld landen. Grund war die angeblich fehlende Überfluggenehmigung. Hussein wurde schlagartig bewußt, daß die Syrer ihn, wenn er ihrer Order gehorchte, so bald nicht freilassen würden, daß auf ihn und seinen Onkel Scherif Nasser, der mit im Flugzeug saß, eine – gelinde gesagt – ungewisse Zukunft wartete.

So ließ der Pilot, Jock Dalgleish, die alte, propellergetriebene De Havilland Dove, die schon König Abdallah benutzt hatte, in einem Sturzflug wegtauchen, fing sie dicht über dem Boden ab und nahm Kurs auf Amman. Wie Hussein schilderte, kamen zwei syrische MiG-17-Jäger mit hoher Geschwindigkeit auf die Dove zu, allem Anschein nach aus jordanischem Luftraum. Bei der nun folgenden furchtbaren Hetzjagd schien es Hussein, als hätten es die MiG-Piloten darauf angelegt, die Dove zum Absturz zu bringen. Endlich befand sich die alte Maschine wieder über Jordanien, die MiGs drehten ab. Auf dem Rückflug nach Amman feierten alle an Bord ihr Überleben mit Tee aus der Thermoskanne und einer Lucky-Strike-Zigarette.[6] Dem König wurde nach der Landung ein herzlicher Empfang bereitet.

War es wirklich eine Begegnung mit dem Tod? Angenommen, das aus Nationalisten bestehende Regime in Syrien hätte dem König wirklich nach dem Leben getrachtet, so wäre es ein leichtes gewesen, ihn auf entsprechenden Befehl von den MiGs abschießen zu lassen, zumal seine Dove ein ziemlich lahmer Vogel war. Doch niemand hat geschossen. Insofern ist nicht auszuschließen, daß die MiG-Piloten den Auftrag hatten, dem König und seinem Onkel nichts weiter als Todesangst einzujagen – was ihnen zweifellos auch gelang. Syrische Luftwaffengeneräle, die an Abhörgeräten die Aktion mitverfolgten, mögen sich vor Lachen gekrümmt haben, als sie ihren Piloten befahlen, aus der Gegenrichtung gleichzeitig auf die alte Dove zuzufliegen, um dann mit ohrenbetäubendem Lärm an ihr vorbeizuziehen.

Aber wie auch immer: Tatsache ist wohl, daß die Syrer Hussein zur Landung auf ihrem Territorium zwingen wollten. Seine Festnahme und die seines Onkels hätte das Ende der Haschemiten-Monarchie bedeutet, außerdem – im Verein mit Ägypten – eine leichtere Fortsetzung der Einkreisungspolitik gegenüber Israel. Daß diese Theorie zumindest nicht ganz abwegig war, bestätigte später Husseins Pilot. Dalgleish erfuhr, daß das Regime in Damaskus an jenem Tag rund zweihundert jordanische Hussein-Gegner zum Flughafen bringen ließ, sozusagen als Begrüßungskomitee für ihren gefangenen König.

Immerhin, vor dem Hintergrund aller Spekulationen zeichnet sich um so deutlicher das Geschehen selbst ab. Als sie der Aufforderung zu landen nicht Folge leisteten und syrische MiGs sie bedrängten, riskierten Hussein und Dalgleish ihr Leben. Sie taten es im vollen Bewußtsein, daß sie nichts zu verlieren hatten, aber sie überlebten. Er habe Syrien schließlich „vergeben", sagte Hussein, vergessen jedoch hat er nichts.

11

Ein neues Stadium

Nach verschiedenen, letztlich erfolglos gebliebenen Versuchen, Hussein und sein Regime auszulöschen, verschafften ihm seine Gegner 1959 ein ruhigeres Jahr. Es wurde die Zeit der UNO. Dag Hammarskjöld, ihr Generalsekretär, hatte den Nahen Osten bereist und alles unternommen, um die Spannungen in der Region zu verringern. Eine UN-Sondermission unter Leitung von Pier Spinelli bezog in Amman Quartier. Die Anwesenheit Spinellis, eines ranghohen UNO-Beamten an der Spitze der kleinen Kommission, stärkte Jordaniens internationales Ansehen und wirkte abschreckend auf seine Gegner. Am 2. November war der Rückzug der Engländer aus Jordanien beendet, auch die Amerikaner zogen sich aus dem Libanon zurück. Im israelischen Grenzgebiet gab es keine Zwischenfälle. Am 1. Dezember stimmten beide Häuser des Parlaments dem Vorhaben des Königs zu, das Kriegsrecht aufzuheben, das neunzehn Monate lang in Kraft gewesen war. Nasser schien gebändigt. Es herrschte Ruhe.

Wirtschaftlich erlebte Jordanien auch in den folgenden Jahren einen Aufschwung. Nach Schätzungen des israelischen Historikers Uriel Dann erhielt Jordanien damals von den USA eine jährliche Hilfe von 50 Millionen Dollar.[1] Geldüberweisungen von Palästinensern, die in den Golfstaaten arbeiteten, sorgten für einen ständigen Zustrom harter Währungen. Die Investitionen im Land nahmen zu. In Zerqa baute man eine

Ölraffinerie, die Produktion von Zement und Phosphaten stieg, ebenso die Zahl kleinerer und mittelständischer Betriebe.

Die 1962 in der Hauptstadt gegründete Universität wurde zügig erweitert. Vier Jahre später, 1966, verzeichnete sie bereits 2.500 Studierende, davon 650 Frauen. Ehemals kleine, bescheidene Geschäfte begannen zu florieren, so daß sich ihre Inhaber größere Häuser leisten konnten. Fortschritte gab es auch im Wohnungsbau. Mit der Ableitung von Jordanwasser in einen Kanal, der 12.000 Hektar Land bewässern und fruchtbar machen sollte, wurde begonnen. Den Beduinen ging es gut. 1964 gab es in Jordanien 800.000 Schafe, 650.000 Ziegen, 65.000 Rinder und 19.000 Kamele.

Als vordringlich erwies sich, für eine erst am Anfang ihrer Entwicklung stehende Wirtschaft eine grundlegende Infrastruktur zu schaffen. Der direkte Zugang zum Mittelmeer war versperrt durch Syrien, durch das alle Gütertransporte von und nach Beirut gehen mußten, aber auch durch Israel. Die Straße von Amman nach Akaba, Jordaniens noch wenig ausgebauten Hafen an der Nordspitze des Golfs von Akaba, einem Abzweig des Roten Meers, war befestigt. Nur allmählich wurden die Dockanlagen vergrößert. Um 1967 wurden in Akaba jährlich eine Million Tonnen Waren umgeschlagen. Eine feste, befahrbare Decke besaß auch die Straße zur syrischen Grenze. Es fehlte nicht an Versuchen, Touristen nach Ost-Jerusalem und nach Bethlehem, zur Westbank oder zur eindrucksvollen altrömischen Ruinenstadt Petra im Ostjordanland zu locken.

An zweiter Stelle auf der Prioritätenliste rangierte das Sozialwesen, um das es in einem so armen Land nicht zum Besten stand. Immerhin scheint Hussein einen Großteil seines amerikanischen Geldes gut angelegt zu haben. So konnte er sich 1962 rühmen, die Ausgaben für Bildung und Erziehung von 41.749 Pfund im Jahr 1950/51 auf 2 857.000 Pfund im Jahr 1960/61 erhöht zu haben. Die Ausgaben für das Gesundheitswesen im gleichen Zeitraum vervierfachten sich sogar. Die Tatsache, daß Hussein und seine Regierung eine Bewährungsprobe nach der anderen bestanden, machte sie bei den Unternehmen mehr und mehr vertrauenswürdig und ermunterte sie zum Investieren.

Im März 1959 fühlte sich Hussein sicher genug, eine siebenwöchige Weltreise anzutreten. Die erste Station war Taiwan, wo ihm offenbar

Wirtschaftshilfe versprochen wurde. In Washington, dem nächsten Aufenthalt, traf er mit Präsident Eisenhower im Weißen Haus zusammen, erhielt aber keine Zusagen: Das amerikanische Hilfsprogramm lief bereits. Von allergrößtem Wert erwies sich nach der Begegnung nicht nur die Stärkung von Husseins persönlichem Ansehen und des Vertrauens in Jordanien als Staat. Vom Besuch ging vielmehr auch ein Signal an Jordaniens arabische und jüdische Nachbarn aus. Es stellte klar, daß die USA einen Sturz der Haschemiten nicht hinnehmen würden, ja daß Jordanien nunmehr eher ein Schützling der Amerikaner als der Engländer war. (Von Großbritannien erhielt Hussein 1959 bescheidene 2,5 Millionen Pfund.) Der Besuch in Washington bestätigte auch das Statement der Eisenhower-Administration vom 24. April 1957, wonach die Unabhängigkeit und Integrität Jordaniens von vitalem Interesse für die Sicherheit der Vereinigten Staaten waren. Für das Haushaltsjahr 1960 stellte die amerikanische Regierung über 50 Millionen Dollar an Hilfe für Jordanien in Aussicht; 40,5 Millionen davon sollten direkt in den jordanischen Haushalt fließen.

In einer geheimen Einschätzung der amerikanischen nationalen Sicherheitsbehörde, die unter Federführung der CIA vor dem Besuch des Königs in Washington erstellt wurde und vom 10. März 1959 datiert, wird jedoch erklärt: „Auf lange Sicht setzen wir wenig Vertrauen in Husseins Fähigkeit, sich auf dem Thron zu halten, oder überhaupt in die Lebensfähigkeit Jordaniens als Staat. Auf kurze Sicht jedoch wird seine eigene Position wie auch Jordaniens Existenz von einer instabilen Balance äußerer Kräfte getragen, die in Ermangelung einer allgemein akzeptablen Alternative Jordanien als Puffer erhält und so die Region schützt. Israel zieht Hussein einem, der Anhänger Nassers ist, vor. Nasser möchte eine Kraftprobe mit dem Westen und Israel um Jordaniens Zukunft vermeiden."

Die Amerikaner machten sich über die Mittel, deren sich Hussein bediente, um an der Macht zu bleiben, keine Illusionen. „Seit beinahe zwei Jahren", heißt es in dem Geheimpapier, „hält Hussein seine innenpolitischen Gegner in Schach durch Unterdrückung und Einschüchterung, einschließlich der Verhängung des Kriegsrechts, der Inhaftierung zahlreicher Oppositioneller und der rigiden Kontrolle des Parlaments." Einige Wortführer der Opposition seien nach Syrien und in andere Län-

Hussein nach einer Gedenkfeier zu Ehren des bei einem Bombenattentat getöteten Ministerpräsidenten Hazza al-Majali beim Verlassen
der Moschee, begleitet von bewaffneten Offizieren. Links vorn sein Onkel Scherif Nasser bin Jamil mit einer Maschinenpistole in der Hand.

der geflohen, wo sie gegen Husseins Regime konspirierten, „die Wirk-
samkeit derjenigen, die noch da sind, ist eingeschränkt durch die Si-
cherheitsmaßnahmen des Regimes". Der König allerdings habe, heißt es
weiter, „angesichts von Gefahren und Provokationen eine beeindrucken-
de persönliche Tapferkeit bewiesen".

Gefahren lauerten in der Tat überall. Hussein wurde über eine neue
Verschwörung informiert, an der auch ein hoher Armeeoffizier beteiligt
war, Generalmajor Sadiq Shara, der Chef des Generalstabs. Möglich, daß
sich der König an die Art seines Umgangs mit dem verdächtigen Abu
Nuwar in Zerqa erinnerte, jedenfalls nahm Hussein Shara mit auf die
Weltreise und ließ ihn die Sache ausschwitzen. Nach der Rückkehr wur-
den der General und sein Bruder angeklagt, für schuldig erklärt und zum
Tode verurteilt – dann aber begnadigt.

Diese sanfte Strategie der Gnadenerweise für Verschwörer zeitigte positive Wirkungen und offenbart vielleicht am deutlichsten die angeborene Klugheit des Königs. Diese Klugheit verließ ihn allerdings bei der Wahl seiner Ministerpräsidenten. So bleibt unerfindlich, weshalb er sich im Mai 1959 für den ultraroyalen „Hofminister" Hazza al-Majali als Nachfolger des damals sechzigjährigen al-Rifai entschied. Al-Rifai war als schonungsloser Kritiker der von Nasser kontrollierten Arabischen Liga hervorgetreten. Von al-Majali wußte man, daß er in einer früheren Amtszeit als Ministerpräsident mit aller Macht versucht hatte, der Weisung seines Herrn nachzukommen und Jordanien zu einer Mitgliedschaft im Bagdad-Pakt zu drängen, womit er Unruhen provozierte. Nach dem Verständnis arabischer Nationalisten und palästinensischer Radikaler in Jordanien wechselte ein verhaßter Monarch einen verhaßten Ministerpräsidenten gegen einen noch verhaßteren Politiker aus – eine direkte Herausforderung für gewaltbereite Extremisten.

Am 29. August 1960 wurden zwei Bomben im Schreibtisch des Ministerpräsidenten versteckt. Eine explodierte und tötete al-Majali. In seinen Erinnerungen schrieb der König, er sei sofort zum Büro des Ministerpräsidenten gefahren, allerdings vom Oberkommandierenden der Armee und vom Verteidigungsminister zurückgehalten worden. Sie „weigerten sich rundweg, mich passieren zu lassen".[2] Vierzig Minuten nach der ersten Explosion erfolgte die zweite. Sie tötete zahlreiche Retter und Unbeteiligte und, schreibt der König, hätte vermutlich auch ihn das Leben gekostet, wäre er nicht am Zutritt gehindert worden. Kurz danach setzten sich zwei Angestellte aus dem Büro des Ministerpräsidenten nach Syrien ab.

Warum ausgerechnet al-Majali? Der damals gerade erst fünfundzwanzigjährige König war bei der Wahl der Regierungschefs schon manche Risiken eingegangen. Beim Antritt seiner Herrschaft hatte er mit der Entscheidung für seinen Freund Fawzi al-Mulqi als Premierminister eine heimische Spielart der konstitutionellen Monarchie etabliert. Husseins Gegner jedoch mißverstanden Toleranz und Offenheit als Schwäche, der Versuch ging schief. Später wagte er die Zusammenarbeit mit einem Ministerpräsidenten, der ihm im Grunde zutiefst mißfiel, nämlich Suleyman Nabulsi. Auch dieses Experiment schlug fehl.

Zwischendurch verließ er sich, wenn es um die Wahrung von Ordnung und militärischer Disziplin ging, auf treue Gefolgsleute der Haschemiten, auf Männer wie al-Rifai. Sie waren in der Lage, die Kräfteverhältnisse im Kabinett geschickt im Gleichgewicht zu halten, so daß alle Regionen und Bevölkerungsgruppen des Landes vertreten waren, Araber wie Tscherkessen. Dank des Mitwirkens ergebener Berater stiegen Neulinge zu Ministern auf, die sich ihrerseits bald als loyale Diener erwiesen, stolz darauf, daß man ihre Persönlichkeit für würdig befunden hatte, ganz abgesehen von den finanziellen Vorteilen, die ein Ministeramt mit sich brachte.

Hussein war es inzwischen schon geradezu gewohnt, seine Widersacher im Zaum zu halten und ihnen immer wieder entschlossen die Stirn zu bieten. Er schätzte „Hazza Pascha", ahnte aber auch, daß es jetzt Zeit wurde für einen tüchtigen Technokraten und Loyalisten, der von bitteren Erinnerungen unbelastet war.

Auf al-Majali folgte abermals ein Königstreuer, Bahat al-Talhuni. Er hatte sechs Jahre lang Husseins privates Hofbüro (Diwan) geleitet. Die Macht des jungen Königs reichte so weit, daß er dem vor der Auflösung stehenden Kabinett schlicht mitteilen konnte: „Ich habe entschieden, daß mein Diwan-Chef Premierminister wird."[3] Die meisten Minister nickten zustimmend, ein paar traten zurück. Niemand zweifelte daran, wer hier das Sagen hatte. Es gab jedoch einigen Zweifel, ob die „Wahl" eines königlichen Sprachrohrs zum Ministerpräsidenten die richtige war.

1960 kam es wieder zu mehreren Attentatsversuchen, Anläufe zu einem Putsch oder Massendemonstrationen wurden jedoch nicht registriert. Außer dem Mord an al-Majali gaben die Behörden die Aufdeckung von zwei Verschwörungen bekannt, deren Ziel der Tod von Husseins Onkel Scherif Nasser bin Jamil war. Außerdem gab es zwei höchst seltsame Versuche, den König umzubringen. Einen der beiden Anschläge sollte ein Koch im Königspalast ausführen, der im Sold Syriens stand. Er hatte schon etlichen Katzen den Garaus gemacht, indem er an ihnen die Wirkung des für Hussein bestimmten Gebräus ausprobierte. Die Absichten des Mannes wurden entdeckt, bevor er das Gift dem König ins Essen mischen konnte. Ein anderes Mal, berichtet Hussein, war die gegen Asthma wirkende Flüssigkeit eines Nasensprays, das er benutzte, durch eine scharfe Säure ausgetauscht worden. Einige Tropfen, die davon in Husseins Badezimmer ins Waschbecken fielen, verätzten die Chrombeschichtung des Metalleinsatzes im Abflußloch.

Die Anschläge bewegten den König nicht zum Drosseln der kämpferischen Töne, die er zunehmend anschlug. Auf der Vollversammlung der UNO bezichtigte er Nasser des Versuchs, den gesamten Nahen Osten beherrschen zu wollen. Im Jahr darauf, 1961, tastete er sich auf ziemlich kühne Weise an seine Nemesis am Nil heran: Er nahm Schriftverkehr mit ihr auf. In je zwei Briefen waren beide Staatsmänner sich darin einig, daß keine Einigkeit zu erreichen sei über ein künftig engeres Zusammengehen von Ländern der arabischen Welt. Hussein, der am meisten zu verlieren hatte, setzte sich ein für eine „arabische Solidarität", unter der die arabischen Staaten souverän blieben, sich gegenseitig tolerierten und zusammenarbeiteten. Nasser, immer noch in hohem Ansehen und derjenige, der am meisten zu gewinnen hatte, befürwortete dagegen eine sehr viel straffer organisierte „arabische Einheit". Es fiel nicht schwer, sich vorzustellen, wer, nach diesen Ideen Nassers, der große Vereiniger sein wollte.

Vielleicht schwebte Hussein vor, die Veröffentlichung des seltsamen Briefwechsels werde sein Ansehen in den Kreisen der radikalen arabischen Nationalisten heben, etwa nach dem Motto: Die ehemalige britische Marionette korrespondiert mit dem Heroen der arabischen Nationalisten auf gleicher Basis, von Staatsoberhaupt zu Staatsoberhaupt. Tatsächlich ließ sich der gemeine Mann auf der Straße davon aufrütteln. Es kam zu Demonstrationen, bei denen die Menschen Bilder von Nasser und Hussein hochhielten. Der König erkannte freilich auch das Potential für gewalttätige Unruhen, das in solchen Veranstaltungen steckte. Mit Entschiedenheit ließ er den Organisatoren ausrichten, genug sei genug.

12

Die zweite, die dritte Frau

Wer war Hussein im Jahr 1961, damals ganze sechsundzwanzig Jahre alt? Die Lehrer in Harrow hatten sich nicht allzusehr getäuscht: Er hatte sich als energisch, eigenwillig und resolut erwiesen. Er war sein eigener Herr, ganz im Unterschied zum beklagenswert melancholischen Feisal im Irak, der unter der Fuchtel seines Onkels stand. Bisher hatte der junge König seine Macht behaupten können, ernsthafte Fehler waren ihm nicht unterlaufen. Sobald er zu übereiltem Handeln neigte, mischten sich seine Berater ein, auf die er hörte.

Das war während der Suezkrise der Fall gewesen, als er mit Eifer darauf aus war (er zumindest hat es so geschildert), jenem Mann Beistand zu leisten, den er am meisten fürchtete, mißtraute und verabscheute, nämlich Nasser – Hussein gedachte Israel anzugreifen. Vor einer solchen selbstmörderischen Aktion blieb er bewahrt. Es war Ministerpräsident Nabulsi, der ihn zur Zurückhaltung bewog. Sogar Nasser selbst riet ihm schließlich von dem Vorhaben ab.

Dank des Eingreifens anderer entging Hussein auch dem Bombenattentat, dem ein anderer Ministerpräsident, al-Majali, zum Opfer gefallen war. Sein Verteidigungsminister und der Oberbefehlshaber der Armee hatten ihn daran gehindert, das von dem ersten der beiden Sprengsätze bereits zerstörte Büro zu betreten.

Manche meinen, es spreche für seine Energie und wachsende politi-

Kleiner, großer König...

sche Erfahrung, daß Hussein mit listigen Vorsätzen waghalsige und Mut erfordernde Aktionen plante, in der sicheren Überzeugung, er selbst könne dabei im Hintergrund bleiben. Das jedoch entsprach nicht seiner Art. Alle, die ihn genau beobachten konnten, stimmten darin überein, daß er ein aufrichtiger und tapferer Mann war.

Schon in jugendlichem Alter verstand er es, sich Respekt zu verschaffen. Scherif Nasser bin Jamil, ein von ihm hochgeachteter Onkel und enger Berater, sprach ihn mit „Sir" an. (Offenbar fand er Vergnügen daran, sich mit seinen Besuchern auf eine Stufe zu stellen. Henry Kissingers ohnehin schon großes Ego schwoll an, wenn er erzählte, daß er, der Sicherheitsberater Präsident Nixons, von einem „Erbmonarchen" mit „Sir" angeredet worden war.[1])

Vielleicht war dem König die eigene Autorität deshalb nicht ganz unwichtig, weil sie ihm half, seine geringe Körpergröße zu kompensieren. Ein Foto von ihm aus Sandhurst zeigt einen ansehnlichen jungen Mann, der strammsteht, in Armee-Uniform, Brust raus, Schultern zurück, Arme angelegt, im Gesicht einen sehr entschlossenen Ausdruck.

Es muß ihm etwas ausgemacht haben, daß Nasser etwa dreißig Zentimeter größer war als er. Es muß ihn getroffen haben, daß die Israelis ihn einen „schneidigen kleinen König" nannten. Anzumerken aber war ihm nichts.

Hussein war sich bewußt, daß er kein Intellektueller war und eine nur unzureichende Schulbildung besaß, wofür sein Großvater und sein Vater verantwortlich waren. Auch trug die Tatsache, daß seine erste Frau eine redegewandte Cambridge-Absolventin war, wohl kaum dazu bei, sein Selbstwertgefühl zu heben. Sein Bruder Hassan war der Intellektuelle in der Familie, ausgebildet in Harrow und am Christ Church College in Oxford.

Hussein machte die Mängel wett. Er war von heißblütigem Naturell, und doch gelang es ihm, den Eindruck königlicher Würde zu vermitteln. Er verfolgte seinen eigenen Weg. Auf sein bloßes Wort hin war eine Regierung nach der anderen gekommen und wieder abgetreten. Seine Sicherheit als Pilot wie auch als Fahrer schneller Autos war höchst bemerkenswert.

Daneben aber gab es andere Seiten. Als Kind, noch vor dem Internatsbesuch in Harrow, durchlebte Hussein eine ungewöhnlich schwierige Zeit. Ihm blieb nicht verborgen, daß der von ihm verehrte Großvater, der König, seinen Vater als nichtswürdig einschätzte. Hussein liebte seinen Vater, sein Inneres, seine Gedanken und Gefühle wurden von dessen Bild bestimmt. Aus der Art, wie er Talal in seinen Erinnerungen schildert, sprechen Trauer und kindlicher Respekt. Getreu zeichnet er auf, was alles nach seiner Meinung dem Vater als Verdienst anzurechnen ist, um dann zu beklagen, daß ihm nicht vergönnt war, seine Vorsätze zu verwirklichen.

Wahrscheinlich wird ihn auch die Sorge umgetrieben haben, die schizophrene Erkrankung des Vaters könne vererbbar sein. Das britische Außenministerium hatte da kaum Zweifel: Der Chef des Eastern Departement erkundigte sich in Harrow, ob Hussein durch ein besonders labiles Verhalten auffällig geworden sei. Die Antwort war eindeutig negativ.[2]

Derart elementare Erfahrungen innerhalb der eigenen Familie lassen sich nicht mit Freunden teilen. Um sie zu bewältigen, wird Hussein alle emotionalen Kräfte aufgeboten haben, die ihm zur Verfügung standen. Wenn nicht alles täuscht, dann fallen in diese Zeit auch die Anfänge der Beziehungen zu Scherif Nasser bin Jamil, seinem Onkel. Sie sollten sich als äußerst nützlich erweisen.

Verwundern würde allerdings, wenn Hussein in der damaligen Situation zugleich nicht auch geheimen Groll gegen seinen Vater empfunden hätte. Immerhin hatte Talal, so stellte es sich seinem minderjährigen Sohn dar, die Familie verlassen. Und noch etwas kam hinzu. Es war das wohl bei vielen Kindern in ähnlicher Lage aufkommende Gefühl, auf unerklärliche Weise für die Schwierigkeiten in der Familie mitverantwortlich zu sein. Liebte der Großvater ihn nicht und lehnte desto nachdrücklicher seinen Vater ab? Dies allein schon war eine sozusagen maßgeschneiderte Voraussetzung für gefühlsmäßige Verwirrungen. Rettenden Halt bot ihm vielleicht die Mutter, Zain. Ihrem Einfluß war es wohl zu danken, daß er fähig wurde, in feste Beziehungen zu Frauen zu treten.

Nach dem Scheitern der Ehe mit Dina führte er ein einsiedlerisches Dasein, reich ausgefüllt allerdings mit Politik, seiner Fliegerei und der Vorliebe für Autos. Er selbst beschrieb sich als „nervös, reizbar und unleidlich", überdrüssig der vielen offiziellen Auftritte, bei denen er pflichtgemäß zu lächeln hatte. Für ein Leben in einsamer Zurückgezogenheit aber war er als Sechsundzwanzigjähriger zu jung. Der Wunsch nach Wie-

König Hussein (Mitte) bei einer Pressekonferenz anläßlich seiner Verlobung mit Antoinette Gardiner (links), Tocher eines britischen Offiziers, der dem Stab der Militärberater angehört.

derheirat war da, nur wollte er nicht ein zweites Mal eine von außen arrangierte Ehe eingehen. Vielmehr sollte es eine Frau mit Sinn für Haus und Familie sein, keine, die ihm als permanente intellektuelle Herausforderung gegenübertrat, sondern ihm Entspannung bot, das Gefühl der Geborgenheit und hinreichend Gelegenheit, abzuschalten.

Hussein fand, was er wünschte. Es war die neunzehnjährige Antoinette (Toni) Gardiner, Tochter von Oberstleutnant Walker Gardiner von den Royal Engineers, der die Regierung über Möglichkeiten der Wasserspeicherung für Trockenperioden beriet. 1961 wurde sie dem als Piraten verkleideten Hussein auf einem Maskenball vorgestellt. Ihre angeborene Schüchternheit hinderte sie nicht, zu bemerken: „Sie sehen ganz schön heruntergekommen aus, Majestät!"

Toni war lebhaft und hielt sich gern im Freien auf. Ihr Geschmack war schlicht, ihr intellektueller Anspruch bescheiden. Sie war hübsch, charmant und genauso groß wie der König. Wie Hussein ging sie gern reiten, schwimmen, tanzen und auf Partys. Er lud sie zu Filmvorführungen in seinen Palast ein. Da sie nicht Auto fahren konnte, machte sich der König einen Spaß daraus, es ihr beizubringen. Gemeinsam fuhren sie Go-Kart. Mit Tonis Eltern, Walker Gardiner und seiner Frau, tranken sie Tee. „Zum erstenmal in meinem Leben", schrieb Hussein, „gab es hier ein Mädchen, das sich für mich als Menschen interessierte und nicht als König." Tonis erste Frage, nachdem er ihr einen Heiratsantrag gemacht hatte, war: „Willst du mich wirklich heiraten?" Er wollte es.

Das britische Außenministerium und dessen Abgesandte in Amman zeigten sich besorgt. Man befürchtete anti-britische Reaktionen auf der Straße. Doch Hussein ließ entsprechende Vorkehrungen treffen: Toni trat nach gründlichen Unterweisungen durch den ehrwürdigen Scheich Muhammad al-Shankiti zum muslimischen Glauben über, erhielt die jordanische Staatsbürgerschaft und nahm den Namen Muna al Hussein (auf Wunsch Husseins) an.

Auch bei Husseins politischen Beratern meldeten sich Zweifel. „Er hat einen schwierigen Weg gewählt", äußerte sich einer. „Gegen die Heirat gab es im Land, auch unter seinen Beamten, ziemlichen Widerstand. Trotzdem entschied er sich."

Das Ganze hatte auch einen politischen Haken. „Im Vorfeld mußte er damals einen Schritt auf Nasser zugehen, denn zwischen uns bestand kein gutes Einvernehmen, übers Radio wurden viele Beschuldigungen laut, außerdem war Ramadan", ergänzte jener Hussein-Berater. „So beschloß der König plötzlich, sich nach Kairo zu begeben und sich mit Nasser zu versöhnen. Die Leute waren einigermaßen verwirrt, daß der König dies tat. Wenige Monate später heiratete er Muna." Für die Reise nach Kairo gab es gute Gründe. Aus Furcht vor schlechter Publicity in der arabischen Welt hoffte er, Nasser zu einer neutralen Haltung bewegen und Radio Kairos anti-jordanischer „Stimme der Araber" den Wind aus den Segeln nehmen zu können.

Mit gebotener Vorsicht erklärte der König, er habe eine „Muslimin, keine Araberin" geheiratet. Muna wurde Prinzessin, nicht Königin. Die Jordanier auf der Straße reagierten nicht, wie befürchtet, mit Wut auf die überraschende Wahl, die Hussein getroffen hatte. Im Gegenteil, das Volk schien sich zu freuen, daß er, nach einer in der Tat beschwerlichen Wegstrecke als König, nun als Mann sein Glück gefunden hatte. In den Straßen drängten sich die Leute, die dem Paar bestes Wohlergehen wünschten.

Am 30. Januar 1962 brachte Muna ihren ersten Sohn zur Welt, Abdallah, den späteren Kronprinzen. Munas Titel wurde durch einen höheren ersetzt und entsprach jetzt dem Rang einer „Königlichen Hoheit". Sie tat alles, um das rund fünfzehn Kilometer von Amman gelegene Landhaus in Hummar, „Haus der Güte und des Glücks" genannt, für Hussein zu einem familiären Ruhepunkt zu gestalten. In dem Haus gab es zwei Wohn- und vier Schlafräume. Später entstand ganz in der Nähe ein größeres und bequemeres mit angrenzendem Swimmingpool. Alia, die Tochter aus Husseins erster Ehe, wurde von Muna in die Familie aufgenommen. Zu ihr gehörten bald weitere Kinder, außer dem nach Husseins Großvater benannten Kronprinzen Abdallah waren es Feisal, der seinen Namen nach Husseins ermordetem Vetter trug, sowie die Zwillinge Zain – benannt nach Husseins Mutter – und Aisha.

„Wir führen ein sehr ruhiges Leben in unserem kleinen Farmhaus", berichtet der König. War es wirklich so? Auf das Leben in Hammar wird es zugetroffen haben, um so unruhiger aber verlief es in Amman. Es scheint, als habe Hussein sein Landhaus als Zuflucht vor einem anderen Leben benutzt, das dicht besetzt war von Politikern, Giftmischern, Verschwörern und Bittstellern.

Am Anfang war es gut um die zweite Ehe bestellt. Husseins Selbstbiographie „Uneasy lies the Head" klingt mit der Heirat aus, nicht ohne euphorische Töne. Anders als in der ersten Ehe blieb Hussein, der nicht bekannt dafür war, daß er Bücher las, von höheren geistigen Ansprüchen seiner Frau verschont. Nun kann allerdings die Stabilität einer Ehe davon abhängen, ob beide Partner sich mit annähernd gleicher Geschwindigkeit entwickeln – ist das nicht der Fall, wird sich einer der beiden zwangsläufig langweilen. Husseins Persönlichkeit aber wuchs rasch. Als in der Politik eine Krise die andere ablöste, gewann er zusehends an Sicherheit, machte mehr und mehr Gebrauch von seiner Autorität und der Fähigkeit, Menschen zu führen. Muna hingegen hielt sich aus allem Wirrwarr der jordanischen Politik heraus, verließ klugerweise auch ihr

Haus nicht während des Krieges 1967. Eingeweihte wollten wissen, das Paar lebe getrennt; in Amman, sofern sie sich dort aufhielten, ginge jeder der beiden eigenen Bedürfnissen nach. „Muna zog es zu ihrer Gruppe von Engländern und liberalen Jordaniern, Hussein hatte seinen eigenen Kreis", ließ ein Insider durchblicken. „Zusammen gingen sie nie aus." Man wußte, daß „etwas nicht stimmte", nur war dieses Etwas nicht bekannt.

Ein westlicher Diplomat, der dicht an der Quelle saß, erklärte, es sei ein Problem gewesen, daß Hussein sich stark von Frauen angezogen fühlte und daß man sich diese seine Neigung betreffende Gerüchte in der „Treibhausatmosphäre des Hofes" zuflüsterte. Ein ehemaliger Minister drückte es so aus: „Der König ist ein Macho." Das Gerede kam sicherlich auch Muna zu Ohren.

Dennoch ließ sich keine ernsthafte Gefährdung der Ehe erkennen. Fortwährend allerdings bestand die Möglichkeit, daß Hussein einer hübschen Jordanierin mit internationalen Verbindungen begegnete, sich in sie verliebte und mit ihr nicht nur Kinder haben und ein glückliches Familienleben führen, sondern auch seine politischen Ambitionen mit ihr teilen wollte.

Genau das geschah 1972, als er Alia Toukan begegnete. Sie entstammte einer prominenten Familie mit Wurzeln in Nablus und, mit einem anderen Zweig seit rund 150 Jahren, in Salt, einer ostjordanischen Stadt. Zunächst war sie in Amman zur Schule gegangen, später begleitete sie ihre Eltern, der Vater war Diplomat, auf Missionen in überseeische Länder. Anfang der sechziger Jahre vervollständigte sie ihre Ausbildung an der St. Ignatius Loyola University in Rom, der Dependance einer in Chicago ansässigen Institution. Ihr Vater war damals Botschafter in der italienischen Hauptstadt. Als er Jordaniens Vertreter an der UNO war, besuchte Alia Toukan das Hunter College in New York.

Es war in der Public-Relations-Abteilung der Royal Jordanian Airlines, ihrer ersten Arbeitsstelle, wo Hussein sie das erste Mal traf. Es war schwer möglich, sie zu übersehen: Alia war eine attraktive Erscheinung, ausgestattet mit einem ebenmäßig schönen Gesicht, blitzenden Augen, langem Haar und einem strahlenden Lächeln. Sie war, sagte ihr Bruder, von übersprudelndem Wesen und „äußerst empfänglich für die Bedürfnisse und Gefühle anderer". Die Familie pflegte ihr Zuhause scherzhaft

Königin Alia (Toukan), die Hussein nach seiner Scheidung von Prinzessin Muna 1972 heiratete, im Gespräch mit Pat Nixon.

als Klinik für Gemütskranke zu bezeichnen, weil Alia häufig Freundinnen mit emotionalen Problemen mitbrachte. „Sie zog diese Form von Freundschaft förmlich an", sagt ihr Bruder. Ihre Freunde lebten in Amman, Rom und New York.

Als Alia Hussein begegnete, war sie mit den Vorbereitungen zu einer Reise beschäftigt, die der König mit der Royal Jordanian zu unternehmen gedachte. Damals hatten Muna und er sich, wie es hieß, bereits entfremdet, sie lebten getrennt. Gleichzeitig war davon die Rede, die Scheidung sei bereits beschlossene Sache, eine Überraschung, die Muna nicht gewünscht, geschweige denn angestrebt hat. Ihre Version der Ereignisse ist nicht bekannt: Es gehörte zu den Scheidungsvereinbarungen, sie nicht publik zu machen.

Husseins Werben um Alia dauerte nicht lange, allenfalls zwei Monate. Der König suchte Alias Vater auf und erklärte, es sei ihm ernst.

„Mir sagte sie, daß sie wirklich starke Gefühle für ihn als Person empfand", bestätigte der Bruder. Es war eine Hochzeit im kleinen Kreis im Haus der Familie Toukan, ohne größere öffentliche Feierlichkeiten. Warum? „Ich glaube, er wollte einfach nicht viel Aufhebens davon machen, daß er erneut heiratete", sagte Alias Bruder. Zudem war es eine spannungsgeladene Zeit, nach dem Schwarzen September und vor Ausbruch des Jom-Kippur-Kriegs, keine Zeit für Festlichkeiten. Trotzdem wurde Alia zur Königin proklamiert und nicht wie Muna zur Prinzessin – für die Mehrzahl der Jordanier eine Überraschung.

Im Mai 1974 kam Haja zur Welt und eineinhalb Jahre später Ali. (Im Jahr 2000 möchte Haja, eine hervorragende Springreiterin, Jordanien bei den Olympischen Spielen vertreten; aus Ali ist ein Höfling geworden, der womöglich seinen Platz noch nicht gefunden hat.) Daß Hussein und Alia auch ein kleines Mädchen adoptierten, das einen Flugzeugabsturz auf dem Ammaner Flughafen überlebte, ist nur wenig bekannt.

Husseins Liebe zu Alia muß groß gewesen sein. Ihrem Bruder zufolge überredete sie ihn, seine soziale Abkapselung aufzugeben: „Wir waren verblüfft, wie gern der König plötzlich ausging. Er war viel eher bereit, Leute zu sehen, etwa in der Art: ,Laß uns einfach mal diesen oder jenen besuchen und mit ihm zu Abend essen.'"

„Er war schon ein gestandener Mann, jetzt aber machte er mehr Besuche, ging auf Hochzeiten, und so weiter. Ich erlebte die beiden als innig verbundenes Paar, als ein glückliches Paar." Was ihr Zusammenleben so mühelos in Gang hielt, war nicht zuletzt auch die Tatsache, daß Alia als gebürtige Araberin ausgezeichnet Arabisch sprach. Munas Arabischkenntnisse, wie später auch die von Königin Nur, hielten sich in Grenzen.

Alia war glücklich mit dem König, und er war es mit ihr. Sie fand Erfüllung als Frau und Mutter, daneben auch in sozialen Fürsorgeprojekten, die sie mit solcher Energie betrieb, daß eine Königin-Alia-Stiftung gegründet wurde. An dem Tag, der ihr letzter wurde, las Alia in der Zeitung den Brief eines Lesers aus einem Ort im Süden, der Klage über die angeblich mangelhafte medizinische Versorgung führte. Hinweise auf schlechtes Wetter, auf niedrige Wolken, heftigen Wind und Regen, mißachtete Alia. Sie bestellte einen Hubschrauber, um sich zusammen mit dem Gesundheitsminister während eines Überraschungsflugs an Ort und Stelle persönliche Eindrücke zu verschaffen. Die Königin und der Minister inspizierten die Gesundheitseinrichtungen. Auf dem Rückflug nach Amman prallte der Helikopter gegen einen Berg.

Alia wurde tot aus den Trümmern geborgen. Das ganze Land trauerte um sie, Hussein war zutiefst erschüttert. Der Königin zum Gedenken ließ er eine schöne Moschee errichten, der internationale Flughafen von Amman erhielt ihren Namen. Die Stiftung, die sie ins Leben gerufen hat, setzte die Arbeit nach ihrem Tod erfolgreich fort.

13

Umgang mit der PLO

Die Nachricht vom 28. September 1961, in der von einem Militärputsch in Syrien die Rede war, angeführt von Männern, die sich der Vereinigung ihres Landes mit Ägypten widersetzten, hätte im Hause Haschem eigentlich Jubel auslösen müssen. Hussein brachte seine ernsthafte Besorgnis über die Situation in Syrien zum Ausdruck, machte die jordanischen Streitkräfte mobil und dachte ernsthaft an eine militärische Intervention. (Ob er dabei die Erfüllung des Traumes seines Großvaters Abdallah von einem vereinigten Königreich aus Syrien und Jordanien in Erwägung zog, bleibt ungewiß. Nach Gesprächen mit dem amerikanischen und dem britischen Botschafter fanden solche Überlegungen, sollte er sie tatsächlich angestellt haben, ein abruptes Ende.) Der ersten Anspannung folgte Euphorie. Die Streitkräfte kehrten in die Kaserne zurück, und Hussein empfand so etwas wie Genugtuung über seine alten Widersacher. Die neuen Machthaber kündigten die Mitgliedschaft Syriens in der Vereinigten Arabischen Republik. Dieser Schritt war nicht nur eine Demütigung für Nasser, er bestätigte auch, wie sich zeigte, seine Verwundbarkeit. Hussein hielt Nasser vor, daß er sich die Alleinherrschaft über die Araber angemaßt und versucht habe, Syrien unter seinen Einfluß zu zwingen, was die ohnehin vorhandene Uneinigkeit nur noch förderte.

Diese Vorgänge in Syrien kamen Hussein zugute. Am 19. Oktober 1961 fanden allgemeine Wahlen statt. Diesmal gab es keine Machenschaften um Stimmanteile; um so wirksamer erwies sich die Überzeugungsarbeit der Regierung, auch wenn sie mit zweifelhaften Methoden vorging. Potentielle Unruhestifter wurden von örtlichen Behörden mit Nachdruck darauf hingewiesen, es wäre unklug, sich zur Wahl zu stellen, sollten sie aber schon auf der Kandidatenliste stehen, wäre es ratsam, ihren Namen wieder streichen zu lassen. Diejenigen, die der Aufforderung nicht nachkamen, erhielten kein positives polizeiliches Führungszeugnis, das alle Kandidaten beantragen und vorweisen mußten. Was hier ablief, war die sogenannte Konsenswahl: Zu 47 von den sechzig Sitzen im Unterhaus gab es keine Gegenkandidaten.

Dann machte Hussein einen Mann zum Premierminister, der sich bis zu seiner Ermordung 1972 zu einer eindrucksvollen, aber auch umstrittenen Figur in der jordanischen Politik entwickeln sollte. Es war der damals zweiundvierzigjährige Wasfi al-Tall, ein Landwirt und Geschäftsmann, der halb von Kurden abstammte und einer der besten Familien in Irbid angehörte. Er hatte an der Amerikanischen Universität in Beirut studiert und stand im Ruf, fleißig, effizient und ehrlich zu sein und auch aus seiner Meinung keinen Hehl zu machen. Al-Tall war zuvor Husseins Vertreter in Bagdad gewesen, jetzt empfahl er sich als „Mann fürs Grobe". Hussein zog ihn heran, wenn so schwierige Probleme zu lösen waren, wie die Vertreibung der Fedajin aus Jordanien. Auch wenn es auf Kritik aus Kairo angemessen und mit gleicher Entschiedenheit zu reagieren galt, bewährte al-Tall sich geradezu meisterhaft als Sprachrohr seines Königs.

Er durfte sich sogar erlauben, Hussein Dinge zu sagen, die diesem unbequem waren. So zählte er zu denjenigen, die ihn von der Ehe mit seiner zweiten Frau, der Engländerin Toni Gardiner, abhalten wollten. Er gehörte auch zu den wenigen, die den König 1967 bedrängten, sich nicht an dem damaligen Krieg zu beteiligen. Al-Tall hatte erkannt, daß Jordanien, wenn es sich heraushielt, zwar für einige Zeit an Vertrauen verlieren würde, damit aber, wie er meinte, durchaus zurechtkommen könnte. Seine nicht gerade für Araber typische Gewohnheit war, unablässig Pfeife zu rauchen. Unverzüglich ging er ans Werk, als der König ihn beauftragte, die schwerfällige, hin und wieder auch in Korruption verwickelte Bürokratie in Schwung zu bringen.[1]

Offenbar konnte Al-Tall Hussein davon überzeugen, daß die Bevölkerung ihr Vertrauen zum Repräsentantenhaus aufgrund des Wahlergebnisses vom September, das auf mehr als fragwürdige Weise zustande gekommen war, weitgehend verloren hatte. Bei den neuen, diesmal freien Wahlen am 25. November 1962 bewarben sich 166 Kandidaten um die 60 Sitze. Rund siebzig Prozent der stimmberechtigten Wähler ging zu den Urnen, das Ergebnis aber fiel für Hussein und al-Tall wenig zufriedenstellend aus.

Die Zahlen machten deutlich, daß ein Großteil der Jordanier das Haschemiten-Regime nachdrücklich ablehnte. Die Vertrauensabstimmung über al-Talls Regierung ergab, daß der Premierminister mit der Gegnerschaft von immerhin achtzehn Abgeordneten zu rechnen hatte, zwölf davon stammten von der Westbank. Es zeichnete sich ab, wie schwer ein solches Parlament unter Kontrolle zu halten war.

Trotzdem, scheinbar unbeirrt, setzte Hussein seinen Kurs fort. In deutlichem, wenn auch indirektem Affront gegen Nasser kam er im August 1962 mit Ibn Saud, dem von verschwenderischem Reichtum umgebenen König von Saudi-Arabien, überein, zwischen beiden Ländern ein „totales" Militärbündnis unter gemeinsamem Oberbefehl zu schließen. (In Wirklichkeit handelte es sich um nicht mehr als eine Absichtserklärung auf Papier; eine praktische Zusammenarbeit, einschließlich gemeinsamer Manöver, hatte man ernstlich nicht ins Auge gefaßt).

Sodann bereitete Hussein den Ägyptern Schwierigkeiten im Jemen, nachdem Nasser sich in den Bürgerkrieg, der in diesem Land ausgebrochen war, eingemischt hatte. Die Unruhen hatten im September begonnen, nach dem Tod des damaligen Imam, dessen Herrschaft als mittelalterlich galt. Sein Nachfolger, Imam Muhammad al-Badr, zog sich zurück in die Berge, nachdem ein Militärputsch sein Regime gestürzt hatte. Nasser unterstützte den neuen Militärmachthaber, Abdallah al-Sallal; Hussein und Saud hingegen den neuen Imam. Nasser entsandte Tausende von Soldaten, auch solche aus seinen besten Regimentern, um der revolutionären Sache zum Sieg zu verhelfen. Doch sie erreichten nicht viel, was sich 1967 fatal auswirkte. Um dem Imam hinter der Grenze beizustehen, schickte Hussein Kampfflugzeuge nach Saudi-Arabien. Allerdings zogen es die Piloten von zwei Maschinen vor, in Kairo zu landen.

Zum Ausruhen blieb Hussein wenig Zeit. Am 8. Februar 1963 stürzte ein Putsch im Irak den Militärmachthaber Abdel Karim Qassem, am 8. März wurden in Syrien die Separatisten gestürzt, entschiedene Gegner

Jordaniens Monarch läßt sich vor einer Truppeninspektion von einem Offizier beim Anlegen eines Pistolenhalfters helfen.

einer Union mit Ägypten. Jetzt, da die Widerstände beseitigt waren, sprachen sich Syrien, der Irak und Ägypten für eine neue Union aus. Am 17. April wurde ein entsprechendes Abkommen unterzeichnet. Das Haus Haschem schien wieder einmal in tödlicher Gefahr, es galt, sich auf die neue Situation einstellen. (Hussein wußte nicht, hätte es aber zumindest ahnen können, daß das neue Bündnis bald wieder zerfiel.) Der König reagierte flink. Am 27. März forderte er al-Tall, einen erklärten Kritiker der früheren Vereinigten Arabischen Republik, der deren Scheitern lauthals begrüßte, zum Rücktritt auf und ersetzte ihn durch den vertauten und fähigen Samir al-Rifai, der nun sein sechstes, diesmal letztes Kabinett bildete. Es bestand aus der üblichen Mischung loyaler, ehrenwerter Männer. Hussein selbst schlug gegenüber Ägypten und Syrien eine auffallend milde und respektvolle Tonart an.

Doch damit nicht genug. In einem halben Dutzend Städte, auch in Jerusalem, kam es zu Demonstrationen mit dem Ruf nach Vereinigung aller arabischer Länder. Vor der Universität von Amman verbrannten aufgebrachte Studenten eine jordanische Flagge. Auch anderswo versammelten sich Menschen, die ihrem Unmut über Hussein freien Lauf ließen. Wieder einmal wurden Stimmen laut, die den sofortigen Sturz der Haschemiten forderten. Hussein hatte solche Straßenaufläufe schon des öfteren erlebt und wußte, was zu tun war: Er setzte Militär ein, die Demonstrationen hörten auf.

Als nächstes mußte er sich mit seinem teilweise aufsässigen neuen Parlament auseinandersetzen. In der Debatte über ein Mißtrauensvotum attackierte eine Mehrheit Samir al-Rifai, den neuen Premierminister. Es erschallte der Ruf nach „einer anderen Form von Regierung, mit anderer Gesinnung und fähig, sofort Gespräche mit Kairo, Damaskus und Bagdad aufzunehmen, mit dem Ziel, der neuen Union beizutreten". Der altgediente al-Rifai wartete nicht bis zur Stimmabgabe. Er trat zurück, und Hussein ersetzte ihn herausfordernd mit einem Familienmitglied, Scherif Hussein bin Nasser, seinem Großonkel. Scherif Hussein hätte kein Mißtrauensvotum überstanden, aber er konnte den Weg freimachen für Neuwahlen, die am 6. Juli abgehalten wurden. Sie waren anders als al-Talls freie Wahlen und glichen mehr den vorherigen, bei denen lokale Behörden entsprechenden Druck auf die Kandidaten ausübten. Das Ergebnis war eine ziemlich harmlose Mannschaft.

Israel nahm das Wahlresultat mit Erleichterung auf. Wie Hussein sorgten sich auch Israels Regierende bei der Vorstellung, von vereinigten Arabern umgeben zu sein. Wenn Jordanien im Chaos versunken und bereit gewesen wäre, der neuen Union beizutreten, hätten die Israelis ihren Eventualplan hervorgezogen, der für diesen Fall die Besetzung der Westbank vorsah. Dieser Plan trug die Bezeichnung Plan Granit.[2] Teile davon sollten 1967 in die Tat umgesetzt werden. Noch im Jahr 1963 schwenkte Hussein auf die Politik seines Großvaters ein; wie König Abdallah hielt er sich durch Geheimtreffen Kanäle nach Israel offen.

Einer der Kanäle wurde im September in London eröffnet, als Hussein mit Yakov Herzog sprach, einem Nahostspezialisten im Büro des Premierministers Levi Eshkol. Der angesehene israelische Historiker Uriel Dann berichtet, daß dieser Begegnung eine weitere mit der damaligen Außenministerin Golda Meir[3] (sie war eine der ersten jüdischen Repräsentanten, die noch vor 1948 heimlich mit König Abdallah zusammengetroffen sind) folgte. Bei seinen Geheimkontakten ging es Hussein nicht um die Behandlung großer Fragen, etwa die endgültige Grenzfestlegung oder das Schicksal der palästinensischen Flüchtlinge, zumindest aber wirkte er am Zustandekommen zweier Abkommen mit. Das eine betraf die Wasserableitung aus den Flüssen Jordan und Yarmuk (1965), das andere die Begrenzung der Stationierung kurz vorher erworbener amerikanischer Patton-Panzer im Osten Jordaniens als vertrauensbildende Maßnahme.

Darauf folgte eine ruhige Phase. Jordaniens Nachbarn waren mehr an eigenen Angelegenheiten interessiert als an denen Jordaniens. Nasser war mit dem Jemen beschäftigt und mit der Vorbereitung eines arabischen Gipfeltreffens. Auf ihm sollte nach Mitteln gesucht werden, Israel an der Wasserentnahme aus den Flüssen Jordan und Yarmuk zu hindern. Die Konferenz, die am 13. Januar 1964 in Kairo stattfand, ergab wenig. Die von den Arabern erstrebte Einheit ließ sich nur schwer erreichen. Zwar schuf man ein Vereinigtes Oberkommando mit einem ägyptischen General an dessen Spitze, doch geschah dies nur auf dem Papier; nichts wurde unternommen, um es zu verwirklichen. Erst 1973 gelang es den Arabern, eine einheitliche Streitmacht aufzustellen. Eine auf Veranlassung arabischer Länder eingesetzte Kommission, die Israels Wasserversorgung aus dem Jordan kontrollieren und möglichst unterbinden sollte, erwies sich als bedeutungslos, weil die Araber keine offiziellen Beziehungen zu dem Staat unterhielten, dessen Praktiken sie anklagten.

Ein weiterer Beschluß der Konferenz konnte mittelfristig grundgefährlich für Jordanien und Hussein werden. Das Ziel war die Organisierung aller Palästinenser, damit sie „eine Rolle bei der Befreiung ihres Landes und der Bestimmung seiner Zukunft übernehmen" konnten. Die Tatsache, daß die Palästinenser bereits eine rechtmäßige Vertretung hatten, nämlich in Jordanien, wurde ignoriert. Arabische Führer haben in den Jahren vorher Jordanien fortwährend die Legalität seiner Existenz abgesprochen, es möglichst unbeachtet gelassen. Einem Palästinenserführer, Achmed al-Schukeiri, war es gestattet, an den Verhandlungen des Gipfeltreffens teilzunehmen. Damit war der Keim zu einem langen Machtkampf in Palästina gelegt – ein grober historischer Fehler der Araber, geboren aus ihrem Argwohn gegen die Haschemiten.

Im Bewußtsein, letztlich am kürzeren Hebel zu sitzen, beschloß Hussein, das Verhältnis zu Nasser zu verbessern, der immer noch die beherrschende Figur in der arabischen Welt war. Als Gegenleistung dafür, daß Ägypten die diplomatischen Beziehungen mit Jordanien wieder aufnahm, ließ der König etliche politische Gefangene frei. Dazu gehörten der Ex-General Abu Nuwar, der bei dem Geschehen in Zerqa gegen ihn opponiert hatte, und Abdallah al-Tall, der König Abdallahs Kontakte zu Israel verriet und, wie es hieß, ein Attentat auf ihn plante. Jordanien wechselte nunmehr auch die Seiten im Jemen und unterstützte das Regime, das zu Nasser hielt. Daß Hussein 1964 von den Präsidenten Amerikas und Frankreichs, Lyndon B. Johnson und Charles de Gaulle, empfangen wurde, ließ sein Ansehen weiter steigen.

Dank jordanischer Zugeständnisse ist wohl auch Nassers Glanz noch etwas aufpoliert worden. Auch schien es so, als habe Hussein in den Augen der Araber ein wenig an Kontur gewonnen, eine viel wichtigere Frage aber rückte in den Vordergrund: Wer würde die Palästinenser vertreten? Vielleicht Achmed al-Schukeiri, eine redegewandte, unberechenbare, auch aggressive Gestalt, Führer der Palästinensischen Befreiungsorganisation (PLO), damals eine gemäßigte, noch im Entstehen begriffene Gruppe? Schukeiri hatte am Gipfeltreffen als palästinensischer Vertreter beim Rat der Arabischen Liga teilgenommen. Er vermochte aus dem Stegreif weitschweifige, aufrührerische Reden zu halten.

Das grüne Licht, das man ihm in Kairo gegeben hatte, ermunterte Schukeiri, sich mit ganzer Kraft dem weiteren Aufbau der PLO zu widmen. Hussein konnte wenig gegen diese vom Gipfel in Kairo abgesegneten Bemühungen unternehmen, obgleich es sich dabei um eine Einmischung in die inneren Angelegenheiten Jordaniens handelte. Er akzeptierte die Entscheidung zwar, tat aber natürlich nichts, was das Entstehen dieser neuen Macht in seinem Land gefördert hätte.

Schukeiri wiederum suchte ihn zu beruhigen. „Die Geburt der palästinensischen nationalen Existenz in Jerusalem zielt nicht darauf ab, die Westbank vom jordanischen Königreich abzuspalten", sagte er auf dem Gründungskongreß der PLO 1964 in Jerusalem. „Wir rühren in keiner Weise an die staatliche Integrität Jordaniens." Es war unwahrscheinlich, daß Hussein die ganze Angelegenheit einfach hinnahm. Allerdings hieß er die PLO gewissermaßen willkommen, indem er persönlich auf dem Gründungskongreß erschien. Er durfte sich nicht der Kritik aussetzen, den Palästinensern nicht helfen zu wollen, konnte sich andererseits aber eine edelmütige Geste leisten: Schließlich war er es, der die Macht in Händen hielt. Dennoch, ein fataler Riß ging durch das Land. Den Nutzen hatten allein die Israelis.

Nach dem Gipfeltreffen wandte sich Hussein mehr und mehr wieder von Nasser ab, vermutlich unter dem Einfluß von Wasfi al-Tall, den er im Februar 1965 erneut zum Ministerpräsidenten ernannt hat. Mit Saudi-Arabien unterzeichnete er ein Grenzabkommen, in dem die Saudis erstmals offiziell Jordanien das Recht auf einen schmalen Küstenstreifen an der Spitze des Golfs von Akaba zugestanden. Prompt sprach sich der dankbare Hussein dafür aus, ein islamisches Gipfeltreffen nach Mekka, nicht nach Kairo, einzuberufen. Als der tunesische Präsident Habib Bourgiba die arabischen Staaten zur Anerkennung Israels aufforderte, unter der Voraussetzung, daß die palästinensischen Flüchtlinge nach Hause zurückkehren könnten, sprach Nasser sich für Bourgibas Ächtung durch die arabische Welt aus. Hussein, der den Tunesier unmittelbar vor dessen Erklärung in Amman begrüßt hatte, mied dieses Thema. Aber als die Bundesrepublik Deutschland Israel anerkannt hatte und arabische Staaten ihre Botschafter aus Bonn abberiefen, fühlte Hussein sich verpflichtet, dem Beispiel zu folgen, wenn auch widerwillig.

An welchem Punkt war Hussein damals, Mitte der sechziger Jahre, angelangt? Zunächst war er in der Kunst des Überlebens mit Hilfe des Militärs, des Sicherheitsdienstes und der Honoratioren, die auf hohe Ämter stolz waren, zu einer gewissen Meisterschaft gelangt. Zum anderen war er sich seiner Schwäche als Oberhaupt eines kleinen und relativ armen Landes, dessen staatliche Legitimität immer wieder in Frage gestellt wurde, voll bewußt. Er hatte die Notwendigkeit erkannt, von Zeit zu Zeit den Kurs abrupt zu ändern. Schließlich, obwohl er als Antikommunist und Demokrat auftrat und es der Überzeugung nach gewiß war, hatte ihn die Demokratie in gewisser Weise desillusioniert. Die beiden freien Wahlen, die er zugelassen hatte, führten im Unterhaus zu Mehrheiten, die ihm feindselig gegenüberstanden, so daß er die Parlamente wieder auflösen mußte. Die übrigen Wahlen hatte er strengen Kontrollen unterwerfen müssen.

Was trieb den jungen König an? Reine Willenskraft und das Bewußtsein eigener Autorität verhalfen ihm zu der Entschlossenheit, sich von Nasser oder seinen Kohorten in Syrien nicht verdrängen oder gar besiegen zu lassen. Noch stärker aber war der Wille, das Haus Haschem zu festigen. Dessen Söhne sollten kein ähnliches Schicksal erleiden wie Husseins Urgroßvater, König Hussein, den man von seinem Thron vertrieb, oder wie sein Großvater, König Abdallah von Jordanien, und sein Vetter Feisal im Irak, die beide ermordet worden waren. Sie alle sollten würdige Nachfolger haben.

Der Fortbestand der Dynastie hätte sich im Idealfall nur mit einem Nachfolger Husseins sichern lassen, der nicht nur ein umsichtiger Taktierer war, sondern auch einen eisernen Willen und ein tiefes Verständnis für arabische Geschichte und politische Zusammenhänge besaß. Husseins erster Sohn, Kronprinz Abdallah, war 1965 drei Jahre alt. Angenommen, Hussein wäre damals gestorben, etwa als Opfer eines Attentats, so hätte sich unvermeidlicherweise eine lange Übergangszeit angeschlossen, die die Haschemiten womöglich nicht überstanden hätten. Doch es gab ein weiteres männliches Familienmitglied, auffallend intelligent und energisch, von rein arabischer Abkunft und damals achtzehn Jahre alt: Husseins Bruder Hassan. Am 1. April 1965 ernannte Hussein den Bruder zum Kronprinzen und setzte ihn anstelle seines Sohnes zu seinem Nachfolger ein. Es war ein vielleicht einmaliger Fall, daß ein Herrscher seine Dynastie über die Belange seiner unmittelbaren Familie stellte. Die Entscheidung trat wie eine Versicherungspolice in Kraft, mit überraschenden Folgen: Die beiden Brüder wirkten 1966 tatkräftig an der Ausarbeitung des Friedensvertrages zwischen Israel und Jordanien mit. Dadurch, daß die PLO erstarkte, zeichnete sich für die Haschemiten eine neue Bedrohung ab. Andere Staaten unterstützten die Organisation vielleicht aus echten solidarischen Gefühlen, sicherlich aber auch, weil sie in ihr ein künftiges trojanisches Pferd in Amman erblickten. Arabische Führer in Ägypten, Syrien, Saudi-Arabien und im Irak hätten Hussein mit Freuden zu Fall kommen sehen.

Hussein fiel es nicht allzu schwer, die Bewohner Jerusalems oder der Westbank im Zaum zu halten, aber es gelang ihm nicht bei dem unberechenbar umtriebigen Schukeiri. Einer Zusammenarbeit mit ihm ging er deshalb möglichst aus dem Weg. Schukeiri seinerseits vermied es ostentativ, Jordanien zu erwähnen, wenn er Regierungen für die Unterstützung dankte, die sie Einheiten der Palästinensischen Befreiungsorganisation bei deren paramilitärischer Ausbildung auf ihren Territorien gewährten. Es wäre auch mehr als leichtsinnig gewesen, der PLO in Jordanien ein derartiges Training ihrer Leute zu gestatten. Die Gefahr, daß die Organisation außer Kontrolle geriet und mit Überfällen auf Israel endlosen Ärger verursachte, war zu groß, zumal die Lage an der israelisch-jordanischen Grenze bis dahin ziemlich ruhig war.

Dem König wurde klar, daß er eine kräftigere Hand am Steuer der Regierung brauchte als die seines damaligen Ministerpräsidenten. Im Februar 1965 holte er Wasfi al-Tall auf den Stuhl des Regierungschefs zurück. Dessen Einfluß war deutlich spürbar, als Hussein im Oktober sein Verhältnis zur PLO darlegte: Die Organisation sei unter der Voraussetzung in Jordanien willkommen, daß sie sich der staatlichen Autorität unterstellte; keine Einwände gebe es auch gegen die Anwesenheit ihrer Führer, es sei denn, sie bekleideten hohe militärische Positionen oder Regierungsämter. „Keine Organisation darf außerhalb des Rahmens des Vereinigten Arabischen Kommandos tätig werden", erklärte der König. (Jordanien zählte zu den Mitgliedern, nicht aber die PLO.)

Im übrigen zeigten sich Hussein und al-Tall nach außen hin konziliant. So ließ die Regierung im März 1965 verlauten, sie habe 2.000 Geheimdienstdossiers verbrannt (nachdem vermutlich vorher Kopien gemacht worden waren). Im April verkündete sie eine Amnestie.

Als Husseins Beziehungen zur PLO einen Dämpfer erhielten, verstärkte Schukeiri seine Forderungen. Er verlangte das Recht, in Jordanien ungehindert Kämpfer rekrutieren zu dürfen; außerdem sollte die Regierung sechs Prozent des Gesamteinkommens der Palästinenser an ihn abführen. Das Abkommen, das daraufhin im März 1966 in Kairo zustande kam, stellte eine notdürftige Lösung dar: PLO-Freiwillige durften in Sommerlagern der Armee ausgebildet werden, und die Palästinenser wurden mit einer Zusatzsteuer von zwei Prozent ihres Einkommens belastet. Radio Amman reservierte täglich eine Stunde seiner Sendungen für die PLO. Damit behielt Hussein zwar die Kontrolle, konnte aber nicht verhindern, daß die Befreiungsbewegung sich weiter in Jordanien ausbreitete. Selbst dies markierte nur ein Zwischenstadium in einem längeren, fortlaufenden Prozeß. Nicht mehr lange, und die PLO schraubte ihre Forderungen herauf. Für Hussein war die Organisation unversehens zu einem Gegner geworden. Seine bisherige Politik, die auf der Bereitschaft zu behutsamer Kooperation beruhte, schwenkte um auf Konfrontation. „Die Hand wird abgehackt, die die Integrität Jordaniens bedroht", erklärte er am 14. Juni 1966. Und was die Zusammenarbeit mit der PLO angehe, so seien „alle Hoffnungen begraben". Die Schilderung dieser Rede durch den britischen Botschafter in seinem Bericht nach London unterstreicht, zu welch fester Haltung sich Hussein durchgerungen hatte. „Ich kann mich an keinen arabischen Redner erinnern, der so couragiert und deutlich seine Meinung äußerte und dennoch am Leben ist", schrieb er. „In jeder Hinsicht war es ein bemerkenswerter Auftritt. Fast eine ganze Stunde lang hat der König kaum Luft geholt, nie geriet er ins Stocken oder verlor den Faden."[4] Schukeiris Antwort war, Jordanien habe nicht das Recht zu existieren, das jordanische Volk solle sich gegen seine Herrscher erheben.

Die Regierung verbot Wahlen zum Nationalrat der PLO, dessen Potential, ein eigener Staat im Staat zu werden, unverkennbar war. Doch Hussein behielt weiterhin die Oberhand, während sich die PLO vorerst zurückhielt. Als Schukeiri vorschnell die palästinensischen Kabinettsmitglieder zum Rücktritt aufforderte, gehorchte ihm niemand. Verhandlungen zwischen al-Tall und Schukeiri über die Hoffnungen der PLO auf eine unabhängige Organisation in Jordanien zogen sich monatelang ergebnislos hin. Al-Tall machte keine größeren Konzessionen.

Es wurde nur eine „Vereinbarung" getroffen, nach der die PLO Sende-zeiten bei der Rundfunkstation Jordan Radio erhielt.

Zuvor hatte ein Zwischenfall für Aufregung gesorgt. Von der radi-kalen Regierung in Syrien ermuntert, überschritten am 11. November 1965 Guerillas der von Syrien aus operierenden Fatah-Bewegung die israelische Grenze und legten eine Mine, die drei israelische Soldaten tötete. Die Israelis reagierten wie gewohnt, indem sie ein jordanisches Dorf, Samu, zerstörten. Dabei starben 21 Menschen. Viele Palästinenser, angestachelt von ägyptischen Diplomaten und Radio Kairo, warfen da-nach Hussein vor, er habe es versäumt, Rache zu üben und die Ehre der Araber zu retten.

Was plante eigentlich Israel? Gewiß, nach Übergriffen machte es Ge-brauch von seinen Vergeltungsregeln – zehn Augen für eines. Hussein glaubte jedoch, daß sich dahinter bestimmte Absichten verbargen. „In Jordanien herrscht das Gefühl, daß das, worauf Israel hinarbeitet, Krieg und Expansion sind", sagte er. „Mein eigenes Gefühl sagt mir, Israel wünscht sich den Zusammenbruch dieses Landes, weil es linksgerichte-te Kräfte wären, die davon profitierten. Darauf ist Israel aus. Wenn das geschähe, dann wäre das Palästinaproblem nicht mehr länger ein Streit-fall zwischen Arabern und Juden, sondern zwischen dem West- und dem Ostblock."

Die Kampfkraft seiner Truppen schätzte Hussein vernünftig und mit nüchternem Augenmaß ein. Er hütete sich, Vergeltungsschläge anzu-ordnen, sie hätten nur zu einer weiteren Eskalation des Konflikts geführt. Auf längere Sicht spielte diese Politik allerdings den Radikalen direkt in die Hände.

Sorgen machten sich die Amerikaner. „Die ziemlich umfangreiche Infrastruktur, die die Vereinigte Arabische Republik [Ägypten und Syrien] in Jordanien aufgebaut hat, beginnt jetzt in Aktion zu treten", berichtete der Chef des CIA-Büros in Amman nach Langley, Virginia. „Die VAR versucht offenbar, Hussein zu Fall zu bringen, trotz der mög-lichen Rückwirkungen auf Israel."[5]

Der König soll angeblich erklärt haben, die Moral in der Armee sei „of-fen gesagt, schlecht". Der Kommandeur einer Panzerbrigade vertraute dem angereisten amerikanischen Senator Edward Kennedy an, die Ar-mee sei es leid, immer nur gegen Demonstranten eingesetzt zu werden.

Ein hoher Beamter des britischen Außenministeriums hielt seine Eindrücke in einer Geheimnotiz fest: „König Hussein und seine Regierung kämpfen ernsthafter um ihr Überleben denn je zuvor seit 1958."[6] Gegenüber Korrespondenten in Amman bezeichnete der König die PLO als „ein Instrument, das dazu dienen soll, uns zu vernichten".

In Nablus, Jenin und Qalqilya, in Ramallah und in der Hauptstadt kam es zu Demonstrationen. Sie wurden durch die Armee und die Polizei aufgelöst. In Nablus begannen die Aufzüge am Morgen des 21. November. Tausende von Studenten und Arbeitern strömten durch die Straßen, bekundeten lautstark ihre Parteinahme für Nasser und Schukeiri, trampelten auf Bildern von König Hussein herum und riefen nach der Bildung einer Republik. Die Demonstranten blockierten zahlreiche Straßen mit alten Reifen und Fässern und veranstalteten sogar ein symbolisches Begräbnis des Königs. Obwohl die Hauptwache von Demonstranten umstellt war, von denen einige Waffen trugen, hielt sich die Polizei zurück und befolgte den Befehl, nicht zu schießen.

Gegen zehn Uhr schien, wie der britische Botschafter berichtete, „die Situation rasch außer Kontrolle zu geraten". Wahllos begannen die Demonstranten, um sich zu schießen; drei Zivilisten wurden von Querschlägern getötet. Dann begannen die Demonstranten Läden zu plündern, einschließlich eines Geschäfts, das dem Bürgermeister gehörte, und eines anderen mit Waffen und Munition. Es trafen Truppen ein, eine vierundzwanzigstündige Ausgangssperre wurde verhängt – und eingehalten – und die Rädelsführer verhaftet. Al-Tall erklärte mit einem Anflug von Arroganz, er sei „mit Nablus fertig, für die nächsten zehn Jahre".[7]

Am 23. November bewarfen Demonstranten in Jerusalem die Polizei mit Steinen, die darauf Tränengas einsetzte. „Erfahrene Leute, Briten und Araber, sagen, die Situation in der Westbank sei die schlimmste, die sie seit der Gründung Israels erlebten", teilte der britische Konsul in Jerusalem seinem Außenministerium mit. „Angestaute Gefühle machen sich Luft. Der König steckt in der Klemme, und die Aufrufe über den Rundfunk anderer arabischer Staaten, den König zu eliminieren, zeigen Wirkung." Der Konsul irrte sich: Die Demonstrationen wurden erfolgreich aufgelöst. Wieder einmal war Hussein davongekommen. Und doch hatte der britische Botschafter in Amman recht, als er die Wurzel des Problems ansprach: „Was wir hier miterleben, scheint das Ergebnis eines jah-

Hussein besucht seine an den Landesgrenzen postierten Soldaten. Er vermittelt Zuversicht und Vertrauen und stärkt den Willen der Männer, ihr Land und ihre Rechte zu verteidigen und für Ruhe und Ordnung zu sorgen.

relangen außergewöhnlichen Versäumnisses der Regierung in Amman zu sein, die besonderen Anforderungen der Westbank und auch das Heranwachsen der zweiten Generation von Flüchtlingen zu erkennen, die viel stärker indoktriniert ist als ihre Väter."

Es war gut, daß der stellvertretende Kommandeur der Streitkräfte kein anderer war als Scherif Nasser bin Jamil. Dabei hatte er sich erst kurz zuvor bei seinem Neffen in die Nesseln gesetzt. Ein aus jener Zeit stammender Bericht aus Amman besagt, daß der König „Scherif Nassers Waffen-und-Drogen-Schmuggel-Aktivitäten gründlich satt hat und entschlossen ist, dem ein für allemal einen Riegel vorzuschieben. Der König hat gesagt, wenn Scherif Nasser außerstande sei, die Linie zu wahren, dann müsse er gehen."[8] Doch er hielt die Linie ein und war auch im folgenden Jahr noch im Hauptquartier, als ägyptische Generäle Jordanien ins Desaster des Sechstagekriegs führten.(Scherif Nasser verdarb es damals auch mit Königin Zain, Husseins Mutter. Er heiratete Hind Mango aus einer bekannten Kaufmannsfamilie, von der einige Mitglieder in politischen Schwierigkeiten steckten. Der König gab dem Brautpaar zu Ehren einen Empfang im Gästepalast, die gestrenge Zain jedoch war gegen die Heirat und weigerte sich, Scherif Nasser zu sehen oder gar an den Feierlichkeiten teilzunehmen. Scherif Nasser zuckte die Achseln. Er fuhr zu den Flitterwochen ins Londoner Dorchester Hotel.)

Eine wichtige, in Jordanien damals immer wieder diskutierte Frage war, ob Untergrundkämpfer von Jordanien aus Israel angreifen sollten oder nicht. Al-Tall wies vergeblich darauf hin, daß das Vereinigte Arabische Kommando, dem Jordanien angehörte, Gegner derartiger Übergriffe war, weil sie, mit schrecklichen Folgen, die Araber leichtfertig in einen Krieg mit Israel stürzen könnten. Hussein bestand darauf, die Ermächtigung zu Untergrundaktionen in Israel müsse nicht von den Guerillas selbst, sondern vom Vereinigten Arabischen Kommando kommen. Wäre diese Idee angenommen und konsequent verwirklicht worden, dann wären alle Araber verpflichtet gewesen, sich an einer Entscheidung zu beteiligen, die Tod und Zerstörung über Jordanien gebracht hätte, vermutlich sogar einen voreilig vom Zaun gebrochenen Krieg.

Al-Tall wollte nachträglich wissen, welcher arabische „Verbündete" Jordanien denn zur Hilfe kam, als es von Israel angegriffen wurde, weshalb vor allem Ägyptens Luftwaffe keine Deckung aus der Luft geboten habe. Nasser gab zur Antwort, Hussein wäre „bereit, die arabische Nation zu verkaufen".

Hussein beantwortete die Kritik mit dem Hinweis, Ägyptens Grenze zu Israel lasse sich mit der jordanischen schwerlich vergleichen. Seit der Suezkrise werde sie von UNO-Einheiten patrouilliert, die auf der ägyptischen Seite stationiert waren. Somit, höhnte Radio Amman, trage der Präsident Ägyptens zu Israels Grenzsicherheit bei, während die ägyptischen Streitkräfte sich gleichzeitig hinter dem Schirm der UNO verbargen. Noch schlimmer, Nasser habe Ägypten die Möglichkeit genommen, den Golf von Akaba zu sperren und so den Schiffsverkehr zum israelischen Hafen Eilat zu unterbinden, einfach dadurch, daß er der UNO gestatte, einen Posten zu beziehen, von dem aus die Straße von Tiran am Ausgang des Golfs zum Roten Meer kontrolliert werden konnte.

Die Vorwürfe schmerzten, denn sie stimmten mit der Wahrheit überein. Daß Ägypten und die UNO sinnvoll zusammenarbeiteten, um einen äußerst zerbrechlichen Frieden zu sichern, war kaum bekannt. Der König und seine Propagandisten bei Radio Amman trafen einen blanken Nerv. Nasser wurde als Heuchler entlarvt, die Sticheleien aber trugen zu Ägyptens unbesonnener Entscheidung bei, die die Araber 1967 ins Unglück stürzte.

Husseins Alltag bestand indessen nicht nur aus harter Arbeit und Sorgen. Auf einer Party, die sein Bruder Prinz Muhammad im Juli 1965 gab, wirkte er „völlig entspannt, in ausgezeichneter Stimmung und blieb, wie üblich, bis vier Uhr morgens".[9]

Seine Persönlichkeit wies viele Facetten auf. In einem Telegramm nach London bemerkte der britische Botschafter, als er von Spekulationen über die mögliche Ernennung eines neuen Premierministers berichtete: „Bei einem so Unberechenbaren wie König Hussein ist die Länge der Amtszeit eines jeden Premierministers von vornherein ungewiß."

(Diese „unberechenbare" Seite Husseins kannten Angehörige der politischen Führungsschicht schon lange. Einer von ihnen, Samir al-Rifai, versuchte Glubb Pascha, nachdem er ihn im Namen des Königs entlassen mußte, aufzumuntern: „Ich würde sagen, es ist nur für eine kurze Zeit. Vielleicht dürfen wir Sie in wenigen Tagen wieder begrüßen. Ich bin schon einige Male Ministerpräsident gewesen, ich wurde entlassen, und nun bin ich wieder da!"[10])

Bis 1967 hatte der König manche Schwierigkeiten im eigenen Land überstanden, doch er wußte sich von Feinden umgeben, nicht nur in Jordanien, auch in Ägypten und Syrien. Er blieb verwundbar. Sollte er je den falschen Eindruck vermitteln, Israel gegenüber zu nachsichtig oder ein Verräter des arabischen Nationalismus zu sein, würde er in ernsthafte Schwierigkeiten geraten. Ginge er andererseits zu hart mit Israel um, machte er sich zum Ziel massiver israelischer Vergeltung. Die Logik gebot ihm, sich Verbündete unter den konservativen Herrschern der Golfstaaten zu suchen, um der Macht Ägyptens und Syriens entgegenzuwirken. Hussein begab sich auf Erkundungsreisen in jene Region. Dann aber sah er seine Pläne von höherer Gewalt durchkreuzt – plötzlich stand er als Bündnispartner an der Seite seiner alten Widersacher.

14
Auf dem Weg in den Krieg

Die Schwierigkeiten setzten sich 1967 fort. Im Januar lieferten die Vereinigten Staaten Hussein auf dem Luftweg Waffen und Munition, was als Signal an die Israelis verstanden werden konnte, Jordanien aus jedem künftigen Konflikt herauszuhalten. Verärgert über Nasser, stellte Hussein im Februar seine Hilfen für die republikanische Regierung im Jemen, die Nasser unterstützte, ein. Eine Landmine tötete einen israelischen Soldaten. An der israelisch-jordanischen Grenze kam es zu Zusammenstößen. Am 7. April schossen israelische Jäger über dem Berg Hermon sechs syrische MiGs ab. „Wo waren die Ägypter?" fragte Radio Amman.

Aus Israel waren zunehmend herausfordernde Töne zu vernehmen. Der sonst so sanftmütige Ministerpräsident Levi Eshkol wollte jetzt Härte beweisen und drohte: „Wir werden sie schlagen, wann, wo und wie wir wollen!" Der israelische Stabschef, General Jitzhak Rabin, soll, wie aus Kairo verlautete, am 12. Mai erklärt haben: „Wir werden einen Blitzangriff auf Syrien führen, Damaskus besetzen, das Regime dort stürzen und zurückkehren."[1] Unaufhaltsam schien die Region in einen Krieg zu gleiten.

Die Führer Ägyptens und Syriens waren überzeugt, daß Israel drauf und dran war, Syrien anzugreifen. Sowjetische Diplomaten informierten sie am 8. Mai über israelische Truppenbewegungen. Eine ägyptische Parlamentsdelegation unter Leitung von Anwar Sadat in Moskau erhielt dieselbe Nachricht. Nasser wollte sich nicht der Kritik aussetzen, er verstecke sich hinter dem UN-Expeditionskorps (UNEF): Er versprach, Ägypten werde Syrien in Falle eines Angriffs zu Hilfe kommen. Am 14. Mai mobilisierte Nasser, der sich hinsichtlich des pan-arabischen Kampfgeistes von Syrien nicht übertroffen sehen wollte, die ägyptischen Streitkräfte. Fünf Tage später schlugen boshafte Agitatoren über Radio Amman vor, der heuchlerische Nasser solle, wenn er sich tatsächlich schon mit den Israelis hart anlegen möchte, wie er es von Jordanien immer verlangte, die Straße von Tiran am Ausgang des Golfs von Akaba blockieren. Dies war freilich nicht ernst gemeint, vielmehr nur Teil der heftigen Polemik, die damals zwischen Amman und Kairo im Gange war.

Was dann folgte, war so grotesk, daß es fast unglaublich schien. Dem damaligen ägyptischen Außenminister Mahmoud Riad zufolge war es Feldmarschall Abdel Hakim Amer, der den ersten verheerenden Schritt unternahm, ein eitler, törichter Mann, Oberbefehlshaber der ägyptischen Streitkräfte. Amer besaß offenbar beträchtliche Handlungsfreiheit und war Nasser nicht vollständig unterstellt.

Im Bestreben, dem israelischen Druck auf Syrien entgegenzuwirken, unternahm Amer am 16. Mai 1967 „einen unbesonnenen und unkalkulierten Schritt", wie Riad hinterher mit deutlicher Untertreibung feststellte.[2]

Amer beauftragte den Staabschef, General Muhammad Fawzi, ein Schreiben an General Indar Jit Rikhye zu richten, den tüchtigen indischen UNEF-Kommandeur, der sein Hauptquartier in Gaza hatte. Ägyptischen Quellen zufolge lautete die Botschaft: „Ägyptische Streitkräfte sind in Alarmbereitschaft versetzt worden, um in demselben Augenblick gegen Israel vorgehen zu können, in dem es eine feindselige Handlung gegen ein arabisches Land unternimmt... Unsere Truppen ziehen wir im Sinai und entlang der Ostgrenze zusammen. Um die Sicherheit für die internationalen Truppen zu gewährleisten..., ersuche ich Sie, ihnen Befehl zu erteilen, sich aus diesen Positionen zurückzuziehen." Sir Brian Urquhart, ein ehemaliger höherer UNO-Mitarbeiter, bietet eine andere Version an. Danach schrieb Fawzi, „zur völligen Sicherheit für die UN-Truppen, die entlang unserer Grenze Beobachtungsposten installieren", möge Rikhye „Befehl erteilen, sofort alle diese Truppen zurückzuziehen".

Das UN-Expeditionskorps war 1956, nach dem katastrophalen anglo-französisch-israelischen Suez-Abenteuer, aufgestellt worden. Zehn Jahre lang hatte es für Frieden gesorgt, indem es eine vereinbarungsgemäß eingerichtete Pufferzone zwischen ägyptischen und israelischen Truppenverbänden überwachte. Das Korps bestand jedoch aus nur 1.400 leicht bewaffneten Soldaten an einer fünfhundert Kilometer langen Grenze; seine ständige Präsenz aber galt bei den Westmächten als unumstritten.

General Riad erklärt in seinen Memoiren, er habe sogleich die Gefahr erkannt, die sich aus einem Rückzug der UNEF aus Sharm el-Sheikh an der Südspitze des Siani ergeben würde: Ägypten hätte dann freie Hand gehabt, den Zugang zum Golf von Akaba für israelische Schiffe zu sperren – für Israel ein klarer Casus belli. General Fawzi will sich selber an den damaligen UN-Generalsekretär U Thant gewandt und ihm dargelegt haben, die UNEF sollten sich nur von nationalen Grenzen, nicht aber aus Sharm el-Sheikh zurückziehen; U Thant habe diesem Vorschlag eines teilweisen Rückzugs aber widersprochen. Brian Urquhart schließlich ergänzt, der Rückzug vom Sinai sollte, gemäß Riads Verlangen, innerhalb von vierundzwanzig Stunden erfolgen, der Abzug der Truppen aus Sharm el-Sheikh innerhalb von achtundvierzig.

Riad behauptet, er sei vor dieser so ernsten Entscheidung nicht konsultiert worden und habe nur durch einen Hinweis von General Fawzi davon erfahren. Er sagt auch nichts darüber, inwieweit Nasser direkt involviert war. Es ist jedoch kaum zu glauben, daß Amer sich nicht mit Nasser abgesprochen hat, ehe er jenen Schritt unternahm.

Nasser wurde jedenfalls in einen Krieg verwickelt, den er nie zu führen beabsichtigte. Auf die Frage, ob er Israel in Ruhe ließe, wenn er nicht angegriffen würde, erwiderte Nasser am 2. Juni: „Ja, wir werden sie in Ruhe lassen. Wir haben nicht die Absicht, Israel anzugreifen."[3] Hussein schrieb zwei Jahre später: „Ich glaube nicht, daß der ägyptische Präsident es zu diesem Zeitpunkt zum Krieg kommen lassen wollte. Ich vermute sogar, daß er nicht einmal an einen bevorstehenden Kriegsausbruch glaubte. Aus meiner Sicht war er unvermeidlich."[4]

Auf jeden Fall verschärfte sich die Krise. Trotz heftigen internationalen Drucks weigerte sich Nasser, einen Rückzieher zu machen und dabei sein Gesicht zu verlieren. Vermutlich auf Riads leichtfertige Auskunft (wie der Außenminister später zugab), es werde keinen Konflikt mit Israel geben, ließ sich Nasser zum Handeln bewegen. Am 17. Mai besetzten ägyptische Truppen die Pufferzone zwischen den ägyptischen und den israelischen Streitkräften und rückten in Sharm el-Sheikh ein. Am 22. Mai flog U Thant nach Kairo. Er hoffte, Nasser dazu bringen zu können, den Inhalt des Briefs zu widerrufen, den General Fawzi an General Rikhye geschrieben hatte.

Bei einem Zwischenaufenthalt in Paris erfuhr er, daß Ägypten die Straße von Tiran für den Schiffsverkehr nach Israel gesperrt hatte. Bei den Gesprächen mit U Thant zog Nasser keine Entscheidungen zurück, erklärte jedoch, Ägypten würde gegenüber Israel nicht den ersten Schuß abgeben. U Thant warnte ihn vor den möglicherweise katastrophalen Folgen seines Handelns, doch Nasser hörte nicht auf ihn. Die UN-Friedenstruppe zog sich zurück.

Krieg war nun wirklich unvermeidlich. In der UN-Vollversammlung, die den Einsatz der Friedenstruppe beschlossen hatte, gab es eine Mehrheit für Nasser, es wurde jedoch keine Sondersitzung einberufen; der Sicherheitsrat blockierte sich selbst. U Thant schlug die Aufstellung einer UN-Truppe auf der israelischen Seite der Grenze vor.

Nasser wurde von der UNO mitgeteilt, an der syrischen Grenze gebe es keine Anzeichen für eine Truppenmassierung. Am 19. Mai meldeten UN-Beobachter, die entlang der israelisch-syrischen Grenze stationiert waren, das „Fehlen von Truppenkonzentrationen und auffallenden Truppenbewegungen auf beiden Seiten der Grenze". Israel lud jedermann, schließlich auch den sowjetischen Botschafter, ein, jene Gebiete zu besichtigen, wo Truppenansammlungen vermutet wurden (der Botschafter lehnte ab). Nasser glaubte mehr den Hinweisen des KGB.

Eine der Ursachen für Nassers schweren Fehler war die Unfähigkeit des ägyptischen Geheimdienstes. Über die Schlagkraft der israelischen Streitkräfte völlig falsch informiert, war Nasser überzeugt, seine sowjetischen MiGs und Suchojs könnten mit der israelischen Luftwaffe konkurrieren, seien ihr vielleicht sogar überlegen. Uninformiert blieb Nasser auch darüber, daß die Israelis für einen Angriff auf Syrien keine Truppen zusammenzogen. In der damals für ihn typischen Rhetorik teilte er auf einer Pressekonferenz am 28. Mai mit: „Wenn die Israelis Krieg wollen, dann sage ich: Nur zu! Wir sind bereit!"

Eine andere Erklärung, eine im Geiste Machiavellis, wäre, daß Nasser in eine sowjetisch-syrische Falle lief. Beiden Regierungen lag daran, daß Nasser sich eine blutige Nase holte. Die Sowjetunion hoffte, Nasser noch abhängiger von sich zu machen, während Syrien daran interessiert war, daß Nasser seine Ansprüche zurücksteckte. Mit Schlimmerem als einem Dämpfer für Ägypten hatte keiner von beiden gerechnet – der Kampf würde, wie sie meinten, vom Schiedsrichter, dem Weltsicherheitsrat, in einer frühen Runde abgebrochen werden, auf keinen Fall jedoch mit einem totalen Niederschlag enden.

Die dritte Erklärung wäre, daß Nasser dem Glauben an die Propaganda Feldmarschalls Amer und seiner Meinungsmacher erlag, wonach ein Krieg mit Israel ein Kinderspiel sei und die ägyptische Armee derjenigen Israels weit überlegen. Israel wußte es besser. Abba Eban, der Außenminister, versprach, Nasser würde „die Prügel seines Lebens" beziehen. US-Präsident Johnson, informiert von der CIA, war sicher, daß Israel nichts zu fürchten habe.

Jordanien war im Wirbel der Ereignisse gefangen. Am 24. Mai, als der Krieg unvermeidlich schien, unternahm Hussein Schritte, sich an der arabischen Generalmobilmachung zu beteiligen. Saudische und irakische Truppen erhielten die Erlaubnis zum Betreten jordanischen Bodens. Auch Hussein lagen sowjetische Geheimdienstberichte vor, die gleichen, die Nasser erhalten hatte. Doch obwohl der Krieg unmittelbar bevorstand, sprachen die beiden Protagonisten auf arabischer Seite, Nasser und die Syrier, nicht miteinander.

Husseins Bereitschaft, sich mit Nasser zu verständigen, hielt ihn, als der Krieg näher kam, nicht von unverblümt deutlichen Äußerungen ab. „Ich bin beunruhigt, mache mir echte Sorgen", bemerkte er auf einer Pressekonferenz am 28. Mai, „daß Nasser und sein Kommando so äußerst zuversichtlich sind, zufrieden mit ihren Vorbereitungen, und daß, sollte es tatsächlich zum Krieg kommen, dies kein Grund zur Beunruhigung wäre."[5]

Hussein ergriff eine verhängnisvolle Initiative, indem er bei Nasser anfragte, ob er zu einem Treffen nach Kairo kommen könne. „Kommen Sie, so schnell Sie können", war die Antwort. Am 30. Mai, einen Tag nachdem die Nachricht eingegangen war, flog Hussein nach Kairo, begleitet von Ministerpräsident Sa'ad Jumaa, von Generalmajor Amer

Khammash, dem stellvertretenden Stabschef, und vom Luftwaffenkommandeur Saleh Kurdi. Nicht an Bord waren Wasfi al-Tall und Scherif Nasser bin Jamil, zwei Männer mit gesundem Menschenverstand, auf die der König vielleicht gehört hätte.

Über weite Strecken flog Hussein selbst die Caravelle, die ihn und seine Begleiter in die ägyptische Hauptstadt brachte. Statt seine Pilotenerfahrung unter Beweis zu stellen, hätte er sich vielleicht in Ruhe über seine Absicht Klarheit verschaffen und auf die anstehenden Verhandlungen vorbereiten sollen. Schon bei der Begrüßung auf dem Flughafen machten äußere Merkmale, wenn man sie auf den bevorstehenden Krieg beziehen wollte, Gegensätze zwischen den Gesprächspartnern deutlich, die der Wirklichkeit nicht entsprachen. Hussein erschien in der Uniform eines Feldmarschalls, zu dem er sich selbst ernannt hatte, an der linken Seite einen amerikanischen 357er Beretta-Revolver mit sechs automatischen Trommeln in einem Leinenhalfter. Nasser dagegen trug einen gut geschnittenen Zivilanzug.

Der ägyptische Präsident fragte Hussein, ob seine Ankunft fotografiert oder besser geheimgehalten werden sollte. Der König meinte, das Geheimnis werde ohnehin bald allgemein bekannt sein, woraufhin sich die beiden Widersacher vor den wartenden Fotografen stürmisch in die Arme fielen.

„Ich sehe, Sie sind bewaffnet und in Uniform", stellte Nasser fest.

„Wir kleiden uns schon seit mehr als einer Woche so", erwiderte Hussein.

„Was würde, da Ihr Besuch geheim ist, passieren, wenn wir Sie festnehmen würden?" fragte Nasser, offensichtlich im Scherz.

Hussein: „Diese Möglichkeit kam mir bisher nicht in den Sinn."

Sechs Stunden lang konferierten die beiden Delegationen miteinander. Nasser erklärte Hussein, das Vereinigte Arabische Kommando sei sozusagen tot, er selber verkehre mit Syrien, der anderen unmittelbar interessierten Partei, unter den Bedingungen eines bilateralen Vertrags. Hussein schlug vor, diesen Vertrag als Modell für ein ägyptisch-jordanisches Abkommen zu nutzen: Statt des Namen „Syrien" könnte schlichtweg „Jordanien" gesetzt werden. Nasser stimmte grundsätzlich zu. Spezialisten machten sich ans Werk, und die beiden Männer unterzeichneten den Vertrag. Da ließ sich Hussein, offenbar unter Nassers charismatischem Ein-

Im März 1967 trafen sich die Führer der arabischen Staaten in Kairo, darunter auch König Hussein (im Bild zusammen mit dem Präsidenten der Vereinigten Arabischen Republik Nasser).

fluß, auf etwas ganz Ungewöhnliches ein: Er erklärte sich einverstanden, die jordanischen Streitkräfte dem Kommando des ägyptischen Generals Abdel Monem Riad, stellvertretender Stabschef des vormaligen Vereinigten Arabischen Kommandos, zu unterstellen. Ein Telefongespräch, das Nasser und Hussein mit dem starken Mann im Irak, General Abdel Rahman Aref, führten, ergab für Jordanien die Zusage militärischer Hilfe, einschließlich der Überlassung von Panzern. Von nun an wurde Hussein in der arabischen Gemeinschaft wieder akzeptiert, allerdings nur vorübergehend und zu einem astronomisch hohen Preis.

Während die Gespräche ihren Fortgang nahmen, ließ Nasser ganz unerwartet einen seltsam zerzaust wirkenden Achmed Schukeiri aus einem Hinterzimmer zum Vorschein kommen. Der PLO-Führer, der Propaganda gegen Hussein betrieben hatte und nach Gaza ausgewiesen worden war, begrüßte den König in einer servilen, unnatürlich überschwenglichen Art. Er könne ihn mit nach Amman nehmen und ihn ins Gefängnis stecken, falls ihm danach sei, bemerkte Nasser, und Hussein, nicht gerade glücklich über diesen Vorschlag, stimmte zu. Der Rückflug erfolgte noch am selben Tag. In Amman verließ ein zufrieden lächelnder Schukeiri die Caravelle. Manche meinen, dies sei der Preis gewesen, den Nasser für das Zustandekommen des Vertrags verlangt habe. Hussein jedenfalls ließ inhaftierte PLO- und Fatah-Leute frei und erlaubte Schukeiri die Wiedereröffnung seines Büros in Jerusalem.

Was hat Hussein zu all dem bewogen? Offenbar war er überzeugt, daß die Israelis im Kriegsfall ihre Hände nach der Westbank ausstrecken würden, gleich, ob Jordanien an der Seite Ägyptens oder Syriens kämpfte oder nicht. Insofern war die Hoffnung nicht ganz unberechtigt, drei Armeen im Kampfeinsatz an drei Fronten – nämlich die Truppen Ägyptens, Syriens und Jordaniens – würden jene eine aufhalten können, die allein auf sich gestellt war. Die Stärke der jordanischen Landstreitkräfte aber hielt sich in vergleichsweise bescheidenen Grenzen: Das Heer bestand aus nur zwei Panzerbrigaden mit rund 170 Panzern und sechs Infanteriebrigaden mit insgesamt etwa 20.000 Mann.

Zum anderen erhoffte sich Hussein von einem Bündnis mit Ägypten eine dringend erforderliche Luftunterstützung als Ergänzung zur geringen Schlagkraft der Luftwaffe Jordaniens, die lediglich aus 22 Hawker Hunters bestand (Israel besaß rund 200 Kampfflugzeuge).

Auch glaubte Hussein damals, er könne sich aus dem Krieg, den die Araber gegen die Juden führten, nicht heraushalten. Hätte er dies getan und den Konflikt heil überstanden, während Ägypten und Syrien geschlagen am Boden lagen, wäre er als Verräter der arabischen Sache gebrandmarkt worden. Viele arabische Führer hätten ihn boykottiert. Von den Palästinensern, obwohl er sie auf diese Weise vor der Besetzung des Landes durch Israel bewahrt hätte, wäre er an den Pranger gestellt worden, man hätte ihn mit seinem Großvater Abdallah verglichen, der aus Machthunger 1948 mit den Juden paktiert und die Kontrolle über die Westbank übernommen hatte. Hussein kannte die allgemeine Stimmungslage und wußte, daß sich draußen Gefühle wie am Vorabend eines Krieges breitmachten. Tatsächlich herrschte im Volk die Auffassung vor, von Israel, dem skrupellosen und besser gerüsteten Nachbarn, schon genug gedemütigt worden zu sein. Hussein hätte sich dem Zorn der Straße ausgeliefert, hätte er sich auf Empfehlung Israels nicht am Krieg beteiligt.

Andererseits, überlegte er, würde auch im Fall einer Niederlage der Araber, mit der Hussein rechnete, das Überleben der königlichen Familie wahrscheinlich dadurch gesichert sein, daß die jordanischen Truppen unter dem Oberbefehl eines ägyptischen Generals standen, jedenfalls keines Haschemiten.

Schließlich glaubte der mit einer gebürtigen Engländerin verheiratete ehemalige Harrow-Schüler und Sandhurst-Kadett felsenfest an die Einheit aller Araber, aus tiefstem Herzen überzeugt, die Haschemiten müßten daran mitwirken und diese Einheit notfalls auch verteidigen.

Offenbar fand Hussein mehr und mehr zu einer fatalistischen Haltung. Als die UN-Truppen aus dem Gazastreifen abrückten, sagte er: „Für mich stand fest: Krieg mit Israel war unvermeidlich." Aber was für ein Krieg? „Wir Jordanier versuchten, unser Gewicht durch ein Ablenkungsmanöver geltend zu machen, um, als der Krieg dann kam, den Schaden möglichst gering zu halten", erklärte Hussein später. „Hoffnung, daraus als Gewinner hervorzugehen, hatten wir nicht."[6]

Auf welches Ablenkungsmanöver bezog er sich? Mit Ägypten war vereinbart, daß Jordanien gleich bei Ausbruch des Krieges eine feste Verteidigungsstellung bezog, um so einen größeren Teil der israelischen Streitkräfte an einen Punkt zu binden und zu verhindern, daß sie an der ägyptischen oder syrischen Front zum Einsatz kamen. Die Stellung sollte erst dann aufgegeben werden, wenn Verstärkung – Soldaten, Panzer und Flugzeuge – aus Saudi-Arabien, dem Irak und Syrien eintraf und Meldungen vorlagen, daß die ägyptischen Truppen wie geplant auf dem Vormarsch waren. Dann erst sollte Jordanien in die Offensive gehen. Zunächst bedeutete das kaum mehr als das Zusammenwirken von Artillerie und Luftwaffe zwecks Ausschaltung israelischer Flugplätze sowie die eine oder andere Operation hinter den israelischen Linien.[7]

Im weiteren Verlauf des Krieges sollten die Jordanier den Mount Skopus in dem von den Israelis gehaltenen Teil von Jerusalem besetzen und versuchen, die Stadt vom übrigen Israel abzuschneiden. Der König hoffte wohl, der Krieg würde vor dem Einschreiten des UN-Sicherheitsrates und der Vereinbarung einer Waffenruhe gar nicht erst einen solchen Punkt erreichen. Besser als irgendwer sonst wußte er, was den Israelis Rache bedeutet. Aber aus Jordaniens Beitrag zum Krieg wurde mehr als ein Ablenkungsmanöver.

Dean Rusk, der amerikanische Außenminister, erinnerte sich: „Wir haben alles versucht, Hussein zu überreden, sich nicht in die Kampfhandlungen verwickeln zu lassen, doch er sagte: ‚Ich bin Araber, ich muß daran teilnehmen.' Als Araber fühlte er sich verpflichtet, Ägypten zu unterstützen, zumal Israel den ersten Schlag führte. Ich glaube, wir hätten die Israelis dazu bringen können, sich zurückzuhalten. Doch Hussein bestand darauf, sich zu beteiligen. Es war einer der traurigsten Augenblicke dieser Krise."[8] Auch Israels Ministerpräsident Levi Eshkol „legte König Hussein ans Herz, sich herauszuhalten, doch ohne Erfolg", wie Shimon Peres, der spätere Ministerpräsident, schrieb.[9]

Zu abwartender Zurückhaltung sah Hussein sich auch im eigenen Land gedrängt. Sein Onkel Scherif Nasser bin Jamil, der stellvertretende Oberbefehlshaber, appellierte an ihn, keinen Finger zu rühren. Wasfi al-Tall, zwar nicht mehr im Amt, aber immer noch einflußreich, bat ihn inständig, nichts zu unternehmen und abzuwarten, ob die Luftunterstützung klappte. Al-Tall war überzeugt, eine Allianz mit Ägypten und Syrien müsse in einem Desaster enden. Er wußte, daß die jordanischen Streitkräfte sich in einer Defensivstellung befanden und für einen Angriff auf Israel nicht genügend gerüstet waren. Selbst wenn sie es gewesen wären, gab es immer noch das Problem der geringen Truppenstärke, ganz abgesehen von der völlig unzureichenden Größe der Luftwaffe. Al-

Tall war einer der wenigen Realisten in der jordanischen Führungsspitze, die nicht auf Feldmarschall Amers großspuriges Prahlen mit Waffen, Flugzeugen, Panzern, Artillerie und (nicht funktionierenden) Raketen hereinfielen. Ihm war klar, daß sich Ägyptens am besten ausgebildete Heeres- und Luftwaffeneinheiten weit weg im Jemen befanden.

Es gab noch andere Warnzeichen. Das Vereinigte Arabische Kommando existierte nicht mehr. Ägypten, Syrien und Jordanien hatten in Wirklichkeit nie zusammengearbeitet. Eine Kommunikation fand kaum statt. Es gab keine Vereinbarungen über den Nachschub, auch keine Pläne hinsichtlich der Größe von Truppenkontingenten. Der König wußte das alles von seinem tüchtigen Heeresstabschef Generalmajor Khammash, der in Kairo gewesen war.

Trotzdem gewann die Neigung Oberhand, sich auf die Seite Nassers und Syriens zu stellen, ungeachtet all ihrer boshaften Attacken gegen Hussein. Zu Syrien brach Jordanien die diplomatischen Beziehungen ab, nachdem am 21. Mai ein Lkw mit einer Ladung Dynamit an einem jordanischen Grenzposten explodiert war, wobei 21 Menschen zu Tode kamen.

Zeid al-Rifai, der spätere jordanische Ministerpräsident, fing die damalige Stimmung ein: „In Jordanien und überall in der arabischen Welt herrschte regelrechtes Kriegsfieber…, eine Masseneuphorie angesichts der Möglichkeit des Krieges und darüber, daß dies etwas war, worauf wir schon lange gewartet hatten. Wir waren drauf und dran, Israel ein für allemal zu schlagen."

Möglicherweise haben Husseins Vereinbarungen mit Nasser es dem israelischen Kabinett erleichtert, sich nach mehreren Abstimmungen und heftigen Debatten für den Krieg zu entscheiden. Am 27.Mai herrschte ein Stimmengleichgewicht von neun zu neun. Am 1. Juni wurde eine neue, zu einem harten Kurs neigende Regierung gebildet, der unter anderem Menachem Begin und Moshe Dayan angehörten. Die neue Mehrheit, die sich jetzt ergab, war für den Krieg. Am selben Tag traf der ägyptische General Riad in Jordanien ein, um das Kommando über Truppenverbände und ein Gebiet zu übernehmen, die ihm gleichermaßen fremd waren – es war Wahnsinn.

Am 5. Juni griff Israel an, mit erbarmungsloser Härte und wirkungsvoll. „In Jerusalem kam es zu Kampfhandlungen, wobei jordanische

Truppen vorrückten, trotz unserer Bemühungen, Jordanien zu überzeugen, sich in eigenem Interesse aus dem Kriegsgeschehen herauszuhalten", schrieb Urquhart. „Die Israelis hatten unsere [UN-] Militärvertreter in Jerusalem autorisiert, Jordanien zu versichern, daß es in Jerusalem, wenn Jordanien nicht angriff, keine Kämpfe geben würde." Indem es Nassers Ruf folgte, am Krieg teilzunehmen, „verlor Jordanien, beinahe auf einen Schlag, den arabischen Teil Jerusalems und die Westbank und schuf so ein Problem, mit dem sich die Welt seitdem herumzuschlagen hat."[10]

15

Die Katastrophe

Die Fehler, die ägyptische Generäle im Sechstagekrieg begingen, waren so gravierend, daß sie kaum glaublich scheinen. Insofern überrascht auch nicht, daß Feldmarschall Amer, der Mann, der außer Nasser die Hauptverantwortung für die Katastrophe trug, nach dem Krieg Selbstmord begangen haben soll.

Am 3. Juni 1967 erhielt Hussein vom türkischen Botschafter die Nachricht, Israel würde den Krieg mit einem Angriff auf die ägyptischen Luftwaffenstützpunkte beginnen, und zwar am 5. oder 6. Juni. Ähnliche Informationen erreichten Hussein vom irakischen Botschafter. Sie deckten sich mit dem, was der jordanische Geheimdienst in Erfahrung gebracht hatte. Alle Berichte wurden nach Kairo weitergegeben. „Wir erwarten einen solchen Angriff und sind bereit", lautete die Antwort.[1]

Am 5. Juni hob Amer unerklärlicherweise die Luftsicherung über den Militärflugplatz auf, flog auf einer routinemäßigen Inspektionstour zu einem Stützpunkt im Sinai und befal der Luftwaffe, um sicherzugehen, daß seine Maschine nicht von den eigenen Leuten abgeschossen wurde, die Flüge einzustellen. Das Flugabwehrsystem wurde außer Betrieb gesetzt. Zu dem von Amer angesteuerten Stützpunkt waren Feldkommandeure des Heeres zu einer Besprechung mit dem Marschall bestellt worden.

Erstaunlicherweise wurden am 5. Juni die ägyptischen Militärcodes geändert. So kam es, daß zwei wichtige Botschaften zunächst unbeachtet blieben. Eine stammte von General Riad in Amman und sollte Kairo davon in Kenntnis setzen, daß Kampfflugzeuge der israelischen Luftwaffe zu ägyptischen Stützpunkten unterwegs waren. Zur schnellen Reaktion auf die Funksprüche kam es deshalb nicht, weil es einige Zeit in Anspruch nahm, sie zu entschlüsseln, und weil im Hauptquartier sich niemand befand, der angemessen darauf hätte reagieren können.[2]

Am 5. Juni gegen 7 Uhr steuerten israelische Kampfflugzeuge von Westen, vom Mittelmeer her ägyptische Ziele in geringer Flughöhe an, um nicht vom Radar erfaßt zu werden. Die Operation wurde zu einem vollen Erfolg. Die Verluste der ägyptischen Luftstreitkräfte waren immens, während die israelischen Maschinen danach ihren Kampf gegen die Bodentruppen fortsetzten und große Teile davon in die Flucht schlugen.

Ägypten hat Jordanien auf wenig anständige Weise mitgespielt. Zwischen 9 und 10 Uhr jenes Junitages meldete Feldmarschall Amer nach Amman, ägyptische Jäger hätten 75 Prozent aller israelischen Flugzeuge abgeschossen, und ägyptische Truppen stießen in Israel vor. Amer befahl General Riad, von Jordanien aus unverzüglich eine Offensive einzuleiten. Als Hussein in seinem Hauptquartier eintraf, hatte der ägyptische General der jordanischen Artillerie bereits den Befehl zum Beschuß israelischer Militärflugplätze erteilt. Gegen Mittag wiederholte Nasser die Lügen General Amers und drängte Hussein, ein möglichst großes Gebiet von Israel zu besetzen, bevor in der kommenden Nacht, wie zu erwarten stand, der UN-Sicherheitsrat die Einstellung der Kämpfe fordern würde – was auch wirklich geschah.[3]

Ob Nasser wußte, daß Ägypten bereits am Vormittag des 5. Juni am Ende war? Wollte er, daß Jordanien ebenfalls zur Strecke gebracht wurde, indem er Hussein drängte, Israel so zu provozieren, daß es die Westbank besetzte? Anwar Sadat sagte später, Nasser habe das Ausmaß der Katastrophe bereits am Morgen des 5. Juni erkannt, er selber, Sadat, habe ihn im Generalhauptquartier zusammen mit einem äußerst verzweifelten Amer gesehen.

Hussein glaubte den Meldungen über den Erfolg der ägyptischen Luftwaffe. Auf dem Radar erkannte man tatsächlich zahlreiche Flugzeuge auf dem Weg von Ägypten nach Israel. Der König nahm an, es handele sich um ägyptische Maschinen, unterwegs zu Bombenangriffen auf Israel. In Wirklichkeit aber waren es israelische Flugzeuge, die von ihren erfolgreichen Einsätzen zurückkehrten. Im Grunde genommen war der Krieg schon vorbei – nur der König von Jordanien wußte es noch nicht.

Jordaniens Krieg am Boden begann gegen 9 Uhr. Es war die Zeit, da Riad den Truppenkommandeuren befahl, in die Offensive zu gehen und an einigen Punkten Grabenstellungen zu verlassen, um die jordanischen Bewegungen mit angenommenen Bewegungen der ägyptischen Streitkräfte zu koordinieren. Die jordanischen Generäle im Hauptquartier, einschließlich Scherif Nasser bin Jamil, und die Kommandeure waren entsetzt. Jahrelang war ihre Strategie darauf ausgerichtet, ihre winzige, den israelischen Verbänden ganz und gar nicht gewachsene Armee und Luftwaffe nur zu Verteidigungszwecken einzusetzen, ausgenommen die Operation Tariq. Hussein hat Jordaniens Rolle als Täuschungs- oder Entlastungsunternehmen beschrieben, das bestimmte israelische Kräfte binden sollte, das eigentliche Kriegsgeschehen spielte sich zwischen Ägypten und Israel ab.

„Operation Tariq" war der Name jenes Plans, der im Kriegsfall die Besetzung des Skopus-Bergs in Jerusalem durch jordanische Truppen vorsah. Das Gebiet, das in das Araberviertel im Ostteil der Stadt hineinragte, sollte den Jordaniern als Ausgangsbasis für Vorstöße in den von Juden bewohnten Westen dienen. Hätte Jordanien seine Verteidigungsstellungen halten und zusätzlich die Operation Tariq erfolgreich durchführen können, wäre eine günstige Ausgangsposition für die sich an die Waffenruhe anschließenden Verhandlungen entstanden. Aber auch ein Fehlschlag hätte Jordaniens Position nicht unbedingt verschlechtert. Wichtig war, daß die Verteidigungslinie gehalten wurde, doch das setzte die versprochene Luftunterstützung seitens Ägypten voraus.

Diese Hilfe ließ auf sich warten. Die von Riad angeordneten Truppenbewegungen machten deutlich, daß es zu keiner Operation Tariq kommen würde, ja nicht einmal zur Verteidigung Jerusalems, wie sie lange vorher geplant worden war.

Dafür ging es im Hauptquartier hoch her. General Riad mit seiner fünftägigen Jordanien-Erfahrung hielt sich für unfehlbar, nutzte seinen höheren Rang und widersetzte sich den Argumenten seiner jordanischen Gastgeber. Offenbar nahm er nur Befehle aus Kairo an und hörte auf den Rat der fünf Stabsoffiziere, die mit ihm gekommen waren. Die Verstän-

Jordanische Truppen beziehen am ersten Tag des Sechstagekrieges (5. – 10. Juni 1967) Stellung an der Grenze zu Israel.

digung mit Kairo lief über Funktelefon oder Telegramme, die durch öffentliche Fernschreiber übermittelt wurden. Beide Kommunikationswege wurden natürlich von Israel überwacht.

Gegen 11.30 Uhr bat General Uzi Narkiss, der Kommandeur der israelischen Truppen an der Ostgrenze, um das Startzeichen zum Angriff auf Jordanien. Es wurde ihm verweigert. Um 11.50 Uhr fragte er wieder nach, um 12.10 Uhr noch einmal. Erst nach der vierten Anfrage bevollmächtigten ihn seine zivilen Vorgesetzten zur Durchführung von Luftangriffen auf jordanische Ziele. Als gegen 11.50 Uhr 16 jordanische Hawker Hunters drei Militärflugplätze bombardierten, fanden sie kaum Flugzeuge vor, die sie hätten zerstören können, die Maschinen waren gerade zu Einsätzen gegen Ägypten unterwegs. Weshalb wurden nur 16 Hawker eingesetzt, wenn 22 vorhanden waren? Weil Jordanien nur 16 Piloten hatte, die diesen Typ fliegen konnten; es gab mehr, wie es hieß, doch die waren zur Schulung im Ausland – ein erbärmliches Eingeständnis angesichts der Zeit, die Jordanien zur Vorbereitung auf den Krieg gehabt hatte.

Etwa zur gleichen Zeit, da Israels Heer und Luftwaffe die ägyptischen Streitkräfte in der Wüste Sinai vernichteten, übergab Israels Ministerpräsident Levi Eshkol dem UN-Vermittler General Odd Bull eine Botschaft an König Hussein. „Wir werden keinen noch so geringfügigen Akt gegen Jordanien beginnen", erklärte Eshkol. „Sollte Jordanien jedoch Feindseligkeiten eröffnen, werden wir mit all unserer Macht dagegen angehen, und König Hussein hätte die Konsequenzen zu tragen." Hussein, erfüllt von pan-arabischen Hochgefühlen, erwiderte: „Sie haben angefangen, jetzt erhalten Sie unsere Antwort aus der Luft."[4]

Das stimmte nicht ganz. Tatsache war, daß Husseins Luftwaffe zu ihrer Mission, der Bombardierung israelischer Flugplätze, zu spät gestartet war. Der Grund lag im Versäumnis der syrischen und irakischen Luftstreitkräfte, sich rechtzeitig den jordanischen Maschinen anzuschließen. Ein früherer Start hätte die Chance geboten, israelische Flugzeuge am Boden zu treffen, noch bevor sie sich in die Luft erhoben. Die Hunters kehrten nach ihrer erfolglosen Mission zum Auftanken zu ihrer Basis zurück, während die Israelis alle Anstalten trafen, nach der Ausschaltung der ägyptischen Luftwaffe auch die jordanischen Maschinen an ihren Stellplätzen zu zerstören. Gegen 14.30 Uhr war diese Aufgabe erledigt. Nicht nur das, den Israelis gelang auch die Vernichtung syrischer und irakischer Kampfflugzeuge auf dem als „H3" bekannten Stützpunkt. Zwei israelische Mystères, die ihren Auftrag beendet hatten, drehten ab und bombardierten Husseins Palast.

Noch war es ein ungleiches „Wie-Du-mir-so-ich-Dir": Jede Seite hatte die Flugplätze der anderen bombardiert, nur daß die Israelis dabei effizienter vorgegangen waren. Bis 14.30 Uhr hatte General Narkiss noch kein grünes Licht für eine Großoffensive gegen Jordanien, die Vollmacht bezog sich lediglich auf Schläge gegen Jordaniens Luftwaffe. Immer noch schien das Desaster vermeidbar.

Dann jedoch, um 13.30 Uhr, besetzten jordanische Soldaten in Jerusalem auf Befehl General Riads und zur Verzweiflung jordanischer Stabsoffiziere das Regierungsgebäude im israelischen Teil der Stadt. Zahlenmäßig unterlegen, wurden sie von den Israelis wieder verdrängt und erlitten dabei schwere Verluste.

Das scheint ein weiterer Kriegsgrund gewesen zu sein. Jedenfalls glaubten die Israelis, dem König gegenüber hinreichend Geduld bewiesen zu haben. Am 5. Juni um 14.30 Uhr erhielt General Narkiss das Zeichen zum Beginn einer umfassenden Offensive. Dank ihrer Luftüberlegenheit, ihrer besseren Ausrüstung und Ausbildung gelang der auch an Kampfstärke größeren israelischen Armee ein rascher Sieg über Jordanien. Schon am Abend des 7. Juni hatte Israel die Westbank unter Kontrolle.

Hussein hielt sich während der Kämpfe nur zeitweilig im Hauptquartier auf. Das Kommando führte er nicht; das Schicksal Jordaniens lag in den Händen eines ungenügend informierten, aber erstaunlich gelassen wirkenden ägyptischen Generals. Hussein spürte vielleicht, daß er selber nicht die nötige Erfahrung besaß, möglicherweise wollte er auch nur vermeiden, daß man ihn im Falle eines Mißerfolgs verantwortlich machte. Dennoch besuchte er häufig die Truppen im Feld und verzichtete während des ganzen Konflikts auf Schlaf. Er soll abgehärmt ausgesehen haben, mit geröteten Augen.[5] Trotzdem, er hätte ständig auf seinem Gefechtsstand sein müssen, pflichtgemäß bemüht, die katastrophalen Befehle General Riads nach dem Rat seiner eigenen Kommandeure zu korrigieren.

Hinterher meinte er, er werde den „halluzinatorischen Anblick" der Niederlage nie vergessen: die Straßen versperrt von Lkws, Jeeps und sonstigen Fahrzeugen, verbeult, verbogen, ausgeschlachtet, manche noch in Qualmwolken. „Am Ende war ich hoffnungslos müde und mutlos", sagte er. „Es war alles zu bedrückend, zu schmerzlich."[6]

Einmal war auch sein Leben in Gefahr. Hussein befand sich in der Nähe einer Straßenbrücke, als ein israelisches Flugzeug sie im Tiefflug zerstörte. Mit seiner Frau Muna hielt er telefonisch Kontakt. Sie kümmerte sich zu Hause um die Familie und vermied es, ihrem Mann Fragen zu stellen.

Als es Zeit wurde, die Niederlage einzugestehen, trat Hussein betont hinter Nasser und Feldmarschall Amer zurück. Telefonisch fragte er am Morgen des 6. Juni Nasser um Rat. Dessen Vorschlag war, er solle General Riad veranlassen, dem Feldmarschall die schreckliche Situation Jordaniens zu schildern und ihn um seine Meinung zu bitten. Hussein tat wie wie ihm geheißen. Außerdem schickte er ein Telegramm an Nasser und fragte nochmals an, was geschehen solle. Amer wie auch Nasser antworteten am Abend des 6. Juni und empfahlen den Rückzug.

„Unsere Front bröckelt ebenfalls", räumte Nasser ein. „Ich glaube, unsere einzige Chance besteht jetzt darin, noch heute nacht die Westbank in Jordanien zu räumen und darauf zu hoffen, daß der Weltsicherheitsrat eine Feuerpause anordnet… Ihre Tapferkeit und Zähigkeit bleiben unvergessen… Das heldenhafte jordanische Volk ging ohne Zögern in den Krieg… Wir wissen Ihre heldenhafte Haltung zu würdigen."

Der König war gedeckt. Die Katastrophe war da, Hussein dafür aber nicht offiziell verantwortlich. Er konnte auf Nasser verweisen. Für das Überleben der Haschemiten war es die am wenigsten gefährliche Lösung.

Moshe Dayan, der israelische Verteidigungsminister reagierte am 7. Juni mit Verachtung auf Jordaniens Bitte um einen Waffenstillstand. „Seit Montag früh haben wir dem König immer wieder Gelegenheit geboten, seine Verluste zu begrenzen", sagte Dayan. „Jetzt haben wir fünfhundert Tote und Verwundete in Jerusalem. Sagen Sie ihm also, von jetzt an rede ich mit ihm nur noch über die Visiere unserer Panzerkanonen."

Im Rückblick hat Hussein aus seinem Versagen einige Schlußfolgerungen gezogen. Erstens: Setze nicht auf angebliche Verbündete. Von Syrien, das den Krieg mit angestiftet hatte, vom Irak und von Saudi-Arabien war so gut wie keine Unterstützung gekommen; allen drei kam vermutlich Husseins Niederlage durchaus gelegen.

Zweitens: Unternimm nichts ohne eine schlagkräftige Luftwaffe. Drittens: Überlaß keinem Ausländer das Oberkommando über deine Truppen. Viertens: Schicke einen verläßlichen Stabsoffizier zur Berichterstattung ins Hauptquartier deines Verbündeten (in Amman wußte niemand, was in Kairo vor sich ging). Und fünftens: Entsende einen Botschafter zur UNO, der deine Anweisungen wirklich befolgt (Jordaniens Botschafter sträubte sich, dem UN-Sicherheitsrat dringend die Anordnung einer Waffenruhe nahezulegen, wie es Amman verlangte: Er vertraute der ägyptischen Siegespropaganda und dünkte sich erhaben über die eigene Regierung).

Es blieb die Frage: Warum riskiert ein Land alles und führt Krieg, wenn es weiß, daß es ihn nicht gewinnen kann? In diesem Fall gewiß aus rein politischen Gründen und weil persönliche Überzeugungen des Königs mit im Spiel waren.

Hussein ließ sich von dem Gefühl leiten, für die Sache der Araber kämpfen zu müssen – doch wie weit sollte er sich vorwagen? Weit genug, um die Araber, vor allem auch seine palästinensischen Widersacher davon zu überzeugen, daß er trotz allem auf ihrer Seite stand. Mußte er indessen solchen Kampfesgeist zeigen, daß die Israelis sich zu einer allgemeinen Offensive provoziert sahen? Angemessener wäre es gewesen, ein paar Artilleriegranaten in die Richtung israelischer Flugplätze abzufeuern und an der Grenze für ein wenig Unruhe zu sorgen, vielleicht sogar noch die Operation Tariq einzuleiten – ansonsten aber abzuwarten.

Einen Tag noch, und Hussein hätte zumindest Anzeichen für die Vernichtung der ägyptischen Luftwaffe und das Scheitern der Landoffensive gehabt, wohl auch erkannt, zu welch falschem Spiel seine vermeintlichen Alliierten, Nasser und die Syrer, fähig waren. Die Erkenntnis, daß er kaum mehr mit Luft- noch mit Bodenunterstützung rechnen durfte, hätte ausgereicht für den Entschluß, sich aus allem herauszuhalten.

Angenommen, einem befähigten jordanischem General wäre der Oberbefehl übertragen worden, wäre das Resultat dann ein anderes gewesen? Vermutlich. Jemand, dem das Land und seine Streitkräfte genau vertraut waren, hätte mit großer Wahrscheinlichkeit zu den bereits ausgearbeiteten Verteidigungsplänen gegriffen und vielleicht sogar die Operation Tariq erfolgreich durchgeführt. Möglich, daß die jordanische Armee sich in Anbetracht der israelischen Luftüberlegenheit hätte zurückziehen müsssen, dann aber zweifellos nicht derart ungeordnet, wie es sich aus General Riads Befehlen ergab. Vieles hätte auch vom Zeitpunkt abgehangen, zu dem Israel bereit gewesen wäre, einem Waffenstillstandsersuchen des Sicherheitsrats nachzukommen. Die Bedingungen für die Waffenruhe wären für die Jordanier um so besser gewesen, je länger sie ein entsprechendes Abkommen hinausgezögert hätten.

Die besten Urteile fällt wohl immer noch die Geschichte. Sicher ist immerhin, daß die Haschemiten den Rückschlag überlebt haben. Dreißig Jahre später war Hussein immer noch König. In einer Rede im September 1997 bekannte er:

Vor dreißig Jahren machte ich die schwierigsten Tage meines Lebens durch. Alle Vorbereitungen der arabischen Länder auf den Krieg waren nichts weiter als Propaganda, nichts als Gerede im Rundfunk und in der Presse, das in keiner Weise auf Tatsachen beruhte. An jenem Tag mußte ich mich entscheiden und Jordaniens Bereitschaft zur Verteidigung der Nation im Angesicht der Kriegsgefahr nach außen hin deutlich machen. Es war klar, daß wir uns angesichts der Gefahr alle zu erheben hatten, um unsere Nation zu verteidigen, unsere Pflicht zu tun und unser Gelöbnis einzulösen. Die Entscheidung dieser Angelegenheit war heftig umstritten, denn hätten wir uns entschieden, den Eintritt in den Krieg zu vermeiden, dann hätte das Land sich intern konfrontiert gesehen mit einem Ausbruch alter Lehren des Sich-gegenseitig-Übertrumpfens, des großsprecherischen Prahlens mit imaginären Helden- und Tapferkeitsbeweisen. Solche Elemente, von denen manche sich vielleicht noch in unserer Mitte verstecken, neigen zm Rückzug, wenn sie aufgerufen sind, ihrem Land in Notzeiten zu dienen."[7]

Als sich der Staub gelegt hatte, addierte man die Verluste. Siebenhundert jordanische Soldaten waren gefallen, 6.000 verwundet oder vermißt. Von der Westbank setzte ein Zustrom palästinensischer Flüchtlinge in das restliche Jordanien ein. In elf Lagern untergebracht, nährten sie dort ihren Haß auf Israel und ihren Gastgeber, König Hussein. Von den Streitkräften waren nur noch wenige Verbände einsatzfähig. Mehr als 170 Panzer waren verloren. Die Luftwaffe war zerschlagen, alle 22 Hawker Hunters zerstört. Die Wirtschaft, die dank des Unternehmergeistes der westjordanischen Bevölkerung recht gut funktioniert hatte, schien wie gelähmt. Die Einnahmen aus dem Tourismus im Heiligen Land waren versiegt, die Versorgung mit landwirtschaftlichen Produkten aus der Westbank war unterbrochen, die Steuereinnahmen sanken schätzungsweise auf die Hälfte. (Israels Verluste wurden offiziell mit 679 Toten und 2.563 Verwundeten angegeben.)

Jordanien und Ägypten mußten überdies einen weniger greifbaren Verlust hinnehmen: den der Sympathie der nicht-kommunistischen Welt. Aus der Sicht westlicher Staaten waren die Araber im Unrecht. Sie hatten israelische Verhandlungsangebote zurückgewiesen, Israel wiederholt bedroht, durch das Blockieren der Straße von Tiran den Krieg provoziert, einen Militärpakt geschlossen mit dem Ziel, die Israelis ins Meer zu treiben, die Strafe dafür schien angemessen und gerecht. Israel dagegen genoß großes Ansehen im Westen, wobei das Gefühl einer kollektiven Mitschuld am deutschen Holocaust eine nicht unwesentliche Rolle spielte. Das ohnehin beachtliche Renommee Israels wurde noch gestärkt durch die brillante Leistung der von Jitzhak Rabin geführten Streitkräfte. (Später, als die Okkupation der Westbank Israel in die Rolle einer Kolonialmacht versetzte, änderte sich das, mit fatalen Konsequenzen.)

Hussein und Nasser vergrößerten den Ansehensverlust im Westen noch durch die Unterstellung, die USA und Großbritannien seien an dem israelischen Angriff auf ägyptische Luftwaffenstützpunkte beteiligt gewesen. Beide Männer stimmten sich in einem über Funktelefon geführten Gespräch, das von den Israelis aufgenommen und veröffentlicht wurde, darüber ab, welche gemeinsame Linie sie in diesem Punkt vertreten wollten.

Für Nasser gab es keine Rechtfertigung. Ihm lagen die Berichte seiner Militärflugplätze vor, und er wußte sehr genau, daß seine Behauptung nicht zutraf. Hussein wiederum vertraute Nassers Wort und der mangelhaften Technik der Radargeräte. Wenn Ägypten, wie Nasser und Feldmarschall Amer versicherten, 75 Prozent der israelischen Luftwaffe kampfunfähig gemacht hatte, was bezeichneten dann die kleinen Lichtpunkte auf dem Radar, die vom Meer hereinkamen und dann, wie es schien, über Israel zum Stehen kamen? Offenbar markierten sie Maschinen von amerikanischen und britischen Flugzeugträgern, die in nächster Nähe ankerten. In Wirklichkeit handelte es sich natürlich um israelische Jets, die in einem Bogen das Mittelmeer überflogen hatten und nun zurückkehrten. Der König wußte nicht, daß britische Hunters und die aus Frankreich stammenden israelischen Mystères ganz ähnliche Radarzeichen hinterließen.

Augenscheinlich war Hussein getäuscht worden. Er bestellte den amerikanischen und den britischen Botschafter ein und warf ihren Regierungen die Unterstützung Israels vor. Versuche der Richtigstellung wischte er in einem Anflug von Zorn beiseite. Er hätte besser daran getan, Nassers Geschichte nicht ohne jeden Vorbehalt zu schlucken. Weniger leicht hinters Licht führen ließ sich Washi al-Tall.

„Wir haben tapfer und ehrenvoll gekämpft", sagte der König in einer Ansprache ans Volk. „Unsere Soldaten haben jeden Zentimeter unserer Erde mit ihrem kostbaren Blut verteidigt… Sie kannten keine Furcht angesichts der totalen Übermacht der feindlichen Luftkräfte, die die ägyptische Luftwaffe (auf die wir uns verließen) überrascht und lahmgelegt hat." Er gestand ein: „Unser Elend ist größer, als man es sich je hat vorstellen können." Dieses Elend wäre vermeidbar gewesen. Daran, daß es ausbrach, trug der König gewiß nicht wenig Schuld.

Hussein sah sich in einer bedrückenden, aber keineswegs ausweglosen Lage. Er stand vor der Notwendigkeit, sein Land wieder aufzubauen und dringend Geld aufzubringen zur Finanzierung des Staatshaushalts und für die Einfuhr von Lebensmitteln (Saudi-Arabien, Kuwait und Libyen boten eine gemeinsame Soforthilfe von jährlich 40 Millionen Dollar an, später kam auch Unterstützung von den USA und Großbritannien).

Dringend erforderlich war auch die Neuausrüstung der Streitkräfte (von Großbritannien erhielt Hussein zwanzig Hunters und einige Centurion-Panzer, von den USA achtzehn Starfighters, nachdem er gedroht hatte, sich an die Sowjetunion zu wenden).

Um wieder in den Besitz der Westbank zu gelangen, war eine diplomatische Offensive nötig, doch Hussein waren die Hände gebunden. Auf einem arabischen Gipfeltreffen in Khartoum vom 29. August bis 1. September schworen die Teilnehmer: „Kein Frieden mit Israel, keine Anerkennung Israels, aber Festhalten an den Rechten der Palästinenser in ihrem eigenen Land."

Das Beste, was auf Initiative dieser Konferenz zustande kam, war die berühmte Resolution 242 des UNO-Sicherheitsrats, entworfen vom britischen Lord Caradon und angenommen am 22. November 1967. Sie enthielt drei wichtige Punkte.

Zum ersten betonte der Sicherheitsrat „die Unzulässigkeit, Territorien durch Krieg zu erobern, und die Notwendigkeit, für einen gerechten und dauerhaften Frieden zu wirken, der es jedem Staat der Region erlaubt, in Sicherheit zu leben".

Zweitens wurde, um „einen gerechten und dauerhaften Frieden" zu gewährleisten, der „Rückzug israelischer Streitkräfte aus (den) während des jüngsten Konfliktes besetzten Gebieten" gefordert. Drittens verlangte die Resolution die „Einstellung jeder kriegerischen Absicht und jedes Kriegszustands sowie Respektierung und Anerkennung der Souveränität, territorialen Integrität und politischen Unabhängigkeit jedes einzelnen Staates der Region und dessen Recht, in Frieden innerhalb sicherer und anerkannter Grenzen frei von Drohungen oder Gewaltakten zu leben".[8]

Die radikale Regierung Syriens lehnte die Resolution ab. Ebenso die palästinensischen Flüchtlinge, weil ihr Recht auf Rückkehr in die Heimat keine Erwähnung fand. Jordanien und Ägypten nahmen sie an, auch Israel, allerdings nicht als Rezept für einen sofortigen Rückzug von der Westbank, aus Ost-Jerusalem und von den Golanhöhen, sondern als Grundlage für voraussichtlich langwierige Verhandlungen, falls die Araber überhaupt bereit sein sollten, sich mit den Israelis an einen Tisch zu setzen.

Lange wurde über den Wortsinn der „Territorien" diskutiert, die an ihre rechtmäßigen Besitzer zurückgegeben werden sollten. Im englischen Text blieb offen, ob alle eroberten Gebiete geräumt werden mußten, folglich also auch Israel sich aus den „eroberten Territorien" zurückzuziehen hatte. Der ägyptische Außenminister Mahmud Riad, der in der Diskussion eine aktive Rolle spielte, tröstete sich mit der französischen und der spanischen Übersetzung, in denen von „den" Gebieten die Rede war.

Gunnar Jarring, einem hervorragenden schwedischen Diplomaten, war die wenig dankbare Aufgabe übertragen worden, die gegnerischen Parteien zusammenzubringen. Vielen Palästinensern fiel es schwer, sich vorzustellen, einem Feind gegenübersitzen zu müssen, der sie nicht nur auf dem Schlachtfeld gedemütigt, sondern ihnen auch ihr Land und ihre Häuser genommen hatte. Rund 150.000 Palästinenser sollen damals über den Jordan in den Osten Jordaniens geflohen sein, 90.000 davon waren in Flüchtlingslagern untergebracht. Zahlreiche arabische Nationalisten in anderen Ländern sympathisierten mit den Palästinensern.

Hussein, bisweilen impulsiv und eigenwillig, erwies sich dennoch als umsichtiger Pragmatiker, wenn es um seinen mächtigen Nachbarn Israel ging. An der Existenz Israels ließ sich nicht mehr rütteln, so daß es wichtig schien, eine Verbindungslinie dorthin offenzuhalten.

Es war Abba Eban, der israelische Außenminister, der 1968 direkte persönliche Kontakte mit Hussein aufnahm. Die Initiative dazu ging, wie es scheint, tatsächlich von ihm allein aus. Eban zufolge trafen die beiden Männer sich heimlich im Haus eines englischen Freundes Husseins im Londoner Nordwesten, an Bord einer Barkasse vor der israelisch-jordanischen Küste des Golfs von Akaba oder auf einer Koralleninsel in der Nähe von Eilat. Angeblich kam es auch zu einer Begegnung im Dor-

chester Hotel in London. In London war es denn auch, daß Premierminister Harold Wilson zu Eban sagte: „Es gibt Gerüchte, Sie seien heute
mit Hussein zusammengetroffen. Absurd, nicht wahr?" Eban berichtet:
„Dann zwinkerte mir Wilson als Zeichen konspirativer Übereinstimmung bedeutungsvoll zu."

Der eloquente, jedes Wort deutlich artikulierende Eban schätzte
Hussein als jemand ein, der es „nie unterläßt, einen leidenschaftlichen
arabischen Nationalstolz auszustrahlen, der aber auch die Treue seiner israelischen Gesprächspartner zu ihrem Land respektierte".[9] „Begegnungen mit ihm und ein Studium seiner arabischen Rhetorik, die in Dikti-
on und Ausdrucksumfang geradezu klassisch perfekt war, lieferten mir
das Gegenmittel zu [Moshe] Dayans düsterer Theorie, wonach der
Kampf als Gesetz der arabisch-israelischen Beziehungen auf ewig ‚verfügt' worden ist."

Nach Meinung Ebans war es die realistische Haltung Husseins – und
nicht Sadats –, die wesentlich zum Wandel der arabischen Völker in ihrer Einstellung gegenüber Israel beigetragen hat. Seine Macht war nie
groß genug, um seine Innovationen „innerhalb größerer Zusammenhänge der arabischen Welt auf Dauer erfolgreich Geltung zu verschaffen". Israelischen Gesprächspartnern präsentierte er sich mit „maxima-
ler Höflichkeit und einem Minimum an Bereitschaft, Verpflichtungen
einzugehen". Das Verlangen der Israelis, die „Bürde" des ersten Durch-
bruchs zur arabisch-israelischen Verständigung auf sich zu nehmen, kam
ihm ungelegen.

Eban erfaßte gut das Paradoxe der Situation, in der Hussein sich befand. Als arabischem Führer konnte ihm, Hussein, die Existenz Israels
nicht gefallen, andererseits hing der Fortbestand seiner Königsherrschaft
zeitweilig von Israel ab. „Nichts hat mehr zum Überleben Jordaniens beigetragen, als das Interesse, das Israel daran hatte", schrieb Aba Eban. „Es
war bekannt, daß jede Eroberung Jordaniens, sei es durch Syrien oder
den Irak, mit dem Risiko einer israelischen Intervention verbunden
war."

Außer den Treffen mit Eban soll Hussein siebenmal in der Negev-
Wüste mit Yigal Allon, einem anderen israelischen Politiker, Gespräche ge-
führt haben. Angeblich gab es 1977 auch zwei Begegnungen mit Moshe
Dayan in London. Nach einem anderen, wahrscheinlich unzutreffenden

Bericht fuhr Hussein einmal mit Jitzhak Rabin durch die Dizengoff-straße, die Hauptstraße von Tel Aviv. (Ohne daß die Öffentlichkeit davon erfuhr, traf der König später mit Shimon Peres, Jitzhak Schamir und wohl noch anderen führenden Leuten Israels zusammen.)

Aba Eban wußte Husseins Rolle im Kräftespiel des Nahen Ostens richtig einzuordnen. Er begrüßte die „jordanische Option", jene Idee der Friedensregelung mit Jordanien als zentralem Partner, räumte ihr allerdings nur geringe Chancen ein: Bevor der König etwas unternehmen konnte, hätte er sich zumindest der stillschweigenden Unterstützung sowohl der PLO wie auch Ägyptens, Syriens und Saudi-Arabiens sicher sein müssen.

Es bestand zwar die Möglichkeit, einen Friedensvertrag mit Israel zu unterzeichnen, wenn Jordanien ganz Ost-Jerusalem und die Westbank von den Israelis zurückerhielte, doch auch dies erwies sich als illusorisch. Vergeblich bemühten sich die Israelis um Husseins Unterschrift. Dennoch dauerte es noch geraume Zeit, bis die Idee der „jordanischen Option" endgültig gestorben war.

Es lag in Husseins Interesse, daß Ruhe an der Grenze zu Israel herrschte. Er brauchte Zeit, um sein Land wieder aufzubauen und die übrige Welt zu überreden, Druck auf Israel auszuüben, damit es die okkupierten Gebiete zurückgab. Was er um jeden Preis vermeiden wollte, waren Guerilla-Unternehmungen gegen Israel von jordanischem Boden aus. Er kannte Israels unverhältnismäßig brutale Vergeltungsmaßnahmen und wußte, daß die Welt sie tolerieren würde. Eine solche Form der „Annäherung" wäre Israel nur allzu willkommen gewesen.

Die pälestinensischen Flüchtlinge suchten nach Möglichkeiten, diejenigen zu strafen, die sie verantwortlich für ihr Elend machten. Mehr noch, die gesamte arabische Welt hielt nach einem Führer Ausschau, der ihr den verlorenenen Stolz wiedergab und, ohne selber Schaden zu nehmen, Israel niederwarf. Ein solcher Mann tauchte unversehens auf, klein, untersetzt und unrasiert: durchaus nicht wie ein Held wirkend, ein Ingenieur namens Jassir Arafat. Er war es, der Hussein zur nächsten Herausforderung wurde.

16
Bürgerkrieg

Muhammad Abdel-Rauf Arafat al-Kudwa, heute weltweit bekannt als Jassir Arafat, wurde – laut seiner Universitätszeugnisse – am 4. August 1929 in Kairo als sechstes Kind eines palästinensischen Paars, das 1927 von Jerusalem in die ägyptische Hauptstadt gezogen war, geboren. Die Mutter, Zahwa, starb, als er vier Jahre alt war. Der junge Arafat wurde zusammen mit seinem Bruder Fathi nach Jerusalem geschickt, um dort bei einem Onkel, Selim Abu Saoud, zu wohnen. Dessen Haus lag dicht an der Klagemauer.

Sein Vater hat 1937 ein zweites Mal geheiratet, eine Ägypterin. Danach kehrte Arafat nach Kairo zurück und erwarb nach einem siebenjährigen Studium an der Kairoer Universität sein Diplom als Ingenieur. Bereits an der Universität wurde er zum Kämpfer für die palästinensische Sache. Er entwickelte dort Fähigkeiten, die ihm in späteren Jahren zustatten kommen sollten: organisatorisches Geschick und ein fotografisches Gedächtnis für Namen und Gesichter. Er verschwand von der Bildfläche, wann immer er wollte, und schien über unerschöpfliche Kraftreserven zu verfügen. Begleitet von zwei Kameraden, reiste er 1956 zur Teilnahme an einem Studentenkongreß nach Prag. Damals schon trug er sein berühmtes Kopftuch, die Keffiyeh. In Prag zog er sogleich Aufmerksamkeit auf sich. Seine beiden Gefährten wollten ihm darin nicht nachstehen und traten ebenfalls mit dieser Kopfbedeckung auf. „Ich habe meinen Stil", sagte Arafat mit gelassener Selbstzufriedenheit.

Arafat war Reserveoffizier der ägyptischen Armee. Am Suezkrieg 1956 nahm er als Spezialist für das Räumen von Fliegerbomben und Granaten teil. Er behauptet, im Hauptquartier des damaligen Generals Abdel Hakim Amer gearbeitet zu haben.[1]

Die erste Stelle nach dem Studium trat er bei der Egyptian Cement Company an, doch die Arbeit langweilte ihn bald. Nasser verbreitete damals seine Ideen über den Pan-Arabismus, Glaubenssätze, die den Vorstellungen des jungen Arafat über einen palästinensischen Nationalismus zuwiderliefen. Dies war wohl auch der Hauptgrund, weshalb er nach Kuwait ging und dort, unterstützt von seinem Freund Khalil al-Wazir (später bekannt als Abu Jihad), seine subversive Tätigkeit aufnahm.

Der 1964 auf dem arabischen Gipfeltreffen auf Nassers Betreiben gefaßte Beschluß, Achmed Schukeiri mit der Gründung der Palästinensischen Befreiungsorganisation (PLO) zu beauftragen, wurde von der kleinen Arafat-Gruppe in Kuwait als Rückschlag empfunden. Man ging davon aus, die PLO würde unter Oberaufsicht Nassers wie ein offizieller Verband mit behutsamer Vorsicht agieren. Arafat selbst trat nachdrücklich für den bewaffneten Kampf ein und hielt nichts von einer politischen Lösung des Flüchtlingsproblems in Palästina.

1959 wurde die Fatah gegründet. Sechs Jahre später eröffnete Arafat jene Reihe selbstherrlicher Dreistigkeiten, für die die Israelis das Wort „Chuzpe" haben. Seine Bewegung, die nicht mehr als 26 armselig bewaffnete Kämpfer besaß, verkündete: „Die Imperialisten und Zionisten sollen wissen, daß das Volk von Palästina noch immer auf dem Schlachtfeld und unbesiegbar ist." Unterzeichnet war die Erklärung mit „Al-Assifa" (der Sturm), dem Namen, unter dem die Fatah ihre militärischen Operationen zunächst noch führte. Sie war der Auftakt zahlreicher, überwiegend von Khalil al-Wazir verfaßter Verlautbarungen.

Bald fanden sich auch Geldgeber. Scheich Achmed Zaki Yamani, der Ölminister von Saudi-Arabien, steuerte seinen Teil bei; später lieferten die Saudis auch heimlich Waffen und Munition. Al-Assafi ging mit gezielten Nadelstichattacken gegen Israel vor. Für Arafat änderte sich nach dem Krieg von 1967 alles: Schukeiri, als Versager entlarvt, wurde gezwungen, als PLO-Führer zurückzutreten. Viele Palästinenser standen gleichermaßen unter dem Eindruck der Niederlage wie der offensichtlichen Unbesiegbarkeit Israels. Sie wirkten wie gelähmt. Jetzt erkannte der ehrgeizige Arafat seine Chance. Wie Schukeiri hatte auch Nasser die Palästinenser enttäuscht; ein neuer Führer mußte her.

1968 häuften sich die Übergriffe. Als ein israelischer Schulbus auf eine Mine fuhr und in die Luft flog, wobei ein Arzt und ein Schuljunge getötet und 29 Kinder verletzt wurden, war Arafats Zeit gekommen. Die palästinensischen Eindringlinge hatten unweit des jordanischen Dorfes Karame die Grenze zu Israel überquert. Die Vergeltung stand unmittelbar bevor. Ein jordanischer General rief Arafat auf, seine Männer aus dem Grenzgebiet abzuziehen, doch der lehnte ab. Eine verbündete Guerilla-Gruppe, George Habaschs Volksfront zur Befreiung Palästinas (PFLP), zog sich zurück in die Berge.

Die Israelis kamen am 21. März. Vorstößen einzelner Kommandos, die den Weg für den eigentlichen Vergeltungsschlag freimachen sollten, stellten sich die Guerillas entgegen. Jordanische Einheiten mißachteten die Befehle aus Amman, sich aus den Gefechten herauszuhalten, und beschossen mit schwerer Artillerie und Panzern die anrückende Hauptkampfgruppe. Den Israelis gelang es nicht, den Guerillastützpunkt zu zerstören, zudem mußten sie den Verlust von 28 Toten und 69 Verwundeten hinnehmen. 34 Panzer waren durch Treffer beschädigt, einige davon durch Arafats siebzehn Fedajin, die aus kürzester Entfernung auf sie zielten, aus Gräben am Jordanufer, die sie auf selbstmörderische Weise ausgehoben hatten. (Der 17 Märtyrer wurde hinterher in der Fatah gedacht: Arafat gab seinem Sicherheitsdienst den Namen „Force 17". Einer der Kämpfer hatte allerdings, um genau zu sein, überlebt.) Die größten Verluste entstanden den Israelis durch Verbände der jordanischen Armee unter General Mashour Haditha.

Bei Tagesende war ein Viertel der rund vierhundert Kämpfer gefallen, Karame war von den israelischen Truppen zerstört. Arafat, der an den Kämpfen teilgenommen haben will, tauchte unter und überlebte, um die Geschichte seiner Fedajin-Helden zu erzählen. Dem Ansehen der arabischen Welt tat die Niederlage der Guerillas und auch die Rolle, die die jordanische Armee spielte, keinen Abbruch: Die Rebellen waren nicht davongelaufen, hatten vielmehr gegen die Israelis gekämpft, ihnen Verluste zugefügt und sich ehrenhaft verhalten. Selbst Israels General Aharon Yariv zeigte sich beeindruckt: „Nach Karame begriffen wir, daß wir es mit einer ernsthaften Bewegung zu tun hatten."

Arafats Propaganda lief auf Hochtouren. Innerhalb weniger Tage meldeten sich Tausende junger Männer, die seiner Truppe beitreten wollten. Bis zum Ende des Jahres 1968 zählte die Fatah rund zweitausend bewaffnete Kämpfer. Zum Teil wurden sie in Nanking, teilweise auch in Ägypten ausgebildet. Geld kam vor allem aus Saudi-Arabien, das von den Palästinensern, die dort arbeiteten, eine siebenprozentige Steuer einzog und diese an Arafat überwies. Am 3. Februar 1969 trat in Kairo der Palästinensische Nationalrat zusammen, ein ad hoc ernanntes, aber dennoch repräsentatives, unter starkem Einfluß der Fedajin stehendes Gremium. Es wählte Arafat zum Vorsitzenden des Exekutivkomitees der PLO.[2]

König Hussein sah diese Dinge mit Sorge. Arafats und Schukeiris PLO ließen sich nicht vergleichen. Schukeiri war ein unbequemer Schwätzer. So bestritt er Husseins Anspruch auf die Westbank und darauf, für die Palästinenser zu sprechen, doch war das überwiegend Rhetorik. Arafats Einwendungen hingegen waren militärisch begründet.

Die PLO brauchte einen ständigen Stützpunkt. Von Nasser war er kaum zu erwarten, die Entfernung bis zur anderen Seite des Suezkanals wäre ohnehin viel zu groß gewesen. Syrien gestattete den Guerillas zwar, Stützpunkte auf seinem Territorium zu unterhalten, duldete aber keine Angriffe von dort auf Israel. Die geeignetste Basis für Nachschub und militärische Operationen stellte das Ostjordanland dar. König Hussein galt nach dem Krieg von 1967 als schwach. Außerdem existierten in Jordanien bereits Keimzellen zu PLO-Stützpunkten in Gestalt der überfüllten Flüchtlingslager. Die Grenze zu Israel war durchlässig, die Bevölkerung sympathisierte mit den Zielen der Organisation.

1968 begannen die Fedajin mehr und mehr ihre Macht zu demonstrieren. Damit wurde der Grundstein gelegt zur Schaffung eines Staates im Staate Husseins. Die PLO-Leute fühlten sich als Helden Palästinas und der arabischen Welt. Sie waren bewaffnet und fühlten sich stark. Was konnte Hussein gegen sie unternehmen? Es gab nichts, was er hätte tun können, außer verhandeln und abwarten.

Im Oktober 1968 marschierten zum ersten Mal Tausende von Fedajin durch Amman. Anlaß war ein Begräbnis, es ging ihnen aber auch um die Demonstration ihrer politischen und militärischen Macht.

Manche schossen mit Gewehren in die Luft und riefen Parolen gegen Husseins Regierung. Im November drangen Fedajin in die amerikanische Botschaft ein.

Husseins Reaktion war, daß er zur besseren Überwachung der Fedajin Straßenblockaden errichten, Waffenlager beschlagnahmen und allzu mißliebige Camps ausheben ließ. Arafat bat um ein Treffen mit dem König. Beide kamen überein, daß die Fedajin in jordanischen Städten weder Waffen noch Uniformen tragen und von jordanischem Gebiet aus Israel nicht beschießen durften.

„Ich werde mich um Kontrolle bemühen", erklärte Hussein. „Doch es ist schwierig, herauszufinden, wer ein Fedajin ist und wer nicht. Nebenbei, was erwarten Sie von mir? Was soll ich mit einem Volk tun, das alles verloren hat, das aus seinem Land vertrieben worden ist? Auf die Leute schießen? Ich denke, wir sind an einem Punkt, wo wir alle Fedajin sind."[3]

Das waren leere Worte. Die Kämpfer hatten sich in Amman durchweg unbeliebt gemacht. Es war unmöglich, sie zu kontrollieren. Einer Schätzung zufolge existierten über fünfzig unabhängige Splittergruppen, die meisten davon niemand anderem verantwortlich als sich selbst. Viele finanzierten sich durch Überfälle auf Geschäfte oder Zwangseintreibungen. Eine Gruppe verkündete marxistische Parolen anläßlich der Feier von Lenins Geburtstag. Arafat verfügte weder über militärische Mittel noch war er politisch gewillt, die Gruppen unter seine Kontrolle zu bringen.

Den König drängten nicht nur Beduinen-Offiziere seiner Armee, sondern auch engste Berater wie Scherif Nasser bin Jamil und Wasfi al-Tall, der frühere Ministerpräsident, gegen die Fedajin vorzugehen. Ihnen war sein Zögern unverständlich.

Nach dem 23. Juli 1968, als die PFLP mit einer neuen Form des Guerillakampfes begann, indem sie eine Maschine der israelischen El Al auf dem Flug von Rom nach Tel Aviv kaperte und nach Algier entführte, verstärkte sich der Druck auf Hussein. Die Passagiere wurden im Austausch gegen sechzehn inhaftierte Fedajin freigelassen. Es war dies die erste einer ganzen Reihe ähnlicher Herausforderungen, die sich gegen Israel, indirekt aber auch gegen Jordanien richteten.

Die Querelen in Amman zwischen den Behörden und den Fedajin dauerten an, bis Hussein endlich am 10. Februar 1970 eingriff. Seine

Palästinenserlager in der Nähe der jordanischen Hauptstadt Amman. Von diesem Lager aus sollen Angriffe von acht- bis 16jährigen, mit Maschinengewehren ausgerüsteten Jungen der El-Fatah-Gruppen ausgegangen sein.

Maßnahmen erschienen der übrigen Welt, für die sie letztlich wohl auch gedacht waren, äußerst vernünftig: Die Guerillas mußten Ausweise tragen, ihre Autos anmelden wie jeder andere auch, sie durften keine Waffen bei sich führen und keine Munition lagern. Für die Betroffenen war das unannehmbar. Sie lieferten sich drei Tage lang Kämpfe mit der Polizei. Die Regierung unterbrach daraufhin die Versorgung der Flüchtlingslager mit Wasser und Strom. Hussein gab nach diesem Machtbeweis vor aller Welt eine weitere Probe seiner Vernunft zum besten, indem er alle Maßnahmen rückgängig machte und das Rücktrittsgesuch seines Innenministers Rasul Kilani, der offiziell für die Verordnungen zeichnete, annahm.

Daß das Problem damit keineswegs ausgestanden war, wußte Hussein. Letztlich ging es um die alte Frage des „wir oder sie". An ein friedliches Nebeneinander zweier politischer Führer, die beide bewaffnete Kräfte hinter sich wußten, war in einem so kleinen Land wie Jordanien nicht zu denken.

Im Juni 1970 kidnappten die Fedajin einen amerikanischen Diplomaten und versuchten, Hussein zu töten. Der Diplomat kam durch Vermittlung der Regierung frei. Zum Anschlag auf Husseins Leben kam es, nachdem man ihn über einen Feuerüberfall der Fedajin auf das Hauptquartier des Geheimdienstes informiert hatte. Zusammen mit Zeid al-Rifai und Scherif Nasser bin Jamil machte er sich dorthin auf den Weg. Als sie an einer Kreuzung vor einer Straßensperre halten mußten, wurden sie von Unbekannten beschossen. Die Eskorte erwiderte das Feuer. Scherif Nasser sprang aus dem Wagen und rief dem König zu, dasselbe zu tun. Hussein suchte Schutz im Graben, während Zeid al-Rifai und der Kommandeur der Eskorte sich in bester Absicht über ihn warfen, allerdings so heftig, daß Hussein Rückenverletzungen davontrug und die nächsten drei Tage das Bett hüten mußte.[4]

Ein neuer Waffenstillstand, den Hussein und Arafat noch im selben Monat aushandelten, wurde von den palästinensischen Radikalen sofort abgelehnt. Wiederum gab der König klein bei. Als sich die PFLP in zwei Hotels in Amman mit 68 Menschen als Geiseln verschanzte, versetzte Hussein seinen Onkel Scherif Nasser bin Jamil wie auch seinen Vetter Zeid bin Shaker auf Schlüsselposten in der Armee. Und einem Bericht Arafats zufolge soll der König ihm die Nominierung von Ministern für eine neue Regierung eingeräumt, ja ihm sogar erlaubt haben, diese Regierung zu bilden (was er, Arafat, ablehnte).

Für diese Schritte Husseins gibt es zwei Erklärungen. Eine ist, daß sie tatsächlich das waren, als was sie erschienen: unvermeidliche Rückzüge angesichts des Drucks seiner Gegenspieler. Die andere ist, daß es sich um rein taktische Manöver handelte. Der Anschein gelegentlichen Nachgebens konnte dem König zum untadeligen Ruf verhelfen, mit Geduld und Vernunft zu handeln. Wenn es an der Zeit wäre, die Fedajin zu vertreiben, könnte er seinen Kritikern entgegenhalten: „Ich habe auf friedliche Weise versucht, mit ihnen auszukommen, hier ist der Beweis." Eine rein vorsorgliche Maßnahme also.

Die Vereinigten Staaten sorgten sich über den Machtzuwachs der Radikalen, die mit der Sowjetunion sympathisierten und mit ihr verhandelt waren. Henry Kissinger, Präsident Nixons Sicherheitsberater, drängte den König insgeheim, sich der Fedajin zu entledigen.

Im August 1970 begann Zeid bin Shaker, der als stellvertretender Stabschef für die Einsatzplanung abberufen worden war, einen Plan zur Vertreibung der Fedajin aus Jordanien auszuarbeiten. Arafat und andere PLO-Führer leisteten dazu unerwartete Hilfe.

Zunächst verscherzten sie es sich mit Nasser. Der ägyptische Präsident hatte die Bedingungen eines amerikanischen Vorschlags zur Lösung des Nahostproblems akzeptiert. Die PLO reagierte darauf mit bösen Attacken und rügte Nasser öffentlich, was wiederum ihn empörte. Nasser wußte, daß, falls die Palästinenser Hussein stürzten, die Israelis versuchen würden, das Vakuum zu füllen, und daß niemand sie daran hindern könnte – eine erneute Demütigung für die Araber. „Laßt Hussein in Frieden!", hieß deshalb Nassers zorniger Appell an die Palästinenser. Die aber scherten sich nicht darum: Als der König am 1. September auf der Fahrt zum Empfang seiner Tochter Alia auf dem Flughafen von Amman war, wurde die Wagenkolonne aus einem primitiven Hinterhalt mit Gewehren beschossen.

Mehrere dramatische Flugzeugentführungen, die auf das Konto der Guerillas gingen, brachten das Faß zum Überlaufen. Am 6. September 1970 entführten Mitglieder der PFLP auf einem entlegenen jordanischen Feldflugplatz, dem Dawson-Feld unweit von Zerqa, eine DC-8 der Swissair und eine Boing 707 der Trans World Airlines. Sechs Tage später kaperten sie eine VC-10 der British Overseas Airways Corporation. Die Passagiere wurden am Ende jeweils freigelassen, die Flugzeuge gesprengt. Soldaten Husseins umstellten das Dawson-Feld, unternahmen darüber hinaus aber so gut wie nichts. US-Präsident Nixon und Henry Kissinger befürchteten, der Nahe Osten würde „revolutioniert", wenn es den Guerillas gelänge, den König zu stürzen, ihnen selbst waren die Hände gebunden. Gleichwohl sollte sich für Hussein bald Gelegenheit bieten, seine Autorität aufzuwerten.

Auch die Führungsspitzen der arabischen Nachbarländer beobachteten den Lauf der Dinge mit Besorgnis. Sie rieten den Palästinensern, sich mit Hussein zu arrangieren, doch dazu war es nun zu spät. Der König hatte ihnen Stricke genug gereicht, an denen sie sich aufknüpfen konnten, und tatsächlich, sie hatten sich offenbar darauf versteift. Im übrigen konnte Hussein auf seine loyalen Beduinen in der Armee verweisen. Sie drängten ihn mit derartigem Nachdruck zum Handeln, daß ihr Verlangen fast schon an Aufruhr grenzte. Der Westen, beunruhigt über die Flugzeugentführungen, würde gegen die Vertreibung der Guerillas mit Sicherheit nichts unternehmen. Auch viele der engsten Berater Husseins forderten ein hartes Durchgreifen, darunter die ehemaligen Ministerpräsidenten Wasfi al-Tall und Zeid al-Rifai sowie Scherif Nasser bin Jamil und die beiden Brüder des Königs, Hassan und Muhammad.

Die sechste Flotte der USA, angeführt vom Flugzeugträger USS Independence, lag in Alarmbereitschaft im östlichen Mittelmeer, bereit, Hussein zu Hilfe zu kommen, falls sein Vorhaben fehlschlagen sollte. Auf dem amerikanischen Flugstützpunkt Incirlik in der Türkei standen sechs C-130 Hercules-Transporter; die Besatzungen waren angewiesen, sich bereit zu halten. In erhöhte Alarmbereitschaft versetzt waren auch amerikanische Luftlandeeinheiten in Westdeutschland. Außerdem waren Maßnahmen getroffen, falls nötig, die Evakuierung amerikanischer Zivilisten sicherzustellen. Einigkeit bestand darin, daß es Israel sein würde, das bei einem Sieg der Fedajin eingriff – unmöglich konnte es die Gründung eines PLO-Staates östlich des Jordans hinnehmen. Anscheinend haben Nixon und Kissinger auch die Frage erörtert, auf welche Weise die Israelis im Falle seiner Niederlage mit Hussein umgehen würden: Eine Rückkehr auf den Thron mit Israels Hilfe würde die Position des Königs unhaltbar machen. Nixon hat sich in diesem Stadium der Entwicklung denn auch entschieden gegen ein derart mögliches Vorgehen Israels gewandt.[5]

Schließlich, am 15. September, handelte Hussein. Bezeichnenderweise hielt er sich selbst dabei aus der Schußlinie. Wie aus blauem Himmel bestellte er einen unbekannten, aber tüchtigen Brigadekommandeur namens Muhammad Daoud zu sich, befahl ihm, eine Militärregierung zu bilden und übergab ihm eine Liste mit den Namen der Minister. Daoud gehorchte. Warum vertraute er gerade diesem Offizier? Daoud war loyal, war selber Palästinenser und hatte die Ausschreitungen der radikalen Kräfte in seinem Volk mißbilligt.

Husseins Anweisungen waren eindeutig. Wenn die Fedajin bis zum 16. September morgens acht Uhr nicht die Bedingungen der letzten, zwischen Arafat und Husseins vorherigem Ministerpräsidenten Abdel Monem Rifai getroffenen Vereinbarung erfüllten, wonach sie die jordanischen Städte zu räumen hatten, würde der Brigadekommandeur den Angriffsbefehl erteilen. Wie erwartet, zogen die Guerillas nicht ab. Hussein erklärte in einer Rundfunkansprache, er sei zum Handeln gezwungen: „Eine Situation voller Ungewißheit, Chaos und Unsicherheit herrscht in unserem geliebten Land, und die Gefahr, die Jordanien bedroht, hat zugenommen"; er wolle „Recht und Ordnung wiederherstellen und das Leben eines jeden Bürgers schützen".

Die Amerikaner hatten zwei weitere Flugzeugträger, die USS Saratoga und die USS John F. Kennedy, ins östliche Mittelmeer entsandt, außerdem den Hubschrauberträger USS Guam, einen Kreuzer und zwölf Zerstörer. Nixon sagte in einem Interview mit leitenden Redakteuren der *Chicago Sun-Times*, daß, falls der Irak oder Syrien intervenieren wollten, nur Amerika oder Israel sie daran hindern könnten. Diese Botschaft, gerichtet an den Nahen Osten wie auch an die Sowjetunion, lautete im Klartext: Haltet Euch heraus!

Die Streitkräfte mußten rasch und entschlossen zuschlagen. Ungeachtet aller Fehler, die sie machten, galten die Fedajin in der arabischen Welt immer noch als Helden. Hilfeersuchen von ihrer Seite hätten ihre Wirkung nicht verfehlt, im Gegenteil, sie wären mit äußerstem Wohlwollen bedacht worden. Wohl niemand hätte sich dem Ruf arabischer Staaten nach einer Feuerpause entziehen können.

Für die Dynastie der Haschemiten stellte die Gesamtsituation die weitaus größte Krise dar, die sie in der langen Geschichte ihrer Bedrohungen zu überstehen hatte. Die königliche Familie hielt sich nicht in Amman auf. Sie verteilte sich auf Hammar, den Landsitz außerhalb der Hauptstadt, und auf Akaba; Muna, Husseins Frau, weilte in England. Nachdem er das Schicksal Jordaniens in die Hände der Armee gelegt hatte, überließ sich Hussein dem Schutz seines Anwesens in Hammar.

Am 17. September um fünf Uhr morgens rückten Infanterie und Panzer in Amman ein. Die Kämpfe sprangen auf andere wichtige Städte über. Es stellte sich heraus, daß die Fedajin zähen Widerstand leisteten und nur schwer zu vertreiben waren. Die Offensive dauerte länger als erwartet – Hussein hatte gehofft, in 48 Stunden sei alles vorbei –, weil die Truppen nicht im Straßenkampf ausgebildet waren. Es gab zahlreiche Opfer.

Am 20. September hielten die Fedajin immer noch stand, doch nicht nur das: Um ihnen Beistand zu leisten, fielen Verbände der syrischen Armee bei Ramtha, im Norden, ein. Irakische Einheiten, die seit dem Krieg von 1967 im Norden Jordaniens stationiert waren – Husseins Aufforderung zum Abzug hatten sie mißachtet –, ermunterten die Syrer durch heimliche Zeichen zum Vorrücken.

Hussein suchte bei den Amerikanern um Hilfe nach. Sie baten um die Überlassung von Satellitenfotos, die Aufschluß über das Vordringen syrischer Panzer gaben. Offenbar sind diese Aufnahmen auch geliefert worden. Am Abend des 20. September rief Hussein Sir Denis Greenhill vom britischen Außenministerium an und trug ihm den Wunsch nach amerikanischer und britischer Luftunterstützung vor (ein direktes Gespräch mit Washington war wegen Leitungsstörungen nicht möglich). Greenhill war dafür, die Angriffe aus der Luft besser den Israelis zu überlassen. US-Außenminister William Rogers ließ eine Erklärung verbreiten, in der er den Rückzug der Syrer forderte. In einer vertraulichen Note an den Kreml wurde ebenso unmißverständlich verlangt, die Sowjetunion möge ihren Einfluß auf die mit ihr befreundete Regierung Syriens geltend machen und sie zur Umkehr ihrer Truppen bewegen. Die Idee, die Eindringlinge aus der Luft zu bekämpfen, war vorerst vom Tisch – die Amerikaner vermochten keine geeigneten Ziele zu entdecken.

Kissinger nahm mit dem israelischen Botschafter in Washington, Jitzhak Rabin, Kontakt auf und bat ihn um neueste Geheimdienstinformationen. Sie besagten, daß mehr als zweihundert syrische Panzer die nordjordanische Stadt Irbid erreicht hatten. Kissinger fragte Rabin, der im Krieg 1967 israelischer Stabschef gewesen war, ob die israelische Luftwaffe in der Lage sei, Aufklärungsfotos vom syrischen Vormarsch zu machen. Rabin seinerseits wollte wissen, wie die Regierung Nixon auf einen israelischen Luftschlag reagieren würde, falls die Syrer schnell nach Süden vorstießen. Kissinger erwiderte, er wolle zuerst die Fotos sehen. Dann rief Hussein an, um den Fall von Irbid zu melden und erneut um Luftschläge zu bitten.

Mit Billigung seines Präsidenten rief Kissinger erneut bei Rabin an. Er sagte, die Situation habe sich verschlechtert, die Vereinigten Staaten würden nunmehr einen israelischen Luftangriff „als vorteilhaft begrüßen".[6] Am 20. September um 23.20 Uhr reagierte die israelische Ministerpräsidentin Golda Meir mit der Nachricht, beim ersten Morgengrauen würden Erkundungsflüge stattfinden, sie werde sich mit dem Weißen Haus in Verbindung setzen, sobald die Ergebnisse analysiert seien. Früh am nächsten Morgen rief Rabin an. Die Bilder der Luftaufklärung lägen zwar noch nicht vor, sagte er, Israel sei aber trotzdem der Meinung, daß zu den Luftschlägen auch Bodenangriffe erfolgen müßten.

Nixon billigte den Vorschlag, vorbehaltlich Husseins Zustimmung und der endgültigen Entscheidung in Washington. Laut Kissinger war Husseins Stellungnahme doppeldeutig, was die israelischen Luftschläge betraf, und negativ hinsichtlich des Einsatzes von Bodentruppen. Inzwischen machte Israel in aller Ruhe mobil, vor allem auf den Golanhöhen (von wo aus Damaskus, Syriens Hauptstadt, mit schwerer Artillerie zu erreichen war).

Christopher Dobson vom Londoner *Daily Telegraph* berichtet, er sei zufällig einer israelischen Panzertruppe begegnet, die südlich des Sees Genezareth in Richtung Jordanien unterwegs war. „Später erfuhr ich, daß, wenn Hussein mit den syrischen Panzern nicht fertiggeworden wäre, israelische Truppen in Jordanien eingegriffen und dabei, falls militärisch notwendig, die Unterstützung der Vereinigten Staaten gehabt hätten."[7]

Die Lage änderte sich dramatisch. Am 20. September schien es so, als habe die jordanische Armee die syrischen Panzervorstöße zum Stehen gebracht, durch Artilleriebeschuß von günstig gelegenen Punkten. Trotzdem waren auch am 21. September die Jordanier zahlenmäßig wie waffentechnisch den weiterhin in Richtung Amman vorrückenden Syrern unterlegen. Am nächsten Tag gingen die Jordanier verstärkt mit Artillerie, Panzern und Kampfflugzeugen gegen die syrischen Truppen vor, die seltsamerweise keine Luftunterstützung hatten. Weshalb der Gegenangriff nicht schon früher erfolgte, blieb unerfindlich. Worauf hatte Hussein gewartet?

Vielleicht befürchtete der syrische Luftwaffenkommandeur General Hafis Assad, ein Eingreifen seiner MiGs könnte die Israelis zu Gegenaktionen veranlassen und dazu führen, daß seine Luftwaffe ebenso vernichtet würde wie 1967 die ägyptische. In der Nacht des 22. September zogen sich die syrischen Bodentruppen zurück, unter Hinterlassung ausgebrannter Panzerwracks und gepanzerter Mannschaftsfahrzeuge. Asher Susser, ein israelischer Experte, sieht für den Rückzug drei Gründe: Erstens sei die Kampfmoral der jordanischen Truppen besser gewesen; zweitens gab es eine „israelische Machtdemonstration in unmittelbarer Nachbarschaft der syrischen Truppenkonzentrationen im Norden Jordaniens"; drittens fanden „Flüge der israelischen Luftwaffe über den syrischen Invasionstruppen" statt.[8]

Assad, der nicht den Verlust seiner Luftwaffe riskieren wollte und von der Sowjetunion, Amerika und Israel gewarnt worden war, ließ die Flugzeuge am Boden. In einer späteren Stellungnahme erwähnte der syrische Militärbefehlshaber, General Mustafa Tlas, die Luftwaffe mit keinem Wort. „Arafat und seine Sippschaft waren auf und davon nach Syrien, deshalb zogen wir die beiden Bataillone zurück"[9], erklärte er. (Die Untätigkeit der Luftwaffe hat Assad nicht geschadet, immerhin brachte er es zum Präsidenten seines Landes.)

Husseins Herrschaft war erhalten geblieben, die Syrer waren zurückgeschlagen, ein Flächenbrand im Nahen Osten war verhindert – das alles durch Druck der Vereinigten Staaten auf Syrien und aufgrund einer Drohung Israels, aber auch dank der Schlagkraft der jordanischen Luftwaffe, nicht zuletzt auch wegen des Einsatzwillens des Heeres. Angeführt wurde es von Oberst Atallah Ghasib, der gleich am Anfang der Kämpfe schwer verwundet worden war, dennoch durchhielt und seinen Leuten damit zum Vorbild wurde.

Der Rückzug der Syrer bedeutete nicht nur eine Schlappe für das radikale Regime in Damaskus, sondern auch für die PLO. Dennoch blieben die Fedajin in Jordanien ein Staat im Staate. Allerdings hatten die Araber darauf verzichtet, Arafat zu unterstützen, wie sie es vielleicht getan hätten, wenn Hussein früher zum Gegenschlag ausgeholt hätte. Statt dessen veranstalteten sie am 22. September in Kairo ein Gipfeltreffen, an dem auch Arafat und Hussein teilnahmen. Ein Komitee unter Leitung des gutmütig-derben Militärmachthabers im Sudan, General Jafaar Nimeiri, sollte Vermittlungsversuche unternehmen. Das Ergebnis war – nach anfänglichem Scheitern der Mission Nimeiris – ein von eisiger Atmosphäre geprägtes Treffen zwischen Hussein und Arafat am 27. September in Kairo. Es kam zu einem weiteren Abkommen über den Waffenstillstand und Fragen des Truppenrückzugs, das dann allerdings von keiner der beiden Seiten genau eingehalten wurde. Zur Überwachung der Waffenruhe wurde eine Kommission unter dem tunesischen Ministerpräsidenten Bahi Ladgham gebildet. (Für den bereits schwer erkrankten Nasser wären die Strapazen der Verhandlungen zu groß gewesen. Er starb an einem Herzanfall.)

Die Krise dauerte an. Der Grund war, daß Arafats Autorität jedesmal, wenn er mit Hussein eine Vereinbarung getroffen hatte, von der Palästinensergruppe des radikalen, marxistisch orientierten George Habasch in Frage gestellt wurde. Zeid al-Rifai entwarf einen Zweistufenplan. Danach sollten die Fedajin zwischen November 1970 und April 1971 Amman und alle wichtigen Städte räumen; außerdem war vorgesehen, daß restliche Einheiten, die sich in den Bergen zwischen Ajlun und Jerash aufhielten, umstellt und bis Juli aus Jordanien vertrieben wurden.

Jemand mußte die Verantwortung übernehmen, sich den ewigen Zorn Arafats und der Fedajin zuziehen und deren Rachegelüste auf sich lenken. Hussein selbst würde es wohl nicht sein, eher jemand, den er haftbar machen und entlassen konnte, wenn der Plan fehlschlug. Im Oktober 1970 machte der König Wasfi al-Tall, bekannt als loyaler, dynamischer Hardliner, zu seinem Ministerpräsidenten. Damit war der Würfel gefallen. Nixon und Kissinger stärkten dem König ermunternd den Rücken, auf dem verlassenen Dawson-Feld trafen heimlich Lufttransporte mit Waffen und Munition ein. Waffen kamen auch aus England. Daß damals auch Israel Hilfe anbot, ist nicht auszuschließen.

Gemäß einer Order des Königs sollten alle Guerillas, die sich noch in Amman befanden, die Hauptstadt verlassen und sich in Ajlun und Jerash sammeln. Ihren Kampf gegen Israel durften sie nur innerhalb der israelisch besetzten Gebiete führen. Angesichts der Überlegenheit der Armee, die ihnen gegenüberstand, gehorchten die Guerillas. Die meisten von ihnen verließen die Stadt in Bussen, die ihnen die Regierung in einer Art Hilfsaktion zur Verfügung stellte.

Die Ermordung eines Bauern in Jerash durch Guerillas am 1. Juni 1971 war für Hussein Grund genug zum Zuschlagen. Am Tag darauf gab er al-Tall entsprechende Anweisungen. „Wenn es heute in unserem Land eine Handvoll Leute gibt, die das Verüben von Anschlägen zum Beruf machen und Verrat für ihre Berufung halten…, dann wird unser Widerstand gegen sie so fest, entschieden und heldenhaft sein, daß kein Platz mehr bleibt für Zweifel, Nachsicht oder Kompromisse."[10]

Die hauptsächlich aus Beduinen bestehenden Truppen hatten den Befehl schon ungeduldig erwartet. Sie befolgten ihn rücksichtslos bei ihrer Jagd auf Guerillas, die in Höhlen versteckt saßen oder über Berge und durch tiefe Schluchten zu fliehen versuchten. Einige gelangten auf diese Weise sogar nach Israel. Viele kamen um, vor allem während der letzten Kämpfe der Fedajin gegen Husseins Beduinen in Jerash. Niemand weiß, wie viele starben, wahrscheinlich waren es 4.000. Nach einem von der PLO verbreiteten Bericht folterten und töteten die Beduinen einen charismatischen Anführer der Guerillas, Abu Ali Iyad. Mit einem Seil sollen sie dann den Körper des Toten an einen Panzer gebunden und den Leichnam durch die Straßen benachbarter Dörfer gezogen haben. Mitte Juli waren alle Guerillas fort, zur Erleichterung Husseins und seiner Freunde. Am 16. Juli verkündete der König, die Lage in Jordanien sei „völlig ruhig".

Hussein durfte für sich in Anspruch nehmen, alles getan zu haben, um zu einem Modus vivendi mit den Guerillas zu gelangen. Sie aber verhielten sich undiszipliniert, waren in viele Gruppen zersplittert und hatten die Regierung unmittelbar bedroht; Arafat besaß nur die Kontrolle über einige der Gruppen. Doch selbst wenn sie alle gemeinsam unter einer einzigen geordneten Kommandogewalt gestanden hätten, wäre ihre Kampfkraft zu schwach gewesen, um es mit der Stärke der israelischen Armee aufnehmen zu können. Sie ignorierten einfach, daß jeder ihrer Übergriffe automatisch Vergeltungsschläge nach sich zog, bei denen meist unschuldige Zivilisten ums Leben kamen. Gewöhnliche Jordanier behandelten sie mit unbekümmerter Arroganz.

Trotzdem, wer sich in der arabischen Welt mehr von Gefühlen leiten ließ, der zählte die Fedajin auch weiterhin zu seinen Lieblingsgestalten und war nach wie vor auf Hussein nicht gut zu sprechen. Jenen Monat des Jahres 1970 aber, in dem der König den Kampf gegen den Staat im Staate aufnahm, sollten die Palästinenser nie vergessen. Sie nannten ihn den „Schwarzen September".

17

Ermordung eines Freundes

Wasfi al-Tall, der jordanische Ministerpräsident, der die letzten Operationen zur Vertreibung der palästinensischen Guerillas geleitet hatte, kam nach Kairo, um am 28. November 1971 an einer Konferenz im Sheraton Hotel, unweit des Nils, teilzunehmen. Als er in Begleitung ägyptischer Leibwächter das Hotel durch die Drehtür betrat, stürzten vier junge Männer auf ihn zu, denen man unerklärlicherweise erlaubt hatte, sich in diesem Bereich aufzuhalten. Einer von ihnen schoß auf al-Tall. Der Getroffene versuchte noch selbst den Revolver zu ziehen. Die Schüsse waren tödlich, al-Tall stürzte zu Boden und blieb in seinem Blut liegen. In einem Akt äußerster Widerwärtigkeit soll einer der vier Männer sich gebückt und etwas von al-Talls Blut aufgeleckt haben. Als man sie nach der Festnahme in ein Polizeiauto verfrachtete, riefen sie: „Wir sind der Schwarze September!"

Später stellte sich heraus, daß die Bande drei Namen auf ihrer Todesliste hatte: König Hussein, al-Tall und Zeid al-Rifai. Husseins Sicherheitssystem war lückenlos, auch al-Tall hatte in Jordanien kein Attentat zu befürchten. Um so unverzeihlicher war die Nachlässigkeit der ägyptischen Behörden.

Der Anschlag der PLO-Guerillas war ein eindeutiger Racheakt. Al-Tall hatte sie gezwungen, Jordanien in Richtung des ungastlichen Syrien zu verlassen, wo ihnen die Regierung aus Angst vor israelischer Vergeltung zwar erlaubte, zu leben, sie aber hinderte, das Land als Basis für ihre Gewaltakte gegen Israel zu benutzen. Fedajin, die sich früher in Syrien aufhielten, waren über die jordanische Grenze nach Israel eingesickert, und Jordanien hatte die Folgen exzessiver Vergeltungsaktionen zu tragen. Diese Route war jetzt versperrt.

„Wir haben an einem Verräter Rache genommen", erklärte Monsa Khalifa, offenbar der Bluttrinker. Der Todesschütze Essat Rabah brüstete sich: „Wir wollten ihn eigentlich schon zum Frühstück, wir kriegten ihn aber zu Mittag." Al-Talls Frau, die in der Halle auf ihn gewartet hatte, schrie: „Seid ihr nun glücklich, Araber? Welchen Verlust habt ihr angerichtet! Araber sind Schweinehunde!"

Hussein begrub seinen Freund auf dem königlichen Friedhof in Amman. Als er die Trauerrede hielt, schluchzte er. „Das Schreckliche ist nicht der Tod", sagte er, „sondern der Grad, bis zu dem Feiglinge und Untermenschen sich erniedrigen können."[1]

Die vier Männer wurden nie angeklagt. Im Gegenteil, viele feierten sie als Helden. Der radikale libysche Führer Oberst Moamar Gaddaffi bot für ihre eventuelle Verteidigung vor Gericht Geldmittel in unbegrenzter Höhe an. Ein Jahr später durften zwei von den vieren sogar nach Beirut, der mutmaßliche Mörder und der Bluttrinker blieben in Kairo. Im April 1973 flog in Beirut ein Datsun in die Luft, ein Wagen, der dem in der Nähe parkenden Auto des freigelassenen Ziad Helou ähnlich sah. Ohne daß es dafür irgendwelche Beweise gab, wurden Agenten Husseins bezichtigt, im Auftrag des Königs einen Racheakt versucht zu haben.

Al-Tall war, als er nach Kairo reiste, schlecht beraten. Aus ägyptischer Sicht war er es, der die Fedajin unter Beibringung schwerer Verluste ausgeschaltet hatte. Er galt als Hauptwortführer der Propaganda von Radio Amman, der genau wußte, wie Ägypten am besten zu demütigen war. Jordaniens Botschafter in Ägypten hat ihm die Reise auszureden versucht, denn wenn jemand in Kairo Persona non grata war, dann al-Tall. Eine Entschuldigung für die ägyptischen Sicherheitskräfte ließ sich daraus trotzdem nicht ableiten.

Wie einflußreich war al-Tall und wie sein Verhältnis zu Hussein? Er galt als der tatkräftigste jordanische Politiker seiner Zeit. Mit seiner Meinung hielt er nicht hinter dem Berg, auch dann nicht, wenn er wußte, daß der König sie nicht teilte. Hussein, an unterwürfige Höflinge gewöhnt, fand das erfrischend: Al-Tall war, wie es hieß, der einzige Nicht-Haschemit, der gelegentlich am königlichen Familienrat teilnehmen durfte. Wie Hussein war auch er kein wirklicher Demokrat, was angesichts der Verhältnisse im Nahen Osten nicht verwundert. Unverblümt äußerte er nach dem Sechstagekrieg 1967, die Araber litten ernstlich an nationaler Charakter- und Geistesschwäche, sie sei schuld, daß sie keine kollektive Kampfmoral entwickeln könnten. Die Neigung mancher arabischer Politiker, dem Willen des Volkes nachzugeben, stieß bei ihm auf Verachtung.

Obwohl willensstark und kompromißlos, gab es keine Anzeichen dafür, daß al-Tall nach mehr Macht strebte als der des Ministerpräsidenten. Dem König blieb er auch nach dem Desaster von 1967 treu. Er verkörperte die Tugenden der loyalen Oberschicht im Ostjordanland. Hussein beabsichtigte nicht, ihn mit noch mehr Macht auszustatten, wie es denn auch immer wieder Hussein gewesen ist, dessen Wille sich bei Meinungsverschiedenheiten zwischen den beiden durchsetzte, 1967 ebenso wie bei der zunächst nur zögernd eingeleiteten Vertreibung der Fedajin.

Der Mordanschlag auf al-Tall markiert den Beginn der Umtriebe jener Gruppe, die sich „Schwarzer September" nannte. Kaum zwei Wochen nach dem Vorfall in Kairo schlenderte ein junger Araber auf einer Verkehrsinsel im vornehmen Londoner Stadtviertel Kensington auf und ab. Als sich ein Mercedes näherte, zog er unter dem Mantel eine Maschinenpistole hervor und begann auf den Wagen zu feuern. Der Mann auf dem Rücksitz rief dem Chauffeur zu, sofort Gas zu geben. Das Auto blieb einen Moment stehen und raste dann davon. Derjenige, dem die Schüsse galten, wurde lediglich am Handgelenk verletzt: Wie durch ein Wunder überlebte der dritte Mann auf der Liste des Schwarzen September, Zeid al-Rifai, das Attentat.[2]

Wem unterstand der Schwarze September? Arafat war stets bemüht, sich von den Terroristen zu distanzieren. Abu Daoud, ein festgenommener Anführer, hat seinen jordanischen Vernehmern jedoch verraten, daß der Auftrag zur Ermordung al-Talls von einer höheren PLO-Figur stammte, die angeblich für die Beziehungen zum Libanon zuständig war. Eine verantwortliche Rolle soll auch ein anderer Mann der PLO gespielt haben, Abu Youssef, der 1973 in Beirut von einer israelischen Todesschwadron getötet wurde. Es gab jedoch keine direkten Verbindungen zwischen diesen Männern und Arafat oder der Fatah als der Hauptgruppierung der PLO. Gleichwohl hat nach Abu Youssefs Tod Arafats alter Freund Khalil al-Wazir (Abu Jihad) als führende Gestalt hinter den Kulissen der Fatah gewirkt. (Später ist auch er in seinem Haus in einem Vorort von Tunis von einem israelischen Geheimkommando liquidiert worden.)

Dafür, daß die Fatah und der Schwarze September nur locker miteinander verbunden waren, gab es einen guten Grund: Als Führer der Terrorgruppe wäre Arafat nirgendwo in der Welt (außer in Libyen) als offizieller Gast und Sprecher für die Sache der Palästinenser akzeptiert worden. Dagegen durfte er als Chef der Fatah und Vorsitzender der PLO sogar vor der UNO-Vollversammlung in New York auftreten.

Um 1971 haben die neuen Terroristen offenbar beschlossen, ihr strategisches Konzept zu ändern, die Art ihrer Operationen jedenfalls wurde eine andere. Sie schienen zu dem Schluß gekommen zu sein, daß Überfälle hinter der israelischen Grenze oder die Ermordung jordanischer Politiker in der Weltöffentlichkeit nur wenig beachtet wurden. Was die Medien fesselte, waren Flugzeugentführungen, Kidnappings und Gewaltakte mit Todesopfern, vor allem wenn die Betroffenen Amerikaner oder Europäer waren. Entsprechende Erfahrungen hatten die Guerillas auf dem Dawson-Feld gemacht, zu der Zeit, als die Fedajin sich noch in Jordanien aufhielten. 1971, nach ihrer Vertreibung, bauten sie Stützpunkte im Libanon auf, im Grunde aber gehörten sie nirgendwo hin. Jordanien, das die Amerikaner und Engländer mit neuen Waffen ausgestattet hatten, schien ihren entkräfteten Einheiten unverwundbar zu sein.

Einem in sich gespaltenen Haufen besiegter, aber fanatischer Männer, die wollten, daß die Welt vom Unrecht der Besitzergreifung ihrer Häuser und ihres Landes durch Israel Kenntnis nahm – solchen Leuten blieb mit einiger Aussicht auf Erfolg fortan nur eine Möglichkeit: Terrorismus. Das unbedeutende Jordanien kam dafür kaum in Betracht, als vorrangiges Ziel jedenfalls schied es aus.

Im Februar 1972 ereignete sich ein Gewaltakt, der am Anfang einer Reihe ähnlicher Anschläge stand. Vier Palästinenser, zwei Männer und zwei Frauen, versuchten in Lod, dem Flughafen von Tel Aviv, eine Maschine der belgischen Gesellschaft Sabena zu entführen. Das Vorhaben scheiterte, die beiden Männer wurden von Israelis getötet. Es folgten im Mai ein von japanischen Terroristen verübtes Massaker an Passagieren auf dem Flughafen Lod und später der Mordanschlag auf Mitglieder der israelischen Mannschaft bei den Olympischen Spielen in München. Die Überfälle zogen eine Welle von Vergeltungsschlägen israelischer Todeskommandos nach sich, angeordnet von Ministerpräsidentin Golda Meir und mit unerbittlicher Härte ausgeführt.

Ein besonders abscheulicher Terrorakt ereignete sich am 1. März 1973 in der saudi-arabischen Botschaft in der sudanesischen Hauptstadt Khartoum. Während drinnen ein offizieller Empfang stattfand, drangen offensichtlich im Dienst des Schwarzen September stehende Männer in das Gebäude ein. Als niemand auf ihre Forderungen einging, erschossen sie den amerikanischen Botschafter, dessen Stellvertreter und einen belgischen Diplomaten. Es gab damals Dutzende weiterer Übergriffe, wenn auch nicht alle mit derart dramatischem Ausgang.

Israel reagierte mit zahlreichen Gegenschlägen. Teilnehmer einer dieser Aktionen, die übers Meer nach Beirut gelangt waren, töteten hier Abu Youssef, den Operationschef des Schwarzen September, den für die besetzten Gebiete zuständigen Kamal Adwan sowie den PLO-Sprecher Kamal Nasir, einen bekannten Dichter. Das Mordkommando verschwand unter Mitnahme vieler geheimer Unterlagen. Im Juli allerdings brachten die Israelis im norwegischen Lillehammer einen Unschuldigen um, einen harmlosen Kellner. Im August zwangen Flugzeuge der israelischen Luftwaffe eine irakische Caravelle, die auf dem Weg von Beirut nach Bagdad war, zur Landung, weil nach Agentenmeldungen George Habasch an Bord sein sollte – was nicht zutraf, der Gesuchte hatte es sich in letzter Minute anders überlegt.

Im Oktober 1973 schien es so, als sei der Guerillakrieg zu Ende. Zum einen gerieten die Israelis wegen des Mordes von Lillehammer derart unter Druck, daß sie beschlossen, auf solche Operationen vorerst zu verzichten. Zum anderen bedeutete der Tod dreier maßgeblicher PLO-Männer in Beirut einen herben Rückschlag für die Palästinenser.

Drittens aber, und dies war der entscheidende Grund, stießen am 6. Oktober ägyptische Truppen über den Suezkanal vor, durchbrachen die israelischen Verteidigungslinien und markierten damit den Beginn des

Jom-Kippur-Kriegs. Direkte Kampfhandlungen zwischen zwei Armeen schienen überzeugender als der schmutzige Krieg mit Gewalt und Gegengewalt.

In einem Akt letzten Aufbegehrens protestierten die Terroristen gegen die Entscheidung des ägyptischen Präsidenten Anwar Sadat, auf einen Vermittlungsvorschlag Henry Kissingers einzugehen und mit den verhaßten Israelis zu verhandeln. Im Dezember rannten, nachdem man Waffen bei ihnen endeckt hatte, Terroristen auf das Rollfeld des Flughafens von Rom und schleuderten zwei Phosphorbomben in eine Maschine der Pan American Airways. Dabei starben 31 Menschen.

Zu König Husseins Erleichterung war Jordanien in keinen dieser Fälle verwickelt. Trotzdem, nach einer Zeitspanne relativer Ruhe befand der König sich wieder in Gefahr, in einen Krieg hineingezogen zu werden, der ihn im Grunde nichts anging.

18

Wieder Krieg

Seit dem verheerenden Sechstagekrieg, in dem es Israel gelungen war, die vereinigten Streitkräfte Ägyptens, Syriens und Jordaniens fast völlig zu zerschlagen, träumte Nasser von einem Rachefeldzug. Mit ihm sollte, unter Wiederherstellung der arabischen Ehre, verlorenes Land zurückerobert werden. Jahrelang hatten die 1967 gedemütigten ägyptischen Generäle Gelegenheit, bei Truppenmanövern die im Krieg gegen Israel gesammelten Erfahrungen zu nutzen. Nasser und seine Helfer waren unterdessen davon überzeugt, daß sich Zugeständnisse seitens Israel nur nach einem Konflikt erreichen ließen, aus dem das Nachbarland nicht als Sieger hervorgehen würde. Den entsprechenden Bestrebungen kam deshalb sehr entgegen, daß die Sowjetunion nicht nur Ägyptens Hauptlieferant für Waffen war, sondern auch die nötigen Ausbilder schickte.

Vielleicht herrschten tatsächlich brüderliche Gefühle zwischen der ägyptischen und der sowjetischen Führungsspitze, die eigentlichen Beziehungen aber wurden von Interessen bestimmt, die auf Gegenseitigkeit beruhten. In der richtigen Einschätzung, daß die USA Israel auch künftig unterstützen würden, wandte Ägypten sich der zweiten Supermacht zu, der Sowjetunion. Sie war es hauptsächlich, die bei der Wiederaufrüstung half und dafür in der Zeit des Kalten Krieges in Ägypten einen mächtigen, einflußreichen Gesinnungspartner besaß.

Es bestand keine größere Gefahr, solange sich der Konflikt auf Nassers 1968 begonnenen Zermürbungskrieg gegen Israel beschränkte. Die Reibereien erschöpften sich darin, daß ägyptische Artillerie und Flugzeuge israelische Stellungen östlich des Suezkanals unter Feuer nahmen, während die Israelis mit den üblichen Gegenschlägen reagierten. Ägypten wiederum antwortete darauf mit dem Einsatz von Raketen sowjetischer Bauart.

In Moskau gelangte man zu der Erkenntnis, daß die Araber allen Ernstes auf einen neuen Krieg mit Israel zusteuerten. 1972 alarmierte Präsident Breschnew die Aussicht, die Sowjetunion könnte im Nahen Osten in einen Krieg verwickelt werden, der möglicherweise außer Kontrolle geriet. Der erste Schritt dazu wäre getan, wenn Amerika sich mit Bodentruppen auf die Seite Israels stellte. Der Kreml drosselte seine Waffenlieferungen und riet zum vorsichtigen Innehalten.

Nassers Nachfolger wurde 1970 der bis dahin wenig bekannte Vizepräsident Anwar Sadat, ein, wie sich zeigen sollte, fähiger Stratege, aber auch ein Freund großer Gesten. Wie Nasser sah auch Sadat, daß die Gesamtsituation im Nahen Osten sich zum Vorteil Ägyptens entwickeln würde, wenn es gelänge, die verlorene Wüste Sinai zurückzugewinnen, allein, weil sich daraus eine solide Ausgangsposition für weitere Verhandlungen ergeben könnte. Notwendig dafür wäre ein militärischer Einfall in den Sinai mit dem Ziel der Inbesitznahme, sodann eine von der UNO vermittelte Waffenruhe und die Aufnahme von Verhandlungen mit Israel über Rückzugsmodalitäten. Daß sich Hoffnungen auf ehrenhafte Vereinbarungen mit Israel nur über die Vereinigten Staaten erfüllen lassen würden, wußte Sadat. Die Einflußmöglichkeiten der USA in Israel waren beträchtlich, diejenigen der Sowjetunion dagegen gleich null. An solcher Weitsicht ließ es Hafis Assad, der syrische Präsident, fehlen. Immerhin erkannte auch er, daß er, um den Israelis als ernstzunehmender Verhandlungspartner gegenübertreten zu können, wenigstens einen Teil der israelisch besetzten Golanhöhen zurückerobern mußte. Die Sowjets hatten nicht nur Ägypten, sondern auch Syrien mit neuen Waffen versorgt. Im Unterschied zu Sadat jedoch galt Assad als starrköpfig, als weniger flexibel und pragmatisch.

Jordanien wollte keinen bewaffneten Konflikt, befürchtete vielmehr eine Wiederholung des Sechstagekriegs, auch wenn er dort nur armselige zwei Tage gedauert hatte. Der König wünschte Frieden. 1972 legte er

Pläne zu einem vereinigten Königreich Jordanien vor, das die Westbank und den Gazastreifen nach der Befreiung beider Gebiete mit einschloß. Solche Grenzen hätten einen bilateralen Friedensvertrag zwischen Jordanien und Israel vorausgesetzt, den aber die PLO und die meisten arabischen Staaten ablehnten. Dabei wäre der Vertragsabschluß ein eigentlich logischer Schritt gewesen. Die Zeit dafür war wohl noch nicht reif, die Propagandamühlen in Kairo wie in Damaskus liefen dem ohnehin entgegen. Als Ägypten die diplomatischen Beziehungen zu Amman abbrach, fiel Jordanien wieder für gewisse Zeit in seine Außenseiterrolle zurück.

Den ersten Schritt zum Nahostkrieg vom Oktober 1973 (bekannt als Jom-Kippur-Krieg, weil er am Versöhnungstag, dem höchsten Feiertag des jüdischen Volkes, begann) unternahm Sadat im Juli des vorausgegangenen Jahres. Er bestellte den sowjetischen Botschafter ein, um ihm mitzuteilen, die Arbeit der sowjetischen Experten sei zu beenden, die sowjetischen Militäreinheiten im Land würden dem Kommando der ägyptischen Armee unterstellt. Sollte die Sowjetunion dies für unannehmbar halten, müßte sie ihre Leute bis zum 17. Juli aus Ägypten abziehen. Tatsächlich zogen sie ab, alle 20.000 Mann.[1]

Der zweite Schritt bestand darin, die Überlegenheit der ägyptischen Luftwaffe gegenüber der israelischen sicherzustellen. Ägypten erhielt von Saudi-Arabien, Libyen, dem Irak, Algerien, Marokko und den Vereinigten Arabischen Emiraten zur Unterstützung der eigenen Luftstreitkräfte Kampfflugzeuge angeboten. Ägypten und Syrien legten sich Boden-Luft- und Boden-Boden-Raketen zu.

Sodann wurde versucht, König Hussein zu gewinnen. Mahmoud Riad, damals Generalsekretär der Arabischen Liga, flog eigens nach Amman, um den König zu überreden, sich an dem Vorhaben zu beteiligen. „Die Erinnerungen an 1967 waren noch immer wach in ihm", berichtete Riad später. „Als ich ihn auf die grundlegenden Veränderungen hinwies, die seither stattgefunden hatten, brachte er seinen uneingeschränkten Willen zum Ausdruck, am Kampf teilzunehmen, nur sollte dem ein Treffen der Staatsoberhäupter der drei Länder vorausgehen."[2]

Mit der Teilnahme war nicht, wie Ägypten und Syrien es planten, ein Eindringen in von Israel eroberte Gebiete gemeint. Für das nur schwach gerüstete Jordanien wäre es einer Katastrophe gleichgekommen. Deshalb hatte Riad eine kleine Bitte: „Ich erwähnte, daß ich für den Angriff noch kein festes Datum kannte, doch wann immer er erfolgte, würde die Gefahr bestehen, daß israelische Truppen die syrische Südfront einschlössen und dabei über jordanisches Gebiet vorgingen. Ließen sich die jordanischen Truppen in diesem Fall so aufstellen, daß die Möglichkeit auszuschließen wäre? König Hussein stimmte bereitwillig zu… Als der Krieg ausbrach, handelte er auch prompt."

Am 10. September 1973 kam es in Kairo zu einem Treffen zwischen den Präsidenten von Ägypten und Syrien sowie dem König von Jordanien. Dabei wurde die Wiederaufnahme der diplomatischen Beziehungen zwischen Ägypten und Jordanien vereinbart. Außerdem erklärte sich Jordanien bereit, seinen Erzfeind Syrien bei Ausbruch des Krieges zu unterstützen. In offensichtlicher Mißachtung ihres Partners hielten es die beiden Präsidenten nicht für nötig, Hussein das Datum des Tages X, den Beginn der militärischen Offensive, mitzuteilen. Als der Krieg dann ohne jede warnende Vorankündigung aus Kairo begann, fühlte Hussein sich von Ägypten ähnlich im Stich gelassen wie 1967.

Sadat hielt nicht allzu viel von Hussein. Als junger Armeeoffizier, der in der ägyptischen Botschaft in Amman Dienst tat, hatte er mit einigem Erfolg öffentlichen Widerstand gegen die Haschemiten anzufachen versucht. Als Republikaner und arabischer Nationalist, der er war, mußten ihm Husseins Verbindungen zu Großbritannien, den USA und Israel wie auch die des Königs Abdallah als völlig inakzeptabel erscheinen. Im Mai 1973, schreibt Kissinger, habe Hussein der Nixon-Administration den Hinweis gegeben, daß die militärischen Vorbereitungen Syriens und Ägyptens zu wirklichkeitsnah seien, um als Manöver gelten zu können.[3]

Tag und Stunde des Angriffs (6. Oktober, 14.05 Uhr) waren streng gehütete Geheimnisse. Sadat hatte den Jom Kippur, an dem viele israelische Soldaten auf Urlaub zu Hause waren, ausgewählt. Obwohl sie wußten, daß etwas im Gange war, ordneten die Israelis keine erhöhte Alarmbereitschaft an. Daß Krieg bevorstand, erfuhren auch die ägyptischen Kommandeure der vordersten Invasionstruppen erst dann, als sie den Befehl zum Vormarsch erhielten. Der israelische Geheimdienst rechnete nicht mit einem Angriff vor 18.00 Uhr.

Am Anfang versuchte die Sowjetunion, Hussein von der Notwendigkeit zu überzeugen, an der Seite Ägyptens und Syriens am Krieg teilzunehmen. Man versprach ihm volle Unterstützung, doch Hussein lehnte ab. König Feisal von Saudi-Arabien bat Hussein um Erlaubnis, eine in Jordanien stationierte saudische Brigade nach Syrien zu verlegen; Hussein verweigerte auch dies. Dagegen war er bereit, eine Panzerbrigade nach Syrien zu entsenden (so weit wie möglich hinter der Front), sofern sicher sei, daß Israel dies nicht zum Anlaß nahm, ins Ostjordanland einzurücken.[4]

Ein indirektes Ersuchen um eine solche israelische Garantie kam vom britischen Außenminister Edward Heath. Kissinger übergab das Schreiben dem israelischen Botschafter in Washington, Simcha Dinitz. Er reagierte mit einer abschlägigen Antwort, die aber im Ton maßvoll war und keine Drohungen enthielt.

Aus der Sicht seiner „Alliierten" nützte es ihm gar nichts, aber Hussein hielt sein Wort. Wie zugesagt, sorgte er dafür, daß die israelische Armee nicht jordanischen Boden betrat, um, wie mit Vorbedacht geplant, die Südfront der syrischen Truppen zu umgehen. Im äußersten Fall kamen auch jordanische Panzer syrischen zu Hilfe, etwa auf den Golanhöhen. Daß Hussein bei der Wahl der Einheit, die den Syrern Entlastung bringen sollte, ausgerechnet auf seine 40. Panzerbrigade verfiel, entbehrte nicht bitterer Ironie: Genau diese Brigade war es gewesen, die im jordanischen Bürgerkrieg 1970 das Vorrücken syrischer Panzer nach Süden tapfer abgewehrt hatte.

In seiner 1989 erschienenen Hussein-Biographie schreibt der ehemalige britische Generalmajor James Lunt, wie stark die Israelis von der Professionalität der jordanischen Panzerbesatzung beeindruckt waren. Andererseits stimmt es wohl, daß die Intervention Jordaniens sich nicht durch besonders bemerkenswerte Heldentaten ausgezeichnet hat.

Die 40. Panzerbrigade überquerte die Grenze zu Syrien am 13. Oktober. Drei Tage später griff sie eine israelische Einheit an. Nach einem Bericht von Chaim Herzog, zuletzt Generalmajor in der Armee, später Staatspräsident Israels, schossen die Israelis 28 Panzer ab, worauf die Jordanier sich zurückzogen.[5] Bei einem zweiten Aufeinandertreffen an der Seite einer irakischen Panzereinheit bewegten sich die Jordanier zu langsam, schreibt Herzog, so daß die Israelis zunächst die Irakis ins Visier nehmen konnten und dann die Jordanier. Herzog behauptet, Syrien habe bis zum Beginn der UN-Waffenruhe am 22. Oktober rund 1.150

Panzer verloren, der Irak über hundert und Jordanien mehr als fünfzig, Israels Verluste sollen sich auf 250 Stück belaufen haben.

Der Krieg zwischen Israel und Ägypten im Süden zog Hussein nicht sonderlich in Mitleidenschaft. Bei Zusammenkünften arabischer Politiker und Militärs konnte er seine Politik der Untätigkeit überzeugend verteidigen. Er legte dar, wie er sich 1967 auf einen Krieg gegen Israel eingelassen hatte, mit einem ägyptischen General als Oberbefehlshaber und einem für Jordanien katastrophalen Ergebnis. Auch verwies er auf Israels überwältigende Luftüberlegenheit.

Nach dem Oktoberkrieg kontrollierte Israel auf den Golanhöhen noch mehr Land, als es bei den Eroberungen im Jahr 1967 unter seine Kontrolle gebracht hatte. Im Süden gab es eine Art Patt: Die Ägypter schlugen einen Brückenkopf über den Suezkanal in die Wüste Sinai, während die Israelis ebenfalls den Kanal überquerten und Ägyptens Dritte Armee einschlossen.

Die Zeit für Verhandlungen war gekommen. Als Vermittler hielt sich ein ehrgeiziger Amerikaner bereit, Henry Kissinger. Zunächst würden sich die Truppen von den Waffenstillstandslinien zurückziehen müssen, erst danach wären Friedensgespräche möglich. Würde es zu einem Frieden für die gesamte Region kommen, einschließlich Jordanien und Syrien, vielleicht auch der Palästinenser? Oder würde es nur ein ägyptisch-israelischer Separatfrieden sein?

Hussein war beunruhigt. Bei allen Spekulationen über eine Friedensregelung wurde Jordaniens Anspruch auf das Westjordanland, den Gazastreifen und Ost-Jerusalem kaum berücksichtigt. Sollte Jordanien von den neuen Vereinbarungen ausgeschlossen werden? Kissinger versicherte, es sei unvorstellbar, daß die Interessen Jordaniens nicht voll gewahrt würden; die Vorstellungen des Königs würden so zur Geltung kommen, wie sie es verdienten. Doch wie verläßlich waren solche Zusagen?

19

Was für ein Frieden?

Seit dem Ende des Krieges von 1967 war immer wieder versucht worden, in Übereinstimmung mit der UN-Resolution Nr. 242 aus demselben Jahr einen Friedensvertrag für die Region zu entwerfen. Die Resolution forderte den Abzug israelischer Truppen aus den 1967 eroberten Gebieten als Gegenleistung für Garantien, mit denen sich die Nachbarstaaten Israels verpflichteten, die israelische Bevölkerung innerhalb sicherer und anerkannter Grenzen frei von Drohungen oder Gewalttaten leben zu lassen. Alles lief hinaus auf die Formel „Landrückgabe gegen Frieden". Für den Fall ihrer Realisierung bedeutete das die Rückkehr des Westjordanlandes und Ost-Jerusalems zu Jordanien.

Genau dies aber geschah nicht, weil die Schwierigkeiten allzu vielfältig waren. Der Wortlaut der Resolution klang erfrischend einfach und schien leicht verständlich, ließ sich jedoch unterschiedlich interpretieren. Auch die Absichten der Araber und der Israelis waren jeweils andere.

So zeigten die PLO-Führer wenig Neigung, einen Staat anzuerkennen, der aus ihrer Sicht verantwortlich war für die Entwurzelung Hunderttausender Palästinenser (die in der Resolution unerwähnt blieben) von den Heimstätten ihrer Vorfahren. Umgekehrt wollte Israel, nachdem es einen – wenn auch dilettantischen – Versuch der Araber, den Judenstaat zu vernichten, erfolgreich abgewehrt hatte, sich nicht auf die Rückgabe des arabischen Ost-Jerusalem und der Westbank an Jordanien einlassen.

Die Araber machten es sich bei der Auslegung der Resolution 242 einfach. Nach ihrer Auffassung betonte sie eindeutig „die Unzulässigkeit, Territorien durch Krieg zu erobern". Außerdem besagte sie, die Israelis sollten die besetzten Gebiete räumen, die Araber würden ihnen dafür ihre Existenz garantieren; Verhandlungen, vorzugsweise indirekte über einen Vermittler, wären nur zur Klärung von Detailfragen erforderlich.

Israels Außenminister Abba Eban, ein gemäßigter Expansionspolitiker, widersprach. Er nahm die Resolution 242 nur an, um die ständige israelische Kontrolle der besetzten Gebiete bis zum Abschluß eines Land-für-Frieden-Abkommens zu bekräftigen. Er akzeptierte nicht, daß die Formulierung „innerhalb sicherer und anerkannter Grenzen" diejenigen von vor 1967 betraf, denn sie hatten Israel zumal an seiner „Wespentaille" nur wenig Sicherheit geboten. Darüber sollte verhandelt werden.

Hartgesottene israelische Nationalisten dachten nicht daran, den Arabern irgend etwas wiederzugeben, schon gar nicht Ost-Jerusalem und die Golanhöhen. Im Gegenteil, sie strebten eine Ausdehnung Israels durch den Bau Hunderter von Siedlungen an; die Palästinenser, meinten sie, würden eines Tages daran ersticken oder nach Jordanien verdrängt. Einer dieser Hardliner, Ariel Sharon, pflegte zu sagen: „Jordanien ist Palästina." Moderatere Israelis, wie der stellvertretende Ministerpräsident Yigal Allon, verhielten sich kompromißbereit, kein Israeli aber hatte es eilig: Es brauchte Zeit, die besetzten Gebiete zu verdauen. Entsprechend gering war auch das Bedürfnis, mit dem schwedischen UN-Sonderbotschafter Gunnar Jarring zu kooperieren.

Am 28. April 1969 sprach König Hussein in Washington mit Präsident Nixon und Henry Kissinger über die Aussichten auf ein Friedensabkommen. Kissinger empfand den „kleinen König" als eines der interessantesten Staatsoberhäupter, denen er je begegnet war.[1] Der Sicherheitsberater bewunderte Hussein wegen seines Geschicks, mit einem Bein im westlichen, mit dem anderen im arabischen Lager zu stehen. Kissinger fand, der König vertrete die arabische Sache selbst dann mit Nachdruck, wenn es andere Araber, wie er es sah, nicht taten. Gleichzeitig habe Hussein „nie um seine Freundschaft mit den Vereinigten Staaten gefeilscht".

An anderer Stelle merkt Kissinger aufschlußreich an, Hussein habe, während Jordanien „substantiell auf amerikanische Hilfe angewiesen" war, lästige und mitunter demütigende Prozeduren (wie vermutlich das Unterschreiben von CIA-Quittungen) in Kauf genommen, ohne die Fassung zu verlieren oder in die Rolle eines Bittstellers zu verfallen.

Nicht ganz wahrheitsgemäß notierte Kissinger auch, Hussein habe sich zwar auf Friedensgespräche mit Israel vorbereitet und sei auch willens gewesen, solche Verhandlungen mit Vertretern Israels zu führen, niemals aber hätte er ein bilaterales Friedensabkommen mit Israel unterzeichnet. Das ist richtig, nur läßt Kissinger eine wesentliche Vorbedingung außer acht: Hussein hätte seine Unterschrift ganz gewiß unter ein Abkommen gesetzt, das außer der Beilegung des israelisch-palästinensischen und des israelisch-syrischen Konflikts auch die Zukunft Ost-Jerusalems regelte.

Wie sein Großvater hielt auch Hussein stets nach geheimen Möglichkeiten Ausschau, aus denen sich Nutzen für die Haschemiten und Jordanien, aber auch für die Palästinenser ziehen ließ. So ließ er Kissinger wissen, daß er, falls Israel den Gazastreifen an Jordanien abtrete, wesentlichen Änderungen der Grenze vom Westjordanland zu Israels Gunsten zustimmen würde. Doch daraus wurde nichts.

Vor dem Nationalen Presseklub in Washington am Tag seines Besuchs im Weißen Haus Ende April 1969 hat Hussein solche Gedanken nicht erwähnt. Er offerierte jedoch, während er sich über die Resolution 242 ausließ, einen Friedensvorschlag. Die arabische Seite würde Israel nicht nur sichere Grenzen garantieren – wenn nötig durch die Einrichtung entmilitarisierter Zonen –, sondern auch freie Fahrt durch den (gesperrten) Suezkanal und die Straße von Tiran. Als Gegenleistung verlangte Hussein das für Israel Unmögliche: die Rückgabe „aller" besetzten Gebiete sowie eine Lösung des Flüchtlingsproblems.[2]

Im Dezember 1969 machte der amerikanische Außenminister William Rogers mit einem Friedensplan auf sich aufmerksam. Er sah den israelischen Rückzug aus den besetzten Gebieten sowie die Anerkennung Israels durch die arabischen Staaten vor. Der Plan unterstrich die Forderung der Resolution 242 nach Räumung jener Gebiete, die Israel 1967 erobert hatte. Rogers fügte hinzu: „Änderungen des früheren Grenzverlaufs sollen nicht das Ausmaß der Eroberung widerspiegeln und sich auf geringfügige Verschiebungen beschränken, die für die beiderseitige Sicherheit erforderlich sind. Wir unterstützen keine Expansions-

Im Dezember 1970 diskutieren in Washington der amerikanische Präsident Richard Nixon und der jordanische König die Lage im Nahen Osten.

politik." Ägypten und Jordanien nahmen den Plan zögernd an. Israel lehnte ihn gleich am Tag nach seinem Bekanntwerden ab und begann einen Gegenfeldzug. Aus arabischer Sicht enthielt der Plan ausreichende Grundlagen für Verhandlungen. Inzwischen ist er in Vergessenheit geraten.[3]

Zur nächsten Friedensoffensive kam es am 15. März 1972, als Hussein seinen Föderationsplan vorlegte. Sorgfältig ausgearbeitet, sollte er möglichst für alle Seiten, ausgenommen die PLO, annehmbar sein. Die Hauptidee war, ein vereinigtes arabisches Königreich zu schaffen. Es sollte die Westbank mit Jerusalem als Hauptstadt und das Ostjordanland mit Amman als regionale wie auch als Föderationshauptstadt umfassen. Der König sollte weitgehende Macht über die Exekutive und die Armee behalten, beide Teile der Föderation sollten aber eigene Parlamente bekommen.

Mit einem fördernden Anschub seitens der Vereinigten Staaten wäre dieser Plan für die Israelis vielleicht akzeptabel gewesen, Vereinbarungen mit Hussein über den künftigen Grenzverlauf vorausgesetzt. Die Israelis hielten Hussein für einen zuverlässigen Araber, mit dem man Geschäfte machen konnte, ganz im Gegensatz zu Arafat. Für die PLO bedeutete Husseins Vorschlag eine direkte Herausforderung ihres Anspruchs, alle Palästinenser zu vertreten.

Für Ägypten und Syrien hätte die Föderation die Wiedereinsetzung eines unerwünschten konservativen, pro-westlichen Monarchen in eine Position mit größerem Einfluß auf die nahöstlichen Kräfteverhältnisse zur Folge gehabt. Was die Bewohner des Westjordanlands von dem Plan hielten, läßt sich nur vermuten. Viele von ihnen waren jahrelang Todfeinde Husseins und seines Großvaters, König Abdallah, gewesen, sie sahen Fremde in ihnen, die ihre Macht allein den Engländern verdankten. Kein Palästinenser hatte Husseins Krieg gegen die palästinensischen Guerillas 1970 in Jordanien vergessen. Nur eine Minderheit hielt zum König, dessen Plan denn auch bald im Sande verlief. Immerhin hat er andere dazu gebracht, seinen Ambitionen immer wieder Hindernisse in den Weg zu legen.

Trotz allem bezogen zahlreiche Westbank-Bewohner, einschließlich Lehrer, ihre Gehälter auch nach dem Krieg von 1967 aus Jordanien, und sie waren dankbar dafür. Daß die 1972 unter israelischer Aufsicht durchgeführten Kommunalwahlen von konservativen, pragmatisch denkenden Honoratioren gewonnen wurden, vermittelte zusätzlich den Eindruck einer gewissen Normalität.

Im Februar 1973 besuchte Hussein Washington. Es fiel ihm nicht schwer, Nixon und Kissinger durch seine ungewöhnliche Liebenswürdigkeit, seine maßvolle pro-westliche Einstellung und sein gesundes Urteilsvermögen neu für sich zu gewinnen. Seinen Gastgebern teilte er mit, der Grund für die Ausweisung der sowjetischen Militärberater durch Sadat liege keineswegs in der Abnahme von Spannungen in der Region, der ägyptische Präsident habe vielmehr nur für einen begrenzten Krieg mit Israel mobil gemacht.

Der Jom-Kippur-Krieg endete mit einer Patt-Situation zwischen Ägypten und Israel. Eine Lösung schien nicht in Sicht, auch eine Nahostkonferenz, die im Dezember 1973 in Genf stattfand, führte zu keinen

Ergebnissen. Von arabischer Seite waren nur Vertreter Ägyptens und Jordaniens angereist. Zeid al-Rifai, der jordanische Ministerpräsident und Husseins Vertreter, stellte fest: „Es war die seltsamste Konferenz, an der ich je teilgenommen habe – keine Richtlinien, keine Verfahrensregeln und keine Tagesordnung." Jordanien wie auch Ägypten waren für die Teilnahme palästinensischer Vertreter in beiden arabischen Delegationen, Golda Meir jedoch, die israelische Ministerpräsidentin, erhob Einspruch. Kissinger übte keinen Druck auf sie aus. Die Eröffnungssitzung der Genfer Konferenz war zugleich ihre letzte.[4]

Am 19. Januar 1974 präsentierte Jordanien einen neuen Vorschlag für ein Abkommen zur jordanisch-israelischen Truppenentflechtung (als Teil einer Gesamtvereinbarung). Danach sollten die beiden Regierungen ihre Truppen acht Kilometer von den Ufern des Jordans zurückziehen. Der König hoffte, damit einen Beitrag zur Entspannung in diesem Gebiet leisten und zugleich die Aufrichtigkeit der Israelis auf die Probe stellen zu können. Golda Meir lehnte den Vorschlag ab. Als die Bildung einer israelisch-ägyptischen Arbeitsgruppe empfohlen wurde, die sich mit dem Truppenrückzug beschäftigen sollte, regte al-Rifai eine solche auch für Israel und Jordanien an, aber auch diese Idee wurde verworfen.[5]

Kissinger befürwortete am entschiedensten Verhandlungen zwischen Israel auf der einen und Ägypten und Syrien auf der anderen Seite. Er tat es als Pragmatiker, wohl wissend, daß die Halbinsel Sinai und die Golanhöhen nicht Teil jenes Israel waren, wie es zur Zeit der Vertreibung der Juden durch die Römer im Jahr 135 existierte. Beide Gebiete konnten deshalb teilweise aufgegeben werden, als Gegenleistung, ohne daß Schwierigkeiten von jüdischen Fundamentalisten zu befürchten waren.

Überdies würde eine Vereinbarung mit Ägypten den sowjetischen Einfluß auf die Regierung in Kairo unterminieren und Kissingers Ansehen in Washington als Wundertäter stärken.

Der Amerikaner wußte außerdem, daß Ost-Jerusalem, Judäa und Samaria – die Westbank – Teile des biblischen Israel waren, die Juden mithin hartnäckig daran festhalten würden. Um ein Land-für-Frieden-Abkommen über die Westbank zu erreichen, hat Kissinger nie das ganze Gewicht des amerikanischen Einflusses auf Israel ins Spiel gebracht. Argwöhnische und verschwörungsbereite Jordanier zogen daraus ihre eigenen Schlüsse.

Kissingers berühmte Reisediplomatie führte gleich am Anfang (im Januar 1974) zu Abkommen zwischen Israel und Ägypten über Truppenentflechtungen sowie zwischen Israel und Syrien (im Mai desselben Jahres). Eine zweite israelisch-ägyptische Vereinbarung wurde im September unterzeichnet. Ägypten erhielt dabei ein weiteres Stück Sinai-Wüste zurück, als Gegenleistung für vertrauensbildende Gesten Präsident Sadats, etwa dessen Versprechen, Israel vorab über irgendwelche ungewöhnlichen Truppenbewegungen zu informieren. Jordanien war nicht beteiligt, seine Grenzen blieben durch den Krieg 1973 unverändert.

Im Sommer 1974 unternahm Hussein einen mutigen Schritt. Vielleicht spürte er, daß aufgrund der Gespräche über friedliche israelische Truppenabzüge der Augenblick günstig war. Er konferierte heimlich mit führenden Israelis: mit dem Ministerpräsidenten Jitzhak Rabin, dem Außenminister Yigal Allon und Shimon Peres, dem Verteidigungsminister. Begleitet von seinem Ministerpräsidenten und Vertrauten Zeid al-Rifai, flog der König mit einem Hubschrauber an einen abgelegenen Ort im Aravatal, wo die Israelis „einen bescheidenen Wohnwagen" bereitgestellt hatten. Das Treffen verlief allerdings ohne nennenswertes Ergebnis.

Für Peres war dies die erste von vielen Begegnungen mit Hussein. „Der König hat mich mächtig beeindruckt", schrieb er. „Wenn auch klein von Statur, gibt er doch mit seiner aufrechten Haltung und seinen behenden athletischen Bewegungen eine stattliche Erscheinung ab. Sein Lächeln ist warmherzig und einnehmend, und seine Manieren sind tadellos. Er scheint jeden einzelnen Muskel zu beherrschen."[6]

Peres erschien der König als „Inbegriff des haschemitischen Stolzes", der sich selbst als „Personifikation der arabischen Bestimmung" begriff. Aber er sah in ihm auch den arabischen Monarchen, der tief besorgt war über die strategische Bedrohung seines kleinen und armen Wüstenreiches. Die Grundhaltung, die Hussein gegenüber Israel einnahm, fand Peres, war Bewunderung. Mit Israel befand sich Husseins Jordanien de jure zwar im Kriegszustand, de facto aber im Frieden. Die Zwillingsstädte am Golf von Akaba symbolisierten dies, das israelische Eilat und das jordanische Akaba existierten eng und friedlich nebeneinander. Schon 1974 eilte Peres' Phantasie den Ereignissen voraus, indem er ein Abkommen vorschlug, wonach Israel und Jordanien gemeinsam die besetzten Gebiete verwalten sollten. Das war israelisches Wunschdenken, zeigte aber, daß ein verantwortlicher Politiker nach Lösungen suchte. Hussein erklärte höflich, er werde darüber nachdenken.

Gelegenheit, seinen Alleinvertretungsanspruch für die Palästinenser zu unterlaufen, fand sich für Husseins Rivalen und Gegenspieler auf einem arabischen Gipfeltreffen am 29. Oktober 1974 in Rabat. Es erwies sich als die schwerste Niederlage des Königs seit dem Krieg von 1967.

Die Abschlußerklärung enthielt eine offensichtliche Anspielung auf Husseins Plan zu einem vereinigten arabischen Königreich. „Alle sind sich bewußt, daß immer noch zionistische Intrigen gesponnen werden, um die Existenz Palästinas zu unterdrücken und die nationale Eigenständigkeit Palästinas zu zerstören", hieß es darin. Um die Palästinenser zu ermutigen, bekräftigte die Gipfelkonferenz „das Recht des palästinensischen Volkes, auf befreitem palästinensischen Gebiet unter der Führung der Palästinensischen Befreiungsorganisation, der einzigen legitimen Vertreterin des palästinensischen Volkes, eine unabhängige nationale Autorität zu errichten. Diese Autorität soll, sobald sie errichtet ist, in allen Bereichen und auf allen Ebenen die Unterstützung der arabischen Staaten genießen." Hussein erklärte, daß Jordanien sich im Falle der Billigung dieser Erklärung aus der palästinensischen Frage heraushalten werde. Die Erklärung wurde angenommen, der König kam nicht umhin, die Entscheidung des Gipfeltreffens zu akzeptieren.

Im selben Jahr löste Hussein das jordanische Parlament auf. Es tat es mit der Begründung, die aus dem Westjordanland stammenden Mitglieder hätten darin keinen rechtmäßigen Platz mehr. (Zwei Jahre später vertagte er die Wiedereinberufung des Parlaments auf unbestimmte Zeit. An seine Stelle trat ein vom König ernannter nationaler beratender Ausschuß, der den Regierungsentscheidungen kritiklos zustimmte.)

Arafat hatte zunehmend Erfolg. Am 13. November 1974 sprach er als Sondergast vor der UNO-Vollversammlung in New York. Er trat in Uniform auf und trug einen Revolver an der Seite. „Ich trage in der einen Hand den Ölzweig und in der anderen die Pistole des Freiheitskämpfers", erklärte er. „Lassen Sie nicht zu, daß mir der Ölzweig aus der Hand fällt." Die amerikanischen und die israelischen Delegierten verließen den Saal. Die Vollversammlung gewährte der PLO einen Beobachterstatus und verabschiedete eine Resolution, in der sie den Palästinensern das Recht auf Selbstbestimmung, nationale Unabhängigkeit und Souveränität zuerkannte. Husseins Rolle im Nahen Osten war damit abermals geschwächt.

Die allgemeine Aufwertung der PLO überraschte den König. Er hatte geglaubt, daß ihn zumindest Präsident Sadat und König Hassan von Marokko unterstützen würden, doch realpolitische Erwägungen traten dazwischen. Arafat, der virtuos die Klaviatur der Publicity beherrschte, hatte unermüdlich die Welt bereist, nicht nur die arabische, und um Unterstützung für die palästinensische Sache geworben. Er war beredsam. Seine theatralische Art, die ungewöhnliche Kopfbedeckung, das Tuch, unter dem er bequem seinen kahlen Schädel verbergen konnte, und das revoluzzerhaft ständig unrasierte Gesicht taten seinen Auftritten keinen Abbruch. Am Golf hieß es, daß die PLO ihre Forderungen nach Geld gelegentlich wenn nicht unter Drohungen, so doch mit Nachdruck durchsetzte. Aber auch das machte nichts: Auf Sicherheit bedachte Herrscher reicher ölfördernder Emirate ließen der PLO bereitwillig Geld zukommen. Viele Schecks wurden, wie es hieß, auf ein Konto ausgestellt, zu dem allein Arafat Zugriff hatte.

Die Entscheidung der Araber, die PLO als einzige legitime Vertretung des palästinensischen Volkes anzuerkennen, war nicht nur zutiefst undemokratisch, sondern auch töricht. Alle Staats- und Regierungschefs, die die Resolution von Rabat gebilligt hatten, wußten, daß es viele Jahre dauern würde, bis Israel und die Vereinigten Staaten sich bereit erklärten, mit der aus ihrer Sicht terroristischen PLO zu reden. Außerdem würde Israel sich Hussein zuwenden, Amerika tat es bereits. Mit ihrer wortreichen, aber wenig substantiellen Deklaration schadeten die Araber im Grunde den Interessen der Palästinenser. Israel lieferten sie einen Vorwand, nicht über ein Land-für-Frieden-Abkommen für die Westbank und Jerusalem zu verhandeln und die bisherige Siedlungspolitik verstärkt fortzusetzen.

Nun konnte allerdings die jordanische Regierung, nachdem sie 1970 die von ihrem Territorium aus operierenden palästinensischen Freiheitskämpfer verjagt hatte, schwerlich für sich das Recht in Anspruch nehmen, auch die Freischärler unter den Palästinensern zu vertreten.

Das israelische Kabinett äußerte sich am 21. Juli 1974, drei Monate vor dem Rabat-Gipfel. Es strebte einen Friedensvertrag mit Jordanien an. „Der Frieden soll sich auf die Existenz von zwei unabhängigen Staaten gründen – Israel, mit einem vereinten Jerusalem als Hauptstadt, und einem jordanisch-palästinensischen arabischen Staat östlich von Israel, wobei über den Verlauf der Grenzen in Verhandlungen zwischen Israel und Jordanien entschieden werden soll."

Kissinger machte die amerikanische Haltung in einer Absichtserklärung deutlich, die dem zweiten israelisch-ägyptischen Truppenentflechtungsabkommen vom 1. September 1975 angefügt war. Er betonte, Vertreter Amerikas würden so lange nicht mit Vertretern der PLO sprechen, bis diese die UNO-Resolution 242 anerkannten (was für sie allerdings unannehmbar war, weil sie nicht auf die Rechte der palästinensischen Flüchtlinge einging). Dieses berühmte Memorandum verhinderte auf Jahre hinaus Kontakte zwischen Amerika und der PLO, während die Israelis an Ort und Stelle systematisch „Fakten schufen".

Nach dem Gipfeltreffen von Rabat stellte der damalige Ministerpräsident Jitzhak Rabin mit der für ihn typischen Unverblümtheit fest: „Die Konferenz von Rabat hat beschlossen, die Organisationen von Mördern mit der Gründung eines Palästinenserstaats zu beauftragen... Es gibt keine Basis für Verhandlungen mit den terroristischen Organisationen. Es kommt uns nicht in den Sinn, mit einer Institution zu verhandeln, die unsere Existenz als Staat leugnet und einen Kurs von Gewalt und Terrorismus verfolgt." Die Araber hatten Israel bestmögliche Gründe zur Rechtfertigung oder – je nach Standpunkt – zur Entschuldigung ihrer Verzögerungstaktik geliefert.

Warum stimmte Sadat in Rabat gegen Hussein? War er wie Kissinger zu dem Schluß gekommen, nur ein israelisch-ägyptisches Abkommen sei erreichbar, nicht aber ein israelisch-jordanisches? Zudem wollte Sadat offenbar die radikalen Palästinenser auf seine Seite ziehen, um während der bilateralen Verhandlungen mit Israel seine Position zu verbessern (die Palästinenser wandten sich allerdings gegen ihn).

Hussein drängte auf den Abschluß eines Abkommens mit Israel. Der israelischen Regierung jedoch konnte kaum an Vereinbarungen mit Jordanien gelegen sein, nach denen sie einen Teil der Westbank würde räumen müssen. Der Plan des Ministers Yigal Allon von 1976, über weite Teile der besetzten Gebiete – mit Ausnahme der tatsächlich westlichen Seite des Jordantals – die Oberhoheit Jordaniens wiederherzustellen, war nicht zu akzeptieren. In Abänderung des Allon-Plans boten die Israelis statt dessen an, die Westbank von Hussein lediglich verwalten zu lassen, während sie, die Israelis, weiterhin die militärische Kontrolle ausübten. Das war für Hussein wie auch für die übrige arabische Welt unannehmbar.

Aus der Sicht israelischer Hardliner war bei einem Land-für-Frieden-Abkommen mit Hussein nicht viel hinzuzugewinnen; de facto herrschte bereits Frieden mit relativ sicheren Grenzen. Er gab den Anhängern der Expansionspolitik Gelegenheit, in Judäa und Samaria „Fakten zu schaffen", die nur unter großen Schwierigkeiten wieder rückgängig gemacht werden konnten. Die Siedler waren überzeugt von ihrem gottgegebenen Recht, das Land Israel neu in Besitz zu nehmen; sie wähnten sich moralisch gerechtfertigt gegenüber jenen Menschen, die hier seit 135 n. Chr. ihre Heimat hatten. Die Siedler blieben unerschrocken und hartnäckig, doch je länger Israel sich weigerte, ernsthaft mit Jordanien zu verhandeln, desto mehr wurde die Position der PLO Arafats gestärkt.

Dadurch, daß die Israelis die Westbank und den Gazastreifen weiterhin wie Kolonien behandelten und dort zunehmend mehr Siedlungen errichteten, trieben sie die Palästinenser schließlich in einen gewaltsamen Aufstand, die Intifada. Der Versuch, Anhänger der Protestbewegung „wie Grashüpfer" zu zermalmen – so drückte sich Ministerpräsident Jitzhak Schamir aus –, rief zumal bei jungen Palästinensern nur puren Haß gegen Israel und die Israelis hervor.

Nach allzu langer Herrschaft von Gewalt und Tod begriff man allmählich, daß die Palästinenser von ihrem Kampf niemals ablassen würden. Immer wieder würden sich Märtyrer finden, bereit, sich mit Sprengstoff am Körper in einem Bus in Tel Aviv oder auf einem Marktplatz in Jerusalem in die Luft zu sprengen oder Flugzeuge zu entführen. Die nationale Sicherheit des Staates Israel ließ sich nur gewährleisten, wenn Juden und Araber in Frieden und Eintracht zusammenlebten, wie sie es im Nahen Osten oder in Nordafrika jahrhundertelang vermocht hatten. Israel konnte der Region keinen Frieden aufzwingen, es mußte, ob es wollte oder nicht, mit Arafat reden.

Zu diesem Zeitpunkt trat die Mehrheit der Araber für eine umfassende, multilaterale Friedenskonferenz ein, auf der Israel, seine Nachbarn und auch die PLO vertreten sein sollten. Separate Friedensverhandlungen sollte es nicht geben. Aber wie die Vergangenheit zeigte, war es im Nahen Osten schwer, auch nur zwei Regierungen an einen Tisch zu bekommen. Welche Aussichten auf Erfolg konnten deshalb Gespräche haben, die gleichzeitig die israelisch besetzte Halbinsel Sinai, den Gazastreifen, das arabische Ost-Jerusalem, die Westbank und die Golanhöhen behandeln sollten? Und welche Chance gab es, daß Israel sich tatsächlich zu Verhandlungen mit der PLO bereitfand?

Eine solche Vorstellung war unrealistisch. Sadat wußte das und scherte aus der Reihe seiner arabischen Verbündeten aus, um mit Israel einen separaten, bilateralen Friedensvertrag zu schließen. Auch Hussein wußte, daß der Gedanke an eine umfassende Vereinbarung eher einem Traum als der Realität entsprach. Dem umsichtigen Überlebenskünstler war aber ebenso klar, daß ein bilateraler Vertrag keine Zustimmung in der arabischen Welt finden würde: Unterschrieb Hussein eine derartige Vereinbarung mit Israel, ohne daß vorher oder gleichzeitig ein Abkommen zwischen Israel und der PLO zustande kam, würde man ihn des Verrats an der arabischen Sache bezichtigen. Auf einen Friedensvertrag mit Israel mußte Hussein bis 1995 warten.

Nachdem US-Präsident Nixon wegen des Watergate-Skandals von Gerald Ford abgelöst war, drohte der Friedensprozeß zu versanden. Hussein war ein Nutznießer dieser Entwicklung. Zur Debatte standen ein israelischer Teilrückzug vom Sinai sowie entsprechende Garantien für Israel. Präsident Ford hielt Israels Premierminister Jitzhak Rabin für einen halsstarrigen Verhandlungspartner.

Ford drohte, Kissingers Politik der kleinen Schritte, die den Israelis entgegenkam, aufzugeben und statt dessen eine neue Genfer Konferenz einzuberufen – was den Israelis weniger gefallen hätte, weil an ihr sicherlich auch die Palästinenser beteiligt gewesen wären. Heraus kam eine neue Runde von Kissingers Pendeldiplomatie, aber auch der Entwurf zu einem Rahmenabkommen. Die Verhandlungen scheiterten, wie Ford später schrieb, weil Rabin „nicht zu verstehen schien, daß man nur etwas bekommt, wenn man auch etwas gibt"; er habe ihn, Ford, „fuchsteufelswild gemacht".[7]

Im März 1975 beschloß Ford, die amerikanische Nahostpolitik neu zu ordnen. Er fror die Hilfen für Israel ein und schloß mit Jordanien ein Abkommen über die Lieferung von Raketen und anderem Kriegsmaterial.

Hussein hatte im November 1974 den Wunsch geäußert, drei verschiedene Typen von amerikanischen Boden-Luft-Raketen zu kaufen:

Hawks, die größte, Chaparrals und mobile Redeyes. Außerdem bat er um radargesteuerte Flugabwehrkanonen vom Typ Vulcan und ein bestimmtes Führungssystem. Im April 1975 unterbreitete die Regierung ein entsprechendes Angebot, sie zog es aber angesichts des Widerstandes der pro-israelischen Lobby im Kongreß drei Monate später wieder zurück.

Diese Lobby, schrieb Ford später, „bestand aus patriotischen Amerikanern"; sie war „stark, stimmgewaltig und zahlungskräftig". Viele, die ihr angehörten, „verfolgten nur einen einzigen Zweck". Sie warfen ihm eine anti-israelische beziehungsweise antisemitische Einstellung vor, bezichtigten ihn etwa, er „bevorzuge Nichtjuden". Ford widersprach vehement: „Die Führer Israels und die amerikanische jüdische Gemeinde können nicht einfach eine rechtmäßige Vereinbarung unterwandern und erwarten, daß ich das als Präsident akzeptiere." Genau dies taten sie. Am 21. Mai 1975 unterschrieben 76 amerikanische Senatoren einen Brief, in dem sie Ford ersuchten, „zugänglich" zu sein für die Bitte Israels um Militär- und Wirtschaftshilfe in Höhe von 2,59 Milliarden Dollar. Die neue Politik der Regierung Ford führte nicht weiter. „Es hat mich ernsthaft genervt", bekannte Ford rückblickend.[8]

Gleichwohl wurde die amerikanische Militärhilfe für Israel wieder aufgenommen. Und Kissinger handelte am 1. September ein zweites israelisch-ägyptisches Abkommen über einen israelischen Teilrückzug vom Sinai aus. Die Einhaltung sollte von amerikanischen Technikern überwacht werden.

Inzwischen schritt die Radikalisierung der Palästinenser wie auch der Juden fort. Bei den palästinensischen Kommunalwahlen 1976 im Westjordanland errangen die PLO-Kandidaten einen Sieg und erhielten mehr als drei Viertel der umkämpften Sitze.

Jimmy Carter, der neue Präsident der USA, wußte um die vorrangige Bedeutung einer umfassenden Regelung für den Nahen Osten. Seine erste Begegnung mit einem führenden israelischen Politiker, mit Jitzhak Rabin am 7. März 1977, war für ihn jedoch „eine ganz besonders unangenehme Überraschung".[9] Rabin konnte mit keinen neuen Ideen aufwarten, wirkte ebenso verlegen und schüchtern wie starrköpfig. Ein anschließendes Zusammentreffen Rabins mit Anwar Sadat verlief ermutigender, der ägyptische Präsident zeigte sich aufgeschlossen gegenüber neuen Verhandlungen mit Israel. „Es entstand eine ungezwungene, natürliche Freundschaft", schrieb Jimmy Carter hinterher. „Jeder vertraute jedem."

Am 5. April notierte er in sein Tagebuch: „König Hussein von Jordanien kam. Wir mochten ihn alle, freuten uns an seinem Besuch und glauben, er wird ein starker und verläßlicher Verbündeter für uns sein, wenn im späteren Verlauf dieses Jahres die Zeit für eine Nahostkonferenz gekommen ist."[10] Zum erstenmal seit 25 oder 30 Jahren erklärte Hussein, sei er zuversichtlich, daß man zu vertraglichen Vereinbarungen kommen könne.

Später am Abend geschah dann etwas, was Einblicke in die Persönlichkeit beider Männer zuließ. Sie saßen gemeinsam mit Rosalynn Carter auf dem Truman-Balkon des Weißen Hauses und sahen dem Starten und Landen der Flugzeuge auf dem National Airport jenseits des Potomac zu. Hussein wandte sich an die Frau des Präsidenten und sprach von dem persönlichen Handschreiben, mit dem Carter sein Beileid zum Verlust der bei einem Hubschrauberabsturz ums Leben gekommenen Frau Husseins, Königin Alia, ausgedrückt hatte. Der Brief habe ihn sehr berührt, sagte er, und brach in Tränen aus. Carter, der Hussein für „emotional ausgetrocknet" hielt, fragte den König mitfühlend, ob es ihm angenehm wäre, für einige Ruhetage an die Küste seiner Heimat Georgia zu fahren. Hussein ging darauf ein, und Carter sorgte dafür, daß er bei zwei Familienfreunden Aufnahme fand.

Im Mai 1977 ging ein politisches Erdbeben durch Israel: Der national-konservative Menachem Begin, Spitzenmann des Likud-Blocks, gewann die Parlamentswahlen. Damit endete die lange Regierungszeit der gemäßigten Arbeitspartei. Von Begin war seine Vergangenheit als Terrorist zur Zeit des britischen Mandats bekannt, jenen Jahren, in denen die Stern-Bande und die Irgun Zvai Leumi gegen die Engländer in Palästina vorgingen oder, wie beim Aufstand von 1948 bei Deir Yassin, Massaker an Palästinensern veranstalteten. Mit Begin schien jede Art von Friedenslösung unmöglich. Trotzdem kam es noch im selben Jahr zu Versuchen, einen Friedensprozeß in Gang zu setzen, an dem auch Hussein beteiligt sein sollte.

Der Ansatz dazu bestand in der Idee, die erfolglos gebliebene Genfer Konferenz zu wiederholen, und zwar unter dem gemeinsamen Vor-

König Hussein stattet dem amerikanischen Präsidenten Jimmy Carter 1980 einen Staatsbesuch ab.

sitz der USA und der Sowjetunion. Um zu vermeiden, daß sie wiederum zu keinem Resultat führte, sollten Ausschüsse gebildet werden, die ihrerseits bilaterale Verhandlungen führten.

Israel widersetzte sich. Es befürchtete, die als Gruppe auftretenden Araber könnten sich womöglich gegenseitig in ihrer Radikalität und anti-israelischen Haltung übertreffen. Überdies würde die Sowjetunion Schwierigkeiten bereiten, letztlich würde eine derartige Konferenz nur die Unterschiede der Einstellungen Carters und Begins verdeutlichen. Amerikanische Juden übten daraufhin verstärkt Druck auf Carter aus.

Unter den Arabern wurde darüber diskutiert, wie sie angesichts der amerikanischen Weigerung, mit der PLO zu verhandeln, auf der Konferenz auftreten sollten. Würde es eine gemeinsame Delegation der Arabischen Liga geben, der auch Palästinenser angehörten (wofür Jordanien und Syrien eintraten)? Wenn nicht, was dann?

Sadat ließ erkennen, er wolle alleine mit Israel verhandeln. Assad hatte für diesen Fall Vorsorge getroffen: Hussein sollte Sadat dazu bewegen, eine Erklärung zu unterzeichnen, in der er versprach, keinen diplomatischen Alleingang zu unternehmen. Sadat hat eine solche Zusage nie gemacht.

Statt dessen verkündete er im November 1977 seine Bereitschaft, Israel einen Besuch abzustatten und vor dem Parlament in Jerusalem zu sprechen. Begin lud ihn tatsächlich bald darauf zu Gesprächen nach Israel ein. Die Vorarbeit dazu leisteten König Hassan von Marokko und Israels Außenminister Moshe Dayan, der heimlich Marokko besuchte, um dort Sadats Abgesandten zu treffen. Dayan trug einen falschen Schnurrbart, eine Perücke und eine Sonnenbrille.

Sadat wurde von seinen arabischen Brüdern verdächtigt, durch einen dritten Vertrag mit Israel einen Separatfrieden anzustreben, der die Rückgabe aller israelisch besetzten Teile der Halbinsel Sinai an Ägypten vorsah. Sadat stellte das in Abrede, wenn auch wenig überzeugend. In seiner Rede vor dem israelischen Parlament wich er jedoch nicht von der politischen Linie ab. Er plädierte für einen dauerhaften Frieden zwischen Juden und Arabern, betonte allerdings, dieser sei nicht ohne „eine gerechte Lösung des Palästinenserproblems" zu erreichen. Damit, daß er sich in die israelische Hauptstadt, nach Jerusalem begab, erweckte Sadat den Eindruck, er erkenne den Staat Israel de facto ohne greifbare Gegenleistung an. (Begin fuhr anschließend nach Ägypten und führte zwei Tage lang Gespräche mit Sadat in Ismailia.)

Sadat liebte große Gesten und besaß ein Gespür für geschichtliche Zusammenhänge. Er sah, daß der Friedensprozeß eines neuen Anschubs in die richtige Richtung bedurfte. Verfolgte er aber auch eine klare Strategie? Hussein versuchte, das herauszufinden. Sein Ministerpräsident Mudar Badran erklärte, der König sei „wie vor den Kopf geschlagen gewesen, als er erkannte, daß Sadat nach Jerusalem gegangen war, ohne diplomatische Vorgespräche hinter den Kulissen, ohne irgendeine, noch so geringe Gegenleistung. Er war gegangen, einfach um die Patt-Situation zu durchbrechen und Israel in Verlegenheit zu bringen."[11] So war es in der Tat, aber es war keine schlechte Idee. Für das weitere Geschehen im Nahen Osten bedeutete sie einen Richtungswechsel.

Die Konsequenzen von Camp David

Jimmy Carter lud den ägyptischen Präsidenten Sadat und Israels Ministerpräsident Menachem Begin zu einer zeitlich unbegrenzten Gesprächsrunde nach Camp David ein, dem Landsitz des amerikanischen Präsidenten in den Catoctin Mountains, rund achtzig Kilometer von Washington. Das Treffen dauerte vom 5. bis zum 17. September 1978 – nach Carters Aussage ein ungemein strapaziöses Unternehmen.

Achtzehn Monate vorher, als Hussein und Carter sich das erste Mal begegneten, teilte der König dem Präsidenten mit, er würde sich gern an den Gesprächen mit den Israelis beteiligen, vorausgesetzt, es ginge dabei vorrangig auch um die Rückgabe des Westjordanlandes und Ost-Jerusalems, den beiden vormals jordanischen Teilen der besetzten Gebiete. Bei einer solchen Lösung wären sie unter internationale Kontrolle gestellt worden, so lange, bis die Palästinenser entschieden, von wem sie künftig regiert werden wollten. Allerdings hätte die PLO an den Gesprächen teilnehmen müssen – ein, wie auch Hussein wußte, für die Israelis völlig unannehmbarer Gedanke.

Das Treffen in Camp David ging von anderen Überlegungen aus. Hussein und Arafat waren nicht geladen, das Ganze war eine Angelegenheit zwischen den USA, Israel und Ägypten, zwischen Carter, Begin und Sadat. Daß Arafat ausgeschlossen war, ging eindeutig auf Kissingers Versprechen gegenüber Israel zurück, nicht mit der PLO zu verhandeln, bevor diese nicht die wichtigen UNO-Resolutionen 242 und 338 anerkannte. Aus welchen Gründen aber fehlte Hussein?

Die Kairoer Zeitung *Al Ahram* zitierte dazu eine Äußerung Sadats: „Ich weigerte mich aufgrund seines Stils, Forderungen und Opportunismus in gleicher Weise eskalieren zu lassen, König Hussein mit nach Camp David einzuladen." Und Carters nationaler Sicherheitsbeauftragter, Zbygniew Brzezinski, erklärte dem Historiker Madiha Rashid al-Madfai: „Wir haben davon abgesehen, den König einzuladen, um den Prozeß nicht zu komplizieren. Ich glaube, es hätte kein Camp-David-Abkommen gegeben, wenn die Teilnehmergruppe größer gewesen wäre."[1]

1977 hielt es die Regierung Carter für unmöglich, für eine Wiederaufnahme der Genfer Konferenz eine gemeinsame arabische Linie zu schaffen. Brzezinski, als er die Vorbereitungen für Camp David traf, erklärte denn auch: „Um voranzukommen, hatten wir die Wahl, uns entweder nach dem langsamsten Partner zu richten, oder nach jenem, der auf ein zügigeres Tempo vorbereitet war, und genau dies entsprach unserem Interesse."

Am letzten Tag einigten sich Begin, Sadat und Carter über ein Rahmenabkommen für einen Friedensvertrag zwischen Israel und Ägypten und ein Rahmenabkommen für Frieden im Nahen Osten. Im Jahr darauf, am 26. März 1978, unterzeichneten die beiden ehemaligen Kriegsgegner ein gemeinsames Friedensabkommen.

Auf kurze Sicht durfte sich Begin, zäh und hartnäckig, mitunter auch ermüdend und unangenehm, als Sieger fühlen. Er hatte ein Abkommen für sein Land erreicht, das Israels Front im Süden neutralisierte und dem jüdischen Staat größere Freiheiten für Verhandlungen mit seinen übrigen Nachbarn gab. Der Suezkanal und der Golf von Akaba wurden für die israelische Schiffahrt geöffnet, und beide Länder tauschten Botschafter aus. Israel ging keine verbindlichen Verpflichtungen hinsichtlich der besetzten Gebiete, einschließlich Jerusalem, ein. Die Araber verbannten Ägypten aus der Arabischen Liga und verlegten deren Sitz von Kairo nach Tunis. Die arabische Welt geriet durcheinander, Israel hatte ihr einen Meisterstreich gespielt.

Als Gegenleistung verpflichtete sich Begin, innerhalb von drei Jahren die besetzte Sinai-Halbinsel zurückzugeben. Sie war ohnehin nie jüdisches Siedlungsgebiet und bestand, abgesehen von einem Ölfeld, aus

Ägyptens Präsident Sadat (l.), US-Präsident Jimmy Carter und der israelische Ministerpräsident Begin in Camp David.

einigen israelischen Militärflugplätzen und ein paar bäuerlichen Ansiedlungen, vor allem aber aus Sand. Das geförderte Öl würde Israel nach einer Sonderregelung von Ägypten kaufen. Was die Flugplätze anging, so würde Amerika mit großzügigen Krediten dafür sorgen, daß Israel sich neue anlegen konnte.

In Camp David stiftete Menachem Begin, als es um den Rückzug vom Sinai ging, einige Verwirrung, als er in den langen Sitzungen jeden Verhandlungstext Wort für Wort studierte. Seine Motive mögen redlich gewesen sein, das Resultat aber war, daß Carter und Sadat sich beunruhigt fragten, ob sie anderen Gebieten womöglich weniger große Aufmerksamkeit gewidmet hatten, solchen, bei denen Israel Zugeständnisse abverlangt waren, ohne daß sich Begin dazu auch nur im geringsten bereit zeigte: das Westjordanland, der Gazastreifen, die Golanhöhen und Ost-Jerusalem. Entsprechend vage fiel das Rahmenabkommen zum Frieden im Nahen Osten aus.

Bis zu einem gewissen Grade ließ sich das nicht vermeiden. Es standen noch umfassende Verhandlungen zwischen den Palästinensern und Syrern, den Libanesen und – wie die Runde in Camp David hoffte – den Jordaniern bevor. Was Sadat und Carter entwarfen, war lediglich ein Rahmen, der die Frage nach der Zukunft der israelisch besetzten Gebiete vorläufig ausklammerte. Insofern schien es verständlich, wenn manche Araber meinten, Sadats Kompromißbereitschaft grenze an Verrat. Amerikaner und Westeuropäer dagegen schätzten den ägyptischen Präsidenten als einen mutigen Mann, der ehrlich um den Weg zum Frieden im Nahen Osten bemüht war.

Sadat wie auch Carter wünschten sich von den Verhandlungen in Camp David ein vorzeigbares Ergebnis. Immerhin lag ein Land-für-Frieden-Abkommen zwischen Ägypten und Israel in Reichweite. Deshalb konzentrierten sie sich ganz darauf, beteuerten zugleich aber ihren Wunsch nach einer umfassenden Lösung.

Das Dokument, das sich mit einem Rahmenabkommen für die gesamte Region beschäftigte, sah eine Übergangszeit von fünf Jahren vor, während der über den endgültigen Status der Westbank und des Gazastreifens verhandelt werden sollte. Beide Gebiete sollten unter einer Selbstverwaltung mit frei gewählten Mitgliedern volle Autonomie besitzen. Am ersten Schritt, der die beste Möglichkeit zur Etablierung eines Verwaltungsgremiums erkunden sollte, würden Jordanien, Ägypten und Israel beteiligt sein. Zu den Delegationen Jordaniens und Ägyptens könnten auch Palästinenser gehören. Israels Wunsch, PLO-Vertreter auszuschließen, müßte sich nicht unbedingt auch auf PLO-Sympathisanten beziehen, obgleich dies in dem Dokument nicht ausdrücklich erwähnt wurde.

Der zweite Schritt sah nach Bildung der Autonomiebehörde den Abzug der israelischen Zivilverwaltung und der Militärregierung vor. Einige israelische Streitkräfte sollten „in Gebiete mit speziellen Sicherheitsaufgaben verlegt" werden; zugleich sollten Verhandlungen über den „endgültigen Status" von Westbank und Gaza beginnen.

Die eigentlichen Verhandlungen sollten zwei Kommissionen übernehmen. Die Aufgabe der einen war es, über den endgültigen Status der Westbank und des Gazastreifens zu beraten und eine Lösung zu finden, die zweite sollte einen Friedensvertrag zwischen Israel und Jordanien ausarbeiten. Dabei sollte „die Vereinbarung, die über den endgültigen Status der Westbank und des Gazastreifens erzielt wurde", mit berücksichtigt werden. Das hieß, es mußte entschieden werden, wer die Westbank regierte – gewählte Vertreter, König Hussein, Freunde der PLO, vielleicht auch in gewissem Maße Israel –, noch bevor Jordanien einen Friedensvertrag mit Israel abschließen konnte.

Vieles davon erinnert an das Ergebnis der späteren Verhandlungen in Oslo in den neunziger Jahren, das eine partielle Friedenslösung für die Westbank und den Gazastreifen mit einer Selbstverwaltungsbehörde vorsieht. Doch gibt es einen wichtigen Unterschied: Das Rahmenabkommen von Camp David bot Jordanien eine herausragende Rolle an, die es nicht wahrnahm, zudem war die PLO nicht erwähnt. In Oslo dagegen war Jordanien ausgeschlossen, während die Palästinenser sich durch eine PLO vertreten sahen, die der Gewalt abgeschworen hatte.

Das Rahmenabkommen von Camp David enthielt Details, von denen Jordanien, obwohl es nicht am Verhandlungstisch saß, betroffen war. So war festgelegt, daß eine neue Polizeitruppe für die beiden Gebiete „in internationalen Sicherheitsangelegenheiten die ständige enge Verbindung mit den dafür ausersehenen israelischen, jordanischen und ägyptischen Offizieren fortsetzen" wird. Auch sollten für die Übergangsperiode „Vertreter von Ägypten, Israel, Jordanien und der Selbstverwaltung eine Kommission gründen", die sich mit den palästinensischen Flüchtlingen befaßte.

Das alles klang präzise und ausgewogen. Doch während Begin verhandelte, lief sein Gesicht blau an bei dem Gedanken, er müsse auch nur ein Stück jenes Bodens freigeben, den er und seine Anhänger für das alte, das biblische Israel hielten.

Trotzdem kam in den Verhandlungen in Camp David und im Friedensabkommen zwischen Israel und Ägypten ein ganz wesentliches Prinzip zur Geltung. Es fand später, in den neunziger Jahren, mit begrenztem Erfolg auch auf das Westjordanland und Gaza Anwendung, nämlich die Tauschregel „Land für Frieden". In der Praxis lief sie darauf hinaus, daß Israel besetzte arabische Gebiete räumte und die Araber mit ihrem alten Feind Frieden schlossen. Insofern war Menachem Begin doch der Verlierer, jedenfalls auf längere Sicht.

Um sicher zu sein, daß Begin seine Zusagen gegenüber den Palästinensern erfüllte, wünschte Sadat, die Realisierung beider Abkommen miteinander zu verbinden, doch die Israelis weigerten sich. Tatsächlich besagte der Artikel sechs des Friedensvertrags, dessen Umsetzung müsse losgelöst von anderen Abmachungen („external instruments") erfolgen, also etwa dem Rahmenvertrag für die gesamte Region. Als sie bemerkten, daß Begin diese Passage als Schlupfloch benutzte, überredeten ihn Sadat und Carter zur Unterzeichnung einer Zusatzvereinbarung. Sie stellte klar, daß der besagte Artikel den in Camp David getroffenen Vereinbarungen nicht widersprach. Das ließ israelischem Manövrieren immer noch genügend Spielraum. Zusammen mit Carter und Sadat unterschrieb Begin auch einen Brief, in dem er sich zur Fortführung der Gespräche über Gaza und das Westjordanland verpflichtete. Doch ein Brief ist noch kein Vertrag. Außerdem läßt sich über bloße Versprechen nur schwer verhandeln.

Wie verhielten sich Hussein und sein Land zur mittlerweile historischen, aber auch von Fragen und Zweifeln begleiteten Wende von Camp David?

Am Anfang zeigte sich der König von Sadats Haltung irritiert, niemand hatte vorher seinen Rat eingeholt. Nach Sadats Auftritt in Jerusalem versuchte Hussein, die arabische Welt zusammenzuhalten, wurde aber vom syrischen Präsidenten Assad, der einen separaten ägyptisch-israelischen Friedensvertrag witterte, kurz abgefertigt. An den Camp-David-Gesprächen nahm Hussein nicht teil. Seit dem Gipfeltreffen der Arabischen Liga in Rabat war es die PLO und nicht das Staatsoberhaupt Jordaniens, das die Palästinenser der Westbank vertrat. Hätte Hussein die Macht der PLO in diesem Punkt an sich zu reißen versucht, so verlockend das auch schien, wäre er in erhebliche Schwierigkeiten mit der arabischen Welt geraten.

Eine der Schwächen des Rahmenabkommens bestand darin, daß Carter und Sadat davon ausgegangen waren, Hussein würde sich zur Übernahme einer Schlüsselrolle bereitfinden, wenn es um die Regelung der Frage ging, wer die Palästinenser zu vertreten habe. Am 19. September, zwei Tage nach dem Treffen von Camp David, gab die jordanische Regierung eine Verlautbarung heraus. In leicht gereiztem Ton hieß es darin, die Regierung fühle sich an keine in Camp David vorbereitete, Jordanien betreffende Erklärung gebunden. Zugleich bekräftigte sie ihre Unterstützung einer umfassenden – nicht bilateralen – Lösung. Ohne ihn namentlich zu nennen, wurde Sadats Vorgehen verurteilt. Außerdem forderte Jordanien den vollständigen Rückzug Israels aus den besetzten Gebieten und unterstrich das Recht der Palästinenser auf Selbstbestimmung.

Als der amerikanische Außenminister Cyrus Vance Jordanien besuchte, wurde er ohne Umschweife an Amerikas früheres Bekenntnis zu einer umfassenden Lösung erinnert. Vance berief sich auf Sadats Zustimmung zu einer bilateralen Vereinbarung mit Israel und erklärte: „Wenn eine Partei sagt: ‚Ich stimme zu‘, können wir nicht sagen: ‚Nein, das dürfen Sie nicht.‘ Wir können nicht arabischer sein als die Araber selbst.“ Damit hatte er allerdings recht.

Nach dem Abschluß der Verhandlungen von Camp David schickte Hussein Präsident Carter einen Katalog mit vierzehn Fragen, die er im eigenen und im Interesse anderer arabischer Politiker geklärt zu sehen wünschte. „Was bedeutet der Paragraph A?“, fragte er mit mehr als nur einem Anflug von Verärgerung. Auch wollte er wissen, unter wessen Oberhoheit das Westjordanland und Gaza nach der fünfjährigen Übergangsperiode fallen würden. „Handeln Sie eine Lösung aus“, antwortete Carter. Würden die israelischen Streitkräfte nach Ablauf der fünf Jahre bleiben? „Vielleicht, für einige Zeit, verhandeln Sie darüber“, so Carters Antwort. Und was würde mit Ost-Jerusalem geschehen? „Die Jerusalem-Frage ist in Camp David nicht besprochen worden“, gab Carter zu. „Sie muß bei späteren Verhandlungen diskutiert werden.“ Und wie sollte mit den israelischen Siedlungen in den besetzten Gebieten verfahren werden? Die Rahmenvereinbarung sagte nichts darüber. Begin sollte später behaupten, er habe nur einer dreimonatigen Unterbrechung beim Bau von Siedlungen zugestimmt.

Für die Araber war das alles völlig unannehmbar. Sie schienen gewillt, Konsequenzen zu ziehen. Für Hussein schließlich war es zu spät: Nachdem er zunächst entschieden hatte, daß Jordanien sich nicht an den ersten Gesprächsrunden beteiligte, verband er sich nun, in der gemeinsamen Ablehnung der Ergebnisse, mit den Arabern. Die Saudis schlossen sich den Verweigerern an. „Wir alle waren aufgebracht“, erinnerte sich Präsident Carter, „als Hussein später zum Wortführer der radikalsten Araber wurde.“[2] Es war nicht das letzte Mal, daß der pro-westliche König seine Freunde in Amerika vor den Kopf stieß.

Die Araber müssen geglaubt haben, Sadat und Carter würden ihnen, nachdem sie sich auf eine so gefährliche Reise begeben hatten, zumindest etwas mit nach Hause bringen. Statt dessen waren die Präsidenten Ägyptens und Amerikas mit Begin lediglich übereingekommen, es sollten mehr direkte Gespräche zwischen Arabern und Israelis stattfinden. Was Ost-Jerusalem betraf, so hatten sie es nicht einmal erwähnt. Da Verhandlungen sich hinauszögern lassen, hatten Sadat und Carter in gewissem Maße den Status quo bereits stillschweigend akzeptiert.

Zumindest den Arabern stellte es sich so dar. Die Amerikaner sahen es anders. Rückschauend vertrat Carters Sicherheitsbeauftragter Brzezinski die Ansicht, in Camp David sei ein pragmatischer Rahmen für die Zukunft geschaffen worden, man müsse ihn nur noch mit Leben erfüllen. Die USA hätten den Arabern den Ball zugeworfen; sie hätten ihn annehmen und mit ihm davonrennen müssen. Gegenüber Rashid al-Madfai drückte er es so aus: „Wenn die arabische Seite auch nur ein halbes Hirn im Kopf hätte, dann würde sie erkennen, daß die Schaffung autonomer Institutionen über einen Zeitraum von fünf Jahren in einem durch die Grenzen von 1967 definierten Gebiet es letztlich nur schwerer machen würde, zu irgendeinem Friedensabkommen zu gelangen, schwerer, als es mit den Grenzen von 1967 möglich gewesen wäre."[3]

An dem Gipfeltreffen, das vom 2. bis 5. November in Bagdad stattfand, nahmen außer Ägypten alle Mitglieder der Arabischen Liga teil. Sie drängten Sadat, die Camp-David-Vereinbarungen zu widerrufen, andernfalls würden sie Ägypten boykottieren. Sadat weigerte sich und hatte die Folgen zu tragen. Als politischer Akt war der Boykott der Araber ähnlich kurzsichtig, wie es die auf dem Gipfeltreffen von Rabat getroffene Entscheidung war, die PLO zur einzigen legitimen Vertreterin des palästinensischen Volkes zu erklären.

Unterdessen fuhren die Israelis mit dem Bau von Siedlungen im Westjordanland und im Gazastreifen fort. Bis Ende 1977 hatten sich etwas mehr als 5.000 Juden in der Westbank angesiedelt; gegen Ende 1980 waren es 12.500. Dazu kamen 6.500 auf den Golanhöhen sowie 6.000 im Sinai, die sich allerdings, gemäß dem israelisch-ägyptischen Friedensvertrag, wieder zurückzogen. Bis 1997 befanden sich etwa 52 Prozent des Westjordanlandes in israelischer Hand. Begin verheimlichte nicht, was vor sich ging. Im Gegenteil, er prahlte damit, so daß die ohnehin starke

Verbitterung in Israels Nachbarländern noch anwuchs. Die Volkswirtschaft Israels und die der besetzten Gebiete gingen ineinander über. Ost-Jerusalem wurde ein Teil der jüdischen Hauptstadt. Die Israelis übernahmen die Kontrolle über Wasserressourcen, 1980 nutzten sie etwa zwanzig Prozent der Vorkommen im Westjordanland. Sie kauften oder konfiszierten große Gebiete palästinensischen Landbesitzes.[4]

Die wirtschaftliche Entwicklung der Westbank und des Gazastreifens verlief wesentlich langsamer als die in Israel. Die Israelis taten so gut wie nichts, um die Infrastruktur der besetzten Gebiete zu verbessern. Sie investierten dort nur wenig in Straßen, Brücken, Häfen und Eisenbahnen. Es lag nicht in ihrem Interesse, diese Gebiete für die einheimische Bevölkerung attraktiver zu machen. Zumal die Hardliner unter ihnen wünschten eher, daß so viele Palästinenser wie möglich ihre Häuser aufgaben und die Heimat verließen, um sich irgendwo in der Fremde niederzulassen.[5]

Hätte die arabische Welt sich nicht selbst einen großen Stein in den Weg gelegt, indem sie Terroristen das Recht verlieh, die Palästinenser zu vertreten, und hätte sie diese Aufgabe statt dessen Hussein überlassen – wer weiß, der König wäre womöglich in der Lage gewesen, die Weltmeinung gegen die israelische Expansionspolitik zu mobilisieren. Er hätte diese Politik zumindest verlangsamen können. Doch Hussein wurde ignoriert. Seine Erfahrungen, seine guten Beziehungen zu den Vereinigten Staaten, Großbritannien und Frankreich, sein entspanntes Verhältnis zur Sowjetunion – alles dies zählte wenig. Insofern überrascht nicht, daß eine lange, unergiebige Periode anbrach, in der zwar Gespräche zwischen Israel und Ägypten stattfanden – fünf ergebnislose Sadat-Begin-Treffen –, keines aber mit anderen arabischen Politikern (außer einem heimlichen mit Hussein, das aber keinen Durchbruch brachte). 1980 stellte Sadat die Treffen ein.

1978 ließ Carter sondieren, ob eine Begegnung zwischen ihm und König Hussein von Nutzen sein könnte. Die Antwort war eindeutig: nein. Das minderte nicht die uneingeschränkte Wertschätzung, die Carter für Hussein empfand. Im Rückblick auf diese Zeit schildert der Präsident den König, seine kleine Statur, seine ruhige, beinahe ehrerbietige Art. Carter würdigte Hussein als scharfsinnig und nachdenklich und fand, er sei ein guter Zuhörer. „Hussein hat viel mehr persönliche Stärke, als sein schwaches Königreich ihm zu zeigen erlaubt".[6]

Carter schien allerdings auch, Hussein verhalte sich „wie Hamlet", unfähig, eine Entscheidung über die Rolle Jordaniens hinsichtlich der Palästinenservertretung zu treffen zu einer Zeit, da die PLO in interne Streitigkeiten verstrickt war. Carter läßt durchblicken, daß er an der Stelle des Königs danach getrachtet hätte, die Herrschaft über die Westbank und Gaza wiederzuerlangen; auch die Entscheidung von Rabat aus dem Jahr 1974 hätte er ignoriert. Hussein wußte indessen, wie gefahrvoll dies für ihn und die Haschemiten-Dynastie gewesen wäre. Die Situation war ohnehin schlimm genug.

Größte Sorge bereitete ihm, daß während der Regierungszeit Begins etwa 12.000 Palästinenser pro Jahr genötigt waren, ihre angestammte Heimat im Westjordanland zu verlassen und „entweder nach Jordanien zu gehen oder zu den zahlreichen, verstreut lebenden Flüchtlingen in anderen Ländern". Wenn diese Entwicklung anhalte, versuchte Hussein dem US-Präsidenten zu erklären, unterminiere sie den israelisch-ägyptischen Friedensvertrag und mache jede Aussicht auf eine dauerhafte und umfassende Friedenslösung zunichte. Außerdem könnte sie dazu führen, Jordanien zu destabilisieren und radikalen Kräften im Land Auftrieb zu geben.

Neben dem Versuch, der PLO das Alleinvertretungsrecht für die Palästinenser streitig zu machen und ansonsten die weitere Entwicklung abzuwarten, gab es eine andere Möglichkeit: ein maßvoller und konstruktiver, dabei von allen Seiten anerkannter Einsatz für den Frieden in Nahost. Hätten die Palästinenser ihn tatsächlich als ihren alleinigen Repräsentanten in einer Konföderation von Jordanien und einem befreiten Palästina sehen wollen, Hussein hätte bereit gestanden und Gelegenheit gehabt, eine Reihe eigener Initiativen zu ergreifen, wenn auch in ständiger Zusammenarbeit mit der PLO.

Um den König zur Teilnahme an den Gesprächen mit Israel zu bewegen, die sich – unter Ausschluß der PLO – den Verhandlungen in Camp David anschlossen, setzte Carter Druckmittel ein. So wurde dem Wunsch Jordaniens, in den USA F-16-Kampfflugzeuge zu kaufen, nicht stattgegeben. Ein Jahr später billigte das Repräsentantenhaus eine Vorlage, die Jordanien so lange Militärhilfe verweigerte, bis es die ihm in Camp David zugedachte Rolle übernahm. Um einen Vertrag, in dem es um die Lieferung von 300 amerikanischen M-60-Panzern ging, entstand so viel Wirbel, daß Hussein verärgert 274 englische Chieftain-Panzer mit finanzieller Hilfe Saudi-Arabiens anschaffen ließ. Ohnehin wurde unter Carter das für Militärhilfe bestimmte Budget erheblich gekürzt, von 40 Millionen Dollar im Jahr 1978 auf 20 Millionen im Haushaltsjahr 1980.[7] Hussein beharrte währenddessen auf seiner Position. Druck und Gegendruck, die sich daraus ergaben, waren andererseits kein Hinderungsgrund für seinen Besuch im Weißen Haus 1980.

Ronald Reagan, 1981 zum neuen Präsidenten der USA gewählt, fand die Israelis nicht weniger schwierig als seine Vorgänger Carter, Ford und Nixon. Trotz – oder gerade wegen – des großen Einflusses, den sie in Washington ausübten, waren sie nicht gerade beliebt. Die Araber hätten aus der allgemeinen Verstimmung über Israel Nutzen für sich ziehen können. Hussein aber war eher bemüht, den USA die arabische Welt als moderat und auf Vernunft bedacht darzustellen – ein vordergründiges Spiel, das die übrigen Araber immer wieder durchkreuzten.

Bald nachdem Reagan sein Präsidentenamt angetreten hatte, ließ Begin die großen Kaliber der jüdisch-amerikanischen Lobby auffahren. Es ging darum, den Verkauf von Frühwarnflugzeugen (AWACS) an Saudi-Arabien um jeden Preis zu verhindern. Alexander Haig, der amerikanische Außenminister, notierte hinterher zu Begins Vorstoß: „Er verlor die Sympathie der einflußreichen Leute in der Regierung und stellte die Geduld und das Verständnis des Präsidenten auf die äußerste Probe".[8]

Als Reagan im Oktober 1981 die AWACS-Kosten zur Genehmigung dem Kongreß vorlegte, merkte er an: „Es ist nicht Sache irgend einer anderen Nation, US-Außenpolitik zu betreiben." Die Abstimmung ging mit 52 zu 48 Stimmen zugunsten des Verkaufs aus. „Fast hätte Begin gewonnen", kommentierte Haig, der eigentlich als pro-israelisch galt.

Die Verärgerung in Amerika hatte weitere Gründe. Ohne die Reagan-Administration zu informieren, ordnete Begin im Juni 1981 die Bombardierung des kurz vor der Inbetriebnahme stehenden irakischen Forschungsreaktors Osirak an. Begin erklärte schlicht, hätte er Reagan oder Haig von dem Vorhaben in Kenntnis gesetzt, hätte man ihn gewiß davon abzuhalten versucht. Ganz unbegründet war Begins Befürchtung nicht, der Irak plane die Herstellung von Atomwaffen für einen möglichen Einsatz gegen Israel (im Irak wiederum fühlte man sich von angeblich schon einsatzbereiten israelischen Atomflugkörpern bedroht), die Zerstörung des Reaktors aber war damit nicht zu rechtfertigen. Trotzdem geriet sie bald in Vergessenheit, nachdem einige Regierungen Bedenken geäußert hatten. Insgeheim schien man froh, daß der Reaktor im Irak dem Erdboden gleich gemacht war.

Am 6. Oktober 1981 fiel Präsident Sadat in Kairo einem Attentat zum Opfer. Sein Nachfolger wurde der ehemalige Luftwaffengeneral und bisherige Vizepräsident Hosni Mubarak. Er versprach, Sadats Vermächtnis lebendig zu halten. Tatsache aber war, daß sich der Friedensprozeß, wie er sich bis dahin entwickelt hatte, verlangsamte, und zwar nicht ohne Dazutun von Israel.

Noch im Dezember 1981 verärgerte Begin sowohl die Araber wie die Amerikaner. Er stellte klar, daß es sich bei der Besetzung der 1967 im Sechstagekrieg eroberten und 1973, im Jom-Kippur-Krieg, erfolgreich gehaltenen Golanhöhen um eine De-facto-Annektierung handele. Das war eine Mißachtung jenes Satzes der UN-Resolution 242, der die Aneignung von Territorien, die im Krieg erobert werden, ausdrücklich für „unzulässig" erklärt. Die „Strafe", die sich Präsident Reagan dafür ausdachte, fiel milde aus: Er zögerte den Abschluß einer Vereinbarung über die strategische Zusammenarbeit beider Staaten hinaus.

Begin war empört. „Was ist das für eine Art Rede: ‚Israel bestrafen'?", fragte er den amerikanischen Botschafter in Tel Aviv. „Sind wir eine Bananenrepublik? Sie haben kein Recht, Israel zu bestrafen." Und Ariel Sharon, damals israelischer Verteidigungsminister, wandte sich lautstark an Haig: „Wir sind Ihre Verbündeten und Freunde und sollten auch so behandelt werden!" Sharon berichtet, Haig habe bei der Antwort derart auf den Tisch geschlagen, daß das Geschirr bebte: „Wenn Sie sich wie ein Verbündeter benehmen, General, wird man Sie auch entsprechend behandeln."

Eine Verbesserung der israelisch-amerikanischen Beziehungen trat erst ein, als Begin am 25. April 1982 sein Versprechen von Camp David einlöste und die Halbinsel Sinai an Ägypten zurückgab. Lange freilich währte die Entspannung nicht. Schon zwei Monate später, im Juni, fiel Israel in den Libanon ein, auch diesmal ohne seine „Verbündeten und Freunde" vorab zu informieren.

Das Ziel im Libanon waren die PLO und ihre Stützpunkte. Über Monate hin hatten die Palästinenser Libanon als Basis für ihren permanenten Kleinkrieg gegen Israel genutzt. Den Vergeltungsschlägen fielen Guerillas, aber auch viele Einheimische zum Opfer. Die Libanesen hatten niemand, der wie Hussein fähig gewesen wäre, die Fedajin zu vertreiben. Um so erbarmungsloser schritten nun die Israelis ein.

Hussein war nur einer von vielen, der Arafat vor dem bevorstehenden Angriff warnte. Anfang 1982 schickte er seinen Außenminister Marwan Qasem zum PLO-Chef: „Die Israelis sind im Begriff, Euch ein für allemal zu vernichten, seid deshalb vorsichtig. Liefert ihnen keinen Vorwand."[9]

Begin und Scharon gegenüber hat Haig wiederholt betont, die Vereinigten Staaten würden eine Militäraktion gegen die PLO im Libanon nur dann unterstützen, wenn ihr eine international als solche geächtete Provokation vorausginge, die Vergeltung müsse außerdem in angemessenem Verhältnis zum Verbrechen stehen. Anlaß zum Zuschlagen war für Begin der Anschlag eines arabischen Terroristen (der nicht der PLO, sondern einer Splittergruppe unter dem Extremisten Abu Nidal angehörte) auf Shlomo Argov, den israelischen Botschafter in Großbritannien. Argov wurde in einem Londoner Hotel schwer verletzt.

Der Einfall in den Libanon begann am 5. Juni 1982. Am 13. Juni war Beirut von den Israelis umstellt, obwohl sie vorher erklärt hatten, sie würden nicht weiter als 65 Kilometer in das Land vorstoßen. Mit christlichen Verbündeten, den Maroniten aus dem Ostteil Beiruts, fügten sie den syrischen Streitkräften schwere Verluste zu.

Nachdem die Israelis zahlreiche PLO-Basen ausgeschaltet hatten, ging ein Großteil der überlebenden Kämpfer an Bord von Schiffen, die sie nach Tunesien, in den Jemen oder in ein anderes arabisches Land brachten, das bereit war, sie aufzunehmen. Israel wurde wegen des Überfalls von der UN-Vollversammlung verurteilt, nahm es aber gelassen: Es gab genügend Mächtige in der Welt, die erleichtert waren über die deutliche Schwächung der PLO, mochte auch die Anzahl der zivilen Opfer im Libanon erschreckend sein.

Alles sah nach einem Triumph Israels aus, doch nicht lange. Am 16. September 1982 drangen mit Wissen der Israelis und wohl auch mit ihrer Billigung Kämpfer der libanesischen Falange-Partei, einer der vom designierten Staatspräsidenten Beschir Gemayel geführten Organisation der maronitischen Christen, in die von israelischen Truppen umstellten palästinensischen Flüchtlingslager Sabra und Chatila am Rande von Beirut ein. Sie ermordeten Hunderte von wehrlosen Zivilisten, meist Frauen, Kinder und Alte. Die Israelis schritten nicht ein. Es wurde bekannt, daß Scharon und Gemayel am Vorabend des Massakers miteinander konferiert hatten.[10] Begin zuckte die Achseln. „Goyim töten Goyim", sagte er, „und die Welt versucht, die Juden für dieses Verbrechen zu hängen."[11]

Erst die Bombardierung und der Beschuß Beiruts und dann dieser Massenmord – Israels Ansehen in der Welt sank enorm. Manche Israelis wie Scharon mögen gedacht haben, dieser Preis sei die Zerstörung der Palästinenserbewegung wert, aber sie irrten sich. Die tragischen Ereignisse waren nur Episoden im Kampf der Palästinenser um ihr Überleben und die ersehnte staatliche Unabhängigkeit. Es folgten weitere Zwischenfälle. Erst nachdem Israel mit Arafats PLO Frieden geschlossen hatte, wuchs innerhalb der eigenen Grenzen das Gefühl der Sicherheit.

Schon aber wiesen die Demonstrationen palästinensischer Jugendlicher im Westjordanland auf Unruheherde, aus denen sich die Intifada zu entwickeln begann.

Hussein wird die Niederlage der PLO und die Demütigung Arafats in Beirut mit gemischten Gefühlen, vielleicht auch in einer Art Déjà-vu-Stimmung beobachtet haben. Er hielt sich und seine Familie für den Schlüssel, der das Tor zum Frieden im Nahen Osten öffnen konnte, ärgerlich war nur, daß dieses Tor ein zweites Schloß hatte, zu dem fraglos die PLO den Schlüssel in der Hand hielt. Sie aber, nicht nur durch die Niederlage geschwächt, sondern wie immer auch hoffnungslos gespalten in Radikale und Pragmatiker, konnte sich nicht entschließen, das Tor aufzustoßen.

Diese augenscheinlich verfahrene Situation versuchte am 1. September 1982 die Reagan-Administration zu durchbrechen. Der Präsident legte einen eigenen Friedensplan vor. Er und sein neuer Außenminister George Shultz, Nachfolger von Haig, hatten hinnehmen müssen, daß alle Friedensbemühungen durch Israels Bombardierung Beiruts und das Massaker von Sabra und Chatila nahezu zum Erliegen gekommen waren. Ungeachtet ihres Entsetzens über das Verhalten Israels traten Reagan und Shultz in der Öffentlichkeit als Fürsprecher der Israelis auf, allerdings als zutiefst besorgte. Amerika mußte sein lädiertes Ansehen in der arabischen Welt wiederherstellen. Hussein sollte dabei eine der Hauptrollen spielen.[12]

Shultz' Einschätzung des Königs unterscheidet sich nicht von derjenigen Kissingers. Er beschreibt ihn als den „am meisten für sich einnehmenden Monarchen", klein von Wuchs, gesund und kräftig gebaut, auffällig dadurch, daß er mit tiefer Baritonstimme alle männlichen Gesprächspartner unterschiedslos mit „Sir" anredete. Gelegentlich habe er betrübt gewirkt, dann wieder ungeduldig und gereizt. Er habe es verstanden, die Würde und den erhabenen Ernst eines Erbmonarchen mit dem Charme eines Vaters zu verbinden, der sich seinen Kindern zuwendet. Obwohl sendungsbewußt und stark an geschichtlichen Zusammenhängen interessiert, habe er für die Mitgestaltung der Politik im Nahen Osten aber „eine schwache Hand" besessen.

Bei den geheimen Vorbereitungen der neuen Initiative konsultierten die Amerikaner auch Hussein. Nicholas Veliotes, ein Mitarbeiter von Shultz, flog zunächst nach London und von dort an Bord von Husseins Privatmaschine nach Amman. Hussein hörte aufmerksam zu und wiederholte gegenüber Veliotes einzelne Punkte des Plans, wie er sie verstanden hatte: Die USA wollten keinen Palästinenserstaat, wandten sich gegen eine israelische Oberhoheit über die Westbank und Gaza, befürworteten aber eine Verbindung zwischen den palästinensischen Behörden in diesen Gebieten und dem Königreich Jordanien. „Meinten Sie es so? Wollen Sie das durchsetzen?" fragte Hussein. Sein Gast bejahte und kehrte nach Amerika zurück in der Annahme, Hussein sei nunmehr „ein potentieller Mitspieler". Der vorsichtige Shultz aber wollte zunächst Husseins offizielle Antwort abwarten.

Sie traf am Tag danach ein. Der König legte den Vereinigten Staaten darin dringend nahe, sich für ihr Vorhaben die Unterstützung vieler arabischer Länder zu sichern. Außerdem sollten sie weitgehend auf die Belange der PLO eingehen und klarstellen, daß die neue Initiative nicht mit den Beschlüssen von Camp David zusammenhinge, die nach wie vor in einem Großteil der arabischen Welt keinen Anklang fanden.

Shultz deutete Husseins Antwort, wie er in seinen Memoiren schreibt, als „eine Form, ‚nein' zu sagen". Im Entgegnungsschreiben, das er für Reagan entwarf, heißt es denn auch sinngemäß, die USA hätten alle ihre Punkte klar dargelegt, nun sei es an ihm, Hussein, dasselbe zu tun.

Seine „Fresh Start"-Initiative erläuterte Reagan mit dem einfachen Hinweis, es sei die Zeit für neue Lösungsversuche im Nahen Osten gekommen; sie sollten auf den Vereinbarungen von Camp David basieren, ebenso auf der wichtigen Rolle, die Hussein zufalle. Zu Israel meinte er: „Die Sicherheit, nach der es sich sehnt, kann nur durch einen echten Frieden erreicht werden, was Großherzigkeit, Weitblick und Mut erfordert." (Gerade diese Eigenschaften waren unter Begins Hardlinern selten.) Die widerspenstigen Palästinenser rief Reagan zu der Erkenntnis auf, daß „ihre politischen Hoffnungen untrennbar verbunden sind mit der Anerkennung von Israels Recht auf eine sichere Zukunft". Die arabischen Führer schließlich, die den jüdischen Staat bis dahin boykottiert hatten, wurden ermahnt, „die Realität Israels zu akzeptieren, ebenso die Realität, daß Frieden und Gerechtigkeit nur durch schwierige, faire und direkte Gespräche zu erzielen sind".

Reagans Rezept war vage. Allein Ägypten unterhielt Kontakte zu Israel, und nur durch eine „breitere Beteiligung am Friedensprozeß, am vordringlichsten seitens Jordaniens und der Palästinenser", könnte Israels Sicherheitsbedürfnis erfüllt werden. Reagan dachte an eine Fünfjahresfrist, wie sie für die Autonomie der Palästinenser im Gazastreifen und im Westjordanland vorgesehen war, in dieser Zeit könne man über die endgültige Lösung verhandeln. Der Bau weiterer jüdischer Siedlungen im Westjordanland und in Gaza sollte mit Beginn der Frist unterbleiben.

Es sei die feste Überzeugung der USA, erklärte Reagan, daß eine Selbstverwaltung der Palästinenser in der Westbank und in Gaza „in Gemeinschaft mit Jordanien... die beste Chance für einen festen und dauerhaften Frieden" eröffne. Die Bildung eines separaten Palästinenserstaats schloß er aus. Er „hoffe inbrünstig", sagte Reagan, daß die Palästinenser, Jordanien und die übrige arabische Welt „diese Gelegenheit nutzen". Anders als Carter hielten Reagan und seine Mitarbeiter Hussein bei der Ausarbeitung des Plans stets auf dem laufenden.

Die Reaktion des israelischen Kabinetts trug ganz den Stempel Menachem Begins. In schroffer, undiplomatischer Sprache wies Israel den Reagan-Plan zurück. Er bestehe, wurde erklärt, aus „partiellen Zitaten des Camp-David-Abkommens oder sind [sic!] nirgendwo in dem Abkommen erwähnt oder widersprechen ihm völlig". Da die amerikanischen Vorschläge „vom Camp-David-Abkommen deutlich abweichen, ihm zuwiderlaufen und für Israel, seine Sicherheit und seine Zukunft eine ernste Gefahr heraufbeschwören könnten", hieß es weiter, „hat die Regierung Israels beschlossen, auf der Grundlage dieser Positionen in keine Verhandlungen mit irgendeinem Partner einzutreten".

Begin hatte insofern recht, als der Reagan-Vorschlag die in Camp David ausgehandelten Bedingungen nicht einfach bestätigte, sie vielmehr entscheidend abwandelte. Der Premierminister vermochte logisch wie ein Anwalt zu denken, ließ sich aber auch leiten von den Träumen und Alpträumen eines Fanatikers. Jedenfalls fühlte er sich bevollmächtigt, Reagans Vorschläge zurückzuweisen.

Besonders scharf lehnte er den Gedanken eines Zusammenschlusses von Jordanien, der Westbank und Gaza ab. „Würde der amerikanische Plan verwirklicht", hieß es in der Erklärung, „gäbe es nichts, das König Hussein davon abhielte, seinen neuen Freund Jassir Arafat nach Nablus einzuladen und ihm die Herrschaft zu übergeben."

Sechs Tage später reagierten die Führungsspitzen arabischer Staaten. Auf einem Gipfeltreffen in Fez bekannten sie sich zu einer offensichtlich harten Verhandlungsposition. Nach Jimmy Carters Analyse enthielt sie sorgfältig ausgearbeitete, weitschweifige Formulierungen, die aber letztlich die Reagan-Initiative unterstützten und sogar die Anerkennung Israels behandelten.

Die Beschlüsse umfaßten acht Punkte: „Israels Rückzug aus allen 1967 besetzten arabischen Gebieten, einschließlich des arabischen Teils von Jerusalem" (das heißt, die arabischen Führer akzeptierten Israel in den Grenzen von vor 1967); die Beseitigung israelischer Siedlungen; Garantien für Religionsfreiheit; Bestätigung des Selbstbestimmungsrechts der Palästinenser mit der PLO als „einziger legitimer Vertreterin"; die Forderung, die Westbank und den Gazastreifen für einige Monate (vermutlich während ein Machttransfer vor sich ging) unter UN-Aufsicht zu stellen; „Schaffung eines unabhängigen palästinensischen Staates mit Jerusalem als Hauptstadt"; Entwurf von Friedensgarantien durch den Weltsicherheitsrat „für alle Staaten der Region, einschließlich des unabhängigen palästinensischen Staates" (gedacht auch als Friedensgarantie für Israel) sowie die Garantie des Sicherheitsrats, daß die Prinzipien akzeptiert würden.

Im Grunde handelte es sich um eine Neuauflage der Formel „Land für Frieden". Für die Israelis war sie unannehmbar. Sie weigerten sich, mit der PLO zu verhandeln, und die kompromißlose Likud-Regierung hatte keineswegs die Absicht, Judäa und Samaria – die Westbank – aufzugeben. Ganz im Gegenteil, Begin wollte am liebsten noch mehr palästinensisches Land, vorzugsweise das gesamte Westjordanland, um dann der Welt einzureden, Jordanien sei Palästina, nicht die Westbank.

Für die Amerikaner stellte die Reaktion von Fez eine große Enttäuschung dar. Aus ihrer Sicht ignorierten die arabischen Führer die jordanische Option, die sowohl für den Erfolg des Camp-David-Abkommens wie des Reagan-Plans wesentlich war. Trotz aller Mängel hätte sie immerhin eine Basis für Verhandlungen mit viel Kompromißbereitschaft auf beiden Seiten abgeben können.

Nach Auffassung der Reagan-Regierung war Jordanien fest in den Friedensprozeß eingebunden. Hussein hätte also für sie wie auch für die Israelis ein annehmbarer Verhandlungspartner sein können. Mehr noch, die Amerikaner hätten mit Husseins Einwilligung Begin und Scharon, von denen sie enttäuscht waren, zwingen können, Verhandlungen nach dem „Land-für-Frieden"-Prinzip aufzunehmen, ansonsten aber ihr Verhalten zu mäßigen. Ärger darüber gab es immer wieder. So beanstandete Shultz, daß Begin, der weiterhin illegale Siedlungen errichten ließ, mit dem libanesischen Präsidenten Gemayel wie mit einer Marionette umging.[13]

„Hätten wir wirklich einen echten arabischen Partner für direkte Gespräche mit den Israelis produzieren können", schrieb Shultz, „ich bin überzeugt, die Israelis hätten sich solchen Verhandlungen nicht entziehen können, allein schon wegen der bloßen Macht der öffentlichen Meinung in Israel."

In einer Botschaft Husseins kam zum Ausdruck, wie unglücklich er über die Reaktion aus Fez war. Er deutete sogar an, dem Beispiel Sadats folgen zu wollen, nach Jerusalem zu fliegen und vor dem israelischen Parlament zu sprechen. „Ich war skeptisch", notierte Shultz, und er hatte Grund dazu. Denn wenn nicht alles täuschte, verfaßte Hussein die Nachricht aus impulsiver, überwiegend gefühlsmäßiger Eingebung. Er wußte nur zu gut, wieviel von der Zustimmung der PLO abhing.

Reagan startete seine Initiative, als die PLO aus Beirut abzog. Arafats erster Zwischenaufenthalt war Athen. Von hier aus warf er der arabischen Welt vor, ihm nicht zu Hilfe gekommen zu sein. Einer seiner ersten Besucher dort war der jordanische Außenminister Marwan Qasem, der ihn nach Amman einlud. Als Arafat dort im Oktober 1982 eintraf, mag Hussein insgeheim gehofft haben, den PLO-Chef an seiner schwächsten Stelle packen und ihn überreden zu können, eine gemeinsame Haltung gegenüber der Reagan-Initiative einzunehmen. Doch das erwies sich als unmöglich, Arafat legte sich nicht fest, spielte vermutlich auf Zeit.

Arafats Biografen Andrew Gowers und Tony Walker zufolge fand Hussein den PLO-Vorsitzenden alles andere als sympathisch: „Der Mann ist ein Lügner. Ihm kann man nicht vertrauen. Er ist ein Spiegelfechter. Wie kann er nur beanspruchen, für das palästinensische Volk zu sprechen?"[14]

Trotzdem setzten beide ihre Gespräche fort, wobei Hussein Arafat zu überreden versuchte, die UNO-Resolution 242 anzunehmen. Er hatte insoweit Erfolg, als er den PLO-Vorsitzenden dazu brachte, einem ziemlich abgeschwächten Vertragsentwurf zuzustimmen. Nach der Textfassung, die Shultz am 6. Februar 1983 erhielt, einigten sich Arafat und Hussein auf eine gemeinsame Haltung gegenüber einem Nahost-Friedensplan, der auf Reagans „Fresh Start" basierte. Jordanier und Palästinenser, die nicht der PLO angehörten, sollten miteinander verhandeln. Einig war man sich auch in der Absicht, die arabische Welt von der Richtigkeit dieser Haltung zu überzeugen.

Die Kontakte zwischen Jordanien und der PLO und die Übereinkunft, die schließlich zustande kam, gingen auf entsprechende Bemühungen von Reagan und Shultz zurück. Bei seinem Besuch im Weißen Haus im Dezember 1982 erhielt Hussein von Reagan zwei Briefe ausgehändigt. In ihnen waren die „Belohnungen" aufgelistet – einschließlich Waffenlieferungen –, die Jordanien von den USA erhalten sollte, falls es Gespräche mit Israel aufnahm. Reagan versprach auch, dahingehend auf Israel einzuwirken, daß es den Siedlungsbau einstellte. Außerdem sollte die Fünfjahresfrist, innerhalb derer für die Westbank und Gaza eine endgültige Lösung gefunden werden sollte, verkürzt werden. Hussein erklärte daraufhin, ohne Unterstützung der Palästinenser seien ihm die Hände gebunden. So kam es dann zur Aufnahme der Gespräche mit Arafat.[15]

Am 22. Februar 1983 jedoch schossen die Palästinenser wieder ein Eigentor. In Algier tagte der Palästinensische Nationalrat, ein lockeres, nicht frei gewähltes, doch ziemlich einflußreiches Gremium. Über die so weltfremden wie radikalen Forderungen, die am Ende verabschiedet wurden, dürften sich alle israelischen Strategen gefreut haben, die die Siedlungspolitik fortsetzen wollten und nach Ausreden für ihre Ablehnung von Verhandlungen suchten. Denn in der Schlußerklärung des Nationalrats war in indirekter Anspielung auf die Reagan-Initiative und Husseins Absichten die Rede von der „Ablehnung aller Pläne, die darauf abzielen, das Recht der PLO als einziger legitimen Vertreterin des palästinensischen Volkes in irgend einer Form anzutasten, etwa durch Vollmachten oder Erteilung von Vertretungsbefugnissen nach dem Vertretungsrecht".

In einer weiteren Runde wurde im April 1983 in Kuwait auf Versammlungen des PLO-Exekutivkomitees und des Zentralkomitees der Fatah, Husseins Hausmachtgruppe in der PLO, auch das Hussein-Arafat-Konzept abgelehnt. Radikale Palästinenser konnten sich nicht an den Gedanken gewöhnen, sich von König Hussein, ihrem alten Feind, vertreten zu lassen, selbst wenn ein solcher taktischer Schritt in Amerika und Europa zur Unterstützung ihrer Sache geführt hätte.

Am 10. April verkündete die jordanische Regierung das Ende der PLO-jordanischen Initiative. Reagans Einladung wurde ausgeschlagen: „Wir in Jordanien, die wir es von Anfang an abgelehnt haben, im Namen der Palästinenser Verhandlungen zu führen, werden bei den Nahost-Friedensgesprächen weder separat noch an jemandes Stelle handeln", erklärte Hussein.[16]

Reagan und Shultz verloren das Interesse. Immerhin hatten sie einen moralischen Sieg errungen, sie hatten einen konstruktiven Vorschlag gemacht. Sie brauchten sich nicht dem Zorn Israels und der pro-israelischen Lobby in Washington zu stellen, obgleich das für Shultz wahrscheinlich unvermeidlich gewesen wäre, wenn Hussein mit der PLO und der Arabischen Liga gebrochen und sich am „Fresh Start" beteiligt hätte. Unklar blieb allerdings, wie weit Shultz und Reagan in ihrer Unterstützung Husseins gegangen wären, wenn der König Sadats Beispiel gefolgt wäre, „Land-für-Frieden"-Verhandlungen mit Israels harten Männern, Begin und Schamir, geführt und schließlich einen Separatfrieden mit Israel geschlossen hätte.

Hussein und Arafat trafen sich ein ganzes Jahr nicht mehr. Es herrschte wieder ein Patt, das so nicht bestehen bleiben konnte. Inzwischen dauerte die israelische Expansion, die mit Farm- und Wohnsiedlungen in den besetzten Gebieten „Fakten schuf", unvermindert an. Palästina wurde mehr und mehr von den Israelis übernommen.

21
Vierte Frau, Großfamilie

Königin Nur, Husseins vierte Frau, stand schon äußerlich in einem bemerkenswerten Gegensatz zu ihrem Mann. Schlank und hochgewachsen, mit langem, wallenden Haar, leuchtenden Augen und einem gewinnenden Lächeln, das makellose Zahnreihen sehen ließ, verkörperte sie einen bestimmten amerikanischen Frauentyp, den Unternehmungsgeist, Energie und Gestaltungswillen auszeichneten. Husseins Haupthaar lichtete sich schon allmählich, es schimmerte silbern, ebenso sein Bart. Vier Jahrzehnte unablässiger Spannungen und Gefahren waren an ihm nicht spurlos vorübergegangen. Er war 1935 geboren, sie 1951. Und doch war die Beziehung, die das ungleiche Paar zueinander unterhielt, offenbar aufrichtig und echt. Hussein wirkte glücklich über die Ehe mit einer derart attraktiven und lebhaften Frau. Sie wiederum genoß es sichtlich, Königin zu sein und Jordaniens Ansehen in der Welt durch ihre Tätigkeit in verschiedenen internationalen Organisationen fördern zu können. Das Problem war nur, daß der König gern auch anderen Frauen nachsah.

Königin Nur war als Lisa Halaby aufgewachsen, als Tochter des Leiters des amerikanischen Bundesluftfahrtamtes unter Präsident Kennedy, Najib Halaby. Sie studierte in der ersten koedukativen Klasse in Princeton Architektur und Städteplanung und schloß mit dem Bachelor of Arts ab. Nachdem sie in Australien, dem Iran, den Vereinigten Staaten und

Jordanien an Stadtentwicklungsprojekten gearbeitet hatte, bereiste sie die arabische Welt und erforschte Luftfahrt-Ausbildungseinrichtungen, um Pläne für eine in Amman entstehende arabische Luftfahrt-Universität zu erarbeiten. Schließlich ging sie als Direktorin für Planung und Design zur Royal Jordanian Airline. Ende der siebziger Jahre war Amman ein kleiner Ort, und im Westteil der Stadt, wo die Oberschicht lebte, kannte jeder jeden. So dauerte es nicht lange, bis die hoch aufgeschossene Amerikanerin die Aufmerksamkeit des Königs erregte. Daß Lisa Halaby wesentlich größer war als Hussein, spielte keine Rolle. 1978 heirateten sie.

Auf die Aufgaben einer Monarchin war Nur nicht vorbereitet. Die Lebensbedingungen in Jordanien, die fremde Mentalität der Leute, das Protokoll, die Bedeutung höfischer Sitten und Regeln – an all das mußte sie sich erst gewöhnen. Sie versuchte nicht, irgendwelchen Einfluß auf den König auszuüben, um etwa politische Ideen, die sie vertrat, durch ihn verwirklichen zu lassen. Am Anfang ihrer Ehe war sie einfach nur die Frau des Königs, die alles mit ihm teilte.

„Mitunter ärgerte sich der König über sie", verriet ein enger Vertrauter. „Er ließ sich das auch vor seinen Mitarbeitern anmerken. Aber auch sie war ein starker Charakter, sehr ehrgeizig, sie wollte und schaffte es auch, sich als Königin zu etablieren – nicht dem König gleich, aber auch nicht rangniedriger als er. Nach ein paar Jahren hat sie sich ihren persönlichen Rahmen geschaffen, ihr eigenes Büro. Und jetzt arbeitete sie nicht in Konkurrenz zum König, sondern parallel, in unpolitischen Angelegenheiten."

Die Königin war auf der Höhe der Zeit. Sie hatte ihre eigene Website im Internet mit zwei Fotos und einer Auflistung ihrer Aktivitäten.[1] Ihr Urteil war ausgewogen und gerecht, und sie setzte ihre Kraft ein für eine bessere Welt. So war sie Präsidentin der United World Colleges, eines internationalen Programms für Chancengleichheit vor der Erlangung höherer Schulbildung, entwickelt zur Förderung des interkulturellen Austausches und des Weltfriedens. Außerdem war sie Vorsitzende des Konsultativrats der Internationalen Führungsakademie der Vereinten Nationen, arbeitete an leitender Stelle in der Nahoststiftung, die den Armen im Nahen Osten und in Afrika hilft, als Beauftragte der Mentor-Stiftung, die gegen den Mißbrauch von Drogen kämpft, sowie als Di-

König Hussein und seine vierte Frau Königin Nur, als Lisa Halaby aufgewachsene Tochter des Leiters des amerikanischen Bundesluftfahrtamtes unter Präsident John F. Kennedy.

rektorin des *Hunger Project*, das sich für ein dauerhaftes Ende des Welthungers durch die Ausbildung von Frauen engagiert. Im Juli 1998 begann sie als Nachfolgerin der verstorbenen britischen Prinzessin Diana ihre Tätigkeit in einer internationalen Kampagne gegen Landminen.

Königin Nur war auch in der Internationalen Kommission für Frieden und Nahrung sowie im *Centre for the Study of the Global South* aktiv. Die Nur-el-Hussein-Stiftung arbeitet in Jordanien an Projekten aus gleichen Bereichen sowie daran, archäologische Fundstätten zu bewahren und bekannt zu machen.[2] Alles in allem völlig andere Aufgaben als die, die König Hussein wahrnahm.

Dennoch ließ Politik die Königin nicht gleichgültig. Über Arafats Frau sagte sie 1997: „Suha Arafat ist mir natürlich zur Freundin geworden, eine Frau, die ich wie eine Schwester betrachte, herausgefordert von vielen jener Dinge, die auch uns immer wieder herausfordern, und die sich doch zugleich in einer einzigartigen Lage befindet. Sie ist jederzeit willkommen mit ihrem hübschen Baby.“[3]

Königin Nur gebar Hussein vier Kinder, zwei Söhne (Hamza und Hashem) und zwei Töchter (Iman und Rajah). Sie bemühte sich, Haja und Ali, Königin Alias Kindern, eine Ersatzmutter zu sein. „Stiefmutter zu sein, ist eine schwierige Sache, aber ihr gelang sie großartig“, lobte sie Haja. „Ich danke ihr sehr, daß sie uns so normal aufzog. Sie war diejenige, die in unserer Kindheit ‚Hand angelegt‘ hat, und ich glaube kaum, daß es noch besser möglich gewesen wäre, als sie es tat.“[4]

Hussein hatte eine Frau, die ihm Zuneigung und vier Kinder schenkte, die aber nicht fließend Arabisch sprechen, nicht Arabisch lesen und schreiben konnte. Wie Muna (Toni Gardiner) wurde auch sie von den führenden Familien des Landes nicht anerkannt; sie meinten, der Monarch hätte besser eine ihrer Töchter heiraten sollen. Auch den Nationalisten war sie nicht genehm, denn sie war Amerikanerin und daher vermutlich pro-israelisch eingestellt.

Alia ist eigentlich die ideale Frau gewesen. Die Wurzeln ihrer Herkunft lagen in Palästina und im Ostjordanland, sie sprach perfekt Arabisch mit jordanischem Tonfall, daneben ausgezeichnet Englisch und Italienisch. Doch auch sie hat, wie ein ultra-loyaler Getreuer berichtet, unter dem König gelitten. Husseins besondere Vorliebe galt offenbar ausländischen Kindermädchen.

Nach zwei unbestätigten Berichten sollen Husseins unstete Neigungen sich schließlich ganz auf eine junge Journalistin konzentriert haben. Sie war halb Palästinenserin, halb Jordanierin und arbeitete im königlichen Palast. Die Gerüchteküche von Amman wollte wissen, Hussein habe sich in sie verliebt und ihr die Ehe versprochen.[5] Er war damals 57 Jahre alt, sie fünfundzwanzig. Nicht wenige Jordanier bezweifelten die Wahrheit dieser Geschichte; sie erwies sich indessen als so zäh, daß sich die jordanischen Botschaften in London und Washington zu Dementis veranlaßt sahen. Danach trat Ruhe ein.

In Wirklichkeit lief das Verhältnis weiter. Hussein begann sogar, die Familie der jungen Journalistin in ihrem Haus zu besuchen. Es geschah nichts Unbotmäßiges, doch die Besuche fielen in eine Zeit, in der die Beziehungen zwischen dem König und der Königin voller Spannungen waren. Ein intimer Kenner der damaligen Situation hat berichtet, Königin Nur habe sich des längeren außerhalb Jordaniens aufgehalten. „Die beiden sprachen nicht miteinander, sie begannen, über Trennung und Scheidung nachzudenken." Im Land erhielten die Gerüchte über Husseins Liebe zur Journalistin und das ungute Verhältnis zu seiner Frau neuen Auftrieb.

Zu Weihnachten 1991 entschloß sich das Königspaar, getrennt nach London zu reisen, „um dort zu einer Entscheidung zu kommen, so oder so". Man kam überein, sich nicht zu trennen. Indiskretionen, die inzwischen die Mutter der Journalistin ausgeplaudert hatte und die dem König zu Ohren gekommen waren, verärgerten ihn, während gleichzeitig der Druck derer wuchs, die ihn schon in Anbetracht seines Alters davor bewahren wollten, noch ein fünftes Mal zu heiraten.

Es lag im Interesse beider Partner, die Ehe fortzusetzen. Die Journalistin verschwand von der Bildfläche, indem sie sich zum Studium in die Vereinigten Staaten begab. Heute arbeitet sie wieder in Amman. Ihre Beziehung zum König ließ nichts weiter als Ernüchterung zurück und ist mittlerweile verblaßt.

Hussein scheint ein guter Vater gewesen zu sein, auch einer, der seinen Kindern etwas abverlangte. Alia, die Tochter seiner ersten Frau Dina, studierte erfolgreich an der Universität Amman Englische Literatur. Von Munas Kindern hat Abdallah in Oxford studiert. Danach belegte er an der Georgetown University einen Masters-Kurs, absolvierte die Militärakademie in Sandhurst, wurde Generalmajor in der Armee und schließlich Husseins Nachfolger auf dem jordanischen Thron. Abdallahs Bruder Feisal ist Oberstleutnant, zuvor studierte er an der Brown University Maschinenbau.

Prinzessin Aisha, eine der Zwillingsschwestern der beiden Brüder, ist sehr leistungsorientiert; wie Feisal erhielt sie den Rang eines Oberstleutnants. Nach dem Schulbesuch in den Vereinigten Staaten studierte auch sie in Oxford und an der britischen Akademie Sandhurst. Sie war die erste Frau im Nahen Osten, die fünf Fallschirmabsprünge, den Pilotenschein und eine militärische Ausbildung in Sandhurst vorweisen konnte. Aisha hoffte, die erste Soldatin zu sein, die Jordaniens militärische Führungsakademie besuchte. 1997 leitete sie das Armeedirektorat für Frauenangelegenheiten. Sie war verheiratet und hat zwei Kinder. „Ich möchte meine Kinder genauso erziehen, wie meine Eltern mich erzogen haben", sagte sie in einem Interview. „Man lehrte mich, eine Prinzessin zu sein, das ist mit großer Verantwortung verbunden in allem, was ich tue und meinem Land zurückgebe."[6]

Aisha sah für Frauen keinen aktiven Wehrdienst in der kämpfenden Truppe vor, das wäre eine übertriebene Regelung gewesen. Wohl aber dachte sie an Einsatzmöglichkeiten mit größerer Selbständigkeit, Dienst etwa bei der Radarüberwachung, bei der Militärischen Abwehr oder der Militärpolizei. Aisha wünschte sich die Frauen in Uniform „jung, erfahren, ehrgeizig und erfüllt von jener Lebenskraft, die diese Jobs erfordern". Die Dienstzeit sollte sonnabends bis mittwochs – Freitag ist muslimischer Feiertag – zwischen acht und 14.00 Uhr liegen, so daß auch Müttern genügend Zeit für die Versorgung ihrer Kinder bliebe. Die Prinzessin ist eine Feministin in einer Macho-Welt, keine den Umsturz beschwörende Radikale. Für eine Frau, sagt sie, sei es schwer, eine militärische Karriere einzuschlagen, zumal es dabei die kulturellen Traditionen des Nahen Ostens zu beachten gilt. Trotzdem glaubt sie zu wissen, wie sich die Rolle der Frau auf Dauer verbessern läßt: „Mit Zeit, harter Arbeit, Respekt und Geduld."

Ali, Königin Alias Sohn, besuchte 1995 die Militärakademie Sandhurst und studierte dann Medizin an der Universität von Bristol. Vor Husseins Tod schrieb Alias Tochter Haja ein Buch über ihren Vater. Was hielt Ali davon? „Er nickt immer und runzelt die Stirn, wenn ich es erwähne." Was bewundert Haja an ihrem Vater am meisten? „Wahrscheinlich seine Bescheidenheit und daß er mit beiden Beinen auf der Erde steht und außerordentlich großherzig ist", sagte Haja. „Als ich zum Beispiel einmal mit meinem Vater Motorrad fuhr, trat ein Junge an uns heran, als wir an einer Ampel halten mußten, und bettelte um Geld. Mein Vater hatte keines bei sich, band deshalb seine Uhr ab und gab sie ihm." Haja erwähnte auch den Sinn ihres Vaters für Humor und seinen „totalen Perfektionismus".

Haja, die entschlossen ist, eine gute Springreiterin zu werden, möchte ihr Land bei den Olympischen Spielen in Sydney vertreten. Sie besitzt einige Pferde in dem Stall in Deutschland, in dem sie auch trainiert. Sehr gute Schulabschlüsse erreichte sie in klassischem Arabisch, englischer Sprache und Literatur, Politik- und Gesellschaftskunde sowie Geschichte. Anschließend studierte sie Politikwissenschaften, Philosophie und Ökonomie am St. Hilda's College in Oxford.

Alis und Hajas Adoptivschwester Abir studierte an der Universität Washington, bevor sie dort eine Tätigkeit als Lehrerin aufnahm.

Von Nurs Kindern schloß 1998 Hamza die Zeit an der Internatsschule in Harrow ab. Hashem und Iman besuchten die Fay School in den Vereinigten Staaten, Rajah ging in Amman zur Schule.

Alle Kinder Husseins wuchsen in einer Welt mit Privilegien auf, von denen das größte darin bestand, daß ihr Vater König war und sie alle der Haschemiten-Dynastie angehörten. Andererseits zeigten sie sich talentiert und begabt. Aisha bekannte 1997 freimütig: „Ich möchte keine Scheinheilige sein und sagen, es habe mir beim Durchführen einiger wichtiger Vorhaben nicht geholfen, Tochter Seiner Majestät zu sein."

Hassan, der Bruder des Königs und zu seinem Nachfolger ausersehen, bis Hussein sozusagen in letzter Minute seinen Plan änderte, zeichnet sich durch besondere Vielseitigkeit aus. Nach dem Studium am Christ Church College in Oxford kehrte er nach Amman zurück, um sich hier auf zahlreiche Ämter und Ehrenposten einzulassen, etwa auf die Leitung von Komitees zur Verwirklichung des nationalen Wirtschaftsplans, auf das Gründen akademischer Gesellschaften, auf institutionalisierte Bestrebungen, die Klüfte zwischen den Weltreligionen zu überwinden, sodann auch auf das Schreiben von Büchern. Nicht nur, daß er Arabisch, Englisch und Französisch spricht, er lernte auch Hebräisch, verstand Deutsch und, wie man sagt, Türkisch. Hassan treibt begeistert Sport und ist ein erfahrener Hubschrauberpilot. Bei besonderen Anlässen sah man ihn häufig an der Seite seines Bruders. Er unternahm Auslandsmissionen für ihn, empfing Botschafter und vertrat ihn bei allen möglichen Gelegenheiten, wenn Hussein sich im Ausland aufhielt.

Es gibt allerdings auch Jordanier, die Hassan kritisch sehen. Einer, der ihn gut kennt, sagte, der ehemalige Kronprinz „redet viel, wenn der Tag lang ist". Und ein ehemaliger Palastangestellter, zu dessen Aufgaben es gehörte, Hassans Reden vorzubereiten, klagte: „Seine Sätze sind so lang, daß man, wenn man am Ende angekommen ist, schon nicht mehr weiß, was am Anfang gesagt wurde."

Hassans Frau Sarvath Ikramullah ist die Tochter eines pakistanischen Diplomaten. Sie wurde zum Problem, weil sie sich, als ihr Mann noch Kronprinz war, einen ausgesprochen höfischen Lebensstil zulegte, an dem gewöhnliche Jordanier Anstoß nahmen, um so mehr, als Pakistanis in Jordanien in keinem sonderlich hohen Ansehen stehen.

22
Ein Abkommen mit Arafat

Von Zeit zu Zeit versuchte Syriens Präsident Hafis el Assad, der sich selbst für den Herrn und Gebieter der Levante hielt, seine Rivalen Arafat und Hussein auszuschalten. 1983 wiegelte Assad den PLO-Offizier Abu Musa auf, eine Revolte gegen Arafat, den Vorsitzenden der PLO, anzuzetteln. Abu Musa befürwortete den offenen bewaffneten Kampf gegen Israel, Verhandlungen waren für ihn gleichbedeutend mit Kapitulation. Syrien erklärte Arafat zur Persona non grata und wies ihn nach Tunesien aus. Nur im Libanon wurde er noch geduldet. Nach dort kehrte Arafat zurück und führte die Reste der PLO-Truppen ins Bekaa-Tal, eine übrig gebliebene PLO-Enklave am Nordrand der Hafenstadt Tripoli.

In Tripoli wurde die PLO von seltsamen Verbündeten ausgehungert, sie hatte der Haß auf Arafat zusammengeführt: Abu Musa und seine Guerillas, Assads Streitkräfte zu Lande, israelische Kriegsschiffe vor der Küste. Arafat saß in der Falle, die Gitter waren heruntergelassen.

Durch Vermittlung des saudischen Außenministers Prinz Saud konnte Arafat jedoch mit den verbliebenen PLO-Kämpfern an Bord eines griechischen Schiffes und unter französischem Geleitschutz Tripoli verlassen. Wieder einmal hatte Arafat – einzigartig, unverwüstlich, undurchschaubar und unzuverlässig – überlebt. Nicht nur das. Er fuhr nach Ägypten und nicht nach Tunesien, wie er verkündet hatte, und wurde im Land seiner Geburt von Präsident Mubarak mit dem roten Teppich empfangen. Arafats Besuch bedeutete, daß der Bann, den die übrigen arabischen Staaten über Ägypten verhängt hatten, aufgehoben war, der nach der Unterzeichnung des ägyptisch-israelischen Friedensvertrags in Camp David praktizierte arabische Boykott schien beendet. Arafat spürte seine Schwäche deutlich und sah sich nach anderen potentiellen Verbündeten um. In der ersten Woche des Jahres 1984 ermächtigte ihn das Zentralkomitee der PLO, die Fatah, wieder Verhandlungen mit König Hussein aufzunehmen. Damit sollte eine neue Phase des Friedensprozesses im Nahen Osten beginnen.

In jenem Jahr 1984 war Arafat an einem der tiefsten Punkte seiner Schicksalskurve angelangt. Er brauchte einen Tagungsort für eine Sitzung seines Palästinensischen Nationalrats, des ad hoc entstandenen, weitgehend repräsentativen „Parlaments", in dem die meisten der gegen Israel kämpfenden palästinensischen Organisationen vertreten waren.

Syrien verhielt sich ablehnend, Ägypten war immer noch isoliert, der Südjemen und Algerien schienen wenig von der Idee angetan, den Nationalrat tagen zu lassen. Zumindest auf Verständnis hoffend, fragte Arafat bei Hussein an, ob die Sitzung des Nationalrats in Jordanien stattfinden könne. Der König stimmte sofort zu, wenn auch nicht aus reiner Nächstenliebe. Brächte Arafat seine Ratssitzung nicht zustande, dann liefe das auf eine Schwächung seiner Position und die der Fatah hinaus, mithin auf einen Sieg für den syrischen Präsidenten Assad, Arafats und Jordaniens langjährigen Widersacher. Syrien drohte, doch die Dinge nahmen ihren Gang.

Hussein war in einer Hinsicht im Vorteil. Die PLO war nicht nur in Beirut, sondern auch in Tripoli geschlagen worden. Arafat mußte sich ins ferne Tunesien begeben, viele seiner Kämpfer hatten sich sogar in den noch abgelegeneren Jemen abgesetzt. Hussein hingegen saß in Jordanien fest im Sattel, bereit, einige Risiken auf sich zu nehmen, um doch noch das Heft in die Hand zu bekommen. Er gab einen akzeptablen Verhandlungspartner ab, sowohl für die Israelis wie für die Amerikaner, die ihn ständig drängten, aus dem Hintergrund hervorzutreten. Ohne Arafat und die PLO an seiner Seite konnte er jedoch kaum etwas ausrichten. Jetzt schien für Hussein eine gute Gelegenheit gekommen, das nahezu Unmögliche zu erreichen.

Was die USA betraf, so erinnerte sich Shultz: „Alle unsere Anstrengungen waren darauf gerichtet, König Hussein dazu zu bringen, trotz der Drohungen arabischer Radikaler direkte Gespräche mit Israel aufzunehmen." Und: „Manchmal sagte es der König klar und deutlich zu, dann wieder verfiel er in Verzweiflung."[1]

Hussein wollte wohl tatsächlich in direkte Verhandlungen mit Israel eintreten. Vielleicht hätte er – mit Shultz' Hilfe – den Israelis sogar größtmögliche Zugeständnisse entlockt, aber das war im Moment nicht die Frage. Entscheidend war, daß die Araber 1974 auf ihrem Gipfeltreffen in Rabat die PLO zur Alleinvertreterin des palästinensischen Volkes erklärt hatten. Hussein akzeptierte den Beschluß und wußte zugleich, daß er, was das eigene Vertretungsrecht anging, auf Arafat angewiesen war. Versuche, dessen Zustimmung zu Bedingungen zu erhalten, die auch Israel und Amerika annehmen konnten, nahmen in den achtziger Jahren viel Zeit in Anspruch. Sie schlugen fehl, waren aber nicht völlig umsonst. Viele Ideen, die damals vorgetragen und abgelehnt wurden, trugen zehn Jahre später ihre Früchte.

Das Vorgehen des Königs war folgerichtig. Angesichts der Tatsache, daß die Palästinensische Befreiungsorganisation von den USA und Israel nicht anerkannt wurde, da sie sich weigerte, die UNO-Resolution 242 anzuerkennen und der Gewalt abzuschwören, schlug Hussein vor, daß Jordanien und die Palästinenser auf einer von ihm selbst geleiteten Friedenskonferenz zunächst von einer gemischten Delegation vertreten sein sollten. Bei den Palästinensern sollte es sich um solche handeln, die sich nicht eindeutig zur PLO bekannten. Angestrebt war kein separates Abkommen nach Camp-David-Art mit Amerika als Vermittler zwischen Jordaniern, Palästinensern und Israel. Alle Verhandlungen sollten erst nach Vorliegen der offiziellen Zustimmung zur Abhaltung einer internationalen Konferenz beginnen. Um als Verhandlungspartner akzeptiert zu werden, müßte die PLO die Resolution 242 annehmen und der Gewalt entsagen. Der König selbst bekräftigte, daß er die Resolution unterstützte, zu deren Entwurf er beigetragen hatte. Ihm schwebte vor, Palästina könnte Teil einer Konföderation mit Jordanien sein.

Doch was hieß das – „Konföderation"? Der Begriff ist nicht eindeutig und wird vielfach sehr unterschiedlich definiert. Während eine Föderation gewöhnlich ein Zusammenschluß regionaler Regierungen ist, von denen jede alles verwaltet, außer Außen-, Verteidigungs- und Finanzpolitik, ist eine Konföderation ein Zusammenschluß von Staaten mit starken Partikulargewalten und einer schwachen Zentralregierung. Der Bundesstaat Schweiz, die Confoederatio Helvetica, ist dafür ein gutes Beispiel.

König Hussein sprach sich für zwei Quasi-Staaten mit einer schwachen Zentralregierung aus. Damit wäre ein langer Weg zur Anerkennung von Arafats verständlichem Festhalten am Recht der Palästinenser auf Selbstbestimmung zurückgelegt gewesen.

Die UN-Resolution 242 verlangte die „Respektierung und Anerkennung der Souveränität, der territorialen Integrität und der politischen Unabhängigkeit jedes Staates der Region". Hussein forderte Arafat nicht direkt auf, präzise zu erklären: „Hiermit erkenne ich den Staat Israel und dessen Existenzberechtigung an." Die Anerkennung der Resolution aber wäre dem ziemlich nahe gekommen.

Doch so weit wollte Arafat nicht gehen, verständlicherweise nicht: Jedem an Arafats Stelle wäre es angesichts der beiden Niederlagen von Beirut und Tripoli und der Tatsache, daß seine Autorität von den von Syrien unterstützten radikalen Extremisten in Frage gestellt wurde, schwer gefallen, sich damit einverstanden zu erklären, daß Hussein künftig die Palästinenser vertrat. Hinzu kam, daß er – wenigstens am Anfang – keinen Platz am Verhandlungstisch fand.

Im Herbst 1984 führte Hussein Unterredungen mit dem amerikanischen Sonderbotschafter Richard Murphy. Dabei äußerte der König ähnliche Vorstellungen, wie sie in Ronald Reagans totgeborener „Fresh Start"-Initiative enthalten waren, jenem Programm, das ihm eine Schlüsselrolle zugedacht hatte.

Hussein hoffte, die PLO international renommierfähig machen zu können. Gleichzeitig wünschte er für sich eine besondere, entscheidende Rolle bei der Erringung des Friedens im Nahen Osten. Für sein Streben nach Partnerschaft mit der PLO gab es ein einfaches, strategisches Motiv. Jordanien und die PLO waren gleichermaßen an einem Verhandlungsergebnis interessiert. Gelänge es ihnen, eine tragfähige Vereinbarung zu erzielen, könnten sie auf arabische und dann auch auf größere internationale Unterstützung bauen. Wenn die PLO die UNO-

Resolution 242 akzeptierte und Gewaltverzicht erklärte, wäre der Weg frei für die Anerkennung durch die USA und Israel und die Einberufung einer Friedenskonferenz.

Hussein ging, um dieses Ziel zu erreichen, methodisch vor. Zunächst nutzte er im November 1984 die Tagung des Palästinensischen Nationalrats in Amman als Gelegenheit, seine Vorstellungen darzulegen. In der Begrüßungsansprache sagte er: „Die internationale Gesamtsituation läßt die Rückgewinnung der besetzten Gebiete durch eine jordanisch-palästinensische Formel möglich erscheinen, die Verpflichtungen von beiden Seiten erfordert und von der Welt für das Erlangen einer gerechten, ausgewogenen und friedlichen Lösung als notwendig erachtet wird. Wenn Sie diese Möglichkeit überzeugend finden – empfohlen auch durch unsere Bindungen als zwei Familien mit gemeinsamem Schicksal und gemeinsamen Zielen –, dann sind wir bereit, mit Ihnen zusammen diesen Weg zu gehen und der Welt eine gemeinsame Initiative zu präsentieren, für die wir Unterstützung organisieren werden. Wenn Sie andererseits glauben, die PLO könne ihn alleine gehen, dann sagen wir Ihnen: ‚Viel Glück, Sie haben unsere Rückendeckung.'" Hussein machte keinen Hehl daraus: Die Anerkennung der Resolution 242 als Rahmen für eine Friedenskonferenz war „nicht verhandelbar".[2]

Der Palästinensische Nationalrat (PNC) reagierte positiv. „Im Hinblick auf Jordanien", hieß es im Abschlußkommuniqué, „hat der PNC beschlossen, die Bemühungen fortzusetzen, die Beziehungen mit dem Ziel einer Koordinierung zu entwickeln, um unsere gemeinsamen Ziele der Befreiung der Palästinenser und des palästinensischen Landes zu erreichen."[3]

Das machte den Weg frei für die Begegnung zwischen Hussein und Arafat am 11. Februar 1985 in Amman. Wie Shultz anschließend mitgeteilt wurde, einigten sie sich auf eine jordanisch-palästinensische Konföderation und eine gemeinsame Delegation für Verhandlungen mit den Israelis. Die PLO sollte „am Anfang draußen, am Ende drinnen" sein; im Gegenzug wollte sie die Resolution 242 anerkennen. Hussein und Arafat wünschten jedoch, daß die Gespräche als „Nebenzweig" einer internationalen Konferenz stattfanden.

Shultz wußte nicht recht, was er von der Idee einer Konferenz halten sollte und schickte Richard Murphy in den Nahen Osten. Er sollte klären, ob es überhaupt möglich sei, eine gemischte jordanisch-palästinensische Delegation zusammenzustellen, in der die PLO nicht vertreten war, der aber sich nicht zur PLO bekennende Palästinenser angehören sollten. Zu prüfen war auch, ob Arafat und Israel einer solchen Lösung zustimmen konnten. Das erwies sich als unmöglich.

Das ist die Version von Shultz. Einer anderen zufolge dauerten die Gespräche in der Residenz des Königs den ganzen Vormittag und auch noch während des Mittagessens. Irgendwann schrieb Hussein etwas auf die Rückseite der Speisekarte und reichte es Arafat. „Das ist hervorragend", sagte er. Als Beamte den dokumentarischen Wert der Notiz prüften, erwies sie sich als belanglos. Das hielt die beiden Männer aber nicht von dem Versuch ab, ihre Bemühungen fortzusetzen. Arafat freilich erkannte bald, daß viele seiner PLO-Kollegen dagegen waren.[4]

Eine weitere Version besagt, die Bedingungen, über die im Februar Einigkeit erzielt wurde, seien dieselben gewesen, die der König Murphy vorschlug. Der jordanische Ministerpräsident Zeid al-Rifai ersuchte Arafat viermal um die Bestätigung seiner Zusage, er würde, nachdem das Treffen mit Murphy stattgefunden habe, die Anerkennung der Resolution 242 verkünden. Zunehmend irritiert, gab Arafat eine entsprechende Erklärung ab. Hinterher sagte al-Rifai, er habe ihm nicht geglaubt. Doch Arafat wurde beim Wort genommen und Washington entsprechend unterrichtet.[5]

Seltsamerweise sagt der Text des Hussein-Arafat-Abkommens nichts über jene Begegnung mit Murphy, nach der Arafat der Resolution 242 zustimmen wollte. Ebenfalls nicht erwähnt ist die Absicht, die PLO anfangs aus der geplanten Friedenskonferenz herauszuhalten und sie erst am Ende, wenn sich eine Friedensregelung abzeichnete, zu beteiligen. Solche Vorschläge werden diskutiert worden sein, ohne daß man sogleich eine Lösung fand.

Der Hauptpunkt des jordanisch-palästinensischen Abkommens von 1985 war, daß Jordanien und die PLO übereinkamen, gemeinsam auf eine friedliche und gerechte Beilegung der Nahostkrise hinzuarbeiten. Diese Willenserklärung leitete sich ab von „einem gemeinsamen Verständnis vom Bestehen eines besonderen Verhältnisses zwischen dem jordanischen und dem palästinensischen Volk". Das Abkommen entstammte dem Geist der „Beschlüsse der Vereinten Nationen bezüglich der Palästinafrage" (im Klartext: Resolution 242) und unterstrich die Bedeutung des Land-für-Frieden-Programms. Demnach sollte Israel als Gegenleistung für Frieden mit Jordanien und der PLO die Gebiete zurückgeben, die es 1967 erobert hatte. Es bekräftigte auch das Recht auf Selbstbestimmung der Palästinenser „im Rahmen der Bildung der Konföderation der arabischen Staaten Jordanien und Palästina". Diese Formulierung wurde später hinzugefügt, um die Rolle der Palästinenser hervorzuheben: Sie verlangte Selbstbestimmung „für das palästinensische Volk in einem palästinensischen Staat, verbündet mit dem Haschemitischen Königreich Jordanien".

Der König und der PLO-Vorsitzende befürworteten „eine Lösung des Problems der palästinensischen Flüchtlinge" und „eine Lösung der Palästinafrage in all ihren Aspekten", ohne jedoch konkreter zu werden. Sie sprachen sich für eine internationale Konferenz aus, an der die fünf ständigen Mitglieder des Weltsicherheitsrates und die Konfliktparteien teilnehmen sollten, „einschließlich der Palästinensischen Befreiungsorganisation, der einzigen legitimen Vertretung des palästinensischen Volkes, innerhalb einer gemeinsamen Delegation". Das war nachträglich hinzugefügt worden, um zu konstatieren, daß die Delegation gleichermaßen aus Vertretern Jordaniens und der PLO bestehen würde.[6]

Das Abkommen schien für die PLO-Führer akzeptabel zu sein, war es aber nicht. Gewiß, es sprach von Palästina wie von Jordanien als einem Staat, aber Palästina war eben keiner und würde auch in naher Zukunft keiner sein. Zwangsläufig würde die PLO an jeder Konferenz in einer untergeordneten Rolle teilnehmen. Außerdem war die PLO nicht bereit, die Resolution 242 anzuerkennen, da sie keinerlei Hinweis auf die palästinensischen Flüchtlinge enthielt. So stellte sich das Exekutivkomitee der PLO auf seiner Tagung am 19. Februar gegen seinen Leiter und wies „alle Kapitulationspläne und separaten Vereinbarungen, wie zum Beispiel das... Camp-David-Abkommen, die Reagan-Initiative und die Resolution 242" sowie die Abtretung des „Vertretungsrechts... an irgendeine andere Partei" zurück. Wieder einmal erlitt das Bemühen um konkrete Lösungen eine Niederlage.

Bei einem Besuch Husseins in Washington drängte ihn Shultz, der die politischen Realitäten im Nahen Osten nicht richtig übersah, das

Unmögliche zu wagen und den Weg frei zu machen für Gespräche mit Israel und die Zustimmung des Kongresses zur Militärhilfe. Das hätte bedeutet, den Nichtkriegszustand mit dem jüdischen Staat zu erklären. Den Amerikanern schien das eine einfache und vernünftige Geste. Hätte Hussein sich darauf eingelassen, hätte er einen der wenigen Trümpfe aus der Hand gegeben, die bei Friedensverhandlungen mit Israel wichtig werden konnten. Außerdem hätte er sich selbst der Kritik der arabischen Welt ausgesetzt, nach Art Sadats einen bilateralen Handel mit Israel geschlossen zu haben.

Husseins Kompromißbereitschaft ging so weit, daß er „einen echten Wunsch nach Verhandlungen, geführt in einer nicht-kriegszustandmäßigen Art" zum Ausdruck brachte. Shultz bemerkte dazu: „Das war nicht genug für den Kongreß, nicht genug für Peres, nicht genug für mich."[7] Das aber hätte es sein müssen.

Auch nach diesem Rückschlag war Husseins Plan noch immer lebendig, eine Delegation von sich nicht zur PLO bekennenden Palästinensern zu bilden. Sie sollte Murphy treffen, anschließend sollte Arafat erklären, daß er die Resolution 242 anerkenne. Um Hussein Deckung zu geben, sollte eine eintägige internationale Konferenz stattfinden, gefolgt von ernsthaften Verhandlungen. Die Namen der vorgesehenen Delegationsmitglieder wurden von Hussein mit dem Einverständnis der PLO Washington übermittelt.

Hussein mußte dann erfahren, daß die Israelis, als Peres die Namen im israelischen Parlament nannte, nur zwei akzeptierten. „Wir waren wütend", sagt der damalige jordanische Außenminister Taher Masri. „Wir hatten die Namen den Vereinigten Staaten gegeben, nicht Israel." In Hussein meldete sich Mißtrauen gegen Peres.

Murphy bereiste die arabische Welt. Das Einvernehmen über die sich nicht zur PLO bekennenden Palästinenser, die am Murphy-Treffen teilnehmen sollten, schien greifbar. Hussein lehnte jedoch Reagans Forderung ab, im Anschluß an die Gespräche mit Murphy Verhandlungen mit Israel aufzunehmen. Der Weigerung lag wohl die Sorge zugrunde, für die Verhandlungen nicht die Unterstützung der PLO zu bekommen. Damit aber war die Idee gestorben.

In einer Rede vor der UN-Vollversammlung erbot sich Hussein trotzdem, direkte Gespräche mit Israel „unter geeigneter, akzeptabler

Aufsicht" einzuleiten. Doch das bedeutete eine internationale Konferenz, die Einschaltung des Weltsicherheitsrats oder beides zusammen, würde möglicherweise auch die Sowjetunion ins Spiel bringen. Das war für die Amerikaner nicht annehmbar, Husseins Vorschlag wurde abgelehnt.[8]

Von einer für ihn frustrierenden Erfahrung mit Hussein berichtet Shultz. Als die beiden Männer sich am 24. September 1985 in New York zum Essen trafen, lag ein sorgfältig ausgearbeiteter Plan für eine schrittweise gegenseitige Anerkennung vor. Er sollte zu Verhandlungen zwischen Israel, den Vereinigten Staaten, Jordanien und der PLO führen, sofern diese die UN-Resolutionen akzeptierte, Israels Existenzrecht anerkannte und der Gewalt abschwor. Der König, der sich gerade von einer Grippe erholte, bestand auf einem Cheeseburger zum Dinner statt eines Hummers, an Shultz' Ideen war er nicht interessiert. Sechs Tage später, nach einer ergebnislosen Begegnung Husseins mit Präsident Reagan im Weißen Haus, bemerkte Shultz gegenüber Reagan: „Manchmal benimmt der König sich wie ein verzogenes Kind." Reagan stellte klar: „George, er ist ein König."[9]

Den nächsten Versuch, im Nahen Osten einen Durchbruch zu erzielen, unternahm die britische Premierministerin Margaret Thatcher. Sie tat, als sei sie mit Reagan, Shultz und Murphy höchst unzufrieden. Im September 1985 plante sie gemeinsam mit Hussein ein Treffen zwischen PLO-Palästinensern, die sich nicht an Terroranschlägen beteiligt hatten, und dem britischen Außenminister Sir Geoffrey Howe. Der Unterschied zwischen diesem geplanten und dem vieldiskutierten Murphy-Treffen bestand darin, daß Murphy Palästinensern begegnen sollte, die sich nicht zur PLO bekannten, während Howe waschechte PLO-Leute treffen wollte. Als Gegenleistung für diese Geste der Anerkennung Gemäßigter wurde erwartet, daß die PLO-Vertreter eine Erklärung unterzeichneten, in der sie den Staat Israel anerkannten und dem Terrorismus eine klare Absage erteilten.

Das Treffen sollte am 12. und 13. Oktober in London stattfinden. Zwei Mitglieder des Exekutivkomitees der PLO, Muhammad Milhem, ein von der Westbank ausgewiesener Bürgermeister, und Bischof Elias Khouri, trafen am Verhandlungsort ein. Ebenso Taher Masri und König Hussein, der sich im Hintergrund halten wollte.

Als man Milhem den Entwurf der Londoner Erklärung vorlegte, wurde deutlich, daß er den Text zum ersten Mal sah. Er unterschrieb nicht und ersuchte das britische Außenministerium um Neuformulierung. Das wurde abgelehnt. Auch versuchte er Arafat im Sudan zu erreichen, was am Zustand des dortigen Telefonnetzes scheiterte. Als schließlich doch noch eine Verbindung zustande kam, behauptete auch Arafat, den Text zum ersten Mal zu hören. Er empfahl Milhem, ihn nicht zu unterzeichnen. Hussein war empört und zugleich tief verlegen.

Wie hatte das geschehen können? Schuld war offenbar eine chaotische Panne in der Kommunikation. Allerdings ist anzunehmen, daß Milhem und Khouri sich vorab informierten, was sie in London erwartete; auch der stets gut unterrichtete Arafat wußte gewiß Bescheid. Es hieß, der jordanische Außenminister Zeid al-Rifai habe nur den Nicht-Politiker Khouri informiert und fälschlicherweise angenommen, dieser würde Milhem von allem in Kenntnis setzen. Niemand aber unterrichtete Hussein in Amman. „Der König glaubt, Arafat habe ihn vor Frau Thatcher unmöglich gemacht", berichtet ein Zeuge der Situation. „Der König schätzt seine Beziehungen zu Frau Thatcher sehr, folglich verabscheut er jeden, der sie stört." Arafat aber, fernab in Khartoum, muß angenommen haben, sein königlicher Rivale griffe wieder zu alten Tricks und versuche, unter Umgehung der PLO wieder Einfluß auf die Lage im Westjordanland zu nehmen. Der Vorfall verstärkte jedenfalls das Mißtrauen zwischen den beiden Männern, das sich schon Ende der sechziger Jahre entwickelt hatte.

Das Howe-Treffen fand nicht statt, dafür ein neuer Ausbruch von Gewalt, der alle Bemühungen Husseins vorübergehend lahmlegte.

Die israelischen Erfolge bei der Abwehr von PLO-Übergriffen vom Meer her erreichten in der Nacht vom 21. auf den 22. April 1985 einen Höhepunkt. Israelische Patrouillenboote versenkten die Atavarius, ein Schiff, das eine PLO-Einheit in das Hauptquartier der israelischen Streitkräfte in Tel Aviv bringen sollte, um dort Geiseln zu nehmen und dadurch die Freilassung palästinensischer Häftlinge zu erwirken.

Wohl um Rache zu nehmen, brachen am 25. September 1985 drei bewaffnete Männer von Arafats hervorragend ausgebildeten Force-17-Guerillas in eine israelische Jacht im Bootshafen von Larnaka auf Zypern ein. Sie töteten eine Frau und zwei Männer, die sich an Bord befanden.

Die PLO bezeichnete die Opfer als Mitarbeiter des israelischen Geheimdienstes Mossad. Wie vorauszusehen, reagierte Israel mit einem Übermaß staatlicher Gegengewalt.

Mit äußerst präziser Feuerkraft zerstörten F-15 der israelischen Luftwaffe am 1. Oktober das PLO-Hauptquartier in der Nähe von Tunis. Dabei wurden 70 Palästinenser und Tunesier getötet. Der israelische Botschafter in Washington, Simcha Dinitz, teilte Shultz mit, Ariel Scharon habe sich für einen Angriff auf Jordanien ausgesprochen, weil die Force 17 in Amman ein Büro unterhielt. Das Kabinett votierte dagegen – Israels Beziehungen zu Hussein wären ruiniert gewesen –, statt dessen wählte man Tunis.

Israel war deshalb in der Lage, den Angriff auf Tunis zu fliegen, weil es streng geheime Informationen nutzte. Geliefert hat sie der jüdische Amerikaner Jonathan Pollard. Er arbeitete im Büro des Navy-Geheimdienstes in Washington und konnte über einen Kontakt in der israelischen Botschaft dem Büro des Ministerpräsidenten in Jerusalem direkt Bericht erstatten. Pollard wurde am 21. November verhaftet und wegen Spionage zu einer langjährigen Freiheitsstrafe verurteilt.

Shultz fand diesen Fall nach eigener Aussage schockierend und ernüchternd. Er fügte hinzu, er bedeute „nur den Beginn eines langen Bemühens, mit der Tatsache und den Folgen der israelischen Versuche fertig zu werden, Geheimnisse von seinem einzigen wirklichen Freund in der Welt zu stehlen. Amerikanische Juden, die mitunter bezichtigt wurden, mehr für Israel als für Amerika zu sein, waren besonders peinlich berührt."[10] Shimon Peres war einer der Ministerpräsidenten, die aus Pollards Informationen Nutzen zogen, und Peres war es auch, der sich bei den Amerikanern entschuldigte.

Aus Israels öffentlicher Verlegenheit, auch wenn sie nicht lange anhielt, Vorteile für die eigene Position zu gewinnen, gelang weder Hussein noch Arafat. Im übrigen setzten die Israelis alle Hebel in Bewegung, um eine vorzeitige Haftentlassung Pollards zu erreichen. Die Bemühungen blieben ohne Erfolg.

Daß weiterhin mit der PLO gerechnet werden mußte, möglicherweise mehr denn je, bewies ein Ereignis, das Arafat in erheblichen Mißkredit brachte. Am 7. Oktober brachten vier junge palästinensische Terroristen das in Alexandria vor Anker liegende italienische Kreuzfahrtschiff Achille Lauro in ihre Gewalt. Sie gehörten der Palästinensischen Befreiungsfront (PLF) an, einer PLO-Gruppe, deren Anführer Abul Abbas Mitglied des Exekutivkomitees der PLO war. Wenn auch klein, war die PLF als Kadertruppe doch zum Kreis um die Führungsspitze der PLO zu rechnen.

Unter den neunzehn amerikanischen von insgesamt vierhundert Passagieren der Achille Lauro befand sich auch der an den Rollstuhl gefesselte Jude Leon Klinghoffer. Kaltblütig wurde er erschossen und über Bord geworfen.

Ausnahmsweise war Jordanien nicht direkt involviert. Es war Ägyptens Präsident Hosni Mubarak, der eine Art Vertrag aushandelte. Danach sollten die Terroristen die Achille Lauro in Port Said übergeben, sie selbst sollten nach Tunis fliegen, um dort zusammen mit Abul Abbas „bestraft" zu werden. Zornig wies Ronald Reagan die amerikanische Luftwaffe an, die Boeing 737 der EgyptAir, in der die Terroristen von Kairo nach Tunis flogen, zu entführen. Die Maschine wurde tatsächlich von F-14-Kampfflugzeugen verfolgt und zur Landung auf dem sizilianischen NATO-Flugplatz Sigonella gezwungen. Amerikanische Soldaten, die sie sofort umstellten, sollten die Terroristen zu einem Flugzeug begleiten, das Kurs nach Amerika zu nehmen hatte. Die Amerikaner sahen sich indessen von einem noch größeren Kontingent italienischer Soldaten umringt, und der italienische Außenminister Giulio Andreotti bestand darauf, die Terroristen vor ein italienisches Gericht zu stellen. Abul Abbas wurde später wieder freigelassen und tauchte in Jugoslawien unter, die vier Terroristen verschwanden hinter Gittern.

Für den Fortgang des Friedensprozesses war es ein Rückschlag. Im Januar 1986 jedoch suchten unermüdliche Geister wie Hussein, der inzwischen zum stellvertretenden Außenminister avancierte Richard Murphy und Shimon Peres nach einem geeigneten Ansatz für die von Hussein ersehnte internationale Konferenz. Wenigstens einmal wollte er sie einberufen, um nachfolgenden Gesprächen ein überregionales Gewicht geben zu können. Amerika und Israel war es recht. Hussein wollte aber auch, daß sie als eine Art Berufungsgericht dienten, das immer dann zusammentrat, wenn Verhandlungen festgefahren waren. Das aber war illusorisch, denn einem solchen Gericht hätten womöglich auch sowjetische und chinesische „Richter" angehört. Shimon Peres sah jedoch eine

Lösung. Niemand konnte Hussein davon abhalten, von der Konferenz Hilfe zu erwarten, doch Israel würde sich ihr nicht anschließen.

Es folgte ein weiterer Versuch, Arafat zu bewegen, die Resolution 242 zu akzeptieren, Israels Existenzrecht anzuerkennen und Gewaltverzicht zu üben. Am 25. Januar 1986 erhielt Hussein eine schriftliche Antwort von Shultz auf die Frage zur Vertretung der Palästinenser durch die PLO. Sie lautete: „Wenn eindeutig feststeht, daß die PLO die Resolutionen 242 und 338 akzeptiert hat, daß sie bereit ist, mit Israel Frieden zu schließen und sich vom Terrorismus abzuwenden, dann akzeptieren die Vereinigten Staaten, daß die PLO zur Teilnahme an einer internationalen Konferenz eingeladen wird."[11] Endlich schien der Weg frei zu einer Konferenz und einer Vereinbarung, bei deren Vorbereitung Hussein eine zentrale Rolle zukommen würde.

Doch der PLO genügte das nicht. Als Gegenleistung für die Anerkennung der Resolution 242 wollte sie, daß Amerika das Recht der Palästinenser auf Selbstbestimmung im Rahmen einer Konföderation mit Jordanien akzeptierte. Hussein vertrat die Ansicht, das könne später besprochen werden: Wichtiger sei, die Israelis dazu zu bringen, sich zurückzuziehen. Doch genau dies überließ Hussein den Amerikanern. Er erhielt eine ausweichende Antwort, die alles so beließ, wie es war.

Jetzt übten die USA Druck auf Hussein in zweierlei Hinsicht aus. Zum einen sagten sie, daß, wenn die PLO die Resolution 242 nicht akzeptiere, der Friedensprozeß auch ohne sie weitergehen könne. Zum anderen bedauere Präsident Reagan, daß er den Kongreß nicht dafür gewinnen konnte, den lange aufgeschobenen Verkauf amerikanischer Waffen an Jordanien zu befürworten. Gleichwohl warteten die Amerikaner mit einer Formulierung auf, die, nach Husseins Worten, dazu angetan war, der PLO gefällig zu sein. Sie unterstützten „die Anerkennung der legitimen Rechte des palästinensischen Volkes".

Am 5. Februar 1986 setzte sich Arafat mit Hussein in Amman zusammen. Sie hatten drei PLO-Texte vor sich, die Hussein später als „schlimm, schlimmer, am schlimmsten" bezeichnete. Arafat erstrebte von den Amerikanern als entgegenkommende Geste die Anerkennung des Rechts der Palästinenser auf Selbstbestimmung. Kein unvernünftiges Anliegen, doch in Washington und Tel Aviv wurde es als Ansatz zur Schaffung eines von Terroristen beherrschten palästinensischen Staates angesehen.

Als Muhammad Abdel-Rauf Arafat al-Kudwa wurde Jassir Arafat, der spätere Vorsitzende der PLO, 1929 in Kairo geboren.

Am 7. Februar verließ Arafat Jordanien. Er weigerte sich weiterhin, die Resolution 242 und deren amerikanische Lesart anzuerkennen. Ein Beamter der Reagan-Regierung verglich Arafat mit einem amerikanischen Schlammfisch, der dicht am Boden südstaatlicher Gewässer lebt und „den Schlamm aufwirbelt, um das Wasser zu trüben, sobald sich etwas nähert".[12]

Arafats nicht ungeschicktes Manövrieren diente einem einzigen Zweck. Seine Anhängerschaft unter den Palästinensern und in der übrigen arabischen Welt war, was immer daraus werden mochte, mißtrauisch gegenüber Husseins Bestreben, die 1967 verlorene Macht über die Westbank wiederzuerlangen.

Vielen mißfiel die Vorstellung eines Hussein als Monarchen an der Spitze einer Konföderation von Jordanien und Palästina mit nur einer Armee und einer Polizei. Keine Frage, wer sie beherrschen würde. Und viele von Arafats Anhängern wollten nicht, daß er die Resolution 242 mit der impliziten Anerkennung Israels akzeptierte, ohne dafür vom jüdischen Staat eine substantielle Gegenleistung zu erhalten. Wenn er die Resolution 242 anerkannte, würde Arafat auf der Stelle, zumal von den palästinensischen Extremisten in Syrien, des Verrats bezichtigt. Ein Quidproquo, ein Tausch von „Land für Frieden", sollte ihm erst 1993 in Oslo gelingen. 1986 ließ sich noch kein gemeinsamer Nenner finden.

Husseins Traum zerbrach. Am 19. Februar gab er über Fernsehen und Rundfunk eine dreistündige, ebenso abgewogene wie nüchterne Erklärung ab. Darin führte er an, was er hatte tun wollen und was ihm nicht gelungen war. Er beendete jegliche Zusammenarbeit mit der PLO „bis zu der Zeit, da ihr Wort bindend, glaubhaft, verpflichtend und verläßlich ist". Erzürnt über die Sprache der Kritiker in der Fatah, ordnete Hussein am 7. Juli die Schließung von PLO-Büros an, deren Einrichtung er erlaubt hatte. Im April 1987 zog die PLO formell einen Schlußstrich unter die Vereinbarung von Amman.

Einen Monat später wurde Hussein an seine Jugend erinnert. Im Alter von 88 Jahren war Glubb Pascha gestorben. Erst in letzter Minute teilte Hussein den Briten mit, daß er bei der Trauerfeier in der Westminster Abbey ein paar Worte sagen wolle. Das Ereignis bot dem König Gelegenheit, den Mann zu ehren, der sein Berufsleben als Soldat Jordanien und den Haschemiten widmete (nach seiner Ausweisung aus Jordanien war er Schriftsteller geworden und hatte sich auf die arabische Welt spezialisiert). Doch am Tag vor Husseins Abreise nach London flogen in England stationierte amerikanische Bomber Angriffe auf Tripolis und Bengasi in Libyen, Vergeltungsschläge gegen Oberst Moamar Gaddaffi. Die arabische Welt war, ungeachtet des schlechten Rufs von Gaddaffi, in Aufruhr. Man nahm an, Hussein werde die Reise nach London absagen. Doch auch auf die Gefahr hin, daß man ihn kritisieren würde, hielt er an seinem Vorhaben fest. Zumindest die Engländer sahen darin ein weiteres Zeichen seiner Standhaftigkeit.

23
Vergebliche Bemühungen

Im April 1987 zeigte sich Shimon Peres wieder unzufrieden mit den mangelnden Fortschritten im Friedensprozeß. Er war damals Außenminister Israels unter Jitzhak Schamir, dem kompromißlosen Likud-Führer, der Menachem Begin abgelöst hatte. Schamir, klein, drahtig, von beharrlichem Durchsetzungsvermögen und 1948 einer derjenigen jüdischen Terroristen, die gegen die britische Mandatsmacht kämpften, war nach wenig deutlich ausgegangenen Wahlen Ministerpräsident einer betont national ausgerichteten Regierung geworden. Hussein strebte immer noch ein Abkommen mit Israel an und war bereit, erneut einen Schritt in diese Richtung zu tun.

Hussein und Peres, jeder in Begleitung eines engen Mitarbeiters, trafen sich im Londoner Haus von Victor (später Lord) Mishcon. Der Gastgeber war ein erfolgreicher Londoner Anwalt und Freund sowohl des Königs wie auch des israelischen Außenministers (der, um nicht erkannt zu werden, eine braune Perücke trug). Die Bediensteten der Mishcons hatten einen Tag frei bekommen, Joan Mishcon kochte selbst. Hinterher schrieb Peres: „Der König schlug vor, daß wir beide in die Küche gehen und beim Geschirrspülen helfen sollten."[1]

Hussein war in glänzender Form, angeblich „wob er lustige Anekdoten in seine prägnanten politischen Darlegungen ein". Eine handelte davon, wie Ronald Reagan im Toten Meer fischen gehen wollte. Außerdem fanden Hussein und Peres heraus, daß jeder von ihnen einen Sohn hatte und daß beide in der Luftwaffe ihres Landes einen Hubschrauber des Typs Cobra flogen. Zeid al-Rifai erheiterte die Zuhörer, als er von seinem Bemühen erzählte, in dem offiziellen Gästehaus der Regierung in Kairo Einlaß zu erhalten. Dort war für einen noch nicht lange zurückliegenden Besuch ein Zimmer für ihn reserviert worden. Das Wachpersonal verweigerte ihm den Zutritt, bis al-Rifai zu einer List griff: Er wußte, daß Peres kurz zuvor im selben Haus gewohnt hatte, gab vor, Peres zu sein, und schon wurde ihm geöffnet.

Die Unterredung dauerte sieben Stunden. Als sie zu Ende war, glaubten Hussein und Peres, sie hätten Geschichte geschrieben. Bald aber erhob wieder der alte Nahe Osten sein häßliches Haupt. Die beiden Männer stimmten darin überein, daß eine ganz neue Entwicklung eingeleitet werden müsse. Ihr Auftakt sollte eine ganztägige internationale Konferenz sein, wegweisend und auf die Zukunft ausgerichtet. Sie könnte wiederholt, aber nur mit Zustimmung aller teilnehmenden Parteien einberufen werden (womit Israel letztlich ein Vetorecht eingeräumt wurde). Es sollte eine jordanisch-palästinensische Delegation geben, ohne PLO-Mitglieder; der ganztägigen Plenarsitzung sollten sich in kleineren Kreisen bilaterale Gespräche über spezielle Fragen anschließen.

Aus Gründen, die Peres nicht erklärt, wollten beide es nach außen so erscheinen lassen, als ginge die Initiative von den Vereinigten Staaten aus. Vermutlich wünschte Hussein nicht, daß seine Urheberschaft des Vorschlags bekannt wurde, er solle eine jordanisch-palästinensische Delegation ohne PLO-Vertreter leiten. Peres wiederum glaubte vielleicht, sein politischer Gegner Schamir würde den Vorschlag automatisch ablehnen, in der Annahme, er käme von ihm.

Nach Jerusalem zurückgekehrt, hat Peres den Ministerpräsidenten – die beiden konnten sich nicht ausstehen – wenig freundlich behandelt. Nach Peres' Aussage informierte er Schamir zwar über die Londoner Gespräche und las ihm auch zweimal den Entwurf der Vereinbarung vor. Er lehnte es jedoch ab, Schamir eine Kopie auszuhändigen, aus Furcht, jemand von dessen Mitarbeitern könnte sie in die Hände bekommen und Einzelheiten daraus an die Öffentlichkeit gelangen lassen. „Ich mußte einige Tage warten, bis der damalige amerikanische Botschafter in Israel, Thomas Pickering, zu mir kam und mir den Wortlaut des Dokuments präsentierte", schrieb Schamir später.[2] „So sah es aus, als handele es sich um eine amerikanische Initiative, was Hussein in den Augen der Araber von der Sünde, mit uns zu reden, freisprach."

Daß ihm nahegelegt wurde, für die Initiative grünes Licht zu geben, erwähnt Schamir seltsamerweise ebensowenig wie Peres. Dabei mußte Peres eigentlich wissen, daß Schamirs Likud-Block gegen jede internationale Konferenz war, die ein „Land-für-Frieden"-Abkommen anstrebte – es hätte immerhin zur Rückgabe von Teilen des Westjordanlandes, von Judäa und Samaria, an die Palästinenser führen können, und das galt es zu verhindern.

Vielleicht war Peres zu euphorisch, vielleicht auch nur nicht wachsam genug. Ohne ihn zu informieren, schickte jedenfalls Schamir einen engen Vertrauten, den unnachgiebigen Mosche Arens, zu George Shultz nach Washington. In Schamirs Namen machte er deutlich, daß man den Hussein-Peres-Plan in Israel nicht als amerikanischen Vorschlag präsentieren könne, er würde unweigerlich als grobe Einmischung der USA in innere israelische Angelegenheiten angesehen werden. Shultz ließ sich überzeugen und gab auf, was wie eine vielversprechende Idee ausgesehen hatte.[3]

Der amerikanische Außenminister scheint den Eindruck gehabt zu haben, er solle von Peres dazu benutzt werden, einen Plan zu unterstützen, den der israelische Außenminister noch nicht einmal Schamir gezeigt hatte. Shultz befürchtete offenbar, in die israelische Innenpolitik verstrickt zu werden. Peres beharrte darauf, Schamir informiert zu haben. Doch das war nur mündlich geschehen, auch lag kein schriftlicher Bericht darüber vor. Schamir blockierte die Initiative im Januar 1987 mit einer Rede, in der er sich gegen eine internationale Konferenz und für direkte Gespräche zwischen König Hussein und ihm selbst aussprach (wobei er wußte, daß dies für Hussein politisch unannehmbar war). Die Hardliner, Schamir und Arens, hatten gesiegt. „König Husseins Enttäuschung und Ernüchterung waren grenzenlos – wie meine eigene", schreibt Peres.

Angenommen, Schamir und Shultz hätten die Idee nach Kräften unterstützt, Zweifel an Hussein wären wohl bestehen geblieben. Wieder einmal war der König gefordert gewesen, Farbe zu bekennen. Bis dahin hatte er sich an den Beschluß des Gipfels von Rabat gehalten, wonach die PLO die einzige legitime Vertretung des palästinensischen Volkes war. Für jeden Schritt, den er tat, hatte er vorher Arafats Zustimmung einzuholen versucht, nur diesmal nicht. Was wäre geschehen, wenn es hart auf hart gekommen wäre? Wäre er standhaft geblieben und hätte er den Kritikern getrotzt? Es ist anzunehmen. Am Ende aber setzte sich die nüchterne Zurückhaltung Zeid al-Rifais durch, die der impulsive Monarch im Londoner Haus der Mishcons noch beiseite schob. Shultz berichtet: „Anfang Mai hat Jordanien die Londoner Vereinbarung dementiert und Peres allein dastehen lassen, gereizt und dazu neigend, mir die Schuld zu geben." Hussein blieb im Hintergrund.

Während arabisch-israelisch-amerikanische Kontakte in aller Stille weitergingen, eskalierten Wut und Enttäuschung der Palästinenser, vor allem derjenigen in den Flüchtlingslagern. Die Intifada begann. Für gewisse Zeit erhöhte sie die Spannungen, doch sie klärte die Fronten. Israels Verteidigungsminister Jitzhak Rabin forderte die Armee zu hartem, ja brutalem Durchgreifen auf, wiederholte aber ständig, für die Intifada gebe es keine militärische, sondern nur eine politische Lösung.

Vielleicht war Schamir insgeheim neidisch auf den heimlichen Kontakt, den sein Außenminister zum König gehabt hatte. Jedenfalls nahm er völlig unerwartet eine Einladung Husseins zu einem Essen am 18. Juli in dessen Landhaus bei London an. Hussein hatte ein koscheres Mahl bereiten lassen. Die Unterredung dauerte fünf Stunden. Beide vertraten unterschiedliche Standpunkte: Schamir war dafür, sich an das Camp-David-Schema zu halten, während Hussein an der Idee einer internationalen Konferenz festhielt, die den Weg zu separaten bilateralen Gesprächen ebnen würde. Gegenüber Shultz äußerten sie sich hinterher unterschiedlich: Schamir glaubte, mit Hussein zusammenarbeiten zu können, während der König für sich und Schamir keine gemeinsame Basis sah. Der israelische Ministerpräsident versuchte, weitere Treffen für sich oder einen Sonderbeauftragten mit Hussein zu arrangieren, solche Pläne stießen in Amman aber auf wenig Gegenliebe.

Am 11. September 1987 unternahm Shultz einen neuen Lösungsversuch. Es sollte eine internationale Konferenz geben, und zwar zeitgleich und von ihnen initiiert mit einem Treffen in Washington zwischen Reagan und dem sowjetischen Ministerpräsidenten Michail Gorbatschow. Dabei sollte nicht nach dem Prinzip „Land für Frieden" verhandelt werden. Statt dessen sollte in den besetzten Gebieten eine „souveräne Kontrolle" über Bereiche wie Sicherheit, Gesundheitswesen, Wasserversorgung sowie Bildung und Erziehung in „verschiedenen Formen" unter Israel, Jordanien und den Palästinensern „aufgeteilt" werden. Das sah aus wie ein Versuch, alle Fragen zu verwischen, die in der Vergangenheit so viele Differenzen und Konflikte hervorgerufen hatten.

Der Nutzen für die Israelis war offensichtlich: Für Frieden würden sie kein Land aufgeben und auch nicht mit der PLO verhandeln müssen. Bis in alle Ewigkeit könnten sie über „souveräne Kontrolle" in verschiedenen Formen reden, oder genauer, bis sie so viel von den besetzten Gebieten kolonisiert hätten, wie sie nur konnten. Der Nutzen für Hussein war weniger klar: Die Araber würden nicht wieder die Kontrolle über die besetzten Gebiete erhalten; den Palästinensern würde kein Recht auf Selbstbestimmung gewährt; und die PLO würde ein mächtiges Zetergeschrei anstimmen, weil sie bei einem höchst komplexen Handel, der wenig Greifbares bot, nicht berücksichtigt wurde.

Shultz schlug außerdem vor, Hussein solle bilateralen Gesprächen mit Schamir zustimmen, Reagan und Gorbatschow würden sie auf ihrem Treffen billigen.

Schamir ermunterte Shultz, seine Gedanken weiter zu verfolgen. Als der amerikanische Außenminister am 20. Oktober Hussein in dessen Residenz von Palace Green, Londons exklusiver Zeile ausländischer Botschaften, besuchte, erhielt er jedoch ein glattes Nein zur Antwort. Vielleicht war es Höflichkeit gegenüber dem Chef der amerikanischen Diplomatie, daß Hussein das Konzept von Shultz nicht kritisierte, sondern einfach erklärte, er könne Schamir nicht ausstehen und glaube nicht, daß der jemals Land oder Souveränität aufgeben oder über den endgültigen Status der besetzten Gebiete verhandeln würde.

Hussein hatte allen Grund, sich weder Kritik noch Kontroversen auszusetzen. Die Vorbereitungen eines arabischen Gipfeltreffens, das im November 1987 in Amman abgehalten werden sollte, befanden sich im Endstadium, Hussein hatte bereits ein Treffen zwischen den langjährigen Rivalen im Nahen Osten arrangiert: Syriens Präsident Hafis Assad und Iraks Präsident Saddam Hussein, zusammen mit Arafat. Die Begegnung verlief gut. Hussein ließ es sich nur nicht nehmen, Arafat auf verschiedene Weise zu brüskieren.[4]

Die Staats- und Regierungschefs begrüßte Hussein auf dem Flughafen persönlich, der Mann jedoch, der Arafat empfing, war Jordaniens Nemesis, Zeid al-Rifai, der Ministerpräsident. Unglaublich freundlich trat der König einem anderen alten Widersacher gegenüber, Assad.

Die englische Fassung der Abschlußerklärung enthält keinen Hinweis auf den Status der PLO als der einzigen legitimen Vertretung des palästinensischen Volkes. Arafat mußte darum kämpfen, daß eine Empfehlung mit aufgenommen wurde, die PLO an einer Nahostfriedenskonferenz zu beteiligen.

Immerhin wurde der arabische Boykott Ägyptens wegen dessen Unterzeichnung des Camp-David-Abkommens aufgehoben. Außerdem stärkte der Gipfel in der arabischen Welt das Ansehen Jordaniens und Husseins als legitime Partner – der Verdacht, der König sei eine anglo-amerikanische Marionette, die sich zu sehr an Israel orientierte, ließ sich nicht länger begründen. Doch es gab keinen Vorschlag, den Beschluß des Gipfeltreffens von Rabat zu ändern: Die PLO blieb die einzige legitime Vertreterin des palästinensischen Volkes. (Diese Rolle sollte ihr recht schwer fallen: Es waren die Palästinenser selbst, die Steine warfen und die im Dezember beginnende Intifada leiteten, nicht Arafat oder die PLO. Dennoch schwang sich Arafat, der jede für ihn günstige Gelegenheit beim Schopfe ergriff, zu ihrem Anführer auf.)

Hussein lehnte zwar den letzten Friedensvorstoß von Shultz ab, für die Vereinigten Staaten und Israel aber war er immer noch eine wichtige Figur. Als Shultz im Februar 1988 Tel Aviv in Richtung Amman verließ, bedeutete ihm Schamir: „Sagen Sie König Hussein, daß ich es auch tatsächlich meine, wenn ich sage, ich bin bereit, über den endgültigen Status zu verhandeln. Und was bedeutet endgültiger Status? Es bedeutet Souveränität."

Am 4. März 1988 begann Shultz eine neue Initiative. Beabsichtigt war eine kurze internationale Konferenz, der bilaterale Gespräche folgen sollten. Wer würde dabei die Palästinenser vertreten? Eine jordanisch-palästinensische Delegation war im Gespräch, die PLO wurde nicht erwähnt, auch kein Murphy-Treffen. Verhandelt werden sollte über eine palästinensische Autonomie in den besetzten Gebieten, außerdem über den endgültigen Status.

Die jordanische Antwort auf den Vorschlag lautete zunächst, es handele sich „im Grunde um eine PLO-Angelegenheit". Am 6. April über-

Treffen des amerikanischen Außenministers George Shultz mit König Hussein in London.

gab der König Shultz ein Dokument, das Jordaniens Position darlegte, und zwar in fünf Punkten. Erstens sei es unzulässig, Territorium anderer Länder zu erobern, die Grundlage für Frieden wäre die Rückgabe des von Israel annektierten Landes. Zweitens sollte Frieden alle Aspekte des Problems abdecken, einschließlich des Selbstbestimmungsrechts der Palästinenser. Drittens sollten Friedensverhandlungen umfassend sein und auf einer internationalen Konferenz geführt werden, die kein Tageswunder vollbringen, sondern fortdauern und die „Moral durch dauernde Präsenz" der fünf ständigen, vetoberechtigten Mitglieder des UNO-Sicherheitsrats reflektieren sollte. Viertens, die Prinzipien der Resolution 242 sollten auf alle besetzten arabischen Gebiete angewendet werden (die Resolution selber spricht nur von „besetzten Gebieten").

Fünftens, Jordanien würde an einer internationalen Konferenz teilnehmen, dort aber nicht das palästinensische Volk vertreten und auch nicht für die PLO sprechen. Jordanien würde sich jedoch an einer gemeinsamen jordanisch-palästinensischen Delegation beteiligen, „wenn die betreffenden Parteien sich damit einverstanden erklären".[5] Das bedeutete, daß Jordanien sich einerseits vor der PLO beugte, andererseits doch einen Sonderstatus behielt.

Schamir war dagegen, Hussein machte Ausflüchte, wollte Shultz nicht vor den Kopf stoßen, und Syrien lehnte, wie immer, ab. Der Shultz-Plan und der Hussein-Gegenplan führten zu nichts.

Der König meinte trotzdem, weiterhin eine wichtige Rolle im nahöstlichen Friedensprozeß spielen zu können. Vor allem lag ihm am Schicksal des Westjordanlandes. Noch immer bezahlte er etwa ein Drittel aller Lehrer und Gemeindeangestellten in der Westbank und förderte dort den Umlauf der jordanischen Währung. Er konnte von sich behaupten, heimlich mit israelischen Politikern und öffentlich mit wichtigen Persönlichkeiten Amerikas zusammengetroffen zu sein. Er galt als Schlüsselfigur, doch es nützte ihm nichts. Wenn die Zeit der Entscheidungen kam, hielt er sich zurück, zögerte, hielt seine Partner hin, wich aus.

Bei anderer Gelegenheit ließ er impulsiv die Bereitschaft erkennen, mit Amerika und Israel allein zu verhandeln, nur um dann Rückzieher zu machen, als es Zeit wurde, sich zu entscheiden. Falls nötig, hätte er sich der PLO gebeugt und von ihr die Erlaubnis eingeholt, mit Amerika und Israel im Namen der PLO zu verhandeln. Doch weder Arafat noch die anderen arabischen Führer wollten Hussein ermächtigen, die Palästinenser zu vertreten, nicht einmal vorübergehend.

Ob man sie mochte oder nicht: Es waren die PLO und Arafat, die als die wahren Vertreter der Palästinenser galten. Auf einem arabischen Gipfeltreffen im Juni 1988 in Algier wurde entschieden, daß Sonderzahlungen für die Palästinenser an Arafat gehen sollten, nicht an Hussein. Das war bitter und enttäuschend. Seit 1967 hatte Hussein Geld in die besetzten Gebiete gepumpt, woran er die Teilnehmer des Treffens auch erinnerte. Die jordanische Währung und die jordanischen Pässe galten immer noch. Weiterhin zahlte Jordanien die Gehälter für 18.000 Beamte in der Westbank und für weitere 6.000 im Gazastreifen. Doch in der Abschlußerklärung wurde Jordanien als Hilfskanal für die Westbank und den Gazastreifen nicht einmal erwähnt. In Amman herrschte darüber, wie Kronprinz Hassan gestand, „ein deutliches Gefühl der Verärgerung".[6]

Der König muß selber den Eindruck gewonnen haben – oder wurde davon überzeugt –, daß er sich in einer unmöglichen Lage befand. Es gab keinen Grund weiterzumachen. Die nächste Phase im Friedensprozeß würde die PLO selbst einleiten. Dementsprechend verkündete Hussein am 31. Juli 1988, Jordanien löse die rechtlichen und administrativen Bindungen zur Westbank und stelle auch die Gehaltszahlungen ein. „Da die allgemeine Überzeugung herrscht, der Kampf um die Befreiung des besetzten palästinensischen Landes könnte dadurch vorangetrieben werden, daß die rechtlichen und administrativen Bindungen zwischen beiden Gebieten [Jordaniens] aufgelöst werden, müssen wir unsere Pflicht erfüllen und tun, was von uns verlangt wird", sagte der König.[7]

Vom Gedanken an eine jordanisch-palästinensische Delegation auf einer Friedenskonferenz schien er sich getrennt zu haben. Das ließ die Chancen für die Shultz-Initiative sinken, ohne daß man es Hussein anlasten konnte.

Die administrative Trennung Jordaniens vom Westjordanland betraf nicht die rund 3.000 Angestellten des Ministeriums für religiöse Angelegenheiten, einschließlich der Institutionen für islamische Rechtspflege. So kam es, daß die Westbank weiterhin mit Jordanien verbunden blieb. Die jordanische Verfassung sowie die Erklärung des Parlaments von 1950 über die Einheit vom Ost- und Westjordanland wurden nicht geändert. Auch die Wettervorhersage im jordanischen Fernsehen informierte nach wie vor über die jeweilige meteorologische Lage auf der Westbank. Als er auf einer Pressekonferenz gefragt wurde, ob Jordanien auf die Souveränität über die Westbank unabänderlich verzichtet habe, erwiderte Hussein: „Habe ich das gesagt?"

Man kann nicht ganz von der Hand weisen, daß der König sein Spiel auf lange Sicht hin zu betreiben suchte. Für Arafat hatte er kaum mehr als Verachtung übrig, wogegen er bei den anderen arabischen Staatsoberhäuptern in hohem Ansehen stand. Hussein verhielt sich abwartend. Sollte Arafat doch ruhig die Alleinvertretung für die Palästinenser übernehmen, er würde schon früh genug erkennen, worauf er sich da eingelassen hatte – die Zahlung der Löhne und Gehälter, der unumgängliche

Dialog mit den Israelis und so weiter. Nicht lange, und die Regierungs-spitzen anderer arabischer Staaten würden ihren Fehler einsehen und sich hilfesuchend an einen Mann mit Erfahrung und guten Kontakten wen-den, nämlich an ihn, König Hussein. Doch so zu denken, war gefähr-lich, denn Arafat, wie gesagt, ließ keine für ihn günstige Gelegenheit aus.

In einer Mitteilung an Shimon Peres erklärte Hussein, er habe die Entscheidung in der Hoffnung getroffen, die PLO würde „das Licht se-hen und mit der Realität zurechtkommen".[8] Das schien auch der Fall. Im Monat zuvor hatte ein Vertrauter Arafats, Bassam Abu Sharif, einen Aufsatz veröffentlicht, in dem er andeutungsweise auf die Bereitschaft der PLO zu direkten Verhandlungen mit Israel hinwies.

Doch zu welchen Bedingungen? Denselben drei Punkten wie vorher, sagte Shultz: Die Resolution 242 akzeptieren, der Gewalt abschwören und Israels Existenzberechtigung anerkennen. Die PLO reagierte über einen Dritten mit einer Frage: Würde Amerika im Gegenzug in einen Dialog mit uns treten und unser Recht auf Selbstbestimmung anerken-nen? Shultz' Antwort: Ja zum ersten Teil der Frage und nein zum zwei-ten, mit der Begründung, daß Selbstbestimmung das entscheidende Stichwort wäre für einen unabhängigen Palästinenserstaat (den Shultz und die Israelis ablehnten).

Im November überzeugte Arafat sein Parlament, den in Algerien ta-genden Palästinensischen Nationalrat, etwas zu billigen, was eine be-deutungslose Geste zu sein schien: die Proklamation der „Errichtung des Staates Palästina auf unserem palästinensischen Territorium mit der Hauptstadt Jerusalem". Da steckte mehr dahinter als nur Propaganda. Arafat unterstellte nämlich, die Grenzen Palästinas seien diejenigen, wie sie nach dem Ende des Sechstagekriegs von 1967 bestanden, das heißt, die PLO erkannte Israel an, ohne das ausdrücklich zu sagen. Zum an-deren wies die PLO die jordanischen Ansprüche auf die Westbank ulti-mativ zurück. (Jordanische Regierungsbeamte versuchten, um die Sache herumzureden: Sie vertraten die Ansicht, daß Jordaniens Rolle im Frie-densprozeß als Staat, dessen Territorium in der Westbank okkupiert war, nicht mit der Rolle der PLO als „einzige legitime Vertreterin des palä-stinensischen Volkes" kollidiere.)

Gleichzeitig versuchte Arafat, ein amerikanisches Visum zu bekom-men, um an der Vollversammlung der Vereinten Nationen teilzunehmen. Trotz starken internationalen Drucks, ihm das Visum zu erteilen, lehnte Shultz den Antrag ab und begründete das mit Arafats aktiver Beziehung zu Abul Abbas, der die Entführung der Achille Lauro organisiert hatte.

Arafat hielt es offenbar für wichtig, einen Dialog mit Amerika und Israel in Gang zu bringen, gerade jetzt, da es so aussah, als habe Jordanien sich aus dem Gefecht zurückgezogen. Wenn Shultz nicht den Preis senkte, den Arafat zu zahlen hatte, dann würde er eben den vollen Preis entrichten! Völlig unerwartet erklärte Arafat dem schwedischen Vermittler, er werde Shultz' Dreipunkte-Forderungen erfüllen, er überreichte ihm das Statement, das er am 13. Dezember abzugeben gedachte. Der Dreipunkte-Brief besagte, die PLO sei bereit, mit Israel über eine umfassende Friedenslösung zu verhandeln, innerhalb des Rahmens einer internationalen Konferenz und auf der Basis der Resolutionen 242 und 338. Arafat sagte zu, mit Israel in Frieden leben und dessen Recht respektieren zu wollen, mit sicheren und anerkannten Grenzen ebenfalls in Frieden zu leben, „wie es auch der demokratische palästinensische Staat möchte, der danach strebt, sich in den besetzten Gebieten zu etablieren". Dem Individual-, Gruppen- und Staatsterrorismus wurde eine klare Absage erteilt.

Das alles klang verheißungsvoll, nur versäumte es Arafat, die Erklärung so abzugeben, wie versprochen. Shultz will zu Reagan gesagt haben: „An einem Ort sagt Arafat ‚Onk, Onk, Onk', an einem anderen sagt er ‚kel, kel, kel', aber nirgends bringt er es fertig ‚Onkel' zu sagen."[9]

Am nächsten Tag, auf einer Pressekonferenz in Genf, sagte Arafat „Onkel". Er las einen von Shultz vorbereiteten Text vor, in dem es unmißverständlich hieß: „Die Vereinigten Staaten sind bereit zu einem echten Dialog mit Vertretern der PLO." Das war ein Sieg für Shultz und ein klares Zeichen, daß von da an die PLO-Option die Jordanien-Option ersetzen würde. Der Dialog sollte in Tunis stattfinden, die Amerikaner würden durch ihren Botschafter in Tunesien, Robert Pelletreau, vertreten sein.

Im April 1989 beförderte sich Arafat zum Präsidenten des Staates Palästina. Er tat es wohl hauptsächlich, um den gleichen Status wie echte Staatsoberhäupter beanspruchen zu können. Im Mai erklärte er die palästinensische Formel, die zur Vernichtung Israels aufforderte, für ungültig, wobei er das französische Wort caduc (hinfällig) verwendete. Hussein von Jordanien war in den Hintergrund getreten. Arafat beherrschte die Bühne.

Im selben Monat noch hat Hussein die Freigabe des Westjordanlandes um einen weiteren Schritt vorangetrieben, indem er das Wahlgesetz ändern ließ. Dem Parlament, das im November im Ostjordanland gewählt wurde, gehörten keine Vertreter der Westbank mehr an. Hussein hatte damit, so schien es jedenfalls, die politische Szene im Nahen Osten endgültig verlassen.

24
Krieg am Golf

Als Ronald Reagan 1989 als US-Präsident von George Bush, seinem bisherigen Vizepräsidenten, abgelöst wurde, rückte James Baker auf den Platz des bis dahin amtierenden Außenministers George Shultz. Baker war ein enger Freund Bushs und der Manager seines Wahlkampfes um die Präsidentschaft gewesen. Er hatte Reagan als Stabschef und Finanzminister gedient und galt als Prototyp des pragmatischen Politikers. Zu Bush und Baker paßte gut ein weiterer Pragmatiker: der ehemalige Generalleutnant der Luftwaffe Brent Scowcroft, Bushs nationaler Sicherheitsberater. Ihnen mag gefehlt haben, was Bush „visionäre Einstellung" und Scowcroft „überzogene Konzepte" nannte, doch sie glaubten zu wissen, wie man Macht einsetzt und Krisen behebt. Es gab da nur einen Ausnahmefall, nämlich Jitzhak Schamir.

Baker ließ sich Zeit, sich in den Friedensprozeß zu vertiefen. Doch rangierte König Hussein unter seinen Gesprächspartnern nicht unbedingt an prominenter Stelle. Baker wußte, wo die Macht saß, in Amman jedenfalls nicht. Nachdem der König die Verantwortung für die Westbank und Ost-Jerusalem aufgegeben hatte, zumindest vorläufig, sah man in ihm keine Schlüsselfigur mehr. Vielleicht müßte man mit ihm rechnen, wenn Israel und die Palästinenser übereinkämen, an einer internationalen Friedenskonferenz teilzunehmen. Zunächst würden die Palästinenser aller Wahrscheinlichkeit nach Teil einer gemeinsamen jordanisch-palästinensischen Delegation sein. Das fördernde Interesse des Königs daran war allseits bekannt und deshalb kein Thema.

Baker blieben im Weißen Haus, aber auch schon während seiner Zeit im Finanzministerium, die Bemühungen von Shultz natürlich nicht verborgen, für den Frieden im Nahen Osten einen brauchbaren, allgemein akzeptierten Plan auszuarbeiten, der Hussein mit einbezog, aber auch seiner Unentschlossenheit Rechnung trug. Bakers Eindruck war, das Ganze sei ein regelrechter Sumpf, aus dem er sich möglichst heraushalten müsse. Doch ehe er sich recht versah, geriet auch er hinein.

Die Hindernisse auf dem Weg zum Frieden waren noch immer unübersehbar. Die Palästinenser wurden von einem Mann geführt, den nicht nur die USA, sondern auch Israel als Gesprächspartner akzeptierte. Nach Arafats aufsehenerregender Genfer Erklärung – Anerkennung der UN-Resolutionen 242 und des Existenzrechts Israels, Absage an den Terrorismus –, hatte der PLO-Chef seinen Anhängern wenig mehr zu bieten. Über den tunesischen Botschafter Pelletreau war ein zusätzlicher Kontakt nach Amerika geschaffen worden, die Verbindung war aber mehr für mittlere Funktionäre gedacht, weniger für Arafat persönlich. Direkte Verhandlungen mit Israel waren nicht in Sicht.

Schamir war an einer Einigung mit den Palästinensern auf der Grundlage der Resolution 242 und des Land-für-Frieden-Prinzips nicht interessiert. Die Zeiten, in denen er Ministerpräsident war, kennzeichnet eine rapide Zunahme jüdischer Siedlungen in den besetzten Gebieten. Als sowjetische Juden in großer Zahl nach Israel auswandern konnten, sprach Schamir offen von der Notwendigkeit eines großen Israels. Er glaubte, es sei das natürliche, gottgegebene Recht der Juden, im ganzen Land Israel zu leben, nicht nur innerhalb der Staatsgrenzen, sondern auch auf der Westbank. Schamir, der unverfrorene, hartnäckige Expansionist, war bekannt dafür, daß er sich bei Verhandlungen mit Bush, Baker und Scowcroft häufig einer Hinhaltetaktik und billiger Ausflüchte bediente. Wie Jimmy Carter mit Menachem Begin erging es Bush mit Schamir. Nach einem Gespräch mit ihm war er fest überzeugt, ihm sei uneingeschränkt die Einstellung der Errichtung jüdischer Siedlungen zugesagt worden, bald darauf erfuhr er dann vom Bau neuer.

Schamir wartete mit dem offenbar unverfänglichen Vorschlag auf, im Westjordanland und Gazastreifen Wahlen abzuhalten. Hussein wies das zunächst als Verzögerungsmanöver zurück, als Versuch, die Bewohner der Westbank zu Rivalen der PLO in Tunis zu machen und eine internationale Konferenz hinauszuzögern. Später stimmte er dem Vorschlag zu, unter Vorbehalt, daß er zur Einberufung einer internationalen Konferenz führe (an der Jordanien teilnehmen würde).

Nicht zu unterschätzen war die Macht der jüdisch-amerikanischen Lobby. Baker bezeichnete die einflußreichste jüdische Lobby-Gruppe, das *America Israel Public Affairs Committee (AIPAC)*, einmal als „Löwengrube".[1] Er berichtete, er habe 1989 mit Bush und Scowcroft über eine Verschärfung von Reagans milder Kritik am Bau israelischer Siedlungen als "Hindernis für den Frieden" nachgedacht, es sei wirklich angebracht gewesen, diese Form der Siedlungspolitik als „illegal" zu verurteilen. Man kam zu dem Schluß, mit einer Konfrontation Schamirs in diesem Punkt wäre nichts gewonnen. „Im Gegenteil, das würde uns innenpolitische Probleme bereiten und damit jede Friedensinitiative noch schwieriger machen." (Mit innenpolitischen Problemen war das AIPAC gemeint.)

Während Politiker der USA sich fast verbogen in ihrem Bemühen, Israel höflich zu behandeln und Tadel im allermildesten Ton vorzubringen, tat Israel nichts dergleichen. Nachdem Baker vor dem AIPAC erklärte, die Israelis sollten ihre Wunschvorstellung von einem Groß-Israel aufgeben, ebenso ihre Annexionspolitik, vielmehr „den Palästinensern als Nachbarn die Hand reichen", bezeichnete Schamir die Rede des amerikanischen Außenministers als „unnütz". Ein anderes Mal bezichtigte Benjamin Netanjahu, damals stellvertretender Außenminister, die Bush-Administration der „Gründung ihrer Politik auf einem Fundament von Verfälschungen und Lügen". Baker weigerte sich daraufhin, Netanjahu im State Department zu empfangen.

Nach sporadischen Sondierungen im Nahen Osten, bei denen der ägyptische Präsident Hosni Mubarak eine hilfreiche Rolle spielte, präsentierte Baker am 28. September 1989 einen Fünfpunkteplan, der einen völlig neuen Lösungsansatz enthielt. Der Plan nahm Jordanien aus. Er sah vor, daß sich eine israelische und eine palästinensische Delegation in Kairo trafen und über Wahlen, sogar über den endgültigen Status der besetzten Gebiete sprachen. Die palästinensischen Partner, denen Israel zuvor zustimmen sollte, sollten keine PLO-Mitglieder sein. Im Grunde handelte es sich um eine Adaption eines Vorschlags von Schamir, Wahlen im Westjordanland abzuhalten. Nach Bakers Aussage habe er seinen Plan Mubarak mitgeteilt, der dann der PLO davon Kenntnis gab.

Zunächst hieß es, Schamir stimme dem Plan zu. Dann aber war von Bush und Baker harsche Kritik an zusätzlichen jüdischen Siedlungen in den besetzten Gebieten zu hören, zu einer Zeit, als jüdische Immigranten aus der Sowjetunion ins Land strömten. Dies wiederum löste, Baker zufolge, „einen sofortigen Feuersturm in der jüdischen Gemeinde Amerikas aus" und erregte Schamirs Zorn. Er widersetzte sich der Aufnahme von Leuten aus dem arabischen Ost-Jerusalem sowie deportierten Palästinensern aus Jordanien in die palästinensische Delegation. Als Shimon Peres, der Außenminister, Schamir ein Ultimatum stellte, in dem er die Festlegung eines Datums für die Annahme des Baker-Plans forderte, „habe ich ihn entlassen", schrieb Schamir hinterher.[2]

Das führte zu einer Regierungskrise. Am 11. Juni 1990, drei Monate später, bildete Schamir eine Regierung ohne Beteiligung von Peres' Arbeitspartei. Er sagte, er wolle nur mit Palästinensern reden, die sein Konzept einer palästinensischen Autonomie akzeptierten. Dieses Konzept blieb weit hinter Selbstbestimmung und Eigenstaatlichkeit zurück. In einer Rede vor seinem Likud-Block am 5. Juli verschärfte er seine Bedingungen noch: Wahlen sollten nur möglich sein, nachdem die Intifada beendet war; die Araber Ost-Jerusalems sollten nicht daran teilnehmen dürfen; der Bau neuer jüdischer Siedlungen könne fortgesetzt werden; zur Bildung eines Palästinenserstaats gebe es keine Möglichkeit. Die Bedingungen waren wie maßgeschneidert für die Ablehnung durch die PLO. „Ich fühlte mich mißhandelt, geschlagen und verraten", schrieb Baker. „Der Friedensprozeß war tot, Opfer eines Selbstmords."[3]

Wieder einmal versäumten es die Palästinenser, Vorteile aus den Spannungen zwischen den Israelis und den Amerikanern zu ziehen. Im Gegenteil, sie begingen eine eklatante Dummheit, die sogar zur Abnahme dieser Spannungen beitrug. Am 30. Mai 1990 wurden zwei Boote (nachdem vorher vier andere versagt hatten), die mit palästinensischen Guerillas in Richtung Israel unterwegs waren, von israelischen Patrouillenschiffen abgefangen. Entweder hatten die Palästinenser die Absicht, einen Badestrand für höhere Offiziere zu überfallen (wie die Guerillas aussagten) oder schutzlose zivile Badegäste (wie die Israelis behaupteten).

Die Besatzung beider Boote bestand aus Mitgliedern der von Abul Abbas geführten Palästinensischen Befreiungsfront, die ihre Basis in Bagdad hatte und von Präsident Saddam Hussein finanziert wurde.

Arafat sagte – vermutlich sogar wahrheitsgemäß –, er habe von dem geplanten Überfall nichts gewußt, lehnte es indessen ab, ihn eindeutig zu verurteilen. Schamir verlangte sofort, daß Bush den Dialog zwischen der PLO und den Amerikanern in Tunis abbreche. „Wir waren uns schmerzlich bewußt, daß dieser Dialog das einzige war, was vom Friedensprozeß noch übrig war, weder der Präsident noch ich wollten ihn beenden", schrieb Baker. „Aber da Arafats Schweigen andauerte, blieb uns keine andere Wahl." Der amerikanische Außenminister meinte, Arafat habe jetzt jede Chance verspielt, „Glaubwürdigkeit oder sogar ein Fünkchen moralischer Autorität" zu gewinnen, es sei denn, er verurteilte das Terrorunternehmen. Am 20. Juni 1990 beendeten Bush und Baker den Dialog.

Trotz allem, es gab mildernde Umstände für Arafat. Erstens war Abul Abbas ein alter Kampfgefährte des PLO-Vorsitzenden, zweitens wollte Arafat Sadam Hussein nicht verärgern, der ein regelmäßiger und einer seiner großzügigsten Geldgeber war, drittens machte Arafat einen Unterschied zwischen „terroristischen" Angriffen auf zivile und „legitimen" auf militärische Ziele, wie zum Beispiel einen Offiziersklub, und viertens war der Überfall zeitlich abgestimmt auf ein arabisches Gipfeltreffen in Bagdad. Er sollte vor aller Welt den Einfluß Saddam Husseins deutlich machen und Amerika wie Israel daran erinnern, daß die Palästinenser zu mehr fähig waren als zu Steinwürfen.

Saddam Hussein erregte die Aufmerksamkeit vor allem der arabischen Massen mit einer Rede, die er im Februar 1990 in Amman hielt. Auffallend daran war ein unverhohlener Aufruf zur Konfrontation: „Angenommen, der Einfluß der zionistischen Lobby auf die amerikanische Politik bleibt weiterhin so stark wie bisher, dann wird Israel in den nächsten fünf Jahren mit neuen Dummheiten aufwarten." Für diejenigen, die beabsichtigen, sich den USA zu unterwerfen, sei „in den arabischen Reihen kein Platz"; die Araber sollten ihre Front fest schließen und der Supermacht die Stirn bieten.

Mubarak mißfiel dieser Ton. Sein Verhältnis zu den Vereinigten Staaten war hervorragend und gründete sich nicht allein auf die von dort kommenden Gelder. Anders reagierten die Palästinenser, Hussein und Arafat. Husseins Reden nahmen einen härteren Ton an.[4] Er und Saddam Hussein wurden Freunde, wenigstens vorerst.

Gleichwohl reiste Hussein in nicht gerade froher Stimmung zum Gipfeltreffen nach Bagdad. Für ihn führte es zu nichts. Seine Rolle als Teilnehmer am Friedensprozeß hatte er aufgegeben und der PLO überlassen, ohne geringste Gegenleistung. Er brauchte etwas, um sein Volk von den Auswirkungen der Wirtschaftskrise abzulenken, die Jordanien damals heimsuchte. Aber ob da gerade seine Teilnahme am Treffen in Bagdad ein geeignetes Mittel war?

Auch Arafat war in einer mißlichen Lage. Der sanfte Kurs, auf den er im Umgang mit George Shultz umgeschwenkt war, hatte ihm so gut wie nichts eingebracht, und die Hardliner des Likud-Blocks in Israel wollten nichts mit ihm zu tun haben. Es schien, als ob Schamir, geschützt und gefördert von der jüdischen Lobby in Washington, seine Politik der Expansion in der Westbank, im Gazastreifen, auf den Golanhöhen und in Ost-Jerusalem zielgerichtet und erfolgreich vorantrieb. Offenbar gab es nichts, was Hussein oder Arafat dagegen hätten unternehmen können. Das änderte sich, als Saddam Hussein Kuwait überfiel.

Hussein und Arafat waren von Saddam Husseins Freigebigkeit abhängig geworden. Seit die Israelis 1988 in Tunis Arafats Weggefährten Khalil al-Wazir (Abu Jihad) getötet hatten, verbrachte er einen Großteil seiner Zeit in der relativen Sicherheit Bagdads. Hier standen ihm drei irakische Flugzeuge zur Verfügung, und sein Haus wurde schwer bewacht. Arafat Abhängigkeit vom Irak wuchs, als sich herausstellte, daß ein Teil des Geldes, das Kuwait und Saudi-Arabien für die Westbank zahlten, an der PLO vorbei zur Verteilung an andere Organisationen floß. Hinzu kam, daß es die Vereinigten Staaten erneut ablehnten, ihm ein Besuchervisum auszustellen (die Folge war, daß eine Sitzung des Weltsicherheitsrats in Genf abgehalten wurde statt in New York). Und weiterhin strömten jüdische Einwanderer aus der ehemaligen Sowjetunion nach Israel. Alle wollten mit Wohnraum versorgt werden, so daß Israels Expansionsdrang wuchs. Arafats einziger verläßlicher Freund war, wie es schien, der irakische Diktator.

Hussein wie auch Arafat begrüßten und unterstützten Saddam Husseins Initiative von 1989, den Arabischen Kooperationsrat (ACC) zu gründen, dem Ägypten, Nordjemen, Jordanien und der Irak angehörten. Syrien, traditioneller Rivale des Iraks, und die Golfstaaten, die einen eigenen Kooperationsrat (GCC) besaßen, waren ausgeschlossen. Die Saudis sahen sich unversehens umklammert und waren wenig davon angetan.

„Der ACC wurde gegründet, ohne daß König Fahd informiert worden wäre, geschweige denn konsultiert", klagte der saudische Prinz Khaled bin Sultan, später leitend mitbeteiligt an der Operation Wüstensturm. „An dem Tag, bevor die Gründung bekanntgegeben wurde, rief König Hussein von Jordanien König Fahd in Dharan an, unterließ es jedoch, sie auch nur zu erwähnen, bevor er sich nach Bagdad begab."[5]

Anfangs wurde der ACC als eine Wirtschaftsgemeinschaft dargestellt, Saddam Hussein bemühte sich jedoch bald, ihm auch eine militärische Dimension zu geben. Die Saudis waren in einiger Sorge, als sie erfuhren, König Hussein, dessen Familie Ansprüche auf den Hedschas erhob, habe dem Nordjemen nachdrücklich den Beitritt zum ACC empfohlen. Der Nordjemen machte nämlich Ansprüche auf saudisches Gebiet nördlich der Landesgrenze geltend.

Die zunehmende Abhängigkeit Husseins und Arafats vom irakischen Diktator wäre unter normalen Umständen kaum der Rede wert gewesen. Doch Saddam Hussein wurde allmählich größenwahnsinnig. Außerdem war der Irak, geschwächt durch den Krieg mit dem Iran und dem Verfall des Ölpreises von 21 Dollar pro Barrel im Januar 1990 auf 14 Dollar im Mai, so gut wie bankrott. Saddam Hussein schickte seinen Ministerpräsidenten nach Kuwait, um eine Finanzhilfe von 10 Milliarden Dollar lockerzumachen, angeboten aber wurden ihm wurden spärliche 500 Millionen.

Auf dem Gipfel in Bagdad fand Saddam Hussein nicht nur harte Worte gegen das ferne Amerika, sondern auch, unter Ausschluß der Öffentlichkeit, gegen die ölproduzierenden arabischen Länder. Sie förderten seiner Meinung nach zu viel Erdöl und verdarben damit die Preise. Er nannte keine Namen, schaute aber ostentativ den Emir von Kuwait und den Präsidenten der Vereinigten Arabischen Emirate an und sagte: „Im Grunde genommen führt ihr einen ökonomischen Krieg gegen mein Land."[6]

Am 17. Juli präsentierte der Irak der Arabischen Liga eine spezifizierte Rechnung. Kuwait wurde Überproduktion vorgehalten, außer-

Im Juni 1989 fand in Alexandria (Ägypten) ein Gipfeltreffen des Arabischen Kooperationsrates statt (v. l. n. r.): Der nordjemenitische Präsident Ali Abdallah Saleh, Iraks Präsident Saddam Hussein, König Hussein und Ägyptens Präsident Hosni Mubarak.

dem wurde es des Diebstahls von Ölreserven und zweier küstennaher Inseln beschuldigt. Der Irak verlangte, daß Kuwait die gewaltigen Kredite, die es dem Irak während seines Kriegs mit dem Iran gewährt hatte, abschrieb.

Als Hussein am 28. Juli mit Präsident Bush telefonierte, äußerte der die Hoffnung, daß „der Disput die Grenzen der Vernunft nicht überschreitet". Hussein erwiderte: „Dafür gibt es keine Möglichkeit, und bis zu diesem Punkt wird es auch nicht kommen." [7]

Zwei Tage später flog König Hussein von Amman nach Bagdad, um sich über Saddam Husseins Absichten Klarheit zu verschaffen. Er flog

dann weiter nach Kuwait, wo er den Kronprinzen, Scheich Saad, auf-
suchte und weitergab, was er erfahren hatte. „Er ist sehr aufgebracht über
euch", sagte der König, einem Bericht zufolge.[8] Saad wollte wissen: „Gibt
es eine militärische Bedrohung?" Hussein soll erwidert haben: „Ach nein!"
Saad fragte: „Warum hat er dann Truppen an unserer Grenze zusam-
mengezogen?" Hussein wollte es nicht glauben, Saad aber bot ihm an, sie
ihm zu zeigen. Am 31. Juli alarmierte Hussein Bush, die Situation sei
ernst.[9] Am 2. August 1990 fielen irakische Streitkräfte in Kuwait ein.

Hussein soll nach der Invasion, wie eine amerikanische Zeitung
schrieb, gesagt haben, der Emir von Kuwait habe seine Warnung bezüglich einer militärischen Bedrohung Kuwaits durch den Irak in den Wind
geschlagen. Die Kuwaitis verdächtigten Hussein danach des Treue-
bruchs. König Fahd hegte einen eigenen, persönlichen Verdacht. Als der
saudische Monarch am Morgen der Invasion Hussein anrief, wurde ihm
mitgeteilt, er schlafe und dürfe nicht gestört werden.

„Ob richtig oder falsch, wir kamen ganz einfach zu der Annahme,
Jordanien, die PLO, der Jemen und sogar der Sudan hätten mit Saddam
konspiriert, um den Golf unter ihre Kontrolle zu bringen", schreibt Prinz
Khaled. „Das Widerstreben König Husseins, des Vorsitzenden Jassir
Arafat und des Präsidenten Ali Abdallah Saleh [von Jemen], Iraks Aggression zu verurteilen, weckte unseren tiefsten Argwohn." Es sei „nicht
an den Haaren herbeigezogen" gewesen, wenn man sich damals sorgte,
daß König Hussein von der Wiedergewinnung des Hedschas träumte,
Präsident Saleh davon, Saudi-Arabiens Provinz Asir wiederzubekom-
men, und Arafat davon, Kuwait, wo viele tausend Palästinenser lebten
und arbeiteten, in einen von Palästinensern geführten irakischen Teil-
staat zu verwandeln, bis zur Rückgewinnung von Palästina selbst.

Vor allem englische Beobachter glaubten damals, Hussein trauere
immer noch dem Verlust der Aufsicht über die islamischen heiligen
Stätten in Jerusalem nach, der eine Folge des Sechstagekriegs von 1967
war. Nur aus der Ferne und mit Genehmigung der Israelis konnte er
sich um den Erhalt der Heiligtümer kümmern. Vorausgesetzt, Sadam
Husseins unbedachtes Abenteuer wäre erfolgreich verlaufen und Israel
hätte sich von der Westbank und aus Ost-Jerusalem zurückziehen müssen, wäre es da für Hussein nicht naheliegend gewesen, die
heiligen Stätten neu in seine Obhut zu übernehmen? Doch das blieben

Spekulationen, hypothetische Träume, die der Wirklichkeit nicht standhielten.

1994 wurde Husseins Interesse an der Aufsichtsfunktion deutlich, als im Friedensvertrag zwischen Jordanien und Israel darauf eingegangen wurde. „Israel respektiert die gegenwärtige Rolle des Haschemitischen Königreichs Jordanien in bezug auf die heiligen islamischen Stätten in Jerusalem", heißt es in Artikel neun des Vertrags. „Wenn Verhandlungen über den endgültigen Status geführt werden, wird Israel der historischen Rolle Jordaniens in diesen Heiligtümern hohe Priorität einräumen." Das löste einen Streit mit Arafat aus; der König mußte sich widerstrebend von dieser Position zurückziehen.

Daß er Saddam Hussein einen „arabischen Patrioten" nannte, zwei Tage nachdem dessen Truppen in Kuwait eingefallen waren, hat dem Ansehen des jordanischen Königs selbst in der arabischen Welt geschadet. Gemeinsam mit der PLO stimmte Jordanien gegen eine Resolution der Außenminister der Arabischen Liga, in der die Invasion auf Kuwait verurteilt und die Einberufung einer arabischen Gipfelkonferenz gefordert wurde. Die Resolution wurde mit vierzehn gegen sechs Stimmen angenommen, Jordanien und die PLO machten auf dem Gipfel aber ihre Vorbehalte gegen den Einsatz ausländischer Truppen geltend, die dem bedrängten Saudi-Arabien zu Hilfe kommen sollten.

Hussein versuchte wieder einmal, einen eigenen Kurs zu steuern. Offensichtlich spielten dabei auch Gedanken an seine Familientradition eine Rolle. Auf einem Treffen von Stammesvertretern und Parlamentariern wies er darauf hin, daß er, Hussein, immer noch Scherif sei, also ein direkter Abkömmling des Propheten Mohammed. Sein Auditorium forderte er auf, ihn Scherif Hussein zu nennen, wie seinen Urgroßvater Scherif Hussein des Hedschas. Handfeste Beweise für eine Verschwörung zwischen ihm und Saddam Hussein gab es nicht, das räumt auch Prinz Khaled ein, doch er und manch anderer am Golf glaubte an die Existenz geheimer Absprachen.[10]

Ein Vorfall zu Beginn des Krieges hätte beinahe das Verhältnis zu Mubarak zerstört, der eine arabische Lösung anstrebte. Wie verabredet, flog Hussein nach Bagdad, um Saddam Hussein einzuladen, an einem Minigipfel teilzunehmen. Hussein und Saddam Hussein einigten sich auf den 3. August, doch die Sache scheiterte, als die Arabische Liga die irakische

Invasion verurteilte. Mubarak sagte, er habe Hussein gebeten, die Veranstaltung des Treffens an zwei Bedingungen zu knüpfen: den sofortigen Rückzug der irakischen Truppen aus Kuwait und die Wiedereinsetzung des Emirs. Mubarak zufolge soll der König geantwortet haben, „er sei nicht in der Lage gewesen, Einzelheiten zu besprechen". Mubarak witterte wohl eine Falle. Auf einer Pressekonferenz am 8. August erklärte er, das ganze sei inakzeptabel. Wie hätten er und König Fahd an einer Gipfelkonferenz teilnehmen können, „wenn wir immer noch nicht wußten, was dabei für uns herauskommen sollte"? Der Gipfel wäre fehlgeschlagen, und die Lage hätte sich eher noch verschlimmert, sagte Mubarak.[11]

Danach wuchs bei Hussein und Arafat die Neigung, Partei für Saddam Hussein zu ergreifen und zugleich die Rolle von Friedensstiftern zu übernehmen. Sie warnten vor den verheerenden Kriegsfolgen und riefen die Kritiker des irakischen Diktators zur Zurückhaltung auf: Es gelte, ihm aus der Patsche zu helfen.

Nun war es in der Tat nicht leicht für Hussein, sich für oder gegen das von Amerika angeführte Anti-Saddam-Bündnis zu entscheiden. Stellte er sich auf die Seite der USA, hätte das bei den in Jordanien lebenden Palästinensern heftige Proteststürme zur Folge, die unweigerlich auch auf ihn und seine Haschemiten-Familie übergreifen würden. Die jordanischen Palästinenser bewunderten Saddam Hussein ebenso vorbehaltlos, wie sie die Kuwaitis verabscheuten, die nicht nur als unermeßlich reich, habgierig und egoistisch galten, sondern auch als tyrannische Dienstherren, die ihre Angestellten schlecht behandelten. Am 12. August gab Saddam eine Erklärung ab, die die Palästinenser begeisterte. Verständlicherweise, denn er deutete an, der Irak könnte sich aus Kuwait zurückziehen, wenn auch Israel die besetzten Gebiete räumte. Da seine Armee große Teile Kuwaits kontrollierte, war seine Position die der Stärke.

Die Bedingungen, die er stellte, waren unverschämt einseitig. Er verlangte den „sofortigen und bedingungslosen Rückzug Israels aus den besetzten Gebieten… sowie den Rückzug Syriens aus dem Libanon und den Rückzug Iraks und Irans [eine Anspielung auf die irakisch-iranische Grenze am Ende des ersten Golfkriegs]". Sobald diese Fragen gelöst seien, sagte Saddam Hussein, könnte man „die Formulierung der Bestimmungen in bezug auf Kuwait" auf ähnliche Weise vornehmen, „unter

Berücksichtigung der historischen Rechte des Iraks auf seine Territorien und der Entscheidung des kuwaitischen Volkes".

Der König hatte sich vor den Augen der übrigen Welt für Saddam Hussein entschieden. Zusammen mit Arafat aber tat er sein Möglichstes, ihn zu einer Änderung seines Verhaltens zu bewegen. Erste Früchte trugen diese Bemühungen am 6. Dezember, als Saddam Hussein alle ausländischen Geiseln freiließ.

Der König blies unüberhörbar in Saddams Horn, als er in einer Ansprache am 9. Dezember erklärte, die Lösung des Kuwaitproblems müsse mit der des israelisch-palästinensischen Problems verknüpft werden. Ferner sagte er, daß es von Anfang an „unsere pan-arabische Pflicht ist, keine Seite zu unterstützen".[12] Auf diese Weise, behauptete Hussein, habe er mit beiden Seiten zusammenarbeiten können, stets bemüht, eine Lösung durchzusetzen. Das Hauptgewicht seines Kompromisses stand im Widerspruch zur absoluten Verurteilung der irakischen Invasion in Kuwait durch die Westmächte, angeführt von Präsident Bush, und durch eine Reihe arabischer Staaten, allen voran Ägypten und Saudi-Arabien. Saddam Husseins Forderungen, denen der König sich weitgehend anschloß, blieben für viele Palästinenser verlockend wie reinster Honig.

Eine Äußerung Husseins klang harmlos, enthielt aber eine Menge Zündstoff: „Die Resolutionen des Sicherheitsrats bezüglich des arabisch-israelischen Konflikts, dessen Wurzel das palästinensische Problem ist, müssen mit gleichem Nachdruck umgesetzt werden, wie die Erfüllung der Resolutionen zur Golfkrise betrieben wird." Er betonte: „Die Golfkrise, die weltwirtschaftliche Situation im Zusammenhang mit der Erdölfrage, das palästinensische Problem und die Massenvernichtungswaffen – alles dies sind Aspekte, die von den Problemen des Nahen Ostens nicht zu lösen sind. Unserer Meinung nach wird jeder Versuch, jeder internationale Ansatz, diese Probleme einzeln voneinander zu lösen, scheitern und zu keiner Sicherheit und Stabilität, zu keinem Frieden in dieser Region führen."

Der König kritisierte indirekt auch die Vereinigten Staaten. „Aus Meinungsverschiedenheiten zweier verbrüderter Länder", sagte er, „entwickelte sich eine tiefe Kluft im arabischen System, die fremde Mächte für ihre Interessen ausnutzten, indem sie sich direkt in unsere eigenen arabischen Angelegenheiten mischten."

Hussein nahm den irakischen Diktator mehrfach in Schutz. Als sich Saddam beklagte, bei den Raketenangriffen zur Ausschaltung der irakischen Luftabwehr seien auch Moscheen getroffen und zerstört worden, erhielt er moralische Unterstützung vom König. Hussein beschuldigte die von den Amerikanern geführten Streitkräfte, „unter dem Deckmantel von UNO-Resolutionen Kriegsverbrechen zu begehen". [13]

Lebhaften Zuspruch bei den Palästinensern und allen arabischen Nationalisten fanden Saddam Husseins Drohungen gegen Israel. Sie ließen an Deutlichkeit nicht zu wünschen übrig. „Ich schwöre bei Gott", rief er aus, „daß unser Feuer halb Israel verzehren wird, sollte es sich erdreisten, etwas gegen den Irak zu unternehmen."

Es herrschte eine spürbare gefühlsmäßige Übereinstimmung zwischen Hussein und seinem Volk, wenn er, mit welcher Deutlichkeit auch immer, Partei für den Irak ergriff. „Zu Hause hat seine Popularität einen Höhepunkt erreicht", schrieb die vierzehntäglich erscheinende Zeitung *Middle East International*.[14] „Die Harmonie zwischen der regierungstreuen Position und der des Volkes gegen die Intervention des Westens hat den Demokratisierungsprozeß beschleunigt und die nationale Einheit gefördert."

Am 15. Februar, unmittelbar bevor die Bodenoffensive der von den USA geleiteten Allianz zur Befreiung Kuwaits begann, erhöhte Saddam Hussein den Preis für seinen Rückzug. Er verlangte die Streichung von den Auslandsschulden des Irak in Höhe von 80 Milliarden Dollar, außerdem den wirtschaftlichen Wiederaufbau des Irak auf Kosten der Alliierten.

Saddam Hussein hatte, so schien es zumindest, jede Berührung mit der politischen Wirklichkeit verloren. Hussein erging es offenbar ähnlich, denn er erklärte: „Voller Freude und Zufriedenheit haben wir Ihre angemessene Friedensinitiative vernommen, die auf Ihrem echten Engagement für die höchsten arabischen Interessen basiert. Die Forderungen, die Ihre Friedensinitiative enthält, sind legitime pan-arabische und nationale Forderungen, die mit unseren arabischen Hoffnungen und mit internationalen Gesetzen in Einklang stehen. Wir glauben, kein einziger arabischer Staat könnte Einwände gegen diese Forderungen haben oder sie zurückweisen."[15] Das waren kühne Worte, der erste Hinweis vielleicht auf den „neuen" Hussein, einen König, der nicht länger auf den

Rat seiner Höflinge hören mochte und dessen Handeln stärker von emotionalen Impulsen gesteuert wurde.

James Baker nennt König Hussein einen „langjährigen Bekannten und persönlichen Freund" von Präsident Bush. Seine Unterstützung für Saddam Hussein während des Krieges habe viele enttäuscht – ein „Akt persönlichen Verrats, der dem Präsidenten enormen Schmerz bereitete. Außerdem rief er einen für ihn uncharakteristischen Zorn hervor, ausgerechnet bei diesem Mann, der im Zweifelsfall bei Freund wie Feind nach dem Grundsatz ‚in dubio pro reo' verfuhr." Bush war so empört, daß er den Wunsch des Königs nach einem Treffen mehrmals abgelehnt hat.[16]

Baker wußte, daß die Vereinigten Staaten bei der Bildung einer palästinensisch-jordanischen Delegation Husseins Unterstützung benötigten. Er mußte also trotz allem in gutem Einvernehmen mit ihm bleiben. Umgekehrt war Hussein auf Amerikas Wohlwollen angewiesen. Nach der Befreiung Kuwaits wies der Emir den größten Teil der dort lebenden Palästinenser aus. Viele der Exilanten gingen nach Jordanien und fristeten dort ihr Dasein mit staatlichen Beihilfen. Jordaniens einst so freigiebige Spender am Golf schickten dem König kein Geld mehr.

Baker dachte nicht daran, den König so einfach davonkommen zu lassen. Während eines Besuchs in Akaba nach der Befreiung Kuwaits, im März 1991 mit einem Waffenstillstand besiegelt, wandte sich der texanische Anwalt an ihn: „Es ist eine höchst rauhe Angelegenheit, Jordaniens Beziehungen zu den Vereinigten Staaten in Ordnung zu bringen." Aber er versprach: „Wir wollen alles nur Mögliche tun, Ihnen zu helfen, die Sache mit den Saudis zurechtzuflicken." Amerika sei bereit, Vergangenes vergangen sein zu lassen. Das aber sei nicht von heute auf morgen möglich und auch nur mit der Verpflichtung Husseins, zur Vorbereitung einer Friedenskonferenz beizutragen. Der König versprach Hilfe und leistete sie auch.

Anders als amerikanische Außenminister vor ihm war Baker von Hussein wenig bezaubert. Zwar hielt er ihn für eine „sehr gütige Person", doch gerade in Akaba fiel ihm ein, daß es da Leute gab, die „schreckliche Dinge" über die Vereinigten Staaten gesagt hatten und nun so taten, als sei nichts geschehen. Die lange Reihe der Argumente, die Hussein zur Rechtfertigung seines Verhaltens vor und während des Golfkriegs vorbrachte, fand Baker „absolut nicht überzeugend".

Als er am 14. Mai Amman besuchte, legte Baker dem König dringend nahe, für eine ins Auge gefaßte Friedenskonferenz eine gemeinsame jordanisch-palästinensische Delegation zusammenzustellen. Bekennende PLO-Mitglieder sollten ihr nicht angehören, auch Arafat sollte sich während der Vorbereitungszeit in Amman nicht blicken lassen. Jeder sollte sehen, daß Hussein allein die Konferenz organisierte. Das sei kein Problem, meinte Hussein. Als Zeichen der Dankbarkeit ließ Baker eine Nahrungsmittelhilfe im Wert von 25 Millionen Dollar nach Jordanien schicken.

Als Baker am 21. Juli wiederkam, versicherte ihm Hussein, er arbeite an einer Namensliste von Palästinensern, die weder der PLO angehörten noch sich zu ihren Zielen bekannten, diese Leute könnten immerhin einen Teil der Delegation bilden. Baker konzentrierte sich darauf, sicherzustellen, daß der syrische Präsident Assad, der israelische Ministerpräsident Schamir und einige unverdächtige Palästinenser teilnahmen. Was aber war von Schamir zu erhoffen, jenem Mann, von dem Baker und Mubarak stets gemutmaßt hatten, er wolle überhaupt keinen Frieden und der, wie Baker fand, immer so aussah, „als habe er gerade in eine saure Dattelpflaume gebissen"?

Baker war es, der ihn in die Klemme brachte, denn fortan konnte Israel nicht mehr behaupten, es fehle ihm an arabischen Gesprächspartnern. Nur war die Situation etwa so, wie sie Avi Shlaim beschreibt: Die Palästinenser „stiegen in den Bus, der, wie Baker gewarnt hatte, nur einmal kam, wohingegen Schamir weiterhin über den Fahrpreis, den Fahrer, die Rechte anderer Fahrgäste sowie das Tempo, die Fahrtroute und das Ziel des Busses stritt".[17]

Assad stimmte am 15. Oktober zu. Die Palästinenser benannten sieben der vorgesehenen vierzehn Delegierten und versprachen, die weiteren sieben bekanntzugeben. Baker bat Hussein, Schamir die Namen über seinen „privaten israelischen Kanal" zu übermitteln, um irgendwelche Überraschungen auszuschließen. Hussein war einverstanden. Endlich befand sich der König mit an Bord, dachte Baker. Er telegrafierte nach Washington, es sei an der Zeit, Jordanien wieder substantielle amerikanische Hilfe zu gewähren.

Die restlichen sieben Namen von Palästinensern, die keine PLO-Kontakte hatten, wurden präsentiert. Bis dahin hatten die USA und Sowjetrußland alle Staaten eingeladen, die an der Konferenzteilnahme interessiert waren. Die Konferenz begann am 30. Oktober 1991 in Madrid. Was von ihr blieb ist die Tatsache, daß sie überhaupt stattfand. Erstmals saßen Araber und Juden gemeinsam am Verhandlungstisch. Zwei Tage lang wurden Reden und Gegenreden gehalten, dann wurden Arbeitsgruppen gebildet, die bilaterale und multilaterale Gespräche über spezielle Themen führten. Entscheidend sollte erst die nächste Etappe sein.

Das Verfahren von Madrid kam Hussein sehr gelegen. Jordaniens Rolle als Mitglied einer gemeinsamen jordanisch-palästinensischen Delegation auf einer Konferenz, an der eine Reihe hochrangiger arabischer Politiker teilnahmen, gab ihm die nötige Deckung. Es versetzte ihn in die Rolle eines nun nicht mehr ganz so angreifbaren Friedensstifters. In der Tat war Jordaniens Beteiligung an der Delegation schon deshalb wichtig, weil sie den argwöhnischen Israelis die Konferenz schmackhafter machte. Wäre jedoch erst einmal der Rahmen für Friedensverhandlungen zwischen Israel und den Palästinensern abgesteckt, würde Jordanien nicht mehr benötigt. Von da an könnte es mit Israel nur noch über eigene Angelegenheiten verhandeln, nicht mehr über die Palästinenser.

Es fiel auf, daß die Araber sich nicht sonderlich bemühten, die Vereinigten Staaten für sich einzunehmen. Mit Ausnahme von Mubarak zogen sie keine Vorteile aus der Tatsache, daß das Verhältnis zwischen den Vereinigten Staaten und Israel mehr als getrübt war. In der Öffentlichkeit behandelten die Amerikaner Schamir zwar als Regierungschef eines befreundeten Landes, insgeheim aber glaubten sie, er sei mehr an der rigorosen Fortsetzung seiner Siedlungspolitik in den besetzten Gebieten interessiert als am Frieden. In krasser Umkehrung dieses Verhältnisses wurde Mubarak zum Freund, auf dessen Wort man bauen konnte.

So reagierte Baker empört, als die Israelis am 22. Januar 1991, sechs Tage nachdem die multinationalen Truppen mit ihren Luftangriffen auf die irakischen Streitkräfte im Irak und in Kuwait begonnen hatten, öffentlich und ohne Vorankündigung eine Forderung von 13 Milliarden Dollar in Form von Wohnungsbaubürgschaften an die Vereinigten Staaten richteten. In voller Kenntnis, daß die Regierung Bush dagegen war, weil sie den Friedensprozeß gefährdeten, versuchten sie ihre Wünsche mit Hilfe des AIPAC im amerikanischen Kongreß durchzusetzen. Bush beschrieb sich damals selbst als „einsamen Burschen" im

Kampf gegen „mächtige politische Kräfte", die sich auf „etwa tausend Lobbyisten" beliefen.

Einmal war Baker nahe daran, den israelischen Botschafter in Washington, Zalman Shoval, zur Persona non grata zu erklären. Shoval behauptete öffentlich, Israel habe „nicht einen Cent an Hilfe" als Entschädigung für die Zerstörungen erhalten, die irakische Scud-Raketen angerichtet hatten. Dabei vergaß er geflissentlich die Stationierung amerikanischer Boden-Luft-Raketen vom Typ Patriot sowie der dazugehörigen amerikanischen Bedienungsmannschaften. Baker weigerte sich auch, Ariel Scharon während dessen Besuchs in Washington zu empfangen. Er sorgte dafür, daß Scharons Unterredung mit Jack Kemp, dem Minister für Wohnungsbau und Stadtentwicklung, in der israelischen Botschaft stattfand und nicht in Kemps Büro.

Von Mubarak abgesehen, übten die Araber Zurückhaltung. Husseins einst goldenes Renommee in Washington hatte durch seine offenkundige Unterstützung des irakischen Überfalls auf Kuwait an Glanz stark eingebüßt, obgleich er in Madrid sehr hilfreich gewesen war. Assad verhielt sich weiterhin verdächtig, er herrschte wie ein Diktator und gewährte Terroristen Unterschlupf. Und was die Saudis anging, so mangelte es ihnen, von Ausnahmen wie Prinz Bandar abgesehen, an Mubaraks Offenheit und Vertrauen, aber auch an der Fähigkeit, mit den Amerikanern ebenso gut auszukommen wie mit der PLO. Schamir durfte, wie immer, halsstarrig nach Belieben sein.

Am 23. Juni 1992 änderte sich alles. Israels Wähler scheuchten Schamir aus dem Amt und gaben mit Jitzhak Rabin und Shimon Peres wieder der Arbeitspartei das Heft in die Hand. Menschliche Vernunft und der Gedanke der Versöhnung erhielten eine neue Chance.

25
Endlich Frieden

Die Konferenz von Madrid schien Husseins bereits gedämpfte Hoffnungen auf größeren haschemitischen Einfluß in der Region ein Ende zu bereiten. Palästinenser und Jordanier bildeten für Madrid eine gemeinsame Delegation, mit der Hussein glaubte, Einfluß ausüben zu können. Doch die Delegation wurde für die folgenden bilateralen Gespräche zwischen Israel einerseits und den Palästinensern und Jordanien (sowie Syrien und dem Libanon) andererseits zweigeteilt. Es waren auch multilaterale Gespräche zwischen Israel und seinen potentiellen Partnern in der Region über regionale Themen wie wirtschaftliche Zusammenarbeit, Wasserressourcen, Rüstungskontrolle und Umweltschutz geplant. Später kam noch eine fünfte multilaterale Arbeitsgruppe zu Flüchtlingsfragen hinzu.

Die wichtigste bilaterale Gesprächsrunde führten Israel und die Palästinenser in Washington. Sie kam nur langsam voran, denn der palästinensische Chefdelegierte beharrte darauf, bei praktisch jedem neuen Aspekt, der aufkam, auf das PLO-Hauptquartier in Tunis zurückzuverweisen.

Beide Seiten hatten es jedoch eilig. Peres und Rabin wollten die Unterzeichnung eines Friedensvertrages und seine Ratifikation im Parlament noch vor den nächsten Wahlen erreichen. Arafat war in finanzieller Not. Seine früheren Stützen am Golf hatten ihm den Geldhahn zugedreht, da er die Besetzung Kuwaits durch Saddam Hussein befürwortete. Geld war der Schmierstoff der PLO und eine Quelle der Macht Arafats. Da die Post-Madrider-Gespräche, an denen die PLO nicht beteiligt war, zu keinen Ergebnissen führten, verlangte die Situation nach einem inoffiziellen Kanal für direkte Kontakte zwischen Israel und der PLO (die in Israel illegal und für Amerikaner auf Tunis beschränkt waren).

Unternehmungslustige Norweger schlugen im September 1992 ihr Land, das weitab lag und daher für Geheimverhandlungen ideal geeignet war, als Tagungsland vor – ein Vorschlag, der angenommen wurde. Hussein war über diese Entwicklung, die als streng geheim behandelt wurde, nicht unterrichtet. Die Leitung der palästinensischen Delegation hatte Abu Ala'a übernommen, der raffinierte „Finanzminister" der PLO.

Als die von gegenseitigem Zuvorkommen geprägten Verhandlungen in Gang gekommen waren, kam der Gedanke auf, Israel solle „zunächst Gaza" beziehungsweise „zunächst Gaza und Jericho", wie es wenig später hieß, der PLO übergeben. Diese beiden Gebiete sollten die ersten für eine vorübergehende Selbstverwaltung der Palästinenser bilden. Kernbereiche des zivilen Lebens wie Bildung und Erziehung, Gesundheit, Soziales, Steuern und Tourismus sollten ebenfalls der PLO übertragen werden.

Die erste probeweise Öffnung des inoffiziellen Kanals erfolgte im Dezember 1992. Jordanien scheint kaum erwähnt worden zu sein. Die einzige wesentliche Frage, die Husseins Interessen berührte, betraf wohl die Kontrolle der Allenby-Brücke über den Jordan. Die PLO verlangte die Kontrolle der an Jericho angrenzenden Westbankseite; die Israelis bestanden jedoch darauf, diese selber zu kontrollieren, und zwar aus einem aufschlußreichen Grund: um Jordanien zu helfen.

„König Hussein und seine Ratgeber wußten genau, daß die gemeinsame israelisch-jordanische Kontrolle der Brücken über den Jordan es verhindert hatte, daß potentielle feindliche oder zerstörerische Elemente in das Königreich gelangten", schrieb Shimon Peres.[1] „Die Jordanier waren mit Sicherheit dafür, daß diese diskrete, doch effektive Abschirmung fortgesetzt wurde, und dagegen, daß die Brücken den unerfahrenen palästinensischen Behörden überlassen wurden."

Im August 1993 einigten sich die Delegationen, die in Oslo miteinander konferiert hatten, auf eine Prinzipienerklärung und ein vorläufiges Abkommen. Damit hatte sich für manch einen der Ausspruch Abba Ebans bewahrheitet: „Völker sind in der Lage, vernünftig zu handeln, wenn sie alle anderen Alternativen ausgeschöpft haben".[2]

Und König Hussein? „Ein paar Monate nachdem Oslo angelaufen war", schrieb Mahmoud Abbas (Abu Mazen), ein hoher PLO-Führer, „wurde es uns allmählich sehr peinlich, daß wir Jordanien und insbesondere Seine Majestät König Hussein nicht über diese Entwicklung unterrichtet hatten. Jordanien war bei den formellen Verhandlungen unser Partner gewesen, hatte uns rechtliche Deckung gegeben, um nach Madrid gehen zu können, und uns in ‚Korridorgesprächen' bei den ersten Washingtoner Verhandlungen dabei unterstützt, den jordanischen vom palästinensischen Komplex zu trennen." Mehr noch, die PLO hatte ständig von einer Konföderation mit Jordanien gesprochen.

„Aus diesen wichtigen Gründen", so Abu Mazen weiter, „schauderte es uns, wenn wir nur an die Konsequenzen von König Husseins Verärgerung dachten, sollten wir eine Vereinbarung mit den Israelis erzielen, die ihn völlig überrascht hätte."

PLO-Führer drängten Arafat, den jordanischen König bei ihrem nächsten Treffen über die Gespräche zu informieren, was laut Arafat geschehen sein soll. Abu Mazen bezweifelte dies jedoch. „Wenn Arafat etwas sagt, ohne es wirklich offenbaren zu wollen, wird sein Gesprächspartner ihn nicht verstehen." Abu Mazen berichtet, er habe dreimal vergeblich versucht, ein entsprechendes Treffen mit dem König zu arrangieren. Schließlich unterrichtete Abu Mazen den König am 17. Oktober ausführlich, aber zu spät. „Ich weiß nicht, ob er meine Entschuldigung angenommen hat", schreibt der PLO-Führer. „Doch ich gebe zu, daß er allen Grund hatte, uns Vorwürfe zu machen."[3]

Nachdem die Vereinigten Staaten, in der Person Warren Christophers, informiert worden waren, wurde die Neuigkeit allgemein bekannt. Allen Berichten zufolge war Hussein tatsächlich wütend darüber, daß er übergangen worden war. Die Amerikaner sollen behauptet haben, sie seien ebenfalls im dunklen gelassen worden, doch das kann nicht sein. Peres berichtet von verschiedenen emotional geführten Telefongesprächen zwischen PLO-Unterhändlern und ihm in Stockholm und ihren Führern im Hauptquartier in Tunis, in denen die letzten Feinheiten abgeklärt wurden. Diese Telefonate müssen von der CIA abgehört worden sein. Die Amerikaner haben, wie die PLO, Hussein ihre Informationen vorenthalten.

Zunächst erhielt Rabin am 9. September 1993 einen historischen Brief von Arafat, in dem es hieß, die PLO erkenne „das Recht des Staates Israel, in Frieden und Sicherheit zu leben", an. Die PLO akzeptierte die UNO-Resolutionen 242 und 338 und schwor „dem Terrorismus und der Gewalt" ab. Rabins Antwort war kurz und bündig: „Angesichts der Verpflichtungen der PLO, die Sie in Ihrem Brief mitteilen, hat die Regierung Israels entschieden, die PLO als Vertreterin des palästinensischen Volkes anzuerkennen und im Rahmen des Friedensprozesses im Nahen Osten Verhandlungen mit der PLO aufzunehmen."

Am 13. September 1993 unterzeichneten Israel und die PLO in Washington zwei Verträge: eine Prinzipienerklärung und ein vorläufiges Abkommen. Die Vereinbarungen sahen die Wahl eines palästinensischen Autonomierates, den Aufbau einer Verwaltung und nach dem Rückzug Israels aus dem Gazastreifen und Jericho eine fünfjährige Übergangsperiode vor. Verhandlungen über den endgültigen Status dieser Gebiete sollten „sobald wie möglich, jedoch nicht später als dem Beginn des dritten Jahres der Übergangsperiode" stattfinden. Zur Verhandlung standen etwa die Zukunft Jerusalems, die palästinensischen Flüchtlinge, die jüdischen Siedler und die Sicherheit.

König Hussein erhielt überhaupt keine Chance. „Er hatte das Gefühl, die Israelis und die Amerikaner, insbesondere Peres, hätten ihm den Teppich unter den Füßen weggezogen", schrieb ein ehemaliger Außenminister. Hussein opponierte sofort gegen Oslo, doch einen Tag später akzeptierte er es. Warum? Möglicherweise hat ihm sein Freund Rabin versichert, es gebe eine Rolle für Jordanien – und Hussein –, sobald das Abkommen mit den Palästinensern unter Dach und Fach sei. Und diese Rolle gab es. „Das Selbstbewußtsein des Königs wuchs enorm", so der ehemalige Außenminister. „Er war so stolz, so glücklich mit der Rolle, die der Friedensvertrag zwischen Jordanien und Israel ihm beschert hatte."

Das Abkommen von Oslo schuf für den König einen Präzedenzfall. Hussein konnte nun seinen eigenen Friedensvertrag mit Israel schließen, und zwar im alleinigen Namen von Jordanien. Ihm konnte nicht vorgeworfen werden, einen Separatfrieden zu schließen und die arabische Sache zu verraten – das hatte Arafat bereits getan. Assad, seit Jahren Arafats und Husseins Feind, fühlte sich isoliert. Am 25. Juli 1994 unterzeichneten der König und der israelische Ministerpräsident die „Israelisch-Jordanische Erklärung von Washington". Zum ersten Mal sprach Hussein auch vor dem Amerikanischen Kongreß. Während er voller Stolz über die haschemitische Dynastie und Scherif Hussein sprach, war er den Tränen nahe. Durch den Vertrag mit Israel kam dem König eine neue Rolle zu: den ganzen Weg mit den Israelis zu gehen.

Die Washingtoner Erklärung läßt König Husseins Umsicht erkennen. In ihr ist zu lesen, sie sei eine „Initiative von Präsident William J. Clinton", der überschwenglich gelobt wird, und nicht eine von Hussein und Rabin. Weiter heißt es: „Jordanien und Israel erstreben die Schaffung eines dauerhaften und umfassenden Friedens ...Der lange Konflikt zwischen den beiden Staaten wird überwunden... Der Kriegszustand zwischen Jordanien und Israel ist beendet."

Im ersten Teil der Washingtoner Erklärung wurde nicht eindeutig formuliert, daß Jordanien und Israel miteinander in Frieden lebten. In der zweiten Hälfte jedoch führte die Erklärung spezifische Maßnahmen auf, die nur von zwei Ländern im Friedenszustand vereinbart werden können: eine Verknüpfung des israelischen und jordanischen Elektrizitätsnetzes; die Öffnung zweier weiterer Grenzübergänge; neue internationale Luftkorridore; eine Zusammenarbeit bei der Bekämpfung von Kriminalität, insbesondere des Drogenhandels, und Verhandlungen über Handelsfragen, auch über ein Ende des Handelsboykotts gegenüber Israel.

Am 26. Oktober 1994 unterzeichneten der jordanische und der israelische Ministerpräsident, Abdel Salam al Majali und Rabin, am Wadi-Araba-Grenzübergang jedoch einen vollständigen Friedensvertrag. Darauf folgten ein Dutzend sachorientierte Abkommen: sie sollten Jordanien und Israel zu wirklichen Partnern machen, die um so erfolgreicher wurden, je mehr sie den Frieden festigten.

Das war der Höhepunkt langjähriger und immer enger werdender Beziehungen zwischen Hussein und den Israelis, die im September 1963 mit einem geheimen Treffen begonnen hatten, gefolgt von rund 700 Stunden geheimer Gespräche und 39, zumeist mündlichen Abkommen.[4] Von nun an sollten jordanisch-israelische Begegnungen öffentlich stattfinden.

Überraschenderweise wurden Hussein und Rabin Freunde. Bei der Unterzeichnung sagte Rabin: „Es sind nicht nur unsere beiden Staaten,

Am 25. Juli 1994 unterzeichneten König Hussein und Jitzhak Rabin die „Israelisch-Jordanische Erklärung von Washington". Darin heißt es: „Jordanien und Israel erstreben die Schaffung eines dauerhaften und umfassenden Friedens".

die heute hier miteinander Frieden schließen, nicht nur unsere Völker, die sich hier in Araba die Hände reichen. Sie und ich, Eure Majestät, schließen hier Frieden, unseren eigenen Frieden: den Frieden von Soldaten und den Frieden von Freunden."

In seiner gefühlsbetonten Trauerrede bei Rabins Begräbnis in Jerusalem sagte Hussein, den Kopf mit dem rot-weißen Keffiyeh umhüllt: „Ich hätte nie geglaubt, daß ein Augenblick wie dieser kommen würde, da ich den Verlust eines Bruders, eines Kollegen und Freundes beklage, eines Mannes, eines Soldaten, der uns auf der anderen Seite der Trennungslinie begegnete, den wir respektierten, wie er uns respektierte, eines Mannes, den ich kennengelernt habe, weil ich, wie auch er, erkannt hatte, daß wir die Trennungslinie überwinden, einen Dialog in Gang set-

zen, einander besser kennenlernen und bestrebt sein mußten, denjenigen, die nach uns kommen, eine Erbschaft zu hinterlassen, die sie ver-
dienen. Und das taten wir, und so wurden wir Brüder und Freunde."

Während diese Worte von Herzen gekommen sein mögen, gab es
noch einen anderen Grund dafür, daß Jordanien den Vertrag rasch unterzeichnete: die Furcht, die PLO könnte für Israel zum Hauptge-
sprächspartner werden. Bei einem Geheimtreffen mit Hussein Ende
September 1993 hatte Rabin betont, daß solche Befürchtungen unbegründet seien. Shlaim behauptet: „König Hussein hat den Vertrag nicht
nur unterzeichnet, um Land und Wasserressourcen wiederzuerlangen,
sondern auch, um sein Königreich gegenüber einem Übernahmeange-
bot seitens der Palästinenser abzusichern und um einer israelisch-palästinensischen Achse zuvorzukommen."[5]

Der König war außerdem froh, die pro-israelisch orientierte amerikanische Regierung zufriedenzustellen. Nach der Unterzeichnung sprach
ein erfreuter Bill Clinton an das jordanische Parlament gerichtet davon,
jordanische Schulden zu streichen, Militärhilfe bereitzustellen und Jordanien nie im Stich zu lassen. König Hussein hatte es weit gebracht, seit
er nach der Befreiung Kuwaits in Ungnade gefallen war.

Die jordanisch-israelischen Beziehungen waren eine Zeitlang recht
gut. Das jordanische Parlament, das nach der Unterzeichnung ebenfalls
von der Euphoriewelle erfaßt worden war und auf eine Friedensdividende hoffte, stimmte dem Vertrag umgehend zu. Im April 1995 tauschten
die beiden Länder Botschafter aus: Marwan Muasher aus Jordanien und
Shimon Schamir aus Israel. Im Juli hob das Parlament zwei Gesetze, die
den Handel mit Israel untersagten, auf. Drei Monate später schlossen die
Regierungen einen Vertrag über eine Zusammenarbeit in Sicherheitsfra-
gen. Parallel dazu wurde auch eine militärische Kooperation aufgenommen; höhere Offiziere sollten sich gegenseitig besuchen, und zum ersten
Jahrestag der Unterzeichnung des Friedensvertrags war eine gemeinsame
Flugschau geplant, bei der beide Luftwaffen in einer gemeinsamen For-
mation fliegen sollten. Im November zeichnete Präsident Clinton Hussein
für gute Führung aus: Jordanien zählte nun zu einem der wichtigsten Verbündeten der Vereinigten Staaten unter den Nicht-NATO-Mitgliedern.

Auch unter Rabins Nachfolger Shimon Peres blieben die Beziehungen zu Israel stabil, ausgenommen die Zeit während und nach dem ver-

nichtenden Schlag Israels gegen die Hisbollah-Guerillas im Süden des Libanons. Bei diesem Angriff kamen nicht nur Guerillas, sondern auch unschuldige Zivilisten ums Leben; rund 300.000 Libanesen flohen vorübergehend aus ihren Häusern im Süden nach Beirut. Gleichwohl zeigten sich bald die ersten grünen Triebe des Friedens.

Nun entwickelte sich der Tourismus. In den ersten acht Monaten des Jahres 1996 zählte Jordanien 786.000 Besucher gegenüber 739.000 des Vorjahreszeitraums. Viele von ihnen waren Israelis. In den beiden Jahren nach der Unterzeichnung des Friedensvertrags wurden in Petra, Jordaniens berühmtester Touristenattraktion, sechs neue Vier- und Fünf-Sterne-Hotels gebaut. Fünf weitere Hotels waren geplant, Voraussetzung dafür war die Konsolidierung des Friedens.

Auch Handelsbeziehungen wurden aufgenommen. Wie erwähnt, hatte das jordanische Parlament im Juli 1995 zwei Gesetze, die den Handel mit Israel verboten, aufgehoben. Beide Seiten setzten auch die Einfuhrzölle herab – Jordanien senkte den Zoll auf israelische Produkte wie Arzneimittel, medizinische Geräte, Kommunikationstechnik, Sperrholz, Reifen und Nahrungsmittel für zwei Jahre um zehn Prozent; Israel seinerseits begünstigte Importe aus Jordanien, wie zum Beispiel Zement, Arzneimittel, Spielzeug, Möbel und Nahrungsmittel, und führte drei verschiedene Zolltarife ein: einen Nulltarif und zwanzig oder fünfzig Prozent Ermäßigung gegenüber dem normalen Satz. In Jordanien wurden fünfzehn israelische Investitionen mit israelischem Know-how und billigen jordanischen Arbeitskräften getätigt, und zwar in den Bereichen Textilien, Fabrikation und Landwirtschaft.[6]

Die wirtschaftliche Entwicklung kam ebenfalls in Gang. Es gab ein 90 Millionen Dollar umfassendes Projekt zur Herstellung von Brom am jordanischen Ufer des Toten Meeres, und es wurde für ein Unternehmen in Haifa eine 60 Millionen Dollar teure Anlage zur Produktion von Grundstoffen gebaut. Die benachbarten Häfen und Flughäfen von Akaba (Jordanien) und Eilat (Israel) sollten zusammenarbeiten. Auch verschiedene Wasserprojekte wurden in Erwägung gezogen. Hussein erinnerte daran, daß Israel versprochen habe, Jordanien bei der Erweiterung seiner Wasservorräte um 215 Millionen Kubikmeter pro Jahr zu unterstützen. Lori Plotkin, ein amerikanischer Wissenschaftler, schreibt jedoch: „Jordanische Erkenntnisse, daß Israel keine ausreichenden Schritte zur Einlösung seines Versprechens unternommen hat..., haben im Königreich die öffentliche Kritik an Israel und dem Friedensvertrag verstärkt."[7]

1995 war Jordanien Gastgeber einer gut besuchten, jährlich stattfindenden regionalen Wirtschaftskonferenz, an der Israel und die meisten arabischen Länder teilnahmen. Die Jordanier präsentierten 137 Projekte mit einem Volumen von 1,2 Milliarden Dollar und glaubten, sie seien ausländische Investitionen wert. Die Konferenz spiegelte die Atmosphäre in der arabischen Welt wider: Vorsichtiger Optimismus überwog langjährigen Argwohn, Groll und Haß gegenüber Israel. Skeptisch zeigte sich der ägyptische Außenminister Amr Moussa. Er warnte auf der Konferenz vor übertriebener Eile bei dem Bestreben, sich Israel zu öffnen. Das veranlaßte König Hussein zu dem Bekennntnis, er wolle zum Frieden nicht gehen, sondern rennen.

Die regionale Wirtschaftskonferenz ein Jahr später in Kairo platzte beinahe; nur unter starkem amerikanischem Druck wurde sie von der ägyptischen Regierung schließlich doch durchgeführt. Ihr inoffizieller Slogan mit Blick auf Israel lautete: „Kontakte, aber keine Kontrakte." Nur vierzig jordanische Geschäftsleute besuchten die Konferenz, jordanische Projekte wurden nicht vorgestellt. Dafür gab es einen einfachen Grund: Inzwischen hatte es in Israel ein politisches Erdbeben gegeben. Im Mai 1996 hatten Shimon Peres und die Arbeitspartei die Wahlen verloren und die Regierung an Benjamin Netanjahu und den unnachgiebigen, expansionistischen Likud-Block abgeben müssen.

In weniger als einem Jahr zerstörte Netanjahu das Vertrauensverhältnis zwischen Arabern und Juden, das von Hussein, Rabin und Peres, mehreren amerikanischen Außenministern und ihren Mitarbeitern, verschiedenen norwegischen Mittelsmännern und schließlich Arafat in mühevoller Kleinarbeit aufgebaut worden war. Netanjahu brachte Hussein fast zur Verzweiflung. Sein kompromißloser Expansionismus unterhöhlte nicht nur den Frieden, sondern schwächte mit unvorhersehbaren Folgen auch die gemäßigtste und am stärksten für den Frieden eintretende Gestalt in der arabischen Welt: Hussein.

Unerklärlicherweise entschied Netanjahu im September 1996, einen lange geschlossenen Tunnel am Jerusalemer Tempelberg, einer heiligen Stätte des Islam, zu öffnen. Hussein wurde darüber vorab nicht informiert, obwohl er noch einen Tag vor der Tunnelöffnung mit Netanjahus Berater Dore Gold konferiert hatte. Hussein war wütend.

Netanjahus Aktion widersprach dem Geist des israelisch-jordanischen Friedensvertrags. In Artikel 9, Absatz 2, heißt es: „Israel respektiert die besondere Rolle des Haschemitischen Königreichs Jordanien in bezug auf die heiligen islamischen Stätten in Jerusalem. Wenn Verhandlungen über den endgültigen Status geführt werden, wird Israel der historischen Rolle Jordaniens in diesen Heiligtümern hohe Priorität einräumen." Arafat, der gegen die Verletzung der jordanischen Interessen in Jerusalem entschieden protestierte, beteiligte sich auch an den Verurteilungen und Demonstrationen.

Meinungsumfragen spiegelten deutlich die zunehmende Desillusionierung über den Friedensvertrag in Jordanien wider.[8] In einer Umfrage kurz nach der Washingtoner Erklärung vom Juli 1994 gaben 82 Prozent der befragten Jordanier an, die Wirtschaft werde vom Frieden profitieren. Im März 1995 sprachen sich 71 Prozent der Berufstätigen gegen Handelsbeziehungen mit Israel aus, und im Januar 1996 erklärten 47 Prozent der Befragten, die Wirtschaft habe sich im ersten Jahr des Friedens verschlechtert.

Der Argwohn nahm rasch zu. Oppositionelle politische Parteien, auch von radikalen Palästinensern und Islamisten, waren grundsätzlich gegen Verhandlungen mit Israel. Ebenso zahlreiche Berufsverbände, hinter denen sich oppositionelle Gruppen verbargen, bevor sie legalisiert wurden.

Nach der Öffnung des Tempelbergtunnels unterzeichneten 38 jordanische Vereinigungen – politische Parteien, Berufsverbände und nichtstaatliche Organisationen – eine Erklärung, die zum Widerstand gegen „alle Formen der Normalisierung mit dem zionistischen Feind" aufrief. Ein höherer Beamter des königlichen Hofes, vom Autor gefragt, ob der König „zu schnell gehandelt" habe, als er die Beziehungen zu Israel knüpfte, antwortete ohne zu zögern: „Ja."

Im Oktober 1996 konnte der König seinen Kritikern den Wind aus den Segeln nehmen. Er und Arafat kamen mit Clinton und Netanjahu zu einem Gipfeltreffen in Washington zusammen. Bei den Gesprächen ging es um den Tempelbergkorridor und die palästinensischen Tumulte nach dessen Öffnung. Die Atmosphäre war feindlich und voller Argwohn. Der König warf Netanjahu „Arroganz der Macht" vor. Die An-

Bei einer Pressekonferenz in der jordanischen Hafenstadt Akaba forderte König Hussein am 13. August 1997 den israelischen Premierminister Benjamin Netanjahu und die Palästinenser zu mehr Anstrengungen für den Frieden im Nahen Osten auf.

sicht ehemaliger amerikanischer Präsidenten wiedergebend, sagte der König in Clintons Beisein an Netanjahu gerichtet, daß Israel niemals in Sicherheit leben könne, wenn es „Festungsmentalität" annehme.

Für den König war das Washingtoner Treffen zumindest in zweierlei Hinsicht von Nutzen. Erstens konnte er seinen Freunden und Kritikern gleichermaßen demonstrieren, wie er Netanjahu die Stirn bot (wenngleich der Tempelbergtunnel geöffnet blieb). Zweitens hatte er seine und Jordaniens Interessen an den heiligen Stätten Jerusalems bekräftigt.

Dennoch vertiefte sich die Kluft zwischen Husseins pragmatischer Haltung gegenüber Israel und der Position traditionell anti-israelischer Jordanier auf gefährliche Weise. Als ein verrückter jordanischer Soldat im März 1997 sieben israelische Schulmädchen erschoß, sagte König Hussein seine Termine ab und reiste nach Israel, um den Angehörigen der toten Mädchen Trost zu spenden. Radikale jordanische Anwälte erklärten sich bereit, kostenlos die Verteidigung des Mörder-„Helden" zu übernehmen.

Netanjahu gab dem Mißtrauen Husseins weitere Nahrung, als er deutlich seine Verachtung für die Verträge mit den Palästinensern und Jordanien zu erkennen gab, die von Rabin und Peres im Namen des Staates Israel unterzeichnet worden waren. Er zog die israelischen Truppen erst aus weiten Teilen der überwiegend arabischen Stadt Hebron ab (wie in Oslo vereinbart), nachdem er unter starken amerikanischen Druck geraten war und Hussein im Januar 1997 erfolgreich interveniert hatte. Hussein war zwischen Netanjahu in Tel Aviv und Arafat in Gaza hin und her gependelt und hatte ein Übereinkommen vermittelt, das er nach einem Gespräch mit Netanjahu verkündete: „Ich reise hier ab in dem Vertrauen, daß sich alles in die richtige Richtung entwickeln wird." Die Intervention des Königs bedeutete für den Friedensprozeß einen wertvollen Schritt nach vorn; sie war darüber hinaus eine erneute Bekräftigung des haschemitischen Interesses an der Zukunft der Westbank und erinnerte daran, daß Arafat nicht der einzige Spieler auf der arabischen Seite war.

Der Ärger ging jedoch weiter. Ungeachtet aller Kritik setzte Netanjahu, der ein rigoroses Kolonisierungsprogramm auf der Westbank angekündigt hatte, den Bau einer Siedlung auf dem Hügel Har Choma im Süden von Ost-Jerusalem, bis Mitte der neunziger Jahre mehrheitlich von Arabern bewohnt, fort. Die Siedlung, die dem amerikanischen Botschafter in Jerusalem zufolge nicht notwendig gewesen wäre, würde Ost-Jerusalem vom direkten Kontakt mit der Westbank abschneiden. Arafat setzte alle Gespräche mit Netanjahu aus, solange der Siedlungsbau weiterging. Hussein stimmte in den wütenden arabischen Chorgesang ein.

Seinen Anhängern zur Freude und künftiger Beziehungen Israels mit seinen arabischen Nachbarn ungeachtet, leitete Netanjahu im März 1997 den Truppenabzug in der Westbank nicht wie vereinbart ein. Er beschloß, sich nur aus neun Prozent des betreffenden Gebietes zurückzuziehen. In verläßlichen Presseberichten vom Juni war davon die Rede, Netanjahu plane, mehr als die Hälfte der Westbank zu annektieren. Das brachte für viele Jordanier das Faß zum Überlaufen.

Zahlreiche jordanische Geschäftsleute, die mit israelischen Kollegen kooperieren wollten, sollen davon Abstand genommen haben, aus Angst, als wirtschaftliche Kollaborateure boykottiert zu werden. Der Handel zwischen Jordanien und den Selbstverwaltungsgebieten der Westbank sei, so jordanische Geschäftsleute, von der israelischen Bürokratie behindert worden. Israel redete sich mit seinem hohen Sicherheitsbedürfnis heraus. Der wahre Grund war, wie zahlreiche Jordanier meinten, die Absicht, den Verkauf relativ teurer israelischer Waren in einem einst abgeschotteten Markt zu schützen.

Im März kochte Husseins unsägliche Verbitterung über Netanjahu über. Er schrieb ihm einen zwischen benachbarten Staaten beispiellosen offenen Brief. Er ist es wert, ausgiebig zitiert zu werden. „Ich bin zutiefst betroffen von den sich häufenden tragischen Entwicklungen, die Sie, als Ministerpräsident von Israel, in Gang gesetzt haben, und damit Frieden mehr und mehr als ein fernes Wunder erscheinen lassen", schrieb er. „Ich hätte mich vielleicht weiterhin zurückgehalten, schlitterte nicht das Leben und die Zukunft aller Araber und Israelis in rasantem Tempo auf einen Sumpf von Blut und Tragödien zu, und zwar aus Furcht und Hoffnungslosigkeit."

Hussein wies Netanjahus „wiederholte Entschuldigungen" zurück, er stünde ständig unter „Druck und Zwang", da er der erste Ministerpräsident sei, der direkt vom Volk gewählt wurde und darum politische Macht habe. „Es ist die bittere Wahrheit", so Hussein in seinem Brief weiter, „daß ich langsam erkenne, in Ihnen keinen Menschen zu finden, der mit mir gemeinsam den Willen des allmächtigen Gottes zu erfüllen, unter den Nachfahren Abrahams die endgültige Aussöhnung zu erreichen anstrebt. Es hat den Anschein, daß der Weg, den Sie bisher verfolgt haben, zur Zerstörung all dessen führen wird, an das ich und die haschemitische Familie glaubten."

Die Tiefe seines Mißtrauens gegenüber Netanjahu hervorhebend, fuhr er fort: „Wenn es Ihre Absicht ist, unsere palästinensischen Brüder in einen unvermeidlichen bewaffneten Widerstand zu treiben, dann sollten Sie tatsächlich Ihre Bulldozer in das Gebiet schicken, das ohne Rücksicht auf die Gefühle der Palästinenser und Araber oder ihre Wut und Verzweiflung für neue Siedlungen vorgesehen ist, ohne etwas zu tun, um die Situation zu verbessern. Außerdem sollten Sie ihren starken Streitkräften, die um die palästinensischen Städte stationiert sind, den Befehl erteilen, in einer Art und Weise Verbrechen zu begehen, die zu einer neuerlichen Vertreibung der gepeinigten Palästinenser aus dem Land ihrer Väter führen möge. In diesem Falle würden Sie den Friedensprozeß für immer auslöschen." Mit anderen Worten, der König rechnete damit, daß die Israelis die Palästinenser zu Gewaltakten provozierten; diese könnten ihnen als Rechtfertigung für weitere israelische Besetzungen und für die Vertreibung weiterer Palästinenser dienen.

Später folgt ein außergewöhnlicher Stoßseufzer, als Hussein fragt: „Wie soll ich in dieser äußerst verworrenen Atmosphäre als Friedenspartner und echter Freund mit Ihnen zusammenarbeiten können, zu einem Zeitpunkt, da ich das Gefühl habe, alles das, was ich zwischen unseren beiden Völkern und Ländern aufgebaut habe, soll zerstört werden?"[9]

In seinem Antwortschreiben zeigte sich Netanjahu eiskalt. Der Friedensprozeß sei mit Fehlern behaftet, schrieb er. Daher sei er gewählt worden. Der König solle seine Glückssterne zählen, riet Netanjahu. Zur Zeit der Wahlen habe der Friedensprozeß „in seinen letzten Zuckungen" gelegen, behauptete er. „Statt das Abkommen von Oslo nach den Wahlen sterben zu lassen, habe ich nach einer Möglichkeit gesucht, es wiederzubeleben." Er zeigte sich „überrascht über den persönlichen Ton der Angriffe". Husseins tiefempfundenen Protest tat Netanjahu als eine der „unvermeidlichen Schwierigkeiten des Friedensprozesses" ab und sagte, sie sollten keine „drastischen Veränderungen" in den israelisch-jordanischen Beziehungen hervorrufen.

Abschließend machte Netanjahu eine seltsame Andeutung, die den Eindruck vermittelte, der jordanisch-israelische Friedensvertrag zähle nicht sehr viel. „Es ist unsere Pflicht, unsere gemeinsame historische Rolle zu verstehen und es den Hindernissen auf dem palästinensischen Gleis nicht zu erlauben, die Einsichten zu überschatten, die während der Zeit meiner Vorgänger erzielt wurden", schrieb er. Vermutlich spielte er hier nicht auf Rabin und Peres, seine unmittelbaren Vorgänger, oder auf den Friedensvertrag von Araba an. Aber auf wen dann? Begin und Schamir oder noch weiter zurück? Und auf welche Einsichten?

Er scheint auf die Zeiten angespielt zu haben, als der König heimlich mit Vertretern der Israelis zusammengetroffen war, um Alltagsprobleme zu lösen sowie durch „Einsichten" Frieden zu planen. Eine Rückkehr zu diesen Zeiten würde einen großen Sprung zurück erfordern. Oder wollte Netanjahu Hussein mitteilen, er solle sein Leben nicht länger dadurch komplizieren, daß er Arafat unterstütze und sich in die palästinensischen Angelegenheiten einmischte?

Wie dem auch sei, Mitte 1997 schienen die schlimmsten Befürchtungen des Königs Wirklichkeit zu werden. Der Friedensprozeß galt weithin als sterbend oder tot. Der Siedlungsbau in Har Choma war zwar ausgesetzt worden, in der Westbank und im Gazastreifen wurde er jedoch vorangetrieben. Der Tempelbergtunnel war nach wie vor geöffnet. Juden erwarben in aller Stille, doch kontinuierlich Häuser von Arabern und Christen in Jerusalem. Nur wenige Palästinenser nahmen das Versprechen der Regierung ernst, in Ost-Jerusalem würden Tausende Wohnungen für sie gebaut. Unter den Palästinensern wuchs die Verzweiflung, aber auch die Überzeugung, daß eine neue Intifada den Israelis eine Rechtfertigung für die Verzögerung der Umsetzung der Vereinbarungen von Oslo oder sogar ihrer Annullierung liefern würde.

Mitte 1998 war zu erkennen, daß das Scheitern des Friedensprozesses die Position König Husseins unterminierte, des stärksten Befürworters, der sich tatsächlich weit vorgewagt hatte. Er muß ein verlockendes Ziel für Extremisten verschiedenster Couleur gewesen sein. Als Hussein Arafat folgte und mit Israel Frieden schloß, regierte Jitzhak Rabin; es sah nach einem sicheren Schritt aus. Rabin hätte vermutlich die nächsten Wahlen gewonnen, und der Frieden wäre gefestigt worden. Der König hatte sich allerdings nicht vorstellen können, daß sein Freund bald ermordet, als Führer der Arbeitspartei durch Peres, einen Staatsmann, der zu Hause weniger galt als im Ausland, ersetzt, und dieser die Wahlen gegen den redegewandten Netanjahu verlieren würde.

26
Demokratie und Fortbestand

Als Hussein im Februar 1999 starb, war er seit 46 Jahren König von Jordanien. Wie hat er das in einem so unbeständigen Teil der Welt wie dem Nahen Osten nur schaffen können? Auf diese Frage gibt es keine einfache Antwort. Eine Verknüpfung vieler Faktoren, einige persönlicher, andere strategischer oder auch zufälliger Art, waren dafür ausschlaggebend.

Auch Husseins Persönlichkeit trug dazu bei. Der König war klug, aber kein Intellektueller. Er war eine Mischung aus Behutsamkeit und Impulsivität, Ehrgeiz und Realismus; er konnte sich passiv verhalten oder aktiv handeln. Derartige Gegensätze hätten fatal sein können, im Falle des Königs waren sie eine erfolgreiche Synthese. Seine lange Regentschaft beweist dies.

Sein Bildungsweg bot die Gewähr dafür, daß er kein Intellektueller wurde: Auf einfache Schulen in Amman folgten kurze Perioden an Schulen in Alexandria, Harrow und Sandhurst. Er hatte kaum Gelegenheit, etwa eine Regierungsphilosophie zu entwickeln. Er war das genaue Gegenteil seines Bruders, Prinz Hassan, der an der Oxford University studierte und zum inter-religiösen Dialog, zur Wissenschaft und zum Bildungswesen in Jordanien seinen Beitrag geleistet hat. Hussein war vielmehr der pragmatische Politiker und gläubige Muslim, der seine Reden und Pressekonferenzen stets mit frommen Sprüchen spickte.

Niemand hätte Hussein in religiöser Hinsicht kritisieren können, abgesehen von Fundamentalisten, die, dem Beispiel des Iran folgend, einen Gottesstaat anstrebten. Hussein beanpruchte für sich, ein direkter Nachfahre des Propheten Mohammed zu sein und war bis 1967 Hüter der heiligen Stätten in Jerusalem.

Hussein zögerte nicht, seinen Nachbarn Syrien und Ägypten gelegentlich Schwierigkeiten zu bereiten, indem er die Moslem-Brüder in diesen beiden Ländern unterstützte. Ende der achtziger Jahre räumte er islamischen Aktivisten das Recht ein, politische Gruppierungen zu bilden, für die Parlamentswahlen zu kandidieren und Regierungsposten zu übernehmen. Gegen Kritik oder Angriffe aus religiösen Gründen sicherte sich Hussein stets gut ab. Das soll jedoch nicht heißen, daß er islamischen Extremismus unterstützte. Im Gegenteil. Seine Haltung als frommer Muslim gab ihm die Kraft, extremistischem Druck zu widerstehen, beispielsweise über einen säkularen Staat zu herrschen und, unter anderem, Frauenrechte zu respektieren.

Ein weiterer wichtiger Faktor für Husseins Erfolg war sein Verhältnis zu den Streitkräften, deren Führer in anderen Teilen der arabischen Welt nicht gezögert hätten, die politische Macht an sich zu reißen. In Jordanien verhielten sich die Militärs ruhig. Die Jordanische Arabische Legion unter Generalleutnant Sir John Bagot Glubb war durchdrungen von der britischen Tradition des Dienstes für die zivile Obrigkeit. Hussein gewann die Loyalität der jordanischen Offiziere der Legion dadurch, daß er Glubb entließ und ihn sowie andere scheidende britische Offiziere durch gerade beförderte jordanische ersetzte. Die Loyalität seiner Soldaten, insbesondere derjenigen in den Beduinen-Einheiten, sicherte er sich durch respektvolle Behandlung und häufige Kasernenbesuche. Loyalität und Respekt der Luftwaffe gewann er durch seine Ausbildung zu einem erfahrenen Piloten, der Düsenjäger, Verkehrsflugzeuge und Hubschrauber flog.

Da Hussein auch die meisten zivilen Politiker für sich einzunehmen wußte, gelang es ihm, Jordanien, das im wesentlichen ein von Winston Churchill geschaffenes künstliches Gebilde war, zu einem in sich geschlossenen Ganzen zu entwickeln. Er achtete stets darauf, daß seinen Kabinetten Vertreter aus Amman sowie den Städten im Norden und im Süden angehörten.

Hussein, der wie ein Autokrat herrschte, gestaltete seine Regierungen häufig um. Keinem Regierungsmitglied wurde der Zugang zu so viel politischer Macht gewährt, daß es auf den Gedanken gekommen wäre, sich selbst als den wirklichen Führer Jordaniens etablieren zu wollen. Zahlreiche Vertreter einflußreicher Familien arbeiteten als Minister, errangen Anerkennung und waren dankbar.

In seinen ersten Jahren als König stützte sich Hussein weitgehend auf seinen Onkel, Scherif Nasser bin Jamil. Er verließ sich auf dessen Rat und genoß dessen Gesellschaft. Scherif Nasser war ein gewiefter Realpolitiker. Später übernahm bis zu seiner Ermordung Wasfi al-Tall und anschließend Zeid al-Rifai Nassers Rolle. Sie alle waren loyal. Dafür hatten sie einen guten Grund: Ihre Machtposition und ihre Privilegien hingen davon ab, daß Hussein auf dem Thron saß. Ministerpräsident blieb niemand lange. Bis Anfang 1998 gab es 55 Regierungen, einige von demselben Ministerpräsidenten geleitet.

Einer der ehemaligen Ministerpräsidenten formulierte es einmal folgendermaßen: „Unter der langjährigen, wohlkundigen Führung des Königs Ministerpräsident von Jordanien zu sein, ist keine leichte Aufgabe. Da muß man schon einen starken Charakter, überzeugende Argumente sowie Unterstützung in seinem eigenen Umfeld haben. Wenn man sein Handwerk versteht, wenn man keine Angst hat, seinen Posten zu verlieren, dann kommt man mit dem König gut aus, dann wird es ein angenehmes Verhältnis, und es kann zu einem Austausch von Autorität und Macht kommen. Selbstverständlich ist er die Quelle der Macht – das bestreitet niemand. Doch man muß an ihr teilhaben, und das hängt vom Charakter des Ministerpräsidenten ab. Der gegenwärtige Ministerpräsident [im Jahr 1998], Herr Majali, hat mit den Staatsgeschäften nichts zu tun. Der König gibt Erklärungen ab, handelt und schließt Vereinbarungen ohne Wissen des Ministerpräsidenten. Dieser akzeptiert das, und das mag der König – so funktioniert es."

Ein weniger bekannter Bereich der Regierung, das Direktorat Allgemeiner Nachrichtendienst (der amerikanischen Central Intelligence Agency vergleichbar) und das Direktorat Öffentliche Sicherheit (ähnlich dem amerikanischen Federal Bureau of Investigation), spielten für Husseins politisches Überleben eine große Rolle. Sie haben einige Umsturzversuche verhindert, die ihren Ursprung in Nassers Ägypten und Assads

Syrien hatten. Der Staatssicherheitsdienst und umfangreiche Polizei-kräfte bestehen noch aus der Zeit des Kriegsrechts von 1967 bis 1991.

Hussein hat die Haschemiten nach Art eines Autokraten verteidigt. „Es ist eine ständige Verbesserung der Menschenrechtssituation zu ver-zeichnen", so der Länderbericht des amerikanischen Außenministeriums über Menschenrechtspraktiken für das Jahr 1996, veröffentlicht im Ja-nuar 1997. Weiter heißt es in dem Bericht jedoch: „Dennoch gibt es im-mer noch Probleme, wie zum Beispiel: willkürliche Verhaftung; Miß-brauch und Mißhandlung Inhaftierter; dauerhafte Inhaftierung ohne Verurteilung; keine ordentlichen Gerichtsverfahren; Schikanierung op-positioneller politischer Parteien; Behinderung der Rede-, Presse-, Ver-sammlungs- und Vereinigungsfreiheit. Menschenrechtsaktivisten prote-stierten gegen Freiheitsberaubung, die Verhaftung von Journalisten und Mitgliedern oppositioneller Parteien… Die Bürger haben nicht das Recht, ihre Staatsform zu verändern, obwohl der König in den letzten Jah-ren Schritte unternommen hat, die Mitwirkung am politischen System zu verbessern, zum Beispiel durch die Zulassung politischer Parteien. Die Parlamentswahlen von 1993 und die Kommunalwahlen von 1995 waren im wesentlichen frei und fair, wenngleich es seitens der Opposition An-schuldigungen über Fehlverhalten der Regierung gegeben hat."

Abgesehen von den freien und fairen Wahlen, klingt das nicht gut. Dennoch, Husseins Regime basierte nicht auf Angst und Unter-drückung. Es war ausgerichtet auf das Überleben der Haschemiten und ein besseres Leben für die Jordanier. Regimegegner wurden nicht un-barmherzig gequält und ermordet (allerdings kam 1996 ein palästinen-sischer Guerillakämpfer in der Haft ums Leben), und die Opposition be-saß angemessenen Spielraum. Sie durfte jedoch die Herrschaft der Ha-schemiten nicht in Frage stellen. Das waren Husseins Spielregeln, die die Jordanier akzeptierten.

Die meisten Jordanier konnten, wenn sie eines nicht-politischen Verbrechens angeklagt waren, damit rechnen, einen verhältnismäßig fai-ren Prozeß zu erhalten. Im Prinzip war das Strafrechtssystem politisch unabhängig, und die Gerichte waren öffentlicher Kontrolle unterwor-fen. Im Juli 1996 kam es allerdings zu einer vernichtenden Aussage. Drei-zehn Angeklagte, der Verschwörung beschuldigt, extremistische Über-fälle zu begehen sowie illegal Sprengstoff herzustellen und zu besitzen, seien fünf Monate lang ohne Anklage und ohne Beistand durch einen Anwalt von Sicherheitskräften festgehalten worden, ehe sie einem Militärankläger zum Verhör vorgeführt wurden. Alle Angeklagten sagten aus, sie seien während der fünf Monate langen Haft gezwungen worden, ein Geständnis abzulegen. Vier der dreizehn Angeklagten wurden für unschuldig und neun für schuldig befunden. Letztere erhielten langjährige Freiheitsstrafen; einer wurde zum Tode verurteilt, ein Urteil, das später in lebenslange Haft umgewandelt wurde. Die jordanische Presse schilderte Einzelheiten des Verfahrens, zu denen auch Aussagen über Folter gehörten.[1] Überall sonst in der arabischen Welt wäre die Behandlung der Inhaftierten weitaus schlimmer gewesen.

Die Einrichtungen des örtlichen Polizeigewahrsams sind dem amerikanischen Außenministerium zufolge einfach, aber sauber. Das Internationale Komitee vom Roten Kreuz hat uneingeschränkten Zugang zu Gefangenen und Gefängnissen. Nach einer Revolte wegen der Erhöhung des Brotpreises im Jahr 1996 war es dem Komitee jedoch „erst sieben Wochen nach den ersten Verhaftungen gestattet, die Gefängnisse zu inspizieren beziehungsweise sich ein Bild von den Bedingungen der Inhaftierten zu machen".

Hussein verstand es, seinem Land Geld zu beschaffen. Jordanien, ein künstliches Staatengebilde, kann alleine nicht bestehen. Unter König Abdallah und während der ersten Jahre König Husseins war Großbritannien die wesentliche Geldquelle. Als Großbritannien sich dann zurückzog, fand Hussein in den Vereinigten Staaten einen neuen Partner. Präsident Eisenhower gegenüber präsentierte sich Hussein als Antikommunist und wurde als solcher willkommen geheißen. Geld floß außerdem aus dem Irak, aus Saudi-Arabien, Kuwait und den kleineren Golfstaaten, die die sogenannten „Frontstaaten" Ägypten und Syrien sowie Jordanien und die PLO mitfinanzierten.

Hussein mußte seine Unterstützung für Saddam Husseins Griff nach Kuwait teuer bezahlen: Alle seine Geldgeber drehten ihm den Hahn zu. Dem Irak ging das Geld aus, und die anderen Staaten wollten den machiavellistischen Herrscher bestrafen. Nachdem Jordanien Abbitte geleistet hatte, waren die Beziehungen zu allen Golfstaaten, von Kuwait abgesehen, bis 1997 wiederhergestellt; Geld floß allerdings nicht wieder. In diesem Jahr stützte sich Jordanien im wesentlichen auf Gelder der Europäischen Union. In Amerika erlangte der König das Wohlwollen durch die Unterzeichnung eines Friedensvertrags mit Israel zurück und folgte damit der PLO. Die Regierung Clinton erließ Jordanien einen Teil seiner Schulden und ermöglichte die Lieferung einiger Kampfflugzeuge vom Typ F-16.

1997 kam Jordanien der finanziellen Selbständigkeit näher. Als Gegenleistung für die Einleitung struktureller Wirtschaftsreformen erhielt es einen Kredit des Internationalen Währungsfonds. Des weiteren kam dem Staat der einmalige Zustrom von Ersparnissen von Palästinensern zugute. Sie waren nach der Befreiung Kuwaits aus Rache für König Husseins Unterstützung Saddam Husseins von ihren Arbeitsplätzen am Golf vertrieben worden und hatten sich in Jordanien angesiedelt. Es bestand immer noch die Hoffnung, daß die Illusion der „Friedensdividende" von gewaltigen, Arbeitsplätze schaffenden Investitionen Wirklichkeit werden könnte.

König Husseins Überleben war auch auf die offene und verdeckte Unterstützung seiner Verbündeten zurückzuführen, etwa Großbritanniens. Ohne zu zögern entsandte es Truppen, als Hussein nach der Ermordung des irakischen Königs Feisal um Hilfe gebeten hatte. Ob die Briten heute noch so handeln würden, wenn beispielsweise Syrien Anstalten zu einer Invasion träfe, steht auf einem anderen Blatt. Es gibt Stimmen, die sich eindeutig dafür aussprechen würden; andere überließen dies lieber Amerika und Israel. Ein britischer Außenminister hätte gewiß seine Schwierigkeiten, das Unterhaus für eine Entsendung von Bodentruppen zur Unterstützung Jordaniens zu gewinnen.

Nach Auslaufen des Hilfsabkommens mit Jordanien hat die britische Regierung die Rolle eines verschwiegenen Beschützers gespielt. „Wenn die Saudis mit ihren Hilfszahlungen in Rückstand gerieten, brachten wir beträchtliches politisches Kapital auf, um sie zur Zahlung zu ermuntern", sagte ein ehemaliger Staatssekretär im britischen Außenministerium.[2]

Auf die Vereinigten Staaten konnte man sich gewöhnlich verlassen, zumindest darauf, daß sie einen Flugzeugträgerverband ins östliche Mittelmeer entsandten, wenn Husseins Herrschaft gefährdet war. Der würde dann jede weitere Aktion mit Israel abstimmen. Es hat jedoch auch Zeiten gegeben, da die CIA dafür plädierte, Hussein fallenzulassen, vor allem, als er nach der irakischen Invasion Kuwaits für Saddam Hussein

Partei ergriffen hatte. Die Engländer behaupten, das Weiße Haus von einem solchen Schritt abgehalten zu haben.

Jahrelang war Jordaniens vertraglich nicht fixierte Verständigung mit Israel König Husseins ultimative Überlebensgarantie; diese Garantie ist durch den israelisch-jordanischen Friedensvertrag bekräftigt worden. Es liegt und lag stets im Interesse Israels, daß die Haschemiten das östliche Nachbarland regierten. Seit dem Schwarzen September, also nachdem Hussein die Stützpunkte der palästinensischen Guerillas in Jordanien ausschaltete, war es an der israelisch-jordanischen Grenze weitgehend ruhig. Für Israel war Husseins Jordanien ein ausgezeichneter Pufferstaat.

Den Israelis wäre es höchst unangenehm, wenn das Gebiet des Haschemitischen Königreiches unter die Kontrolle von Syrien, dem Irak oder Saudi-Arabien fiele. Auf ihre massive Feuerkraft gestützt, konnten es die Israelis mit jedem Nachbarstaat aufnehmen, wie radikal oder islamistisch er auch sein mochte. Doch der Status quo war auch nicht von Nachteil. Wäre Husseins Thron einmal in Gefahr gewesen, hätten die Israelis gewiß in irgendeiner Weise eingegriffen, wie sie es gelegentlich auch taten. Als nach dem Staatsstreich im Irak britische Truppen eingeflogen wurden, durften britische Flugzeuge israelischen Luftraum überfliegen, um nach Amman zu gelangen. Als Syrien einmarschierte, wurde es von Israel (und den Vereinigten Staaten) aufgefordert, davon abzulassen oder die Vernichtung seiner Luftwaffe und Panzerverbände hinzunehmen.

Es gibt jedoch auch eine andere Überlegung: daß Israel einen Großteil der Bevölkerung der Westbank nötigen wollte, in die Eastbank in Jordanien abzuwandern. Eine solche Taktik hätte für die israelischen Siedler mehr Westbankland bedeutet. Das wiederum hätte die Errichtung eines radikalen Staates in Amman begünstigt. Der gesunde Menschenverstand jedenfalls hat gesiegt. In einer Rede im September 1997 warnte Hussein, die islamistischen Selbstmordattentäter provozierten möglicherweise massive israelische Vergeltungsschläge, die zur Flucht der Palästinenser aus den besetzten Gebieten führen könnten. „Noch ein oder zwei oder zehn Vorfälle, dann wird die eine Seite über die andere herfallen; das Opfer werden die Westbank und ihre Bevölkerung sowie Gaza sein", sagte er. „Ist es das Ziel der Terroristen, die Tragödie der Jahre 1948 bis 1967 zu wiederholen? Können wir hier in Jordanien Hunderttausende neuer Einwanderer unterbringen, zu einer Zeit, da wir intensiv nach Wasser suchen, um unseren eigenen Bedarf zu decken?" Der jordanisch-israelische Friedensvertrag zielte unter anderem darauf, ein solches Desaster zu verhindern.

Syrien, der ständige Rivale und Widersacher Jordaniens, hat zum Überleben König Husseins nichts beigetragen. König Abdallah vergaß nie die kurze Regentschaft seines Bruders in Damaskus, bevor dieser von dort verdrängt worden war und schließlich König des Irak wurde. Abdallah träumte den unmöglichen Traum, König von Jordanien als auch von Syrien zu sein, ein Traum, aus dem er kein Geheimnis machte. Die syrischen Regime, alle unter der Kontrolle radikaler Nationalisten, hatten andere Vorstellungen: Jordanien sollte zusammen mit dem Libanon zu einem Groß-Syrien gehören.

Aus der Feindschaft zwischen König Hussein und Syrien ergab sich fast zwangsläufig ein Bündnis zwischen Jordanien und dem Irak, dem langjährigen Rivalen Syriens. In der Blütezeit des Irak, also bevor Saddam Hussein seine Kriege führte, profitierte der König von der Großzügigkeit des Diktators. Viele Jahre waren irakische Einheiten in Jordanien stationiert. Wäre Jordanien von Syrien überfallen worden, hätte der Irak mit einem Groß-Syrien in seiner unmittelbaren Nachbarschaft rechnen müssen. Dagegen wäre er wahrscheinlich eingeschritten. Dabei fragt sich nur, welches Land zuerst interveniert hätte, Israel oder der Irak.

Obgleich die Beziehungen zwischen Jordanien und Saudi-Arabien sich seit dem Kuwaitkrieg wieder normalisiert haben, kann Saudi-Arabien nicht als verläßliche Stütze für den Fortbestand Jordaniens angesehen werden. Saudi-arabische Publikationen bezeichneten ihren Monarchen in erster Linie unveränderlich als „Hüter zweier heiliger Stätten, König Fahd". Es war König Fahds Vater, Abdulaziz Ibn Saud, der sich Mekka und Medina, die beiden heiligsten Stätten des Islam, von Husseins Urgroßvater, Scherif Hussein des Hedschas, angeeignet hatte. Die Rivalität, verhalten, doch real, bestand fort. Die Saudis hegten den vielleicht nicht unbegründeten Verdacht, daß König Hussein bei einem anderen Ausgang des Golfkrieges durchaus geneigt gewesen wäre, den Hedschas für die Haschemiten zurückzugewinnen.

Dies hätte er sicher getan, wenn Saddam Husseins Truppen ihren Vorstoß nicht an der Grenze zu Saudi-Arabien gestoppt, sondern das in aller Eile dorthin verlegte amerikanische „Stolperdraht"-Kontingent überrannt und die gewaltigen saudischen Ölfelder besetzt hätten – und wenn gleichzeitig die irakische Luftwaffe der imposanten Leistung der israelischen Flugzeuge im Sechstagekrieg von 1967 nachgeeifert hätte. Wenn die Familie al-Saud in die Flucht geschlagen worden wäre, hätte ihr Reich unter den Partnern aufgeteilt werden können: die Ölfelder und die Hauptstadt Riad an den Irak; das saudische Gebiet nördlich von Nordjemen, auf das dessen Regierung schon lange Anspruch erhoben hatte, an Nordjemen; Mekka, Medina, Djidda und der übrige Hedschas an König Hussein. Der PLO wäre eine Schlüsselrolle in Kuwait zuge-kommen, wo Arafat einst eine Maschinenbaufirma geleitet und sich vie-le Palästinenser angesiedelt und es zu Wohlstand gebracht hatten. Dazu kam es aber nicht, denn Saddam Hussein scheiterte. Doch die Saudis vergessen nicht, was hätte geschehen können. Hätte sich die Möglich-keit geboten, Hussein in den Rücken zu fallen, während sie ihr Ansehen wahrten, hätten die al-Sauds davon sicherlich Gebrauch gemacht.

König Hussein überlebte auch, weil ihn viele Amerikaner und Israe-lis als eine Art Schlüssel zum Frieden im Nahen Osten betrachteten. Die jordanische Option, wie der moderate und westlich orientierte König die Palästinenser vertrat, fand bei verschiedenen amerikanischen Präsiden-ten und israelischen Ministerpräsidenten Anklang. Bisweilen galt der König als Friedensaktivist, wenn auch als ein vorsichtiger und manch-mal sogar heimlicher. Jahrelang schien er der wichtigste Mann zu sein, doch er war nicht gewillt, für den Frieden ein Risiko einzugehen und sich weit vorzuwagen.

Zu seiner Verteidigung wird angeführt, der König habe einmal einen bilateralen Friedensvertrag mit Israel angeboten, und zwar an der PLO vorbei und den ewigen Zorn der übrigen arabischen Welt riskierend. Wie er den Amerikanern darlegte und diese den Israelis mitteilten, wäre er zu einem offiziellen Angebot allerdings nur dann bereit, wenn ihm zuvor zugesichert würde, daß die von Israel besetzten Gebiete wieder jordani-scher Kontrolle unterstellt würden. Nur so könne er diesen Handel ge-genüber Arafat und seinen arabischen Brüdern rechtfertigen. Die Israe-lis wiesen ihn ab.

Auch seine Persönlichkeit half dem König durchzuhalten. Er war Monarch, doch bescheiden. Journalisten sprach er auf Pressekonferenzen mit „Sir" an. Mit seiner äußerst höflichen Art und seiner Zurückhaltung nahm er Margaret Thatcher für sich ein. „Margaret beugte sich unter Politikern nur Reagan und Gorbatschow, als Repräsentanten von Supermächten", erzählte einmal ein Kabinettskollege. „Aber Hussein war ein König, und ihm beugte sie sich ebenfalls. Und der König beugte sich ihr. Das war wirklich ein Erlebnis."³

Am königlichen Hof in Amman sprach man von Hussein mit großer Ehrerbietung. Man nannte ihn Sayyidna - ein arabisches Wort, das sich nicht übersetzen läßt und etwa „Unser Herr" oder „Seine Majestät" bedeutet – aber niemals „der König", Hussein oder König Hussein. Seine Frau war Ihre Majestät Königin Nur, seine Söhne und Töchter waren alle Seine oder Ihre königliche Hoheit. Es gab ein selbstbewußtes Bemühen, ein königliches Charisma aufzubauen. Dem König wurde in der Tat nachgesagt, er fühle sich mit einigen europäischen Königsfamilien, vor allem mit der britischen Königin Elizabeth verwandt. Auch wenn die haschemitische Königsfamilie in Jordanien noch nicht lange herrschte, so konnte der König doch mit Stolz darauf verweisen, ein direkter Nachfahre des Propheten Mohammed zu sein – was er immer wieder betonte. Das alles hat seine Autorität ebenso untermauert wie der gemäßigte Personenkult. Sein Gesicht war auf jordanischen Münzen, Banknoten und Briefmarken abgebildet und prangte als Foto in jedem öffentlichen Büro. Husseins Verteidiger stellten umgehend klar, daß es hier keine Unterschiede zu Königin Elizabeth gebe. Doch es gab einen Unterschied: Die britische Königin stand über der Politik; der jordanische König hatte täglich ein volles politisches Programm. Als er in Amman zum erstenmal ein Reiterstandbild von sich sah, ordnete er dezent an, es zu demontieren.

Als Oberhaupt der Haschemiten glaubte Hussein, eine Bestimmung zu haben, und das zeigte er auch. Er war ein Autokrat, der jeder neuen Regierung vorschrieb, was sie zu tun hatte, ohne Rücksicht darauf, was man über ihn dachte. Anfangs konnte er verletzbar sein, später als „anglo-amerikanische" Marionette beschimpft werden, doch schließlich entwickelte er sich zu einem selbstbewußten Herrscher. Ein Jahr nach dem Krieg um Kuwait, als er von einer Krebsbehandlung in Amerika heimkehrte, säumten viele tausend Jordanier seinen Weg vom Flughafen zum Haus seiner Mutter und von dort zu seinem Palast. Das war ein spontaner Ausbruch von Anteilnahme, Zuneigung und Erleichterung. Dieselbe Menschenmenge säumte trotz eiskalten Regens im Januar 1999 erneut die Straßen, als er aus den USA nach einer sechsmonatigen chemotherapeutischen Behandlung in der Mayo-Klinik in Rochester nach Hause zurückkehrte.

Im Nahen Osten errang der König beträchtliches Ansehen dadurch, daß er zwischen der palästinensischen Autonomiebehörde und Israel ein Abkommen über einen israelischen Truppenabzug aus der Westbankstadt Hebron aushandelte.

Hussein behauptete sich auch deshalb so lange, weil er in sich quasi-demokratische und autokratische Züge vereinigte. Wenn er einen gegen ihn oder seine Politik Opponierenden einsperren ließ, konnte er ihn kaltstellen, indem er ihm einen guten Posten anbot oder zumindest die Freiheit schenkte. General Abu Nuwar, der Mann, den Hussein für die Revolte von Zerqa verantwortlich machte, wurde später jordanischer Botschafter in Frankreich. Leith Shubeilat, einer der bekanntesten Kritiker Husseins, der wegen Verleumdung des Königs (die von einem Berufungsgericht bestätigt worden war) zu einer dreijährigen Haftstrafe verurteilt worden war, wurde 1977 nach erst sieben Monaten Haftzeit auf Anordnung Husseins nicht nur freigelassen, sondern auch im Auto zum Haus seiner Mutter gefahren.

Dieser Vorgang war in mehrfacher Hinsicht hintersinnig. Erstens war er ein Beweis für die Großmut des Monarchen; zweitens zeigte sich hier ein autokratischer König, der über seinen Kritiker nahezu frei verfügte, ohne das letzte Wort eines Gerichts; drittens handelte hier ein listiger Bote: Es hieß, der König habe den Häftling zu seiner Mutter zurückgebracht und nicht zu seiner Frau, weil seine Mutter eine Monarchistin war, seine Frau hingegen als radikal galt.

Für arabische Verhältnisse ließ Hussein der Presse viel Spielraum, der jedoch auch ziemlich schnell wieder eingeschränkt werden konnte. 1996 hielt der Staat 61 Prozent an der *Jordan Press Foundation* und 40 Prozent an der *Jordan Press and Publications Company*, die die drei wichtigsten Tageszeitungen des Landes herausgaben. Diese Aktienanteile sollten weiter reduziert werden.

Reporter, Redakteure und Verleger benötigten eine Lizenz und mußten Mitglied des staatlich geförderten Jordanischen Presseverbandes sein. Sie wurden allerdings nicht strafrechtlich belangt, wenn sie dem Verband nicht angehörten. 1996 kamen dreizehn Fälle vor ein spezielles Gericht, das sich mit vermeintlichen Verstößen gegen das Presse- und Veröffentlichungsgesetz befaßte. Die Anschuldigungen lauteten etwa: Veröffentlichung von Informationen, die als anstößig gelten; ungenaue oder irreführende Berichterstattung; Verleumdung des Königs; Anstiftung zu öffentlichem Aufruhr. Das Gesetz wurde 1997 verschärft.

1998 jedoch erklärte das Verfassungsgericht die Änderungen, die als dringliche Maßnahme während einer Sitzungspause des Parlaments vorgenommen worden waren, als verfassungswidrig. Begründet wurde diese Entscheidung damit, daß keine Dringlichkeit vorgelegen habe. Sie zeigt, daß Jordanien ein Land mit relativ offener Gesellschaft ist. „Ich stimme dem nicht zu", sagte Zeid al-Rifai, damals Senatspräsident, „doch wir werden dem Rechnung tragen." Im August 1998 verabschiedete das Parlament eine neue Fassung des Gesetzes.

Das jordanische Fernsehen besaß gewisse Freiheiten, mußte aber auf Husseins nationale Sicherheitsinteressen Rücksicht nehmen. In den Fernsehnachrichten kam Kritik an der Regierung zwar zur Sprache, selten hingegen Vorwürfe in Menschenrechtsfragen. Während der Tumulte im Zusammenhang mit der drastischen Brotpreiserhöhung im August 1996 gestatteten die Behörden zwar ausländischen Fernsehteams den Zugang nach Kerak, der Stadt des Geschehens, nicht aber jordanischen. Die Oppositionsparteien boykottierten das Parlament, weil das jordanische Fernsehen ihre Ansichten in dieser Frage nicht mit zur Sprache brachte. Sie hatten zwar die Möglichkeit, ihre Meinung in Rundfunk und Fernsehen zu verbreiten, die Kosten dafür aber sollen unerschwinglich hoch gewesen sein.

Jordanien wird westlichen Standards wohl kaum gerecht, aber es ist eben auch kein westliches Land: Es liegt in einem skrupellosen, gewaltbereiten Teil der Welt. Der abgebrühte Drahtzieher Zeid al-Rifai warf für die Liberalen eine schwierige Frage auf: Was, wenn eine jordanische Zeitung, die von einer ausländischen Regierung finanziert wird und deren Reporter von der Botschaft dieser Regierung in Amman unterstützt werden, ein befreundetes arabisches Staatsoberhaupt beschimpft und dieses sich beim König oder Ministerpräsidenten beschwert, gar damit droht, sein Hilfsprogramm für Jordanien einzustellen? Trotz all ihrer Einschränkungen gehören die jordanischen Medien, sofern die nationalen oder die persönlichen Sicherheitsinteressen des Königs nicht tangiert werden, zu den freiesten in der arabischen Welt.

Auch mit freien Wahlen vermochte Hussein das Volk für sich zu gewinnen. Die Wahl vom November 1989 galt weithin als fair. Die bisherige Regierung von Zeid al-Rifai wurde wegen angeblicher Korruptionsfälle, schlechter Wirtschaftsführung, Intoleranz und Autoritarismus kritisiert. (Unter al-Rifai hatte die Regierung 1988 den königlichen Ausschuß für die Sicherheit der Wirtschaft ersucht, die Herausgeber und Chefredakteure von zwei der drei wichtigsten Tageszeitungen auszutauschen.)

Hussein ließ zwar Gewerkschaften zu, doch nur solange er sie zu beeinflussen vermochte. Mehr als 30 Prozent der Arbeitnehmer waren in siebzehn Gewerkschaften organisiert, die dem Allgemeinen Jordanischen Gewerkschaftsbund angehörten; dieser wurde von der Regierung mitfinanziert und kontrolliert. Streitigkeiten mögen beigelegt oder geschlichtet worden sein. Streiks durften allerdings nur mit Genehmigung des Arbeitsministeriums durchgeführt werden. Sie waren selten, obwohl die Gewerkschaften gerne mit Streiks drohten. Der Mindestlohn betrug 1996 150 Dollar im Monat.

Husseins Frauenbericht fiel positiv aus, ließ aber noch zu wünschen übrig. Die Frauen genossen genauso viel Freiheit wie überall in der arabischen Welt, was zur Popularität des Königs beitrug. Sie besaßen das Wahlrecht und wurden auch ermutigt, es auszuüben. Ihre Beteiligung an den Kommunalwahlen 1995 lag bei 45 Prozent. 1996 saßen zwei Frauen im Senat und jeweils eine Frau im Repräsentantenhaus (Unterhaus) und im Kabinett. Es gibt weibliche Ingenieure, Ärzte, Lehrer und Anwälte. Vierzehn Prozent der Arbeitnehmer sind Frauen, im Bildungsbereich sind sie stärker vertreten als Männer.

Doch wollen jordanische oder mit einem Jordanier verheiratete ausländische Frauen einen Paß beantragen, müssen sie, so schreibt ein Gesetz vor, die schriftliche Erlaubnis eines männlichen Vormundes vorlegen. Väter, die die Ausreise ihrer Kinder selbst in Begleitung der Mutter verhindern wollen, schalten die Justizbehörden ein. Nach dem islamischen Schariagesetz gilt bei Familienstreitigkeiten immer noch die

Zeugenaussage einer Frau nur halb so viel wie die eines Mannes. Und nach der Scharia erhalten Frauen nur die Hälfte dessen, was einem männlichen Erbe zusteht.[4]

1997 forderte der König eine Änderung des Gesetzes, das ein Auge zudrückte, wenn ein Bruder eine Schwester umbrachte, die der Familie durch Verlassen ihres Mannes oder eine Affäre Schande bereitet hatte.

Enthusiastische Amateurfunker schalteten ihre Geräte häufig in der Hoffnung ein, mit einem König sprechen zu können, denn Hussein war, wie der spanische König Juan Carlos, Funkamateur. Als junger Mann hatte er ein Funkgerät bekommen und sich zu einem erfahrenen Funker entwickelt, „denn ich habe mich immer für Leute interessiert und dafür, mit ihnen zu kommunizieren", sagte er 1993 gegenüber *RadCom*, dem Magazin der britischen Radio Society. „Ich hatte so die Gelegenheit, überall in der Welt Menschen kennenzulernen und, in vielen Fällen, sie später zu besuchen. Ich erkannte, daß wir alle einer großen Familie angehören, die das globale Dorf bewohnt, das jetzt unser Zuhause ist." Sehr gern sprach er mit Behinderten, die an ihr Haus gebunden waren und die Zeit damit zubrachten, über Funk Freundschaften zu knüpfen. Hussein behauptete einmal, er habe Kontakte zu Menschen in über 150 Ländern gepflegt.

Besonders stolz war er auf eine Verbindung zum ersten Funkamateur, der vom Weltraum aus operierte; Owen Garriott, ein Amerikaner an Bord der Raumfähre Columbia. „Es gelang, mit ihm einen Termin während seiner 92. Erdumrundung zu vereinbaren", berichtete Hussein *RadCom*. „Die Verbindung war ausgezeichnet und dauerte drei bis vier Minuten, von Horizont zu Horizont." Sein größtes Problem waren Staus, wenn jeder, der funkte, mit ihm Kontakt aufzunehmen versuchte. „Das ist unmöglich geworden", sagte er. „Wann immer man auf Sendung geht, ist man oft innerhalb weniger Minuten zugedeckt, und mein Hörvermögen ist auch nicht mehr so gut, wie es mal war." Er fügte hinzu, daß er während der Zeiten des Krieges 1967 und des späteren Feldzugs gegen die Fedajin sein Funkgerät praktischen Diensten zur Verfügung gestellt habe. „In schwierigen Zeiten oder Krisen war das eine Möglichkeit, mit Freunden in der ganzen Welt zu kommunizieren, die Botschaften weiterleiten und humanitäre Hilfe sicherstellen konnten."

Die freundlichen und gefälligen Gesten des Königs sind Legion und gehen auf eine alte Tradition zurück. Eine Polizistin in Amman, die von männlichen Kollegen belästigt worden war, hatte sich dem König buchstäblich vors Auto geworfen, als er ein Hotel besuchen wollte. Während ihr Fall verhandelt wurde, fand er für sie vorübergehend eine Arbeit im Königspalast.

Der Direktor des königlichen Instituts für inter-religiöse Studien hat den König einmal besucht, ehe er sich in einem Krankenhaus am grauen Star operieren ließ. Nach der Operation erhielt er von Hussein einen Anruf mit besten Wünschen zur Genesung.

Das waren Gesten, die Vertrauen, Anhänglichkeit und Loyalität schufen oder festigten. Großzügiger noch als im eigenen Umfeld fielen die Fürsorge und die soziale Hilfe des Königs außerhalb des Palastes aus. Sie hatte der Chef des königlichen Hofes, des Diwans, zu koordinieren. Diese Wohltätigkeit wurde zur Routine. Jeden Werktag, wenn Hussein in der Stadt war, besprach er mit seinem Diwan-Chef etwa um 10.30 Uhr telefonisch die ausstehenden Fragen. Später fuhr er dann von seinem Haus, das in dem ruhigen Vorort Hammar lag, in sein Büro. Es befand sich in einem Palastkomplex, der von einem etwa zehn Hektar großen Park umgeben war, unweit des Stadtzentrums. Oft zog er es vor, in dem weniger formellen Büro seines Diwan-Chefs auf dessen Stuhl zu sitzen.

Wenn er sich mit Staatsgeschäften, Kabinettsentscheidungen, außenpolitischen Fragen und Telegrammen von Botschaftern auseinandergesetzt hatte, befaßte er sich mit Petitionen – das hatte er von König Abdallah gelernt. „Am selben Vormittag kann er sich mit einem Brief von Präsident Clinton und mit der Petition eines Mannes beschäftigen, dessen Tochter im Medizinischen Zentrum König Hussein behandelt werden muß, er sich das aber nicht leisten kann", sagte Awn Khasawneh, Anfang 1998 Diwan-Chef. „Seine Majestät hat mitunter mehr Interesse an Kindern als an sehr wichtigen politischen Fragen."

„Nach meiner zweijährigen Erfahrung", fügte Khasawneh hinzu, „hat er nie jemandem etwas abgeschlagen." Doch nicht immer hat der König den Leuten all das gegeben, wonach sie verlangten. Meistens hat er ihnen Hilfe zur Selbsthilfe gewährt. Als Gegenleistung unterstützten sie ihn.

Zumindest bis zum Anfang der neunziger Jahre genoß der König den Ruf, den verschiedensten Leuten Gehör zu schenken. Viele derjenigen allerdings, die Hussein zu kennen glaubten, sagten, seit etwa 1995/96 sei er ein ungeduldigerer Zuhörer geworden. „Der König ist einer der geduldigsten Menschen, die ich je gesehen habe", sagte sein loyaler Diwan-Chef. „Doch diese Geduld ist rein äußerlich. Nur sehr selten habe ich ihn wütend werden sehen. Er ist von einer so ausgezeichneten Höflichkeit, daß er selbst im Zorn niemals schreit. Doch man kann beobachten, wie sich sein Gesichtsausdruck verändert."

27
Bändigung der Islamisten

Nach dem gewaltsamen Sturz des Schahs im Iran und der Errichtung eines theokratischen Regimes in Teheran unter der geistlichen Führung von Ajatollah Khomeini waren die Herrscher im Nahen Osten ängstlich darauf bedacht, sich vor einem ähnlichen Schicksal zu schützen. Einige Herrscher, darunter die Familie al-Saud in Saudi-Arabien, überboten die islamischen Aktivisten in der öffentlichen Zurschaustellung ihrer Frömmigkeit. Die Machthaber in Algerien und Tunesien gingen mit Gewalt gegen die Islamisten vor. Ägyptens Präsidenten machten sie in Kairo mundtot und bekämpften sie im Süden. Der oberste Militär des Sudan bildete mit ihnen eine Allianz. Hussein jedoch pflegte sein Verhältnis zur bedeutendsten islamistischen Organisation in Jordanien, der Moslem-Bruderschaft, und ihrem politischen Arm, der Islamischen Aktionsfront, mit realpolitischem Geschick, was in der arabischen Welt einmalig war. Nur 1997 schien der König seinen politischen Instinkt zu verlieren.

Hussein präsentierte sich den radikalen Islamisten als Vorgesetzter und erinnerte sie daran, daß er ein direkter Nachkomme des Propheten Mohammed sei. Darüber hinaus versuchte er, sie in sein politisches System einzubinden oder zu neutralisieren. Auf eine politische Auseinandersetzung mit ihnen ließ er sich nicht ein. Er folgte damit König Abdallah, der die Moslem-Brüder mit Respekt behandelt hatte. Diese Politik erreichte ihren Höhepunkt 1990, als dem jordanischen Kabinett fünf Islamisten angehörten.

Moschee und Staat, also die Islamisten und der König, waren stets aufeinander angewiesen, selbst wenn sie sich bisweilen heftig attackierten. Während der König eine Organisation konservativer, ehrenhafter Muslims als Puffer gegen islamische und palästinensische Extremisten brauchte, benötigte die Bruderschaft den König als Gewährsmann für die Sicherung ihrer Existenz als politische und religiöse Kraft. Sollten die Haschemiten einmal gestürzt werden, würde das Vakuum von Syrien, Ägypten oder Israel schnell aufgefüllt; was auch immer geschah, der Bruderschaft ginge es dann schlechter.

Der König war ein gemäßigter, frommer sunnitischer Muslim, der für Extremisten nichts übrig hatte. 1978, vor dem Zusammenbruch des Schahregimes, besucht er Teheran dreimal, in der Hoffnung, es stützen zu können. Zu Hause riskierte er islamistische Demonstrationen (die es tatsächlich gab, sich jedoch totliefen). Es überraschte nicht, als er 1980 den Irak im Krieg gegen den Iran unter Ajatollah Khomeini, einen schiitischen Extremisten, unterstützte (und damit weitere islamistische Demonstrationen riskierte; doch Saddam Hussein konnte er bei Laune halten und wußte ihn bei möglichen Schwierigkeiten auf seiner Seite). Hussein legte großen Wert auf die Unterscheidung zwischen „aufgeklärtem" und „fanatischem" Islam.[1]

Einige Zeit diente die Moslem-Bruderschaft einem nützlichen Zweck. Sie hatte Verbindungen zur Moslem-Bruderschaft in Kairo, die ihr Vorbild gewesen war, und der in Damaskus, der sie half. Die Bruderschaften in Amman und Kairo hatten sich mit der Frage auseinandergesetzt, wie mit den Regierungen auszukommen war. Die syrische Bruderschaft hatte dies nicht getan. Syriens Präsident Assad gehörte den Alawiten an, einer Sekte, die den Schwiegersohn des Propheten Mohammed, Ali, vergötterte und vielen Muslims als ketzerisch galt. Wenn Hussein dem syrischen Präsidenten Schwierigkeiten bereiten wollte, gab er der syrischen Bruderschaft einen Wink; viele ihrer Mitglieder hatten Kontaktstellen in Jordanien.

Nachdem Hussein 1967 die Parteien verboten hatte, durfte allein die jordanische Bruderschaft als politische Organisation weiterbestehen. Das mag man als Politik kluger Toleranz bewerten oder als Entlastung der Sicherheitspolizei bei ihrer Aufgabe, Störenfrieden auf der Spur zu bleiben – oder als beides. Die offiziellen Medien wiesen ständig auf die Frömmigkeit von König und Kronprinz hin, um dem Aufwind der Fundamentalisten Rechnung zu tragen. Regelmäßig pilgerte der König nach Mekka. In Reden und Pressekonferenzen bezog er sich oft auf Gott. Als Gegenleistung unterstützten die Moslem-Brüder die Haschemiten in den fünfziger bis siebziger Jahren. Viele gingen in die Wirtschaft, waren erfolgreich und wurden zu Mitgliedern des Establishments. Moslem-Brüder in der Bürokratie wurden befördert wie andere Beamte auch.

Der Führer der Bruderschaft, Abdel Rahman al-Khalifa, sagte im Februar 1980: „In Jordanien beunruhigt sich niemand über die islamische Bewegung. Die jordanischen Führer sind klüger als die anderen." In Wirklichkeit jedoch waren sie beunruhigt, nicht zuletzt wegen al-Khalifa selber. Im Dezember verschärfte er seine Linie. „Wir sähen es lieber, wenn die Lehren des Koran strikter befolgt würden", sagte al-Khalifa. „Die Regierung … kann uns nicht den Mund verbieten."[2]

Ende der siebziger Jahre tat sich eine Kluft auf zwischen der alten Garde der Bruderschaft und jungen Islamisten. Viele von ihnen waren in der Westbank beheimatet und kritisierten den Lebensstil der Neureichen in Amman sowie die sich ausbreitende Korruption.

1984 gewannen islamische Aktivisten bei Teilwahlen zum Repräsentantenhaus drei der sechs Sitze. Das ließ bei Hussein offenbar die Befürchtung aufkommen, die Moslem-Brüder würden allmählich zu einer Bedrohung. Jedenfalls wies er im Jahr darauf seinen Ministerpräsidenten Zeid al-Rifai an, hart gegen die Umtriebe der Bruderschaft vorzugehen.

Unversehens rückte damit die jordanische Regierung an die Seite Syriens. Der König zeigte sich schockiert darüber, daß, wie er sagte, eine „kriminelle" und „miese" Vereinigung, die sich als „religiöse Gruppe" ausgab, Bluttaten in Syrien provozierte und „in Jordanien lebt". (Die Rede erinnerte an Claud Reins, den Polizeiinspektor in dem Film Casablanca, der empört ist, daß in Humphrey Bogarts Bar gespielt wurde, während er seine Gewinne einstrich.) Umgehend und ausgesprochen rücksichtslos nahmen jordanische Sicherheitskräfte einige hundert in Jordanien ansässige syrische Anti-Assad-Brüder fest und übergaben sie Syrien (und damit einem ungewissen Schicksal). Die jordanischen Moslem-Brüder wurden nicht angerührt, aber gewarnt. Unerschrocken enthielten sich die meisten bei einer Abstimmung zur Wiederwahl des von der Regierung unterstützten Präsidenten des Repräsentantenhauses.

Gegen Ende der achtziger Jahre gab es immer mehr Gründe für junge Islamisten, gegen Hussein zu opponieren, statt mit ihm zusammenzuarbeiten. Die Wirtschaftsentwicklung war rückläufig, und Hussein und Arafat gelang es nicht, sich auf eine gemeinsame Linie im Umgang mit Israel zu einigen. Demonstrationen an der Yarmouk-Universität 1986 wurden brutal niedergeschlagen. Eine Nachwahl in Irbid gewann der Mann des Regimes erst, nachdem der Sicherheitsdienst die Stadt abgeschirmt und die Einwohner so stark eingeschüchtert hatte, daß nur ein Fünftel der registrierten Wähler zur Urne ging. Bereits 1984 hatte Hussein seine alten Bindungen zur Westbank gelöst.

1989 nahmen die innenpolitischen Spannungen zu, als die Regierung in Zusammenarbeit mit dem Internationalen Währungsfonds Wirtschaftsreformen einleitete. In diesem Zusammenhang mußten Subventionen gekürzt werden, was zu Krawallen führte. Im selben Jahr wurden auch die ersten allgemeinen und freien Wahlen seit 1967 abgehalten.

Ein kritischer Korrespondent der *Middle East International*, einer in London erscheinenden Halbmonatszeitung, schrieb: „Jordanien erlebt eine öffentliche Debatte über alle heiklen Themen, die von der Westbank über den Friedensprozeß und die Korruption bis zur Macht des Sicherheitsdienstes reichen."[3] Unter den Dissidenten schien es einen Konsens zu geben. Sie forderten die Aufhebung des Kriegsrechts, das 1967 verhängt worden war, die Zulassung politischer Parteien, ein Ende der Ausschreitungen der Sicherheitsdienste, so etwa die Konfiszierung von Pässen. Verlangt wurden auch Unterstützung für die Intifada in der Westbank und im Gazastreifen, und Kampf gegen die Korruption; die Veurteilung der Beamten, die der Unterschlagung bezichtigt wurden.[4] 1988 geriet al-Rifai in die Kritik, weil er sich der maßgeblichen Stellen des königlichen Ausschusses für die Sicherheit der Wirtschaft bedient hatte, um die Ablösung der Herausgeber und Chefredakteure von zwei der drei führenden Tageszeitungen durchzusetzen.

In den Wahlkampf von 1989 zogen sechs Gruppierungen. Die größte war islamistisch, geführt von der Moslem-Bruderschaft unter dem Banner der Islamischen Bewegung. Deren Slogans lauteten zum Beispiel: „Nein zum Westen, nein zum Osten, der Islam ist mein Weg!" oder „Islam ist die Lösung!" Die Kandidaten der Islamischen Bewegung errangen 28 von 80 Sitzen; weitere 13 Sitze gingen an andere fundamentalistische Gruppierungen.

Die zweitgrößte Gruppe umfaßte Mitglieder der Kommunistischen Partei sowie den jordanischen Flügel der Demokratischen Front für die Befreiung Palästinas. An dritter Stelle kamen die arabischen Nationalisten, die zu den rivalisierenden sozialistischen Baath-Parteien in Syrien und im Irak in Verbindung standen. An vierter Stelle rangierten die Modernisierer, die für weitreichendere Wirtschaftsreformen, für einen entschiedeneren Kampf gegen Korruption und eine breitere Beteiligung des Volkes an der von Hussein dominierten Regierung eintraten. Den fünften Platz besetzten die Traditionalisten, ehemalige Konservative und „Königsfreunde". Auch die Minderheiten errangen Parlamentssitze: acht für Tscherkessen und je sechs für Christen und Beduinen. An der Wahl nahmen jedoch nur 40 Prozent der Wahlberechtigten teil. Das legt den Schluß nahe, daß viele Jordanier dem Parlament im Vergleich zur Macht des Königs nur wenig Bedeutung beimaßen.

Gleichwohl war das eine gewaltige Metamorphose der jordanischen Politik. Was würde der König tun? Ein konstitutioneller Monarch müßte die Islamische Bewegung mit der Regierungsbildung beauftragen. Dazu kam es jedoch nicht. In einer, wie es aussah, „Teile und herrsche"-Taktik vereinten zunächst Königsfreunde, Linke und Nationalisten ihre Kräfte, um den islamistischen Kandidaten für den Posten des Parlamentspräsidenten zu Fall zu bringen (später kehrten die Moslem-Brüder die Situation um). Als nächstes erfolgte eine versöhnliche Geste: Die Regierung händigte, wie es hieß, Tausende konfiszierter Pässe wieder aus und ließ 49 Häftlinge frei. Schließlich ernannte der König einen Ministerpräsidenten und traf dabei eine taktisch kluge Entscheidung.

Mudar Badran, kein Islamist, war jordanischer Sicherheitschef gewesen und schien mit den Moslem-Brüdern auf gutem Fuß zu stehen; zwei ihrer Führer hatten in die große Badran-Familie eingeheiratet. Badran versprach, das Kriegsrecht zu annullieren, eine unabhängige Justiz aufzubauen und das Verbot der Kommunistischen Partei aufzuheben. Mit diesem Programm wurde Badran am 1. Januar 1990 vom Parlament mit 65 von 80 Stimmen als Ministerpräsident bestätigt.

Zunächst waren die Islamisten nicht im Kabinett vertreten, vielleicht, weil sie den Bogen überspannt und zu viel verlangt hatten. Doch noch im selben Jahr bot Badran fünf Moslem-Brüdern und zwei unabhängigen Islamisten Ministerposten für folgende Bereiche an: Bildung und Erziehung, Gesundheit, Justiz, gesellschaftliche Entwicklung, Islam-Angelegenheiten, Transport sowie Landwirtschaft. Die Schlüsselministerien für Inneres, Verteidigung, Finanzen und Äußere Angelegenheiten blieben ihnen versperrt, dennoch willigten sie ein. Zweifellos hatte hier der König das Sagen, der sich jedoch im Hintergrund hielt.

Diese bemerkenswerte Situation währte nur bis Juli 1991, als die Regierung Badran aufgelöst wurde. Die Kabinettsarbeit der Moslem-Brüder wurde hinterher als wenig ertragreich beurteilt. Seither hat auch kein Moslem-Bruder mehr einen Posten im Kabinett innegehabt.

Badrans Nachfolger, Taher Masri, ein pro-westlicher Liberaler und altgedienter Außenminister, verhandelte mit der Bruderschaft über eine Regierungsbeteiligung, doch ihre Führer rechneten mit Konflikten: Masri war ihnen zu liberal und modern, die Regierung schien an der Friedenskonferenz in Madrid teilnehmen zu wollen. Da sie ihre Handlungsfreiheit gefährdet sahen, lehnten sie das Angebot ab.

Bei der Wahl 1993, die nach der Friedenskonferenz von Madrid stattfand, verweigerte die Islamische Aktionsfront ihre Teilnahme. Doch zahlreiche ihrer Mitglieder nahmen an dieser Wahl auf eigene Faust teil, mußten aber eine schwere Niederlage hinnehmen: Die Islamisten konnten nur halb so viele Parlamentssitze wie 1989 erringen.

Mit der Begründung, sie würden manipuliert, und aus Protest gegen weitverbreitete Korruption bewarben sich die Moslem-Brüder und sieben weitere Oppositionsparteien nicht für die Wahl am 7. November 1997. Außerdem protestierten sie gegen das restriktive jordanische Pressegesetz, das Hussein im Mai 1997 in Kraft gesetzt hatte. Die Regierung behauptete, sie habe die Boulevardwochenblätter mit ihrer „sensationslüsternen" Berichterstattung zügeln müssen, um weiteren Schaden von Jordaniens Ansehen im Ausland abzuwenden. Sie verbot jedoch auch jegliche „Nachrichten, Ansichten und Analysen", die „den König oder die königliche Familie, die Streitkräfte und die Oberhäupter befreundeter Staaten beleidigen"; Israels Benjamin Netanjahu war wohl auch gemeint.[5]

Die Moslem-Brüder kritisierten einen „Rückschritt bei den bürgerlichen Freiheiten, die Marginalisierung des Repräsentantenhauses (Unterhauses) und die Usurpation der gesetzgebenden durch die vollziehende Gewalt" (sprich: durch König Hussein). Angeprangert wurde auch die zunehmende Armut, die Begünstigung regierungsnaher Parteien sowie Restriktionen gegenüber islamischen und pan-arabischen Parteien. Am gefährlichsten war jedoch, daß die Moslem-Brüder Hussein vorwarfen, er „strebe eine Normalisierung mit dem zionistischen Feind an, ohne eine Gegenleistung zu erhalten, während dieser Feind seine beständige Aggression gegen unsere heiligen Stätten und gegen die Rechte des palästinensischen Volkes auf seinem Grund und Boden fortsetzt".

Die Bruderschaft war verärgert über die Weigerung des Königs, das Wahlgesetz zu ändern. Denn dieses begünstigte ländliche Wahlkreise, wo der König stark unterstützt wurde, gegenüber den Städten. In Amman und Zerqa lebt nahezu die Hälfte der 4,6 Millionen Einwohner Jordaniens (einschließlich zwei Millionen Palästinenser), hier fanden die Brüder ihre stärkste Unterstützung. Doch beide Städte waren mit nur einem Viertel der 80 Sitze im Parlament vertreten.[6]

Kritisiert wurde ein weiterer Aspekt des Wahlgesetzes, das die Wahlergebnisse der Opposition grundsätzlich benachteiligte. Das Gesetz hatte zu großen Wahlkreisen geführt, die jeweils bis zu sechs Abgeordnete stellen konnten; die Wähler durften jedoch nur für einen Kandidaten stimmen. Die Opposition behauptete mit einem gewissen Recht, daß die Wähler in der Regel einen unabhängigen Kandidaten aus ihrem Stamm oder ihrer Großfamilie bevorzugen würden, somit hätten Kandidaten einer politischen Partei oder religiösen Gruppierung keine Chance. Diejenigen, die das Wahlgesetz unterstützten, sahen jedoch die Gefahr, daß die Wähler anderenfalls eine Stimme dem Kandidaten ihres Stammes und die restlichen Stimmen nur einer Partei, und zwar der Islamischen Aktionsfront, geben würden. Diese könnte dadurch zu großen Einfluß gewinnen. 1998 arbeitete die Regierung an einem neuen Wahlgesetz. Jeder Wahlkreis sollte nach englischen und amerikanischem Vorbild nur einen Abgeordneten für das Repräsentantenhaus bestimmen können.

Geplant war auch, die Wahlbezirksgrenzen entsprechend der Stammesgebiete zu ändern.

Die Flügelkämpfe innerhalb der Bruderschaft nahmen zu. Die alte Garde, nach wie vor präsent, war, wie ein Kenner sagte, „immer noch treu, immer noch höflich, immer noch zeigte sie Verständnis für die Position des Königs und die Bereitschaft, Zugeständnisse zu machen und öffentlich Anstand zu wahren". Doch die große Mehrheit widersprach. Sie schien weniger durch die alte Garde als vielmehr durch radikale Prediger in den Moscheen repräsentiert. Husseins Minister versuchten, sie mundtot zu machen und schürten damit Zwietracht.

Unter den jungen Islamisten gab es drei verschiedene Typen: diejenigen, die noch den alten Kommandostrukturen verbunden waren, diejenigen, die den kleineren und radikaleren Gruppen wie Hamas und Islamischer Dschihad (Islamischer Heiliger Krieg) angehörten, und die besonders Gefährlichen, die sich bewußt zur Gewalt bekannten, Konfrontationen suchten und das Märtyrertum bewunderten. 1998 schien das Establishment immer noch im Sattel zu sitzen. Es war allerdings schon etwas geschwächt, weil die Araber keine positiven Ergebnisse aus dem bereits totgesagten Nahost-Friedensprozeß und dem jordanisch-israelischen Friedensvertrag vorweisen konnten. Umfragen, die von der Moslem-Bruderschaft 1997 durchgeführt wurden, um die Stimmung unter ihren Mitgliedern zu testen, ergaben, daß 85 Prozent gegen die Teilnahme an Wahlen waren.[7]

Um diesen Boykott aufzufangen, startete der König eine eigene Wahlkampagne, obgleich er weit davon entfernt war, selbst zu kandidieren. Hussein drängte die Moslem-Brüder zur Teilnahme. Die Korruption sei gewiß nicht schlimmer als in anderen Staaten, und sie könnte doch am besten bekämpft werden, wenn sie mit im Parlament säßen, so die Argumentation des Königs. Befürchtungen einer Wahlmanipulation, fügte er hinzu, entbehrten jeder Grundlage. Er unterstellte, die Entscheidung der Moslem-Brüder gehe „auf eine interne Krise zurück". Trotzdem sei die Bruderschaft „ein wichtiger Teil des politischen Spektrums". Und: „Die Regierung appelliert an die Moslem-Bruderschaft, ihre Position nochmals zu überdenken"[8].

Beide Seiten errangen Pyrrhussiege. Der König hatte eine umstrittene Wahl geleitet, die verhältnismäßig frei war. Er konnte sich darauf berufen, daß 54 Prozent der Wahlberechtigten zur Urne gegangen waren. Das neue Parlament setzte sich aus leicht zu beeinflussenden Unabhängigen und Stammesführern zusammen, die ihm wenig Kopfschmerzen bereiten würden.

Die Islamische Aktionsfront verwies jedoch darauf, daß die Wahlbeteiligung in Amman und Zerqa nur bei 35 Prozent, in manchen Fällen sogar nur bei zwanzig Prozent gelegen habe, was auf eine eindeutige Ablehnung der Regierungspolitik schließen ließe. Die Sitzverteilung im neuen Parlament sah jedenfalls folgendermaßen aus: Regierungsfreundliche Unabhängige, die Stammesinteressen vertraten, nahmen 62 von 80 Sitzen ein; die verbleibenden Sitze erhielten nationalistische und linksgerichtete Kandidaten sowie acht unabhängige Islamisten.

Die Moslem-Brüder und ihre Front hatten sich ins politische Abseits manövriert. Außerhalb des Parlaments war ihr Handlungsspielraum begrenzt auf Demonstrationen und die Fortführung ihrer bisherigen Politik: den Aufbau einer effizienten alternativen Regierung, das Engagement für Sozialeinrichtungen, Schulen, eine Universität und ein Krankenhaus sowie die Unterstützung kleinerer Unternehmen. Die vom König lange verfolgte Politik, die Brüder in das haschemitische System einzubinden, schien gescheitert. Husseins Kurzzeittaktik im Jahr 1997 hat die Brüder ausmanövriert, seine Langzeitstrategie schien kurzsichtig zu sein.

Hussein unterstützte auch weiterhin den moderaten Islam. Ein Beispiel dafür ist die vom König und vom Kronprinzen Hassan gegründete Al-al-Bayt-Universität in Amman mit 4.000 Studenten. Gelehrt werden moderater Islam, vergleichende Religionswissenschaften, Fremdsprachen wie Englisch und Französisch sowie sieben verschiedene Versionen der islamischen Rechtswissenschaften im Geiste positiver Toleranz. Die Universität lehnt jede Form von Gewalt ab, verurteilt wird auch das Selbstmordattentat, weil es Leben vernichtet. Die Absolventen werden Lehrer, Wissenschaftler, Anwälte und Prediger. Studentinnen steht es frei, ob sie traditionelle muslimische Kleidung tragen oder nicht.

Die Universität bildet neue Angehörige der Führungsschicht heran, doch was wurde aus den Dissidenten palästinensischer Herkunft? Es ist schwer, sie einzugliedern, denn viele von ihnen ziehen die politische Führung des Landes durch die PLO derjenigen eines Königs vor. Sie einzugliedern wäre weniger schwierig, wenn es zu Husseins Vermächtnis ein

Bündnis oder zumindest eine klare Verständigung zwischen ihm und Arafat gegeben hätte. Doch das ist nicht der Fall.

König und Kronprinz haben in Amman auch das Königliche Institut für inter-religiöse Studien gefördert, das Muslimen das Studium sowie das Verständnis von Christentum und Judentum ermöglichen soll. In der christlichen Welt gibt es zahlreiche Institute für die Erforschung des Islams, ein Institut zur Erforschung des Christentums in der muslimischen Welt aber hat es bis zur Gründung des Königlichen Instituts in Amman nicht gegeben. Prinz Hassan hat ein bemerkenswertes, vom Institut veröffentlichtes prägnantes Buch geschrieben, einen Abriß über den christlichen Glauben, verbunden mit einer kurzen Geschichte christlicher Kirchen in der muslimischen Welt.

Das Institut veröffentlichte weitere Bücher zu christlichen Themen, darunter „Jerusalem unter den Fatimiden und Kreuzfahrern"; „Jesus und Maria im Koran"; „Die aramäische christliche Gemeinde und Christentum in der modernen osmanischen Welt". Es publiziert Viertel- und Halbjahresschriften und veranstaltet Konferenzen und Gesprächsrunden zu Themen, die unverfänglich akademisch klingen, aber potentiellen Sprengstoff enthalten, etwa „Religion und Gemeinschaft: Interkulturelle Muster von Koexistenz und Konflikt in der gegenwärtigen Gesellschaft".

„Es ist reine Gelehrsamkeit", erklärt der Direktor, der Historiker Kamal Salibi, „die sich ausschließlich damit beschäftigt, was direkt oder indirekt mit Religion zu tun hat. Wir predigen keine menschliche Verständigung. Aber unsere Arbeit trägt dazu bei." Die Beziehungen zu den entsprechenden Einrichtungen in Israel „sind sehr gut".

28
Kanonen und Butter

Der jordanische Verteidigungshaushalt umfaßte 1997 stattliche 450 Millionen Dollar (100 Dollar pro Kopf der Bevölkerung). Ende der neunziger Jahre war eine unmittelbare Bedrohung zwar nicht in Sicht, doch es wäre einer Herausforderung des Schicksals gleichgekommen, hätte Hussein die Ausgaben niedriger angesetzt.

Die jordanische Armee (86.000 Soldatinnen und Soldaten) ist eine „in hohem Grade professionelle Streitmacht, sie ist sehr diszipliniert und besitzt einen guten Korpsgeist", schreibt der maßgebliche *Jane's Sentinel*. „Offiziere wie Unteroffiziere sind hervorragend qualifiziert."[1]

Zahlreiche Offiziersanwärter sind, wie der König, in Sandhurst, viele Stabsoffiziere auf amerikanischen und britischen Militärakademien ausgebildet worden. In Jordanien wiederum wurden Mannschaften aus sieben arabischen Staaten geschult.

1997 umfaßte die Armee zwei Panzergrenadierdivisionen, eine Brigade für Sonderaufgaben, zwei Panzerdivisionen, fünf Artilleriebrigaden und die Königliche Garde, eine Elitetruppe besonders verläßlicher Offiziere und Mannschaften, in der im wesentlichen Beduinen dienen. Hussein plante, die Armee noch einsatzfähiger zu machen und eine schnelle Eingreiftruppe aufzustellen. Die Armee besaß 900 Haubitzen, 340 Panzerhaubitzen, etwa 650 Abschußbasen für Panzerabwehrraketen sowie 4.800 Raketenwerfer und 665 Kampfpanzer mit 50 amerikanischen M-60/AJ. Zur Luftverteidigung verfügte Jordanien über 80 weit-reichende Hawks und 790 Boden-Luft-Raketen mittlerer Reichweite.

Die Luftwaffe besteht aus zwei Jagdstaffeln, die mit französischen Mirage F-1 ausgestattet waren, bald jedoch durch amerikanische F-16A/B ersetzt werden sollten; das Ziel sind drei Staffeln. Des weiteren besitzt sie drei mit amerikanischen F-5 ausgestattete Bodenangriffsstaffeln und zwei Hubschrauberstaffeln mit 24 amerikanischen AH/1F Hueys und Cobras. Die Luftwaffe unterhielt auch die Lockheed Tristar des Königs, die er häufig selber flog.

„Obwohl die jordanischen Piloten sehr gut sind und die Staffeln bei einem Angriff effektiv operieren", schreibt *Jane's Sentinel,* „ist die Luftwaffe durch Geld- und Ersatzteilmangel geschwächt." Außerdem fehlen ihr die Geräte zur elektronischen Kampfführung.

Die Sonder-Brigade, eine Eliteeinheit, wurde vom ältesten Sohn des Königs, Abdallah, befehligt; er hatte das Kommando 1990 übernommen und gab es ab, als er König wurde. Abdallah ist ausgebildeter Fallschirmjäger und hat in einem britischen Panzerregiment gedient. Die Brigade umfaßt Spezialeinheiten zur Terrorbekämpfung und eine Luftlandebrigade. Darüber hinaus gehört ihr eine auf psychologische Kampfführung spezialisierte Einheit an. Ihre Aufgabe ist es, die Sicherheit an den Grenzen zu erhöhen, denn „die Polizei ist einer äußerst professionellen und sehr gut ausgerüsteten Schmugglerorganisation auf der irakischen Seite nicht gewachsen und wird durch terroristische Unterwanderungen an der syrischen Seite ausmanövriert", äußerte Prinz Abdallah 1997.

Die Brigade sollte jedoch einem umfassenderen Spezialeinsatzkommando zugeordnet werden. Diesem sollten auch die für öffentliche Sicherheit zuständige Polizeibrigade, die Königliche Garde sowie Nachrichtendiensteinheiten und eine neue Lufttransportstaffel, bestehend aus Huey- und Cobra-Hubschraubern, angehören. Prinz Abdallah sollte die neue Einheit, sein jüngerer Bruder, Oberstleutnant Prinz Feisal, die Lufttransportstaffel kommandieren.[2]

Jordaniens Waffenarsenal ist nicht sehr groß, gleichwohl beeindruckend. Fast wichtiger ist der gute Ausbildungsstand der Bedienungsmannschaften, die mit den Waffen umzugehen wissen. Das ist nicht der Fall in gewissen anderen arabischen Staaten, wo mitunter unheimlich teures militärisches Gerät ohne Wartung herumsteht und untauglich wird. Die leitende Kraft hinter dieser unbestrittenen Leistung war König Hussein.

William Perry, 1996 amerikanischer Verteidigungsminister, hat einmal, vielleicht etwas forsch, gesagt: „Wir sehen Jordanien als Kernstück der Sicherheit des Nahen Ostens." Noch fünf Jahre zuvor war Hussein wegen seiner allzu verständnisvollen Haltung gegenüber Saddam Hussein international geächtet worden.

Es war kein Zufall, daß der König im März 1996 der vorübergehenden Stationierung eines Korps der amerikanischen Luftstreitkräfte, das 30 F-15 und F-16 sowie vier Tankflugzeuge umfaßte, zustimmte. Die Botschaft an potentielle Gegner war unmißverständlich: Hussein hat mächtige Freunde. Die amerikanischen Maschinen überwachten die vom UNO-Sicherheitsrat festgelegte Flugverbotszone im Irak, von dem Hussein sich mittlerweile deutlich abgewandt hatte.[3]

Am 15. November 1996 erklärte Präsident Clinton, Jordanien werde als einer der „wichtigsten Nicht-NATO-Verbündeten" Amerikas angesehen. Aufgrund dieses hervorgehobenen Status (der auch Israel und Ägypten zukam) wurde erwartet, daß Jordanien verstärkt amerikanische Militärhilfe und Waffentechnik erhielt.

Und wie stand es um die Wirtschaft? Sollten Geschäftsleute in Jordanien investieren? Ende 1997 wurde heftig über die Zukunft des Landes debattiert, das durch die Politik des freien Marktes langsam prosperierte. Im Zentrum der öffentlich ausgetragenen Diskussion stand die auch vom Parlament abgesegnete Entscheidung Husseins vom November 1994, die Beziehungen zu Israel zu normalisieren. Manch einer war der Ansicht, diese Entscheidung sei zu früh gefallen – immerhin nachdem die PLO, jedoch noch bevor Syrien und der Libanon einen Friedensvertrag mit dem jüdischen Staat geschlossen hatten. Einmal demonstrierten etwa 5.000 Menschen gegen Anzeichen dafür, daß die Regierung zu vertraulich mit Mitgliedern des Kabinetts von Benjamin Netanjahu und Vertretern der israelischen Wirtschaft umging.

Verfechter des Friedensvertrags sagten, er bringe Jordanien eine Dividende in Form ausländischer Investitionen. Außerdem waren sie überzeugt, Jordanien sei der israelischen Regierung gegenüber jetzt in einer besseren Position. „Wenn die Araber Netanjahu ändern wollen, dann müssen sie mit ihm reden", sagte 1997 der Informationsminister Marwan Muasher. Viele Jordanier schienen für den Friedensvertrag zu sein, eine noch engere Zusammenarbeit mit den Israelis aber nicht weiter zu befürworten, wenigstens vorerst nicht.

Eine Investitionswelle aus dem Ausland war nicht zu verzeichnen. Handelsabmachungen, die den verstärkten Verkauf jordanischer Güter in den „befreiten" Teilen der Westbank vorsahen, wurde durch israelische Sicherheitskontrollen an Brücken über den Jordan eingeschränkt. Geldüberweisungen von Jordaniern, die im Ausland arbeiteten, waren stark zurückgegangen, seit Tausende von Arbeitern in anderen Ländern des Nahen Ostens als Vergeltung für Husseins Unterstützung der irakischen Invasion Kuwaits nach Hause geschickt worden waren. Aus westlichen Bankenkreisen verlautete, daß „ein Viertel der Bevölkerung heimgekehrt ist". Dennoch waren 1996 Geldüberweisungen aus dem Ausland wieder gestiegen. Der Handel mit dem Irak kam allerdings fast gänzlich zum Erliegen.

Die jordanische Wirtschaft profitierte jedoch von strukturellen Veränderungen, die 1989 eingeleitet worden waren und sie auf eine gesunde Basis stellten. Bis dahin hatte Jordanien überlebt, geschützt durch hohe Zollschranken und Devisenkontrollen sowie durch einen zu hoch bewerteten Dinar. Der Staat hielt an zahlreichen Wirtschaftsunternehmen Beteiligungen, die sich bis auf 17 Prozent des Bruttosozialprodukts beliefen. 1989 kam dieses künstliche Gebilde zum Einsturz.

Der Staatshaushalt sowie die Außenhandels- und Leistungsbilanz wiesen Defizite auf; die Staatsrücklagen waren zu niedrig, die Auslandsschulden zu hoch. Es gab einen Ansturm auf den Dinar, der um 31 Prozent abgewertet wurde. Aus Washington wurden Experten herbeigerufen. Die Operation durch den Internationalen Währungsfonds und die Weltbank war schmerzhaft. Subventionen auf Treibstoff und andere Hauptwirtschaftsgüter wie Weizen und Futtergetreide wurden gekürzt, weitere Reformen in Richtung freie Marktwirtschaft durchgeführt – Hussein schickte sich in das Unvermeidliche, doch sein Ministerpräsident, Zeid al-Rifai, setzte die Neuerungen ungeschickt um.

In dem sonst loyalen Süden des Landes kam es zu Tumulten; acht Menschen starben, etwa 50 wurden verletzt. Hussein entließ al-Rifai, trat selber aber nicht zurück. Zum neuen Ministerpräsidenten ernannte er einen Cousin, Feldmarschall Scherif Zeid bin Shaker. Der König seinerseits deutlich: Eine allgemeine Wahl, schon vor dem Aufruhr geplant, verlief in einer Atmosphäre relativer politischer Freiheit.

Es brauchte Zeit, die Wirtschaft auf Vordermann zu bringen. Jordanien mußte auf vielfältige Weise für seine Unterstützung des Irak bei dessen Überfall auf Kuwait bezahlen. Doch die Konsolidierung gelang. „Seit 1992 hat sich die jordanische Wirtschaft stabilisiert und weist ein starkes Wachstum auf", lobte die Weltbank. „Die hohe Schuldenlast und die Inflation Ende der achtziger Jahre sowie die Auswirkungen der Golfkrise und die Rückkehr von 300.000 Jordaniern – fast zehn Prozent der gesamten Bevölkerung – sind mit Geschick und Disziplin gemeistert worden."[4]

Die Arbeitslosigkeit, die 1989 25 Prozent betragen hatte, konnte bis 1996 fast halbiert werden; die Inflationsrate betrug vier Prozent. Das Bruttosozialprodukt wuchs 1997 um rund 7,2 Prozent; die Devisenreserven erreichten eine Höhe von 800 Millionen Dollar, viel für Jordanien, doch viel zu wenig, um beruhigt sein zu können. Der Wechselkurs war stabil, und das Leistungsbilanzdefizit war von 20 Prozent des Bruttosozialprodukts im Jahr 1980 auf elf Prozent 1993 und auf drei Prozent 1996 gesunken.

Das Außenhandelsdefizit war jedoch noch sehr hoch, der Lebensstandard hatte sich noch nicht bemerkenswert verbessert. Durch den Wegfall der Subventionen auf Wasser zur Landbewässerung, kommunales Wasser und Elektrizität im Jahr 1996 ging es vielen im Grunde sogar schlechter. Das Durchschnittseinkommen der Bevölkerung betrug 1988 1.300 Dollar; zehn Jahre zuvor hatte es bei knapp 2.000 Dollar gelegen. Der staatlichen Statistik zufolge lebten 25 Prozent der Bevölkerung in Armut; andere Schätzungen gingen von 70 Prozent aus. Die meisten Armen lebten in einigen Dörfern im Süden und im Norden des Landes sowie in der Stadt Zerqa. Doch es gab auch Wohlstand in Jordanien. In den prosperierenden westlichen Stadtteilen von Amman wurden große Hotels errichtet; der Wohnungsbau boomte, angeheizt mit dem Geld der Palästinenser, die den Golf verlassen mußten und nach Jordanien zurückgekehrt waren.

Die Telekommunikation und die Stromversorgung wurden für den Wettbewerb mit der Privatwirtschaft geöffnet. Staatliche Hotels, die Zementindustrie und die Eisenbahn nach Akaba wurden privatisiert. Die

Importzölle wurden von 34 Prozent im Jahr 1987 auf zwanzig Prozent gesenkt. Angesichts der Spekulationen gegen den Dinar wurde ein liberaler Wechselkurs beibehalten. Es gab ehrgeizige Pläne, Amman zu einem regionalen Finanzzentrum auszubauen.

Jordanische Facharbeiter sind recht gut ausgebildet. Es gibt 3.600 staatliche Schulen, in denen oft in zwei Schichten unterrichtet wird, über 500 lizenzierte technische und kommunale Hochschulen sowie fünf staatliche und fünf private Universitäten.

Die Weltbank beschreibt Jordanien als ein „regionales Zentrum für moderne klinische Medizin".[5] Die relativ komplexe Infrastruktur von Institutionen, Sachkenntnis und gutem Management ist mit äußerster Sorgfalt aufgebaut worden. Hussein konnte stolz darauf sein, auch wenn er dafür etwas zu viel Geld ausgegeben hat.

Das alles ist jedoch nicht Husseins alleiniges Verdienst. Die Weltbank, der Internationale Währungsfonds und westliche Geldgeber haben ihren Teil dazu beigetragen. Die Auslandsschulden Jordaniens, die 1989, 1990, 1994 und 1997 fällig waren, wurden durch Abkommen mit dem Pariser Klub von Gläubigerländern umgeschuldet; 1993 fällige Schulden wurden durch den Londoner Klub ebenso großzügig behandelt. Die Staatsschulden gegenüber den USA, Großbritannien und Frankreich wurden 1994 abgeschrieben. Japan stellte 1995 215 Millionen Dollar zur Verfügung, die Europäische Union gewährte 1996 125 Millionen Dollar. Der Internationale Währungsfonds bewilligte 1996 ein dreijähriges Darlehen von 293 Millionen Dollar. Die Weltbank stellte in den Jahren 1993 bis 1996 360 Millionen Dollar bereit. Die International Finance Corporation, der privatwirtschaftliche Arm der Weltbank, investierte 85 Millionen Dollar in sechs Projekte und erhöhte damit seine Gesamtinvestitionen auf 420 Millionen Dollar, und zwar in den Branchen Pharma-, Papier- und chemische Industrie sowie Tourismus.

Eine für die Jordanier höchst ermutigende Entwicklung ergab sich im August 1997, als ein neues Joint-venture bekanntgegeben wurde. Das norwegische Düngemittel- und Magnesiumunternehmen Norsk Hydro wollte, in Zusammenarbeit mit dem Jordanischen Phosphatbergbau, für 500 Millionen Dollar eine Düngemittelfabrik errichten. „Das gibt Jordanien mächtigen Auftrieb", sagte ein namhafter Mitarbeiter der Barings-Bank. In der Fabrik könne auch Magnesium hergestellt werden. Israel hatte bereits mit dem deutschen Autohersteller Volkswagen ein Joint-venture zum Bau einer Magnesiumfabrik geschlossen, um die israelischen Kaliumkarbonat-Vorkommen zu nutzen.[6]

Ist es Hussein gelungen, stabile wirtschaftliche Rahmenbedingungen zu schaffen? Konnten umsichtige Geschäftsleute getrost ihr Geld investieren? Ja und nein. Zugegeben, Hussein hat alle erforderlichen politischen Reformen vorgenommen und mit Israel Frieden geschlossen. Mit Rabin und Peres schienen sich geradezu grenzenlose Möglichkeiten zu bieten.[7] Auf dem ersten Wirtschaftsgipfel im Nahen Osten, nachdem die Friedensverträge geschlossen worden waren, präsentierte Jordanien zuversichtlich eine Reihe von Projekten, um Investoren anzulocken. Seit Netanjahu die israelische Regierung als Ministerpräsident führte, glichen stabile wirtschaftliche Rahmenbedingungen einer Schimäre.

Unter diesen Umständen konnte sich König Hussein nur darauf konzentrieren, seine Beziehungen zur übrigen arabischen Welt, die über sein Verhalten bei der irakischen Invasion Kuwaits immer noch verstimmt war, zu normalisieren. Ausgewanderte jordanische Arbeiter, die nach der Rückeroberung Kuwaits ausgewiesen wurden, gingen meist in die Heimat zurück. Verträge für ein paar tausend jordanische Arbeitskräfte – hauptsächlich Lehrer und Ingenieure – wurden in Abu Dhabi, Katar und Oman unterzeichnet. Saudi-Arabien hieß jordanische Arbeiter zwar willkommen, der tatsächliche Bedarf aber war gering.

1998 war die Stimmung in Jordanien, wie es hieß, von Enttäuschung und Bitterkeit geprägt. Nicht wenige befanden sich in finanzieller Bedrängnis. Die Kluft zwischen den „Besitzenden" und den „Besitzlosen" wurde, wie ein höherer Politiker einräumte, tiefer, und die bekannten Klagen über Korruption und Mißwirtschaft dauerten an. Wirtschaftsstatistiken waren, wie man herausfand, geschönt, um einen guten Eindruck zu vermitteln. Bei aller Unzufriedenheit blieb Jordanien ein Land mit einer relativ offenen Gesellschaft. Die freie Marktwirtschaft setzte sich weiter durch, wenn auch in Grenzen, und den Leuten ging es immerhin besser als den meisten Bewohnern anderer arabischer Staaten der Region, die kein Öl produzierten.

29

Das Ende einer Ära

Amerikanische Präsidenten neigen, wie die meisten Politiker, zu Übertreibungen. Gerne suchen sie Freunde für sich zu gewinnen, indem sie deren Bedeutung hervorheben. Selbst unter Berücksichtigung präsidialer Übertreibungen aber muß man sagen, daß der Empfang, der König Hussein am 1. April 1997 im Weißen Haus zuteil wurde, als durchaus ungewöhnlich gelten darf. Präsident Clinton sagte: „Es ist mir stets eine Ehre, Seine Majestät König Hussein im Weißen Haus begrüßen zu können. Ich glaube, dies ist unsere 15. Begegnung, seit ich Präsident bin. Ich möchte die Gelegenheit nutzen, ihm für sein ständiges Engagement für die Sache des Friedens zu danken, auch für die besonders beherzte Reise, die er unlängst nach Israel unternommen hat [um den Familien israelischer Kinder, die von einem Jordanier an der Grenze erschossen worden waren, sein Mitgefühl auszudrücken]. Und ich möchte mit ihm über die nächsten Schritte sprechen. Ich bin sicher, die Hebron-Einigung wäre ohne seine Führung nicht zustande gekommen, und seine Führung ist unverzichtbar, wenn wir vorankommen wollen. Die Zeit für den Friedensprozeß ist schwierig, es gibt eine Menge zu besprechen." Das war in der Tat ein hohes Lob für das Oberhaupt eines kleinen und schwachen Staates, ein Tribut an Husseins Fähigkeit zu vermitteln, an sein Gefühl für den richtigen Zeitpunkt, zu dem er etwas bewirken konnte.

Im November 1997 war der König erneut in Washington. Diesmal spielte er einen Part in einer offenbar beabsichtigten Brüskierung Netanjahus durch Clinton. Netanjahu wollte in den USA mit Repräsentanten der amerikanischen Juden zusammentreffen und bemühte sich schon seit Wochen um eine Einladung ins Weiße Haus. Doch die Mitarbeiter des Präsidenten konnten einfach keinen freien Termin finden. Hussein unterzog sich zur selben Zeit einer Krebsbehandlung in der Mayo-Klinik im US-Bundesstaat Minnesota und stand mit gutem Heilungsergebnis kurz vor der Entlassung. Noch während seines Krankenhausaufenthaltes erreichte ihn eine Einladung ins Weiße Haus, die er auf seinem Rückweg nach Amman wahrnahm.

Die unausgesprochene Weigerung Clintons, Netanjahu zu treffen, kam einer Abfuhr gleich, als der Präsident nach Los Angeles flog, wo sich zu jenem Zeitpunkt auch Netanjahu aufhielt. Die Flugzeuge der beiden Staatsmänner standen sogar dicht nebeneinander. Noch während des Aufenthalts Netanjahus in den USA zog es Clinton vor, Shimon Peres und die Witwe Jitzhak Rabins zu empfangen.

Husseins latente Gegnerschaft zu Netanjahu verstärkte sich, nachdem er zu dem Schluß gekommen war, daß mit ihm Verhandlungen offenbar nicht möglich waren. Im September 1997 schockierte ihn zutiefst, daß Netanjahu zwei Mossad-Agenten nach Amman schickte, um Khaled Meshal, einen in Amman ansässigen Führer der radikalen islamistischen Palästinenserorganisation Hamas, zu ermorden. Die Mossad-Männer versuchten, Meshal eine tödlich wirkende Flüssigkeit ins Gesicht zu sprühen, und wurden gefaßt, als sie flüchten wollten. Hussein verlangte von Netanjahu, sofort ein Gegenmittel zu schicken. Es wurde gerade noch rechtzeitig in die jordanische Hauptstadt eingeflogen, um Meshal das Leben zu retten.

Hussein nutzte den Vorfall zu einem guten Tauschgeschäft. Er ließ die beiden Mossad-Attentäter frei, während die Israelis im Gegenzug Scheich Ahmed Yassin, einen älteren radikalen Palästinenserführer und Mitbegründer der Hamas, der acht Jahre in ihren Gefängnissen verbracht hatte, nach Jordanien entließen. Darüber hinaus kamen aus israelischer Haft 23 Jordanier sowie fünfzig Palästinenser von der Westbank und aus dem Gazstreifen frei.

Der Mordversuch „war ein Akt gegen Jordanien selbst, gegen seine

Integrität und Souveränität. Er hatte vernichtende Auswirkungen auf das Vertrauen, das wir inzwischen aufgebaut hatten", sagte Hussein am 31. Oktober gegenüber der *Washington Post* und fügte hinzu, ihm seien die Ideen für den Umgang mit Netanjahu ausgegangen, dem er vorwarf, ständig Verpflichtungen gegenüber seinen arabischen Verhandlungspartnern zu brechen. Der König wiederholte auch seine Forderung an die Vereinigten Staaten, „von einem Boten zu einem aktiven Teilnehmer" am Friedensprozeß zu werden.

Die Regierung Clinton, die bislang als pro-israelisch gegolten hatte, hörte auf Husseins Appell. Madeleine Albright, die Warren Christopher als Außenminister ablöste, setzte Netanjahu eine Frist bis Dezember 1997, um anzugeben, wie er sich einen israelischen Truppenabzug aus Teilen der Westbank, gemäß der Vereinbarung von Oslo, vorstelle. Der Umfang des Abzugs müsse für Washington wie auch für Arafat akzeptabel sein. Ein Jahr nach Ablauf der Frist hatte Netanjahu, der Differenzen in seinem Kabinett geltend machte, Albright und Arafat immer noch keine konkrete Auskunft gegeben. Netanjahu konnte – unterstützt durch die pro-israelische Lobby im amerikanischen Kongreß und durch das AIPAC – noch nicht erklären, wieviel Prozent des besetzten Gebietes die israelischen Truppen räumen würden.

Was die Westbank betraf, so übernahm der König die Rolle eines, wenn auch indirekten, Fürsprechers der Palästinenser in Washington. Er reiste auch nach London und erinnerte Tony Blair, Israel müsse die Vereinbarungen von Oslo einhalten.

Die kritischen Äußerungen Husseins über Netanjahu dienten einem innenpolitischen Zweck. Mit ihnen schützte er sich vor dem in Jordanien oft erhobenen Vorwurf, mit dem jordanisch-israelischen Friedensvertrag sei er zu weit gegangen, zu schnell vorgeprescht. Er konnte auf seine ungeschminkte Sprache verweisen, die er dem israelischen Ministerpräsidenten gegenüber anschlug, und auf die engen Bindungen, die er mit der einzigen Macht geknüpft hatte, die in Israel erfolgreich intervenieren konnte: die Vereinigten Staaten.

Während dieser Zeit war es in Jordanien ruhig. Alles in allem kamen die Ergebnisse der Wahlen vom Jahr zuvor dem König zugute. Der Boykott durch die Moslem-Bruderschaft schadete zwar der Glaubwürdigkeit dieser Wahl. Doch Hussein konnte unmißverständlich immer wieder darauf hinweisen, daß er die Führer der Bruderschaft oft genug zur Teilnahme gedrängt hatte. Am 12. August 1998 zum Beispiel erklärte er: „Die Tür ist offen, und sie ist niemals irgend jemandem vor der Nase zugeschlagen worden, schon gar nicht islamistischen Gruppen, die sich unter der Obhut des unvergessenen Königs Abdallah gedeihlich entwickelt haben. Wir hoffen, sie werden... zum Aufbau dieses Landes beitragen, indem sie sich an den Wahlen beteiligen." Er festigte seine Popularität durch Reden und andere Auftritte im ganzen Land, insbesondere in Zerqa, Ma'an und Akaba. Im Ergebnis hatte das Regime seine Macht gefestigt, ihm zur Seite stand ein gefügiges Parlament.

Durch Manipulierung der Wahlkreise hat Hussein das konservative Establishment der Eastbank begünstigt und sichergestellt, daß die Islamisten und Palästinenser keine Mehrheit im Parlament erzielen konnten. Das begrüßten die alten Eastbank-Familien, die ihm ihre privilegierte Stellung verdankten. Als die Bruderschaft beschloß, die Wahlen zu boykottieren, konnte das den Honoratioren im Ostjordanland nur recht sein. An kurzzeitiges Denken gewöhnt, rechneten Hussein und seine Vertrauten wie Zeid al-Rifai wohl mit ein paar weiteren Jahren Stabilität. Kronprinz Hassan jedoch lud im August 1998 (als sein Bruder sich zu einer weiteren Krebsbehandlung in der Mayo-Klinik aufhielt) die Führer der Bruderschaft ein, in der Hoffnung, mit ihnen wieder „ins Gespräch" zu kommen.

Was seinen einstigen Freund im Irak anging, Präsident Saddam Hussein, so zog sich der König von ihm zurück. Als Saddam Husseins Tochter und ihr Mann, General Hussein Kamel, ein Kabinettsmitglied, aus dem Land geflohen waren, nahm Hussein sie in Jordanien auf. (Unerklärlicherweise kehrten sie in den Irak zurück, und der Minister wurde erschossen, vermutlich von einem Sohn des Präsidenten.) Das oft überschwengliche Lob Husseins für den irakischen Diktator war verstummt: Der König war in den Schoß des Westens zurückgekehrt. Dennoch blieb er vorsichtig. In Reden und Interviews sprach er von der Notwendigkeit, das Leiden des irakischen Volkes zu beenden, ohne Saddam Hussein zu erwähnen. Er sprach sich für die allgemeinen Prinzipien von Demokratie und Freiheit aus. Das wollte das irakische Volk hören. Seine Worte waren sicherlich ernst gemeint, eine Investition in die Zukunft eines Irak nach Saddam Hussein.

Dem König wurden Ambitionen in bezug auf den Irak nachgesagt, was er erwartungsgemäß bestritt. Als Cousin des ermordeten irakischen Königs Feisal sagte er jedoch, er würde das irakische Volk nicht im Stich lassen, wenn es ihn oder die haschemitische Familie um Hilfe bäte. Der König gab sich keinen Illusionen hin, aber Saddam Hussein würde irgendwann abtreten, und dann würde jemand mit einem gewissen Ansehen benötigt. Warum nicht ein Haschemit?

Zwei Vorkommnisse ließen sich als indirekte Botschaften des Iraks an Hussein deuten, sich zurückzuhalten. Die erste kam im Februar 1998. In Amman wurden irakische und griechische Geschäftsleute sowie ein höherer irakischer Diplomat ermordet, allem Anschein nach von irakischen Attentätern. Das schien eine Warnung zu sein: Der Irak konnte, wie Israel, in Jordanien durchaus frei operieren.

Die zweite Botschaft war Saddams Entscheidung, vier jordanische Studenten zu exekutieren, die in Haft saßen, weil sie Waren im Wert von 300 Dollar geschmuggelt hatten. Der Irak hatte geheime Funksignale aufgefangen, die irakische Dissidenten von Jordanien aus ihren Verbündeten in der Heimat übermittelt hatten; mit der Hinrichtung sollte Jordanien vermutlich dafür bestraft werden, daß es solche Kontakte zuließ. Der König protestierte, doch vergeblich. Er bat auch um die Freilassung von rund 70 jordanischen Inhaftierten, ein Ersuchen, dem Saddam stattgab. Doch Saddam teilte diese Entscheidung nicht dem König mit, sondern Leith Shubeilat, einem Führer der nationalistischen Opposition in Amman, der verhaftet und später wieder freigelassen worden war. Das war eine kalkulierte Brüskierung. Die jordanische Regierung unternahm alles, um zu verhindern, daß Shubeilat mit den 70 Freigelassenen im Triumph zurückkehrte. Journalisten, die von der Ankunft berichten wollten, wurden von der Polizei zusammengeschlagen; Verwandte der Betroffenen wurden nach Hause geschickt.[1]

Bei Verhandlungen mit der Palästinensischen Autonomiebehörde und ihrem Präsidenten Arafat bediente sich der König einer Herz-und-Verstandes-Strategie irakischer Art. Offiziell sprach Hussein davon, daß die PLO Sprachrohr des palästinensischen Volkes sei, wie es auf dem Gipfel von Rabat entschieden worden war. Trotzdem aber mischte er sich in die palästinensischen Angelegenheiten energisch ein, bisweilen diskret, mitunter aber auch in der Öffentlichkeit. Anders als bei den Gesprächen, die zu den Osloer Vereinbarungen zwischen der PLO und Israel geführt hatten, mußten sowohl Israel als auch die Palästinenser mit Husseins Bemühen um Mitsprache rechnen.

Noch vor seiner Krebserkrankung wird Hussein über die Zukunft der Westbank nach Jassir Arafats Tod oder Amtsunfähigkeit nachgedacht haben. Für den König und Jordanien würde sich möglicherweise eine tragende Rolle ergeben. Seit Jahren wurden Gespräche über eine Art palästinensisch-jordanische Konföderation geführt. Eine derartige Konföderation könnte vielleicht die Israelis beruhigen und womöglich zu besseren Bedingungen in den geplanten Siedlungen führen.

Im übrigen war der König darauf vorbereitet, Arafat zu umgehen und direkt mit den Israelis zu verhandeln, so wie Arafat ihn umgangen und in Oslo mit Israel verhandelt hatte. Eine Gelegenheit für direkte Gespräche mit Israel bot sich im Oktober 1998, doch weil Israel im Vorjahr in den Anschlag auf Khaled Meshal verwickelt war, mußte sie ungenutzt verstreichen. „Es ist kein Geheimnis, daß ich 48 Stunden vor diesem schmerzlichen Vorfall dem israelischen Ministerpräsidenten eine Botschaft geschickt habe, in der ich ihm mitteilte, daß Gespräche über einen Dialog zwischen Israel und der Hamas möglich seien, um die Periode von Schrecken und Gewalt zu beenden", sagte der König auf einer öffentlichen Kundgebung. Die angebotenen Gespräche sollten „alle wichtigen Themen" umfassen. „Ich habe ihnen meine Bereitschaft signalisiert, mich an solchen Bemühungen zu beteiligen, denn uns schmerzt… der Tod… jedes unschuldigen Menschen." Er habe die Mitteilung erhalten, der Brief sei zu spät in Israel eingetroffen.[2]

Das Attentat auf Meshal erlaubte dem König, die Initiative zu ergreifen. Sie wurde verfolgt von seinem Ministerpräsidenten, Abdel Salam al-Majali. Er lehnte den jüngsten israelischen Friedensplan ab, weil er eine „inakzeptable Bedingung" enthalte. Eigentlich wäre es Arafats Sache gewesen, als Präsident der Palästinensischen Autonomiebehörde sich dazu zu äußern.

(Der Vorschlag war eindeutig. Netanjahu empfahl, die dritte Stufe des israelischen Truppenrückzugs aus den besetzten Gebieten, wie in den Osloer Vereinbarungen ins Auge gefaßt, zu streichen und Gespräche über eine endgültige Lösung zu führen. Diese würde der israelische Ministerpräsident dann so lange hinauszögern, wie nur irgend möglich; so jedenfalls hätten es beiden Likud-Mentoren Menachem Begin und Jitzhak Schamir versucht.)

Gleichzeitig konnte der König seinen Friedensvertrag mit Israel verteidigen. „Es gab Stimmen, die behaupteten, Jordanien würde von Israel wirtschaftlich geschluckt werden", erklärte er auf einer Versammlung im Oktober in Ma'an. „Doch jetzt, nach drei Jahren, frage ich Euch, ,ist etwas Derartiges geschehen?' Gott sei Dank geht alles den rechten Weg, zum erstenmal werden unsere internationalen Grenzen anerkannt, und Übergriffe auf unser Territorium gibt es nicht mehr." Er erinnerte seine Zuhörer daran, daß „der Friedensvertrag von beiden Häusern des Parlaments gebilligt worden" war.[3]

Wie würde sich das Verhältnis des Königs zu Arafat entwickeln? Auch 1998 blieben sie Rivalen, mißtrauten einander, jeder in ein politisches Schachspiel vertieft. Sie schienen mit einer an sich nicht vorgesehenen Trennung ihrer Behörden beschäftigt und nicht sonderlich an einer Zusammenarbeit interessiert. Eine von Chatham House im Dezember 1997 veröffentlichte Studie war zu dem Schluß gekommen: „Ohne klare Ziele vorzugehen birgt die Gefahr, daß andere, nicht zuletzt Israel, versuchen könnten, vollendete Tatsachen zu schaffen."[4]

Arafat und die Palästinensische Autonomiebehörde waren emsig dabei, sämtliche Regierungsinstitutionen aufzubauen, ohne Hussein zu konsultieren. Der Gedanke an eine Konföderation war jedoch noch lebendig. Kaum zwei Jahre zuvor, 1996, hatten ein israelischer Minister von der Arbeitspartei, Yossi Beilin, und der Verhandlungsführer der PLO, Abu Mazen, einen Plan für eine endgültige Lösung des israelisch-palästinensischen Streits ausgearbeitet und Arafat und dem damaligen israelischen Ministerpräsidenten Jitzhak Rabin vorgelegt. Darin hieß es unter anderem: „Beide Seiten betrachten die Möglichkeit der Bildung einer jordanisch-palästinensischen Konföderation, die von dem Staat Palästina und vom Haschemitischen Königreich Jordanien zu vereinbaren ist, weiterhin mit Wohlwollen." (Zum Zeitpunkt dieser Vereinbarung war die Arbeitspartei an der Macht und bereit, große territoriale Zugeständnisse in der Westbank und im Gazastreifen an die Palästinensische Autonomiebehörde ins Auge zu fassen, und zwar als Beitrag zum Frieden nicht nur in Palästina, sondern in der ganzen Region. Unter Netanjahu war diese Aussicht mehr oder weniger geschwunden.)

Sollten Jordanien und die Palästinensische Autonomiebehörde nicht zusammenarbeiten, würden beide unausweichlich von der von Amerika gestützten regionalen Großmacht Israel abhängig werden. War dafür der lange Kampf um Selbständigkeit geführt worden?

Die Antwort ist eigentlich eindeutig. Doch das Mißtrauen zwischen Arafat und Hussein war so groß, daß der PLO-Chef den König bezüglich der Beziehungen zu Israel nur im äußersten Notfall konsultiert hätte. Hussein seinerseits schien bereit, Arafats Bemühungen um einen eigenen Staat keine Hindernisse in den Weg zu legen; er hat ihn aber auch nicht gerade mit großzügigen Geldangeboten und anderer Hilfe überschüttet. Wenn er jedoch von Arafat um Hilfe gebeten wurde, gewährte er sie auch.

Wer wollte, konnte über Arafats baldigen Abgang und die Frage spekulieren, ob die Haschemiten danach wieder über die Westbank herrschen würden. Anfang 1998 schien die Palästinensische Autonomiebehörde nicht gerade in bester Verfassung zu sein. Arafat sah krank und erschöpft aus. Sein Parlament mißbilligte seinen autokratischen Stil, seine Untergebenen wurden der Korruption und der Inkompetenz bezichtigt; Israel brach sein Versprechen „Land für Frieden" gegenüber den Palästinensern, ein Versprechen, das in Oslo und auf dem Rasen vor dem Weißen Haus feierlich gegeben worden war. Am schlimmsten war, daß drei Jahre nach der ersten Vereinbarung von Oslo im Jahr 1993 sich die Arbeitslosigkeit im Gazastreifen und in der Westbank mit 34 Prozent nahezu verdoppelt hatte und daß das durchschnittliche Einkommen der Bevölkerung um ein Fünftel gesunken war.[5] Zurückzuführen war das hauptsächlich darauf, daß Israel seine Grenzen für Tausende palästinensischer Arbeiter, die im Gazastreifen und in der Westbank wohnten, geschlossen hatte.

Jordanien ging es weit besser. Es war ein wohlgeordnetes kleines Königreich, und der Dinar war immer noch eine der beiden Währungen in der Westbank und im Gazastreifen. Wenn es den palästinensischen Führern nicht gelingen sollte, mit Hilfe der Osloer Abkommen einen großen Teil der Westbank und des Gazastreifens zu befreien, konstatierte die Chatham-House-Studie, „dann könnte Jordanien gedrängt werden, seinerseits einzuspringen, möglicherweise nur mit der Begründung, daß sonst alles verloren wäre". Weiter und durchaus richtig hieß es jedoch:

2. Oktober 1997 in Jordaniens Hauptstadt Amman: Palästinenser-Führer Jassir Arafat küßt König Hussein.

„Alle derartigen Lösungsansätze würden den König vermutlich nicht zum Handeln bewegen, es sei denn, ein verstärktes jordanisches Engagement wäre durch ein Mandat eines beträchtlichen Teils der palästinensischen Wählerschaft sanktioniert."[6]

Diejenigen, die an der Macht waren, konnten nicht zu einer solchen einhelligen Meinung finden. Eine Meinungsumfrage Mitte 1995 in Jordanien, in jordanischen Flüchtlingslagern, in der Westbank und im Gazastreifen zeigte, daß eine überwiegende Mehrheit drei Formen einer engen Zusammenarbeit zwischen Palästina und Jordanien befürwortete: Konföderation, Föderation oder Einheit.

Welche hatte die größten Chancen? Eine staatliche Einheit jedenfalls nicht, wie vernünftig sie Außenstehenden auch erscheinen mochte. In Jordanien wären die kompromißlosen Nationalisten entschieden gegen sie gewesen, aus Furcht, in einem von Palästinensern dominierten

Land zu einer Minderheit zu werden. In der Westbank und im Gazastreifen hätten die palästinensischen Hardliner sie mit der Begründung abgelehnt, unter die Fuchtel der autokratischen Haschemiten zu geraten.

Eine Föderation – eine Zentralregierung und zwei regionale Regierungen sowie ein gemeinsamer Staatshaushalt und eine gemeinsame Außenpolitik – hätte aus denselben Gründen vermutlich keine Aussichten auf Erfolg gehabt.

Blieb also nur noch eine Konföderation, ein Bund zweier souveräner Staaten mit gemeinsamen Organen und einer abgestimmten Politik, die sich aber das Recht vorbehielten, bei Einzelfragen ihren eigenen Weg zu gehen. Diese Beziehung auf Distanz hätte wahrscheinlich die Spannungen erheblich vermindern und die mißtrauischen Protagonisten, Arafat und Hussein, zufriedenstellen können.

Eine Schwierigkeit gab es jedoch: Palästina war kein Staat, und Israel behagte die Sache nicht. Staatlichkeit lag allerdings nicht im Bereich des Unmöglichen. Wenn sie in ein Abkommen über eine Konföderation mit König Hussein eingebunden gewesen wäre, hätte sich die israelische Öffentlichkeit möglicherweise damit abfinden können.

Durch eine Konföderation hätte Hussein strategisch einen Fuß in der Tür zur Westbank gehabt, die er oder seine Nachfolger nur noch aufzustoßen brauchten, falls die Palästinensische Autonomiebehörde zusammenbräche und sie dazu aufgefordert würden. Arafat hätte die Konföderation Zugang zum jordanischen Luftraum und zum Hafen von Akaba ermöglicht, womit er jeder der von Israel auferlegten Beschränkungen hätte ausweichen können.

Als Freihandelszone hätte eine Konföderation sowohl palästinensischen als auch jordanischen Unternehmern einen neuen Markt geboten, zumal der bilaterale Handel 1997 von israelischen Beamten am Kontrollpunkt an der Allenby-Brücke ernsthaft behindert wurde. Palästina wäre auch das preiswerte jordanische Stromnetz, das noch freie Kapazitäten besaß, zugänglich gewesen. In vielen Bereichen also gab es Möglichkeiten für gemeinsame Projekte. Es war eine Option, die Hussein nicht mehr nutzen konnte. (Nach Husseins Tod überraschte Arafat die Jordanier und sein eigenes Volk damit, daß er die Bildung einer Konföderation vorschlug, natürlich mit ihm und nicht mit den Haschemiten in führender Position. Der kranke Arafat hatte es eilig. Die umsichtigen Jordanier lehnten ab.)

Und Israel? Sehr viel hing davon ab, welche Partei den jüdischen Staat regierte. War es der Likud, dann würde das Land wohl eher in ein nahöstliches Ghetto verwandelt, von der Sicherheitsidee besessen, isoliert, unbeliebt und unbeweglich. Für Netanjahu und seine Kollegen hätte es eines Vertauensvorschusses bedurft, der zwar unwahrscheinlich, doch nicht auszuschließen war, um den Gedanken einer palästinensisch-jordanischen Föderation in Erwägung zu ziehen. Die Hardliner fürchteten, Jordanien und der Staat der Palästinensischen Autonomiebehörde könnten in die Hände radikaler islamistischer Gegner Israels geraten.

Was die innerjordanischen Angelegenheiten betraf, so versuchte der König immer noch, zwischen den widerstreitenden Wünschen nach mehr Demokratie und politischer Stabilität einen Weg zu finden. Daher die Notwendigkeit einer freien Presse, die zu verantwortungsbewußtem Verhalten verpflichtet war. In einer Ansprache 1997 in Kerak erklärte der König: „Freiheit kennt keine Grenzen, aber sie muß eingeschränkt werden, wenn sie dazu benutzt wird, die Freiheiten anderer Menschen zu verletzen oder der Nation zu schaden oder die nationalen Interessen und die staatliche Einheit zu gefährden. Wenn wir einmal das erforderliche Bewußtsein erreicht haben, werden wir keine Gesetze und Bestimmungen mehr benötigen, weil wir dann verantwortungsvoll handeln und unser Verhalten auf verantwortungsvolle Weise selbst kontrollieren werden."

Und was sollten Journalisten tun? „Pressefreiheit hat nichts zu tun mit der Veröffentlichung von Material, das bestehende Moralvorstellungen verletzen oder Laster fördern, unseren arabischen Brüdern oder den Errungenschaften des Landes schaden oder Leute beleidigen könnte, ob sie ein öffentliches Amt bekleiden oder nicht."

Hussein erwartete von den Medien, daß sie zahm und beharrlich waren: Zahm in dem Sinne, daß die Journalisten akzeptierten, daß die Haschemiten-Monarchie und die Macht des Königs ebenso unantastbar waren wie die Existenz einer Regierung, mit der die Mitglieder der Königsfamilie auf das gesamte Establishment von Amman Einfluß hatten. Beharrlich in dem Sinne, daß die Journalisten die Arbeit der jeweiligen Regierung im Rahmen eines gewissen Spielraums kritisch hinterfragten und zugleich unterstützten, etwa in der Art einer loyalen Opposition, die nicht von Syrien, Saudi-Arabien, Ägypten oder sonstwoher subventioniert wurde.

Doch die Verbotsliste des Königs war sehr lang und allumfassend und bedurfte tatsächlich einer Überarbeitung. Unter konstitutioneller Demokratie verstand Hussein lediglich die Dominanz der Haschemiten über ein Parlament, das nur selten Selbstbewußtsein zeigte. De facto war der König sein eigener Ministerpräsident und Außenminister; diejenigen, die die Posten formell innehatten, waren bloße Schatten mit wenig Macht. Angeblich schätzte und respektierte Hussein einen Minister ganz besonders: einen Jordanier, wie man ihn selten findet, der dem Monarchen mutig gegenübertrat und ihm bisweilen auch einen unangenehmen Rat gab: Wasfi al-Tall.

Husseins Verständnis von Macht wandelte sich. Bis zum Beginn der neunziger Jahre hielt er sich Kritik vom Halse, indem er Gesetze von seinem Ministerpräsidenten und seinen Ministern einbringen ließ. Erfolgte deren Umsetzung nicht wie geplant, setzte er sie öffentlichem Beschuß aus.

Über den 1998 dahinsiechenden Friedensprozeß sagte ein prominenter Politiker: „Nicht an der Regierung, sondern am König gibt es viel Kritik, weil er in letzter Zeit sehr vieles selbst in die Hände genommen hat. Die Regierung ist schwächer; er tritt mit jeder Sache an die Öffentlichkeit. Die Regierung sagt: ‚Dem Wunsch des Königs gemäß tun wir dies oder das'… Somit regiert der König jetzt direkt, und die Leute spüren es." Dennoch, „die meisten Leute machen einen Unterschied zwischen ihrer Liebe für ihn als Person und seiner Politik".

Das bezog sich auch auf die Politiker. „Wenn man die engsten Vertrauten und engsten Anhänger des Königs in einem Raum zusammenbrächte und wir den Friedensprozeß, den Stand der Demokratie, den Status staatlicher Einrichtungen diskutierten, ich glaube, die meisten von uns, sogar diejenigen, die dem König am nächsten stehen, würden seine Politik kritisieren… Doch käme der König herein, oder forderte er uns auf, ein Amt zu übernehmen, würden wir ihn verteidigen, ihm salutieren und um ihn sein. Diese Kritik veranlaßt niemanden, etwa seinen Rücktritt zu fordern. Jeder sagt: ‚Nein, er soll bleiben; er ist das Sicherheitsventil; er ist der gemeinsame Nenner für uns alle.' So ist das eben." Ein General im Ruhestand erklärte in aller Ernsthaftigkeit: „Ich möchte keinen Tag länger leben als mein König."

Zum Korruptionsproblem sagte ein gutunterrichteter Informant: „Wir haben ein offizielles Komitee, das von einem Geheimdienstgeneral geleitet wird und Korruptionsvorwürfe gegen Institutionen und Personen untersucht... Korruption reicht bis nach ganz oben, und jeder weiß das." Ein wohlbekannter ehemaliger Ministerpräsident, mit dem der König viele Jahre lang zusammengearbeitet hat, ist weitverbreiteten Gerüchten zufolge korrupt.

Was für ein Mann war Hussein nach mehr als vier Jahrzehnten an der Macht? „Ein couragierter Charakter", meinte ein alter Bekannter und Kritiker 1997. „Er liebt Herausforderungen, haßt Schwäche, ist ein sehr liebenswürdiger und freundlicher Mensch. Er glaubt an eine Mission vis-à-vis Israel. Er glaubt darüber hinaus, daß die Welt ihm unrecht getan hat, daß er eigentlich König eines größeren, einflußreicheren Landes hätte sein sollen." Hatte er weiterreichende Ambitionen? Gewiß in der Westbank und in Ost-Jerusalem, weil er als Nachfahre des Propheten Mohammed hier bis 1967 Hüter und Beschützer einiger Gebiete gewesen war. Der Verlust Ost-Jerusalems, insbesondere der heiligen Stätten, hatte ihn geschmerzt. (Für die Palästinenser ist Jerusalem seit vierzehn Jahrhunderten eine islamische Stadt, eine heilige Stadt, die im Koran erwähnt wird.)

Hussein war ein ruhiger Mann. „Die stille Art des Königs macht es so schwierig, anderen Staatsoberhäuptern unsere Probleme nahezubringen", so ein Kritiker. „Mitunter müßte er sich deutlicher ausdrücken, damit seinen Gesprächspartnern unsere Position verständlich wird, oder er müßte genauer nach der Position der anderen Seite fragen... So ging uns in der Vergangenheit manches Mal durch den Kopf: ‚Warum hat er nicht klipp und klar gesagt, worum es ihm ging? Sein Gesprächspartner wird kaum den Eindruck gehabt haben, daß der König ihm eine Botschaft übermitteln oder ihn etwas fragen wollte. Der König bleibt immer so allgemein, daß die andere Partei ihn nicht versteht.'"

Konnte er gut zuhören? „Der König hat sich in den letzten vier Jahren [seit 1993] verändert", sagte jener Kritiker. „Wir wissen nicht, ob es an seiner Krankheit liegt oder am Friedensprozeß und seinem Eifer, ihn voranzubringen, ehe er zu alt wird – ich weiß es nicht, aber der König ist ungeduldiger geworden und seine Bereitschaft, Leuten zuzuhören, ist gesunken… Einst hatte er ein ‚Küchenkabinett‘, doch diese Zeit ist vorbei. Früher hat er sich mit sehr vielen Leuten getroffen und ihnen zugehört, egal, wie sie sich ausgedrückt haben; mitunter waren einige sogar ziemlich ungehobelt, doch darüber hat er hinweggesehen. Heute hört er niemandem mehr zu, trifft sich mit niemandem mehr, wenn er einmal mit jemandem zusammenkommt, bleibt er nicht lange. Doch sitzt man bei ihm und erzählt Witze, bleibt er gern und revanchiert sich." Andere Beobachter sprechen von einem hitzigen Temperament. Ein Diplomat sagte einmal, der König habe Déjà-vu-Erlebnisse, wenn er mit Politikern spreche, das Gefühl, schon einmal dort gewesen zu sein, alles schon einmal getan zu haben, und das, was sie taten, besser machen zu können als sie. Darum traf er mehr und mehr Entscheidungen selber.

Als er älter wurde, nahmen Gesten der persönlichen Zuwendung, die das Leben von Menschen tatsächlich zum Besseren wenden können, eine größere Bedeutung an als politische Auseinandersetzungen. In einem solchen Akt spontaner Hilfe nahm der König ein junges walisisches Mädchen, das bereits einige Monate auf eine Operation in einem englischen Krankenhaus hatte warten müssen, zur Behandlung mit in die Vereinigten Staaten.

Husseins Leben war ein langer Kampf gegen Krankheiten. Er litt an Darmkrebs, der erfolgreich behandelt werden konnte, mußte sich eine Niere und einen Hoden entfernen lassen, hatte Beschwerden mit der Prostata, dem Gehör, den Nebenhöhlen und 1998 eine Lymphdrüsenentzündung, häufig ein Anzeichen für ein fortgeschrittenes Stadium von Krebs.

„Vor einigen Monaten habe ich mit der Behandlung eines Mikroorganismus begonnen, der meine Lymphdrüsen befallen und gelegentliches Fieber, Gewichtsverlust, Müdigkeit und völlige Erschöpfung verursacht", schrieb der König Anfang 1998 in einem Brief an den damaligen Kronprinzen Hassan. Der Arzt des Königs in Amman ließ verlauten, von einer Lymphdrüse am Hals sei eine Gewebeprobe entnommen worden, deren Untersuchung keine Hinweise auf eine bösartige Erkrankung ergeben habe. Weil dieselben Symptome wieder aufgetreten waren, sei von einer vergrößerten Lymphdrüse in der Achselhöhle eine Gewebeprobe entnommen worden, doch auch diese Untersuchung erbrachte kein anderes Ergebnis. Im Juli 1998 suchte der König zum zweitenmal in jenem Jahr die Mayo-Klinik auf. Diesmal wurde Krebs diagnostiziert. Der König unterzog sich einer Chemotherapie und verbrachte deshalb mehrere Monate in Minnesota.

Das hielt ihn jedoch nicht davon ab, aus der Ferne seinen Ministerpräsidenten al-Majali zu entlassen, der für einen Skandal um verschmutztes Leitungswasser in Amman verantwortlich gemacht wurde. Den schwachen al-Majali hatte Hussein im Juni 1993 zum Ministerpräsidenten ernannt. Er wurde im Januar 1995 durch Zeid bin Shaker ersetzt, den Freund des Königs aus Kindertagen, Vertrauten und ehemaligen Armeekommandeur. Der ultra-loyale Zeid bin Shaker führte die Geschäfte bis Februar 1996, als der König mit Abdul Karim Kabariti einen Mann ernannte, der, wie er hoffte, die Vitalität und die Ideen einer jüngeren und liberaleren Generation in die jordanische Regierung einbringen würde. Um es Kabariti leichter zu machen, tauschte der König auch einige hohe Regierungsbeamte aus, etwa den Diwan-Chef und den Leiter des Direktorats Allgemeiner Nachrichtendienst. Es kamen Leute, die Kabariti nahestanden.

Der neue Ministerpräsident, so hieß es, stimme in allen wichtigen Fragen mit dem König überein. Doch es gab Konflikte. Kabariti strebte nach Publicity, was der königlichen Familie vorbehalten war, und versuchte, eine eigene Machtbasis aufzubauen. Er mischte sich in Bereiche ein, aus denen sich Politiker und auch Ministerpräsidenten herauszuhalten hatten, etwa militärische Angelegenheiten. Viele Entscheidungen traf Kabariti, ohne sich mit dem König abgestimmt zu haben. So versuchte er, das Verhältnis zu Israel nach eigenen Vorstellungen zu gestalten (und griff damit in die Domäne des Königs ein). Kabariti taugte nicht als Befehlsempfänger und schien sich für etwas Besseres zu halten. Der König entließ ihn im März 1997 und setzte den willfährigen al-Majali wieder ein.

Diskussionen, die in Amman über dieses Ereignis geführt wurden, endeten oft mit der Feststellung, im Unterschied zu früher seien „große Männer" in der jordanischen Politik selten. Einige verwiesen auf Tawfiq Abul Huda, Samir al-Rifai, Said al-Mufti und Wasfi al-Tall. Ein anderer meinte: „Heutzutage gibt es in Jordanien keine Gestalt von nationalem Rang, mit Ausnahme des Königs und des Kronprinzen Hassan."

Als Hussein im März 1998 zu einem protokollarisch nicht hoch angesetzten Besuch im Weißen Haus war, bat er Clinton, seinen Einfluß auf Netanjahu geltend zu machen, damit Israel seinen Verpflichtungen gegenüber den Palästinensern gemäß den Vereinbarungen von Oslo nachkomme.

Während sich der König in der Mayo-Klinik aufhielt, griff er in die festgefahrenen Gespräche zwischen dem israelischen Ministerpräsidenten und dem Präsidenten der Palästinensischen Autonomiebehörde Arafat in Wye Plantation bei Washington ein. Die Verhandlungen wurden im Oktober 1998 unter Clintons Leitung geführt. Hussein, geschwächt durch die Chemotherapie und mit halb ausgefallenem Kurzhaar, sah aus wie ein Schatten seiner selbst.

Der König erklärte vor den Verhandlungsdelegationen die Details, die einer Vereinbarung im Wege stünden, seien nicht von Belang, verglichen mit der Bedeutung eines Abkommens für die Menschen heute wie für die kommenden Generationen. Die Gelegenheit, Fortschritte auf dem Weg zu einem umfassenderen Frieden zu erzielen, dürfte nicht verpaßt werden. „Es hat schon genug Zerstörung, genug Tod, genug Verschwendung gegeben." Clinton erklärte anschließend, der König „habe uns gesagt, was wir tun sollten". Unter diesem durch Hussein bestärkten Vorsatz nahmen die Gespräche in Wye ihren Verlauf.

Während der König noch in der Mayo-Klinik war, wurde in Amman über seine Nachfolge spekuliert. So fragte man sich, ob sein Bruder Hassan, folgte er Hussein als König nach, dem Ministerpräsidenten mehr Machtbefugnisse zugestehen würde, als es bislang üblich gewesen war.

König Hussein wurde mit Jordanien gleichgesetzt, er verkörperte sein Land. Hassan genoß nicht denselben Status. Er wäre nicht in der Lage, wie ein zweiter Hussein zu agieren. Er müßte sich anpassen und einen Großteil seiner Macht an demokratische Institutionen abtreten. Weigerte er sich, käme er in Schwierigkeiten. Würde Hassan das System der konstitutionellen Monarchie lockerer handhaben? Die Meinungen gingen weit auseinander. Die einen meinten, daß er politische Realitäten erkannte und delegieren konnte. Andere glaubten, daß er sich gern in fremde Angelegenheiten mischte, daß er von allem etwas, nichts aber richtig verstand.

Würde Hassan tatsächlich den Haschemiten-Thron besteigen? Der Verfassung zufolge hatte der älteste Sohn des Monarchen Anspruch auf den Thron (also der Sohn Husseins und Munas, Abdallah, der bereits drei Tage nach seiner Geburt zum Kronprinzen ernannt worden war). Doch die Verfassung war geändert worden und räumte dem König nun das Recht ein, seinen Bruder zum Kronprinzen zu ernennen, also Hassan. Auf Hassan würde dann dessen Sohn und nicht der Sohn des Königs folgen.

1998 kursierten Gerüchte, der König wolle die Verfassung erneut ändern. Es gab Spekulationen, Hussein würde anstelle von Hassan den ältesten Sohn der Königin Nur, Hamza, zu seinem Nachfolger ernennen. In diesem Zusammenhang wurden Stimmen laut, die zu bedenken gaben, daß Hamzas Mutter keine gebürtige Muslimin sei. Die Verfassung verlange aber, daß sowohl der König als auch die Königin von Kind an moslemischen Glaubens sein müßten. Nur wie vor ihr Muna seien erst kurz vor der Hochzeit mit Hussein zum Islam konvertiert.

Besonders prekär wäre es, wie zu hören war, wenn der König seinen Bruder auf Betreiben der Königin Nur überginge und durch Hamza ersetzte. Hassan war immer als Regent eingesprungen, wenn der König im Ausland weilte, und rechnete seit 33 Jahren damit, im Notfall für Hussein einzuspringen. Hamza war 1998 erst achtzehn Jahre alt. Es hieß, Königin Nur wolle Hamza auf dem Thron sehen, um ihren Einfluß auch nach Husseins Tod sichern zu können, und sie werde das Land verlassen, sollte Kronprinz Hassan die Nachfolge Husseins antreten.

Auch die aus England stammende Prinzessin Muna hegte Ambitionen für ihren Sohn mit Hussein, Abdallah. Die Königin Alia wäre, falls noch am Leben, gewiß für ihren Sohn Ali eingetreten, den einzigen Sohn des Königs von rein arabischem Blut.

Nicht vergessen werden sollte der ältere der beiden Brüder Husseins, Prinz Muhammad. Er litt zeitweilig an einer Geisteskrankheit, in der er seine Umwelt damit erschreckt haben soll, daß er bei unpassender Gelegenheit seinen Revolver abfeuerte. Es hieß, er sei wieder gesund und habe seine Brüder vertreten, wenn beide zur gleichen Zeit außer Landes waren. Muhammad war kein Thronprätendent, konnte aber eine Rolle spielen, wenn die Nachfolge vor Husseins Tod nicht endgültig geregelt sein sollte.

Die Thronfolge war also Ammans größtes Ratespiel. Hassan war es trotz seiner Bemühungen nicht gelungen, die Herzen der Jordanier zu gewinnen. Abdallah besaß nur wenig Rückhalt, wie es hieß, vermutlich, weil er zur Hälfte Engländer war. Ali wäre aufgrund seiner arabischen Erscheinung in Amman und auf dem Land sicher beliebt gewesen, er hatte jedoch keine Anhänger. Hamza galt, obgleich zur Hälfte amerikanisch, allgemein als netter Bursche und wurde wohl auch von vielen favorisiert. Aber würde Hussein seinen Bruder und seinen ältesten Sohn enttäuschen? Am Ende des Jahres 1998 schien das sehr unwahrscheinlich. Von der Mayo-Klinik aus übertrug Hussein seinem Bruder Hassan Machtbefugnisse. Dieser traf sich emsig mit Führern der Moslem-Bruderschaft und anderer Oppositionsgruppen, um sie für einen „Dialog" zu gewinnen. Der Kronprinz gab auch regionalpolitische Erklärungen ab, mit denen er auf Befürchtungen reagierte, Jordanien könnte allmählich in einen Militärpakt mit Israel und der Türkei schlittern. Auch als Hassan den türkischen Ministerpräsidenten empfing, dementierte er die umlaufenden Paktgerüchte, allerdings wenig überzeugend. Husseins Söhne hatten also überhaupt keine Chance, und Hassan sorgte selbst für sein Ausscheiden.

Der König hat, seinen eigenen Worten zufolge, während seines sechsmonatigen Aufenthalts in der Mayo-Klinik viel Zeit zum Nachdenken gehabt. Durch seinen Sicherheitsdienst wurde er laufend über das Geschehen in Amman informiert. Wenn sein Bericht stimmte, dann hatte er allen Grund zur Sorge. Am 19. Januar 1999 schien die Behandlung erfolgreich abgeschlossen zu sein, und der König flog mit seiner Privatmaschine nach Amman, wobei er sich streckenweise selber ans Steuer setzte. Er war entschlossen, seine Angelegenheiten zu regeln. In der Hauptstadt wurde ihm ein überwältigender Empfang bereitet, was wieder einmal bestätigte, wie beliebt er war. Stehend bei strömendem Regen fuhr er im offenen Wagen vom Flughafen zu seinem Palast.

Sein Bruder Hassan schrieb ihm am 21. Januar einen Brief, in dem er den König mit Lob überhäufte und, ohne es groß auszusprechen, eine Bestätigung seiner Stellung als Thronerbe verlangte: „Jetzt, mein Vater, Bruder, Freund und mein großartiger König, nachdem ich Dir seit meiner Jugend bis zum heutigen Tage, da mein Haar grau zu werden beginnt [er war 51, Hussein 63], als Kronprinz gedient habe, sehe ich mich in einer Situation, in der ich mich Deinem Willen unterwerfe und Deinem erhabenen und gütigen Befehl gehorche."

Der vom Tod gezeichnete König Hussein kehrt in seine Heimat zurück.

Hassan soll den Brief persönlich überbracht haben, wie die Wochenzeitung *al-Majd* berichtete. In dem Gespräch kam angeblich die vermeintliche Untreue Hassans zur Rede, auch ein Gerücht, Hassan habe seine Stellung als Kronprinz eingebüßt. An diesem Punkt, so behauptet das Blatt, „hat Hassan seine Pistole vor den König auf den Tisch gelegt und diesen aufgefordert, ihn zu erschießen, wenn er an seiner Loyalität zweifle".

Hassans Brief an Hussein hinterläßt einen merkwürdigen Eindruck, wenn man bedenkt, daß es ein Schreiben von Bruder zu Bruder war. Der König anwortete auf Hassans Brief am 25. Januar und machte kurzen Prozeß mit der Angelegenheit.

Auch Husseins Brief war voller Umschweife, im Kern aber vernichtend. Hussein beteuerte nicht ganz glaubwürdig, mit dem Entschluß nach Hause gekommen zu sein, „zu Deinen Gunsten abzudanken, trotz der Differenzen, die es bisweilen zwischen uns gegeben hat". Weiter hieß es: „Meine engste Familie war verletzt von Verleumdungen und Lügen." Er schrieb, er habe ihm, Hassan, „die oberste Verantwortung übertragen" wollen. Über Hassans Nachfolge jedoch, so habe er es sich vorgestellt, werde ein Familienrat, der die Einheit des Haschemiten-Geschlechts gewährleisten sollte, entscheiden.

Hussein schrieb, daß er den Familienrat noch vor seinem Tod, Hassan ihn aber erst nach der Berufung zum König gründen wolle – wenn er, Hassan, die Macht in Händen hielte. Er führte an, daß er sich diesbezüglich einige Male an seinen Bruder gewandt und ihn um eine Erklärung gebeten habe. Doch diese Erklärungen „spiegelten weder den Geist meines Vorschlags wider, noch wurden sie den Anforderungen der Zeit gerecht. Wir waren und sind über die Nachfolge anderer Meinung…".

Dann erwähnte der König beiläufig, daß seine Schwester Basma und sein Bruder Muhammad „Knochenmark gespendet haben, das mit meinem genetisch identisch ist. Auch Du hattest Dich bereit erklärt, Knochenmark zu spenden, doch es ist mit meinem nicht identisch".

Auch Dinge, die das Militär betrafen, kamen in dem weitschweifigen Brief zur Sprache. „Von meinem Krankenbett aus mußte ich eine Einmischung in die Angelegenheiten der Armee verhindern", schrieb der König. „Diese Einmischung war wohl gedacht als Begleichung alter Rechnungen und umfaßte sogar die vorzeitige Pensionierung tüchtiger Offiziere, deren… glänzende Leistungen über jeden Zweifel erhaben sind." Er fügte hinzu, daß er mit seiner Autorität als Oberbefehlshaber der Streitkräfte verfügt habe, „jede Aktion zu stoppen, die zur Zerschlagung und Politisierung der Armee geführt hätte". Dasselbe galt für „die Versetzung von tüchtigen Botschaftern in den Ruhestand, es sei denn, sie geschah aus Altersgründen".

Dann folgte Husseins Entscheidung. Der Ausnahmezustand, der zur Verfassungsänderung geführt hatte, damit der König seinen Bruder zu seinem Nachfolger ernennen konnte, sei beendet. „Darum übernimmt in solchen Fällen seine Königliche Hoheit Prinz Abdallah unverzüglich alle Pflichten und Verantwortlichkeiten des Kronprinzen."

Abdallah wurde nicht nur Kronprinz, er amtierte auch als Regent, solange sein Vater ausfiel, sei es, weil Hassan an die Macht wollte (falls dies zutrifft), sei es aus Krankheits- oder anderen Gründen. Es wäre auch schwierig gewesen, Abdallah zu übergehen. Einmal trug er den Namen von Husseins Großvater, zum anderen hieß Abdallahs Sohn und Erbe, der Enkel des gegenwärtigen Königs, Prinz Hussein. Hier galt es, auf Familientraditionen Rücksicht zu nehmen.

Hinzu kam, daß Abdallahs attraktive Frau Rania Palästinenserin war. Für die überwiegend palästinensische Bevölkerung des Landes war sie eine Art Symbolfigur. Sie garantierte den Fortbestand der Haschemiten-Familie und warb zugleich um deren Unterstützung.

Überdies kommandierte Abdallah Armee-Einheiten, die in der Wüste operierten. Die sich hauptsächlich aus Beduinen zusammensetzenden Verbände galten als besonders schlagkräftig und königstreu. Sie bildeten nicht nur das Rückgrat der jordanischen Streitkräfte, sondern gewissermaßen auch einen Wall zum Schutz der Haschemiten-Dynastie.

Für Abdallah sprach auch, daß er in Oxford einen akademischen Grad im Fach Internationale Beziehungen erworben hatte, daß er wie sein Vater ein guter Pilot war und auf eine Militärdienstzeit bei den britischen Besatzungstruppen in Westdeutschland zurückblicken konnte. Trotzdem war er eine weitgehend unbekannte Größe. Niemand wußte, ob der 37 Jahre alte Thronerbe genügend Härte und Geschick besaß, um im Nahen Osten erfolgeich Politik betreiben zu können.

Der König war nur eine Woche vom Krebs geheilt. Im Triumph war er nach Amman gekommen, in höchster Eile kehrte er nun in die Mayo-Klinik zurück, gerötet am ganzen Körper und gestützt auf einen Stock. Der Lymphdrüsen-Krebs war noch nicht besiegt. Nach einer Chemotherapie wurde eine weitere Knochenmarktransplantation vorgenommen. Es war eine schwierige Zeit. „Die nächste Phase, die etwa zwei Wochen dauert, wird nicht leicht sein", erklärte Marwan Muasher, der jordanische Botschafter in den Vereinigten Staaten. „Die Ärzte möchten sicherstellen, daß keine Komplikationen auftreten." Doch sie traten auf: Die Transplantation schlug fehl.

Der König verlor das Bewußtsein und wurde nach Hause geflogen, um in seiner Heimat sterben zu können. Fast alle Anzeichen deuteten darauf hin, daß er bereits klinisch tot war. Doch weil es auch noch Lebenszeichen gab, blieb Hussein vorerst an die Versorgungsapparate angeschlossen.

Vor dem Krankenhaus beteten zahlreiche einfache Jordanier um ein Wunder. Für sie war Hussein eine Vaterfigur, die sie 46 Jahre lang regiert hatte. Doch es geschah kein Wunder. Am 7. Februar 1999 starb Hussein bin Talal, König von Jordanien. Schwarze Trauerfahnen wehten über Amman. Die Jordanier weinten, sie trauerten wie um einen nahen Familienangehörigen.

Wie zu erwarten war, verlief der Thronwechsel reibungslos. Das Begräbnis fand gemäß islamischem Brauch unverzüglich statt. Zu den Feierlichkeiten angereist waren zahlreiche Staats- und Regierungschefs, angeführt von Präsident Clinton, der den König als „Partner und Freund" bezeichnete, und Tony Blair. Clinton wurde von den ehemaligen Präsidenten Ford, Carter und Bush begleitet, Blair von Prinz Charles und den beiden Oppositionsführern William Hague und Paddy Ashdon. Es war ein in jeder Hinsicht außergewöhnliches Ereignis. Erbitterte Feinde wie Assad und Arafat mischten sich unter die Menge; sie waren ja gewissermaßen Kontrahenten Husseins gewesen.

Unter den Trauergästen befanden sich auch der ägyptische Präsident Hosni Mubarak, der Emir von Bahrain, der deutsche Bundeskanzler Gerhard Schröder, der französische Präsident Jacques Chirac sowie die Kronprinzen von Kuwait (was die Jordanier besonders erfreut haben dürfte) und Saudi-Arabien. Der russische Präsident Boris Jelzin war zwar rechtzeitig zum Begräbnis nach Amman geflogen, konnte aber aus gesundheitlichen Gründen nicht teilnehmen. Die israelische Delegation war die weitaus größte. Saddam Hussein war durch einen stellvertretenden Ministerpräsidenten vertreten.

Die Mitglieder einer jeden Delegation, der islamischen Tradition entsprechend alles Männer, traten vor, blieben vor dem Sarg des Königs stehen, verneigten sich und traten wieder zurück. Ihnen allen gab der neue König die Hand und dankte ihnen für ihre Anwesenheit. Die Anzahl prominenter Gäste aus aller Welt machte das Maß des Ansehens deutlich, das Hussein bis zuletzt auch in Ländern besaß, mit denen Jordanien politisch nicht direkt verbunden war.

Am nächsten Tag zeigte sich König Abdallah seinem Volk, das in einer langen Schlange wartete, um ihm persönlich das Beileid auszusprechen, wie es islamische Sitte ist. Der neue König machte einen angemessen ernsten Eindruck, wie es die Situation erforderte, konnte aber

Die Königliche Leibgarde trägt den Sarg mit den sterblichen Überresten König Husseins zu seiner letzten Ruhestätte.

auch freundlich lächeln, wenn er einmal nicht im Mittelpunkt stand. In den ersten Tagen seiner Regentschaft tat er nichts, was Mißfallen hätte erregen können.

Die politische Klasse Jordaniens hatte erst zwei Thronwechsel erlebt – nach der Ermordung König Abdallahs und nach der Absetzung von König Talal. Diesmal gab es keine Anzeichen drohender Instabilität. Doch der neue König wird sich Herausforderungen stellen müssen. Was die Haschemiten-Familie selbst betrifft, so wäre es ungewöhnlich, wenn der frühere Kronprinz sich nicht verbittert und unkooperativ zeigte. Die Frage ist nur, wie lange.

Innenpolitisch wird der neue König wohl von Parteien – der Moslem-Bruderschaft, den pragmatischen Honoratioren in der Mitte und den Baath-Sozialisten – herausgefordert werden. Von fortschrittlichen Politikern wie Taher Masri, dem ehemaligen Ministerpräsidenten und Außenminister, dürfte eine demokratische Öffnung angemahnt werden. Wird der neue König einen Kurs steuern, der Kollisionen vermeidet?

Außenpolitisch könnte Jordanien unter den Druck des kranken aber starken syrischen Staatspräsidenten Hafis Assad geraten, der sich, wie zahlreiche seiner Landsleute, nach einem Groß-Syrien sehnt, das auch Jordanien und Palästina umfaßt. Wenn Arafat, der Präsident der Palästinensischen Autonomiebehörde, nicht alt, müde und krank wäre, würde er vielleicht noch einmal der Versuchung erliegen, einen palästinensischen Staat im Staate Jordanien zu errichten. Wäre der junge König dann zur Gegenwehr bereit? Die wohlgezielte Kugel eines Verrückten oder die Bombe eines Selbstmordattentäters, der Tod und Erlösung sucht, lassen sich nie völlig ausschließen.

Gegner Abdallahs könnten einwenden, daß Arabisch nur seine zweite Sprache ist, während er perfekt Englisch spricht. Andererseits hat er den Umgang mit Panzerfahrzeugen gelernt, ohne die kein Wüstenkrieg zu führen ist. Ein Offizierskollege bei den 13./18. Husaren der britischen Armee, bei denen Abdallah diente, nannte ihn einmal einen „unglaublich großen Glücksfall" und einen „kleinen zähen Burschen". Jordaniens Sicherheitsbedürfnis kommt auch zugute, daß das Land im Grunde genommen unter dem Schutz Amerikas steht.

Was würde geschehen, wenn zwischen Israel und der Palästinensischen Autonomiebehörde ein Streit ausbricht, der durch eine Intervention König Husseins hätte beigelegt werden können? Wo und in welcher Form wird der neue König Abdallah einen Beitrag zum Nahost-Friedensprozeß leisten? Auf einige solcher Fragen dürfte es sehr bald eine Antwort geben.

Auf die Frage, welche Leistung König Husseins wohl als seine größte gelten darf, läßt sich überraschenderweise kaum anders antworten als mit dem Hinweis auf die wirtschaftliche Stabilität seines Landes. Tatsächlich hat der König, der ein sicheres Gespür für Kontinuität entwickelte, den Grundstein für ein sich selbst tragendes, nicht inflationäres Wirtschaftswachstum gelegt. Es ist sein Verdienst und das einiger Ministerpräsidenten, daß Jordanien für Investoren stabile wirtschaftliche Rahmenbedingungen und eine stabile Währung, gestützt auf Devisenreserven, bietet. Die Macht teilten sich ein wohlwollender Autokrat und ein schwaches, geschwätziges Parlament sowie mehr oder weniger un-

Bereits am 7. Februar 1999, dem Todestag König Husseins, wurde sein Sohn Abdullah zum Nachfolger auf dem Haschemiten-Thron erklärt. Die offizielle Thronbesteigung fand am 9. Juni im Raghadan-Palast in Amman statt.

abhängige Regierungen. Das Land besitzt Krankenhäuser, Universitäten, hervorragende Fernstraßen und leistungsfähige Streitkräfte und lebt mit allen seinen Nachbarn in Frieden.

Die Haschemiten sahen die größte Leistung des Königs in der Konsolidierung der Position der Familie. Der erste König Abdallah war mit wenig Geld und einem kleinen Kontingent von Soldaten aus Mekka in dieses Land gekommen, das er zum Emirat Transjordanien und später zum Haschemitischen Königreich Jordanien ausbaute. König Hussein war es dann, der die Streitkräfte modernisierte, das Rechtssystem erneuerte, ein gut funktionierendes Gesundheitswesen schuf und Schulen und Universitäten errichten ließ. Auf die eine oder andere Weise kommen diese Einrichtungen den meisten Jordaniern zugute. Die Bevölkerung hat so teil an dem haschemitischen System und verspürt keine Neigung, es zu stürzen.

Die lange Liste der Neuerungen und Errungenschaften, die auf ihn zurückgehen, hat den König keineswegs zufriedengestellt. Er hätte gerne das Westjordanland und Ost-Jerusalem unter jordanische Herrschaft zurückgebracht, so daß nachfolgende haschemitische Monarchen wieder als Hüter der heiligen Stätten in Jerusalem hätten auftreten können.

Zu den Mißerfolgen zählen der Sechstagekrieg von 1967 und der Verlust der Westbank. Hinzu kommt, daß es nicht gelungen ist, die jordanische und palästinensische Politik, zusammen mit Arafat, in Partnerschaft zu regeln. Auch, daß die Islamisten 1997 nicht zu einer Teilnahme an der Wahl gewonnen werden konnten, und die Macht sich nicht an einen aus allgemeinen Wahlen hervorgegangenen Parteiführer delegieren ließ, zählt sicherlich zu der negativen Bilanz, die König Hussein seinem Sohn als Erbe hinterlassen hat.

Andererseit fragt sich, ob man von einem in arabischen Traditionen aufgewachsenen Regenten eines zerbrechlichen Nahost-Staates nicht zu viel verlangt, wenn man erwartet, er werde das europäische Muster der konstitutionellen Monarchie genau befolgen. Allein die Tatsache, daß an Jordanien stets hohe Maßstäbe angelegt werden – auch wenn man dem Land damit nicht immer gerecht wird –, bedeutet schon Anerkennung genug für einen in vieler Hinsicht sehr ungewöhnlichen König.

Zeittafel

1893   Hussein bin Ali, Gründer der Haschemiten-Dynastie, siedelt mit seiner Familie nach Konstantinopel (Istanbul) über.

1908   Rückkehr Hussein bin Alis in den Hedschas, wird Scherif von Mekka.

1916   Hussein bin Ali organisiert mit englischer Hilfe (T. E. Lawrence) im Hedschas einen Aufstand der Araber gegen Truppen des Osmanischen Reiches.

1917   Hussein bin Ali läßt sich in Mekka zum König der Araber ausrufen. Die Balfour-Deklaration verspricht im Namen der britischen Regierung den Juden „eine nationale Heimstätte in Palästina".

1918   Ende des Ersten Weltkriegs. Zusammenbruch des Osmanischen Reichs, Verlust Syriens und Palästinas.

1921   Emir Abdallah, Sohn des Scherifs Hussein, trifft mit einer kleinen Streitmacht in Amman ein und übernimmt Transjordanien, seit 1918 britisches Mandatsgebiet. Die versprochene Unabhängigkeit wird nicht verwirklicht.

1924   Abdalaziz Ibn Saud, später König von Saudi-Arabien, bemächtigt sich Mekkas und Medinas, Teilen des haschemitischen Königreichs Hedschas. Vertreibung des Scherifs Hussein und seines Sohnes Ali.

1935   Geburt des Prinzen Hussein, Sohn des Kronprinzen Talal.

1948	Das Großbritannien 1920 vom Völkerbund übertragene Mandat zur Verwaltung Palästinas erlischt. Gründung des Staates Israel. Besetzung der östlichen Teile Palästinas und der Altstadt von Jerusalem durch Truppen Transjordaniens, das seinen Namen in Jordanien ändert.
1951	Ermordung König Abdallahs von Jordanien. Nachfolger wird Kronprinz Talal, Prinz Husseins Vater.
1952	Entmachtung König Talals aus Krankheitsgründen. Zum Nachfolger bestimmt wird sein noch unmündiger Sohn Kronprinz Hussein.
1953	Offizielle Einsetzung des Kronprinzen als Hussein I., König von Jordanien.
1955	Heirat König Husseins mit Prinzessin Dina Abdel Hamid.
1956	Entlassung des englischen Militäroberbefehlshabers in Jordanien, Glubb Pascha. Kündigung des Freundschaftsvertrages mit Großbritannien, Einstellung der englischen Finanzhilfe.
1957	Mit Hilfe des Militärs Sturz der linksnationalistischen Regierung unter Ministerpräsident Nabulsi durch den König. Alleinregierung Husseins bis Ende 1958.
1958	Beginn der einjährigen Arabischen Föderation Jordaniens mit dem Irak. Militärputsch im Irak, Ermordung des irakischen Königs Feisal II. Britische Truppen verhindern das Übergreifen des Staatsstreichs auf Jordanien.
1959	Treffen König Husseins mit dem US-Präsidenten Dwight D. Eisenhower in Washington.
1960	Ermordung des jordanischen Ministerpräsidenten Hazza al-Majali. Wiederaufnahme der Beziehungen zum Irak.
1961	König Hussein heiratet Antoinette Gardiner (Prinzessin Muna).
1967	Sechstagekrieg Israels mit arabischen Nachbarstaaten, Jordanien verliert das Westjordanland und Ost-Jerusalem an Israel. Der UNO-Sicherheitsrat beschließt zur Lage im Nahen Osten die Resolution 242.
1970	Die PLO errichtet in Jordanien Stützpunkte und Ausbildungslager, droht zur zweiten Macht im Staat zu werden und gefährdet Husseins Herrschaft. Niederschlagung regierungsfeindlicher Unruhen, Vertreibung der PLO-Kämpfer (Fedajin). Einfall syrischer Truppen in Jordanien.

1971	Ermordung des jordanischen Ministerpräsidenten Wasfi al-Tall. Terroranschläge palästinensischer Untergrundkämpfer („Schwarzer September") in Israel.
1972	König Hussein wird von Prinzessin Muna geschieden, heiratet Alia Toukan (Königin Alia).
1973	Jom-Kippur-Krieg Israels mit Ägypten und Syrien, vierter israelisch-arabischer Krieg.
1974	Gipfeltreffen arabischer Staatsführer in Rabat mit Abschluß-erklärung der Arabischen Liga, wonach die PLO die einzige legitime Vertretung des palästinensischen Volkes ist.
1977	Ägyptens Präsident Anwar al-Sadat in Jerusalem, Rede vor dem israelischen Parlament. Tod der jordanischen Königin Alia bei einem Hubschrauberunfall.
1978	Friedenskonferenz in Camp David, USA. Unterzeichnung eines Vorabkommens für einen Friedensvertrag zwischen Israel und Ägypten (Abschluß 1979) und einer Rahmenvereinbarung für die Beendigung der israelischen Militärverwaltung im Westjordanland. Heirat König Husseins mit Lisa Halaby (Königin Nur).
1981	Ermordung des ägyptischen Präsidenten Anwar al-Sadat.
1982	Friedensplan des amerikanischen Präsidenten Ronald Reagan.
1985	König Hussein und PLO-Chef Jassir Arafat vereinbaren Zusammen-arbeit, von der Arafat sich später distanziert.
1986	Schließung sämtlicher PLO-Büros in Jordanien.
1987	Beginn des Araberaufstands (Intifada) mit Terroranschlägen und Boykott in Israel und den israelisch besetzten Gebieten.
1988	Offizielle Absage Arafats an den Terrorismus. Jordanien gibt die An-sprüche auf das Westjordanland (Westbank) auf.
1990	Beginn des Golfkriegs, ausgelöst durch den Befehl des irakischen Präsidenten Saddam Hussein zum Einfall irakischer Truppen in Kuwait.
1991	Vertreibung der Iraker aus Kuwait durch eine von den USA geführte Allianz. Nahost-Friedenskonferenz mit dem Ziel, bilaterale Ver-handlungen zwischen Israel und den arabischen Staaten einzuleiten.
1993	Geheimverhandlungen in Oslo führen zu einer Grundsatzerklärung über die Selbstverwaltung der Palästinenser in den israelisch besetzten Gebieten.

1994	Gaza-Jericho-Abkommen zwischen Israel und der PLO.
	Unterzeichnung des Friedensvertrags zwischen Jordanien und Israel.
1995	Ermordung des israelischen Ministerpräsidenten Jitzhak Rabin in Tel Aviv. König Hussein nimmt an den Beisetzungsfeierlichkeiten teil.
1996	Nach der Wahl Benjamin Netanjahus zum neuen israelischen Ministerpräsidenten gerät der Friedensprozeß ins Stocken.
1997	Allgemeine Wahlen in Jordanien, boykottiert von der Opposition. Vereinbarungen über Hebron und den Abzug Israels aus dem Westjordanland treten in Kraft.
1998	König Hussein wird in der Mayo-Klinik in Rochester, USA, an Krebs behandelt.
1999	Nach erneuter Behandlung in der Mayo-Klinik wird Hussein nach Amman geflogen, wo er am 7. Februar stirbt.

Der haschemitische Stammbaum
(in männlicher Linie)

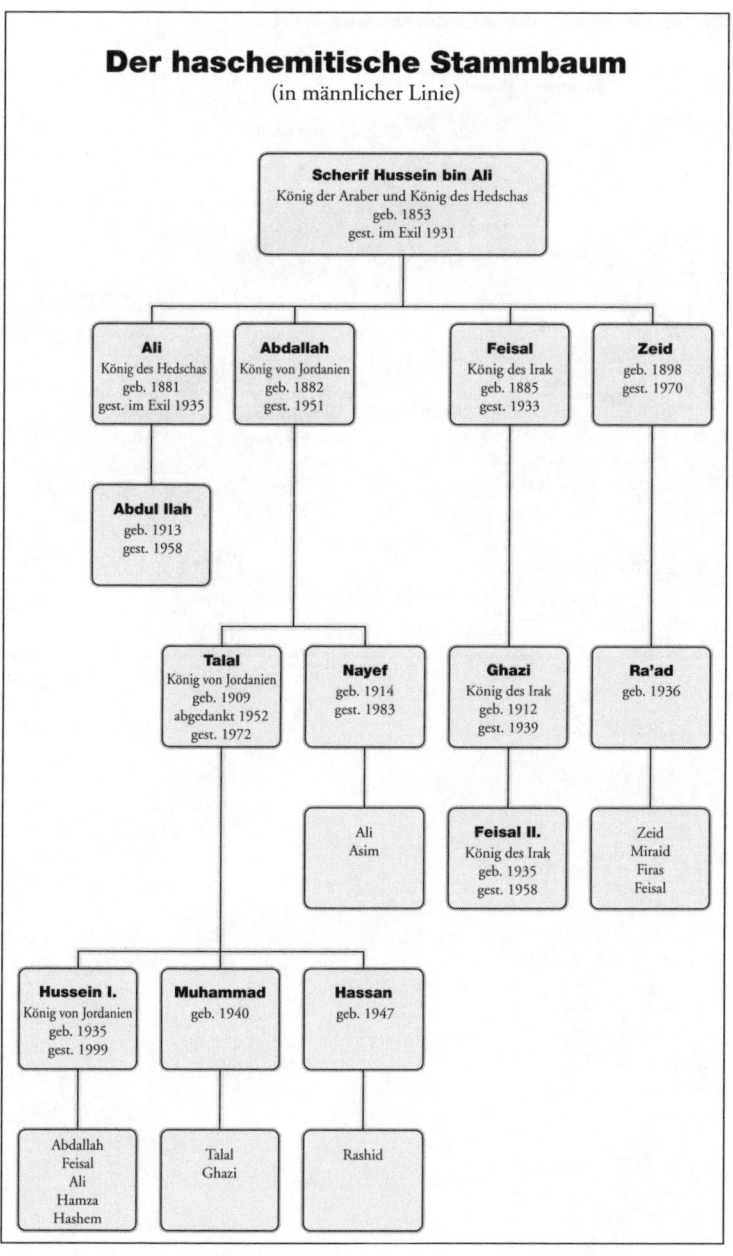

Scherif Hussein bin Ali
König der Araber und König des Hedschas
geb. 1853
gest. im Exil 1931

Ali
König des Hedschas
geb. 1881
gest. im Exil 1935

Abdallah
König von Jordanien
geb. 1882
gest. 1951

Feisal
König des Irak
geb. 1885
gest. 1933

Zeid
geb. 1898
gest. 1970

Abdul Ilah
geb. 1913
gest. 1958

Talal
König von Jordanien
geb. 1909
abgedankt 1952
gest. 1972

Nayef
geb. 1914
gest. 1983

Ghazi
König des Irak
geb. 1912
gest. 1939

Ra'ad
geb. 1936

Ali
Asim

Feisal II.
König des Irak
geb. 1935
gest. 1958

Zeid
Miraid
Firas
Feisal

Hussein I.
König von Jordanien
geb. 1935
gest. 1999

Muhammad
geb. 1940

Hassan
geb. 1947

Abdallah
Feisal
Ali
Hamza
Hashem

Talal
Ghazi

Rashid

Die Hedschas in der ottomanischen Welt

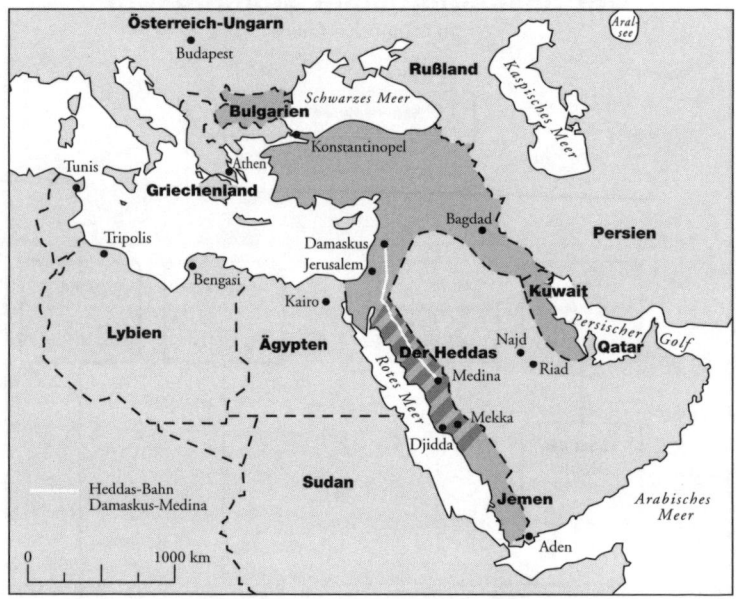

Jordanien und der Mittlere Osten

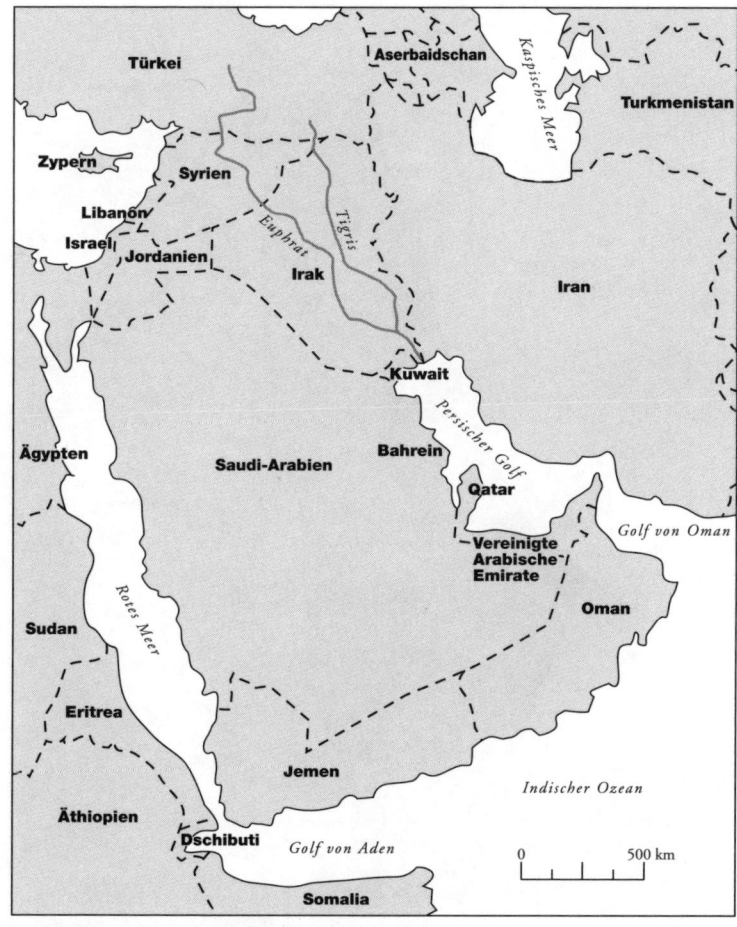

Jordanien und Israel 1949

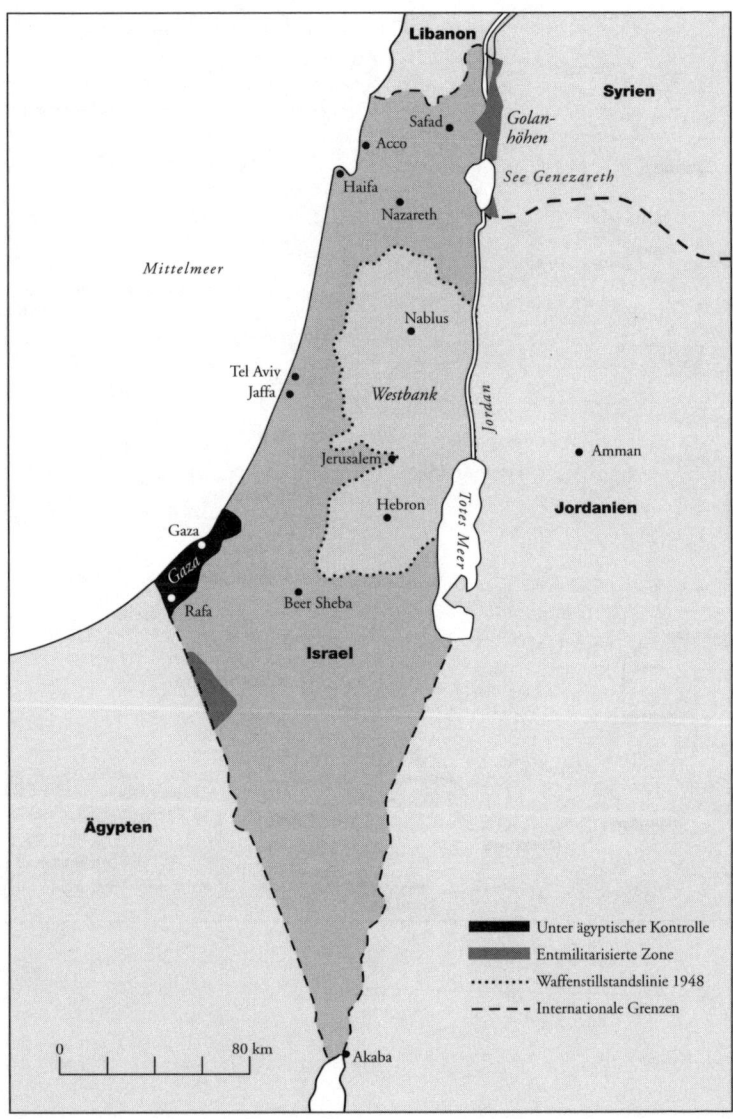

Libanon

Syrien

Safad

Golan-
höhen

Acco

See Genezareth

Haifa

Nazareth

Mittelmeer

Nablus

Tel Aviv

Jaffa

Westbank

Jordan

Amman

Jerusalem

Jordanien

Hebron

Totes Meer

Gaza

Gaza

Rafa

Beer Sheba

Israel

Ägypten

Unter ägyptischer Kontrolle
Entmilitarisierte Zone
.... Waffenstillstandslinie 1948
- - - Internationale Grenzen

0   80 km

Akaba

Israel und besetzte Gebiete nach dem Sechstagekrieg von 1967

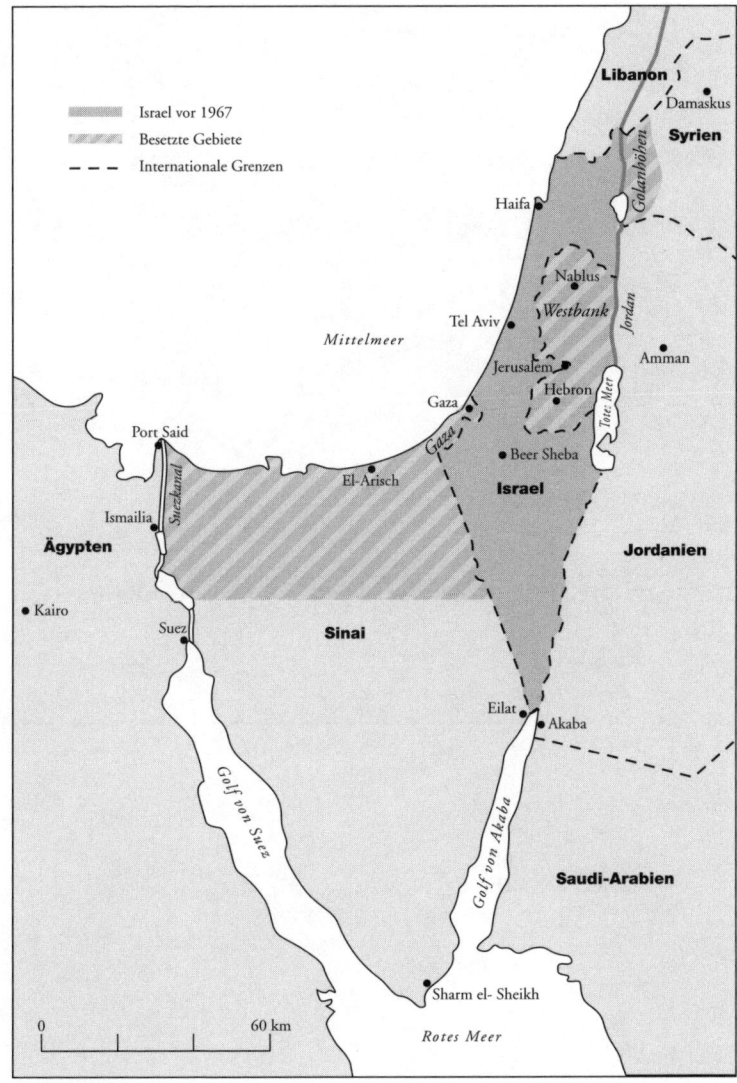

Israel vor 1967
Besetzte Gebiete
– – – Internationale Grenzen

Libanon
Damaskus
Syrien
Haifa
Golanhöhen
Nablus
Westbank
Tel Aviv
Jordan
Mittelmeer
Amman
Jerusalem
Hebron
Totes Meer
Gaza
Gaza
Port Said
El-Arisch
Beer Sheba
Suezkanal
Ismailia
Israel
Ägypten
Jordanien
Kairo
Suez
Sinai
Eilat
Akaba
Golf von Suez
Golf von Akaba
Saudi-Arabien
0   60 km
Sharm el- Sheikh
Rotes Meer

Jordanien heute

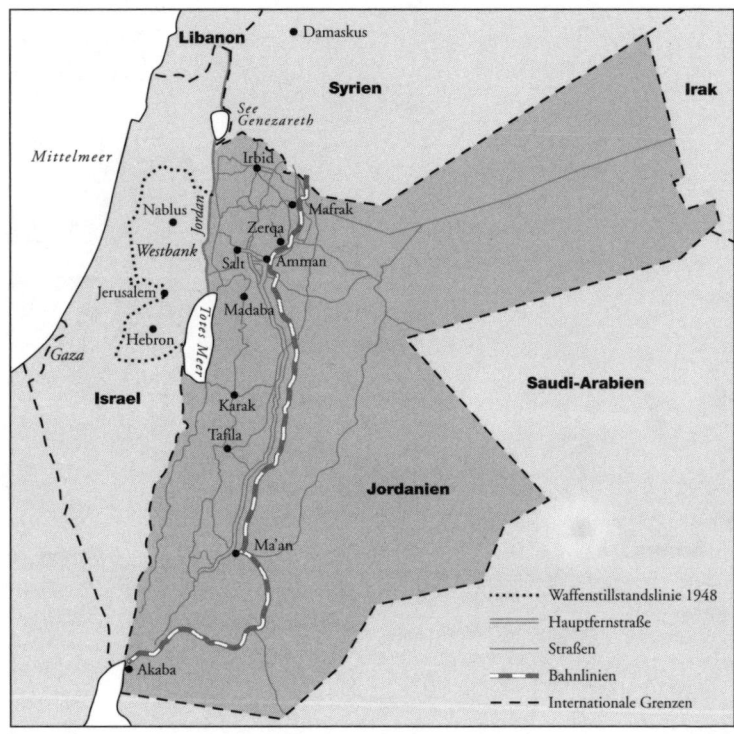

Akaba

Ma'an

Tafila

Karak

Israel

Gaza

Hebron

Jerusalem

Westbank

Nablus

Mittelmeer

Libanon

Damaskus

Syrien

Irak

See Genezareth

Irbid

Mafrak

Zerqa

Salt   Amman

Madaba

Jordan

Totes Meer

Saudi-Arabien

Jordanien

.... Waffenstillstandslinie 1948

Hauptfernstraße

Straßen

Bahnlinien

– – – Internationale Grenzen

Anmerkungen

Kapitel 1

1 König Hussein von Jordanien: Uneasy Lies the Head, (zit. Hussein), London 1962, S. 1ff.
2 Avi Shlaim: Collusion Across the Jordan, (zit. Shlaim), Oxford 1988, S. 604ff.
3 Mark Tessler: A History of the Israeli-Palestinian Conflict, (zit. Tessler), Bloomington 1994, S. 278

Kapitel 2

1 Jerrold Post and Robert Robins: When Illness Strikes the Leader, New Haven, S. 37
2 Hussein S. 12
3 ebd. S. 16f.
4 John Bagot Glubb: A Soldier with the Arabs, (zit. Glubb), London 1957, S. 299
5 Zit. n. James Lunt: Hussein. A Political Biography, (zit. Lunt), London 1989, S. 9
6 Peter Snow: Hussein. A Biography, (zit. Snow), London 1972, S. 40
7 Zit. n. Robert E. Satloff: From Abdullah to Hussein, (zit. Satloff), New York und Oxford, S. 17
8 ebd. S. 38f.

9 Snow S. 44
10 Satloff S. 50

Kapitel 3

1 F. E. Peters: A Literary History of the Muslim Holy Land, (zit. Peters), Princeton, 1994, S. 348

2 T. E. Lawrence: Die Säulen der Weisheit, Leipzig 1988, S. 91

3 König Abdallah: Memoirs of King Abdullah of Transjordan, (zit. König Abdallah), New York, S. 62

4 Mary C. Wilson: King Abdullah, Britain and the Making of Jordan, (zit. Wilson), Cambridge 1987, S. 19

5 Peters S. 368

6 ebd. S. 372

7 M. Brown (Hg.): Letters of T. E. Lawrence, London 1988

8 Zit. n. Informationen zur politischen Bildung (Heft 247): Israel. Bundeszentrale für politische Bildung, Bonn 1995 (zit. Israel), S.6

9 König Abdallah S. 152f.

10 Zit. n. David Holden und Richard Johns: The House of Soud, London 1981, S. 69

11 Zit. n. Peters S. 387

12 Tessler S. 152

13 ebd. S. 164

14 Shlaim S. 28

15 Peters S. 380

16 Foreign Office Papers E8118/38/44/91, Public Record Office, Kew.

17 Zit. n. David Howarth: Desert King. A Life of Ibn Saud, London, S. 98f.

Kapitel 4

1 Zit. n. Wilson S. 65

2 Glubb S. 26

3 Kamal Salibi: The Modern History of Jordan, London 1993, S. 129

4 John P. Richardson: The West Bank. A Portrait, Washington, 1984, S. 36

5 ebd. S. 39

6 Wilson S. 120

7 Shlaim S. 61

8 Wilson S. 148

9   Glubb S. 63

10 Golda Meir: My Life, London 1975, S. 176

11 Zit. n. Shlaim S. 48

Kapitel 5

1   Zit. n. Shlaim S. 273f.

2   Glubb S. 78

3   Harry S. Truman: Years of Trial and Hope, Garden City, 1954, S. 157

4   Glubb S. 216

5   Zit. n. Tessler S. 297

6   Zit. n. Shlaim S. 581

7   Zit. n. ebd. S. 584

Kapitel 6

1   Lunt S. 10

2   Hussein S. 63

3   Henry Kissinger: White House Years, (zit. Kissinger), New York 1979, S. 362

4   Glubb S. 308f.

5   ebd. S. 384

6   Satloff S. 93

7   ebd. S. 98

Kapitel 7

1   Hussein S. 88

2   Abba Edan: Personal Witness, (zit. Eban), London 1992, S. 347

3   Hussein S. 108

4   Glubb S. 366

5   ebd. S. 367

6   ebd. S. 421

7   ebd. S. 424

8   Shlaim S. 31

9   Dwight D. Eisenhower: Waging Peace 1956-1961, (zit. Eisenhower), Garden City (NY) 1965, S. 676f.

10 Stephen Ambrose: Eisenhower the President, New York 1984, S. 352f.

11 Keith Kyle: Suez, New York S. 399f.

Kapitel 8

1 Evelyn Shuckburgh: Descent to Suez, London and New York, 1986, S. 261

2 Hussein S. 57

Kapitel 9

1 Washington Post vom 18. Februar 1977

2 Hussein S. 136

3 Eisenhower S. 194f.

4 Editorial note, Department of State, Central Files, 785.5-MSP/4-2957, S. 108

5 Department of State, US Treaties and Other International Agreements, Vol. 8, Teil 1, 1957, S. 1065

Kapitel 10

1 Hussein S. 161

2 Simon Henderson: Instant Empire, San Francisco 1991, S. 60f.

3 Uriel Dann, King Hussein and the Challenge of Arab Radicalism, (zit. Dann), Oxford 1989, S. 88

4 Henderson S. 236

5 Hussein S. 167

6 Lunt S. 58

Kapitel 11

1 Dann S. 100

2 Hussein S. 188

3 ebd. S. 190

Kapitel 12

1 Kissinger S. 362

2 Snow S. 42

Kapitel 13

1 Asher Susser: On Both Banks of the Jordan. A Political Biography of Wasfi al-Tall, (zit. Susser), Ilford 1994, S. 36f.

2 Dann S. 133

3   ebd. S. 141

4   FO document EJ 1015/20, Public Record Office. Kew

5   Zit. n. FO document EJ 1015/97, Public Record Office, Kew

6   ebd.

7   FO document 371/186550 EJ 1015/80, Public Record Office, Kew

8   FO document FO 371/186619, Public Record Office, Kew

9   FO document EJ 1015/34, Public Record Office, Kew

10 Glubb S. 423

Kapitel 14

1   Mahmoud Riad: The Struggle for Peace in Middle East, (zit. Riad),
    London 1981, S. 17

2   ebd.

3   zit. n. Samir A. Mutawi: Jordan and the 1967 war, (zit. Mutawi),
    Cambridge, S. 87

4   King Hussein, Vick Vance and Pierre Lauer: My War with Israel,
    (zit. Hussein, Vance und Lauer), London 1969, S. 52

5   New York Times vom 29. Mai 1967

6   Hussein, Vance und Lauer S. 48

7   Mutawi S. 119

8   Dean Rusk: As I Saw It, London und New York 1991, S. 331

9   Shimon Peres: Battling for Peace, (zit. Peres), London 1995,
    S. 122f.

10 Brian Urquhart: A Life in Peace and War, New York 1987,
    S. 214

Kapitel 15

1   Mutawi S. 122

2   Riad S. 24

3   Mutawi S. 126

4   Zit. n. Snow S. 185

5   Lunt S. 102

6   Hussein, Vance und Lauer S. 113

7   Jordan Times vom 6. Juni 1997

8   Israel S.12

9   Eban S. 496

Kapitel 16

1 Andrew Gowers and Tony Walker: Arafat. The Biography,
   (zit. Gowers und Walker), London 1990, S. 30
2 ebd. S. 81
3 Zit. n. Lunt S. 119
4 Janet Wallach und John Wallach: Arafat in the Eyes of the Beholder,
   (zit. Wallach und Wallach), New York 1990, S. 286
5 Kissinger S. 609
6 ebd. S. 625
7 Christopher Dobson: Black September, Its Short, Violent History,
   (zit. Dobson), New York 1974, S. 37
8 Susser S. 139
9 Wallach und Wallach S. 291
10 Amman Radio vom 2. Juni 1971, zit. n. Susser, S.152

Kapitel 17

1 Dobson S. 3
2 ebd. S. 13

Kapitel 18

1 Riad S. 230
2 ebd. S. 236
3 Henry Kissinger: Years of Upheaval, Boston 1982, S. 461
4 ebd. S. 506
5 Chaim Herzog: The War of Atonement, London 1975, S. 140

Kapitel 19

1 Kissinger S. 362
2 Yehuda Lukacs: The Israeli-Palestinian Conflict: A Documentary Record,
   (zit. Lukacs), Cambridge 1992, S. 445
3 ebd. S. 55
4 David Hirst und Irene Beeson: Sadat, London 1981, S. 182
5 Madiha Rashid al-Madfai: Jordan, the United States and the Middle East
   Peace Process 1974-1991, (zit. Rashid al-Madfai), Cambridge 1993, S. 18
6 Peres S. 349
7 Gerald Ford: A Time to Heal, London 1979, S. 244

8   ebd. S. 287

9   Jimmy Carter: Keeping Faith, (zit. Carter), New York 1982, S. 280

10 ebd. S. 285

11 Rashid al-Madfai S. 45

Kapitel 20

1   Rashid al-Madfai S. 49

2   Carter S. 408

3   Rashid al-Madfai S. 56

4   Tessler S. 521

5   ebd. S. 124ff.

6   Jimmy Carter: The Blood of Abraham, Boston and London 1985, S. 141

7   Rashid al-Madfai S. 80

8   Alexander Haig: Caveat, London 1984, S. 174

9   Gowers und Walker S. 261

10 Tessler S. 590

11 Gowers und Walker S. 288

12 Georg Shultz: Turmoil and Triumph: My Years as Secretary of State,
    (zit. Shultz), New York 1993 S. 85ff.

13 ebd. S. 99

14 Gowers und Walker S. 294

15 William B. Quant: Peace Process, Washington 1993, S. 347

16 New York Times vom 11. April 1983

Kapitel 21

1   http://www.arab.netQNourjo/main/ivmsh.htm

2   ebd.

3   Interview im Hello-Magazin

4   ebd.

5   Geraldine Brooks: Nine Parts of Desire, London 1996, S. 136

6   Hello vom 1. November 1997

Kapitel 22

1   Shultz S. 433

2   Mardek/Hempel/Gloede: Der Nahostkonflikt. Gefahr für den
    Weltfrieden, Berlin 1987, S. 286

3 ebd. S. 287

4 Gowers und Walker S. 328ff.

5 Wallach und Wallach S. 318ff.

6 Dietrich Neuhaus und Christian Sterzing (Hrsg.): Die PLO und der Staat Palästina. Analysen und Dokumente zur Entwicklung der PLO. Schriftenreihe des Deutsch-Israelischen Arbeitskreises für Frieden im Nahen Osten e.V., Band 21, Frankfurt am Main 1991, S. 240

7 Shultz S. 451

8 Quant S. 354f.

9 Shultz S. 457

10 ebd. S. 458

11 Lukacs S. 510

12 Schultz S. 460

Kapitel 23

1 Peres S. 356

2 Yitzhak Shamir: Summing Up, (zit. Shamir), London 1994, S. 169

3 Peres S. 163ff.

4 Gowers und Walker S. 350

5 Jordan Times vom 9. April 1988

6 Asher Susser: In Through the Out Door: Jordan's Disengagement and the Middle East Peace Process, Washington Institute for Near East Policy, Washington 1990, S. 21

7 Ausgewählte Reden von Seiner Majestät König Hussein I. 1988-1994, International Press Office, Royal Hasehemite Court Amman, Jordanien 1994, S. 10

8 Shultz S. 1033

9 Shultz S. 1043

Kapitel 24

1 James A. Baker: The Policy of Diplomacy, (zit. Baker), New York 1995, S. 121

2 Shamir S. 213

3 Baker S. 128

4 Gowers und Walker S. 416

5 Khaled bin Sultan, Desert Warrior, (zit. Khaled), London 1995, S. 157

6　Gowers und Walker S. 426

7　Lawrence Freedman und Efraim Karsh, The Gulf Conflict 1990-1991, (zit. Freedman und Karsh), London 1993, S. 57

8　Khaled S. 177

9　Freedman und Karsh S. 60

10　Khaled S. 181

11　Freedman und Karsh S. 70

12　Hussein, Selected Speeches S. 28

13　Freedman und Karsh 326

14　Middle East International (zit. MEI), London, vom 31. August 1990

15　Freedman und Karsh S. 379

16　Baker S. 450

17　Avi Shlaim: War and Peace in the Middle East, (zit. Shlaim, War and Peace), New York und London 1994, S. 116

Kapitel 25

1　Peres S. 398

2　Shlaim S. 123

3　Mahmoud Abbas (Abu Mazen): Through Secret Channels, Reading 1995, S. 187

4　Lori Plotkin: Jordan-Israel Peace: Taking Stock, 1994-1997, Research Memorandum no. 32, Washington Institute for Near East Policy, Washington 1997, S. 17

5　Shlaim S. 123

6　Plotkin S. 8

7　ebd. S. 10

8　ebd. S. 12

9　BBC Summary of Short Wave Broadcasts, ME2866 MED, 12. März 1997

Kapitel 26

1　US State Departement: Jordan Country Report on Human Rights Practices for 1996 (zit. US State Departement), Washington 1997, S. 4

2　Mündliche Auskunft von William Waldegrave

3　Mündliche Auskunft von Lord Howe

4　ebd. S. 10ff.

Kapitel 27

1 Robert Satloff: „They cannot silence our tongues", Policy Paper Nr. 5, Washington Institute for Near East Policy, Washington 1986, S. 5
2 Zit. n. Satloff S. 12
3 MEI, London, vom 22. September 1989
4 MEI vom 20. Oktober 1989
5 The Economist vom 30. August 1997, S. 49
6 The Economist vom 8. November 1997, S. 79f.
7 MEI vom 5. Dezember 1997, S. 12
8 BBC Summary of Short Wave Broadcasts, 16. Juli 1997 (gesendet am 14. Juli 1997 im Amman Radio)

Kapitel 28

1 Jane's Sentinel, Jane's Information Group, Coulsdon, Surrey 1997, S. 4.11.1
2 Jane's International Defense Review, Coulsdon, Surrey, S. 31ff.
3 Jane's Sentinel, Jane's Information Group, Coulsdon, Surrey 1997, S. 44.8.15
4 World Bank, Jordan Highlights, Washington 1996, S. 2
5 ebd. S. 6
6 Financial Times vom 29. August 1997
7 Shimon Peres: The New Middle East, Shaftesbury Dorset 1993, S. 87

Kapitel 29

1 The Independent vom 24. Januar 1998, S. 12
2 Jordan Times vom 9. und 10. Oktober 1997
3 Jordan Times vom 13. August 1997
4 Mustafa Hamarneh: Rosemary Hollis and Khalil Shikaki, Jordanian-Palestinian Relations: Where To? (zit. Hamarneh et al.), Royal Institute for International Affairs, London 1997, S. 127
5 International Monetary Fund: Recent Economic Developments. Prospects and Progress in Institution Building in the West Bank, Washington März 1997
6 Hamarneh et al. S. 60

Personenregister

A

Abbas, Abu 263, 278, 284

Abbas, Mahmoud (s. Mazen, Abu)

Abdallah, König Amir (Großvater König Husseins) 8, 10, 14ff., 24ff., 32, 34-40, 41ff., 44-48, 49-55, 57-64, 66f., 69, 81, 100, 108, 118, 138, 143f., 146, 162, 204, 211, 316, 319, 326, 328, 348, 365ff., 369

Abdallah (Sohn von Muna, Kronprinz, später König) 14, 133, 146, 248f., 339, 362, 364ff., 367ff.

Adwan, Kamal 199

Aisha, Prinzessin (Tochter von Königin Muna) 133, 249f.,

Al'a, Abu 298

Albright, Madeleine 347

Ali, Prinz (Sohn von Scherif Hussein) 34, 37, 43

Ali, Prinz (Sohn von Königin Alia) 136, 247, 249f., 361f.

Alia, Prinzessin (Tochter von Dina) 92, 94, 133, 136, 187, 248

Alia, Königin (dritte Frau König Husseins) 134f., 137, 220, 247, 249f., 361

Allon, Yigal 62, 178, 208, 213, 216

Amer, Abdel Hakim 88, 155f., 164, 166f., 171, 175, 181

Arafat, Jassir 8, 11f., 63, 94, 179ff., 186f., 189,192ff., 198, 211, 214f., 217, 223, 239, 241, 243, 247, 252-257, 259, 261f., 264ff., 270ff., 275-279, 281, 284ff. 288ff., 290f., 294, 297-300, 305f., 308, 311, 320f., 331 337, 347, 349-354, 356, 360, 366, 368f.

Aref, Abdel Rahman 111ff., 161

Aref, Rafiq 109

Arens, Moshe 270

Argov, Shlomo 235

Assad, Hafis 191f., 202, 221, 228, 252f., 272f., 294, 296, 300, 314, 329, 366, 368
Atatürk, Kemal 42

B

Badr, Imam Muhammad al 140
Badran, Mudar 222, 332f.
Baker, James 280-284, 293-296
Bandar, Prinz 296
Bassam, Abu 277
Begin, Menachem 62, 164, 220-225, 227-230, 232-236, 238, 240, 242, 268, 281, 310, 351
Beilin, Yossi 351
Ben-Gurion, David 55, 59, 62, 81, 86ff., 116
Bevin, Ernest 9, 53, 55, 58, 81
Blair, Tony 8, 366
Bourguiba, Habib 145
Breschnew, Leonid Iljitsch 202
Brzezinski, Zbygniew 224, 230
Bush, George 280-284, 287f., 291, 293, 295, 366

C

Carter, Jimmy 219ff., 223-226, 228-233, 239, 281, 366
Chamoun, Camille 104, 112
Chirac, Jacques 8, 366
Churchill, Winston 9, 41ff., 54, 81, 87, 313
Clinton, Bill 8, 301, 303, 306f., 317, 326, 340, 345ff., 360, 366
Coghill, Sir Patrick 85
Christopher, Warren 299, 347

D

Dalgleish, Jock 17, 67, 69f., 70, 118f.
Dann, Uriel 120, 143
Daoud, Abu 197
Daoud, Muhammad 188
Dayan, Moshe 60f., 64, 164, 172, 178, 222
Dina, Prinzessin (erste Frau König Husseins) 90-94, 130, 248
Dinitz, Simcha 205, 262
Dobson, Christopher 191
Duke, Sir Charles 89
Dulles, Allen 114
Dulles, John Foster 86, 88, 117

E

Eban, Abba 63, 158, 177ff., 208, 299
Eden, Anthony 85, 87
Eisenhower, Dwight D. 8, 88, 96, 104, 117, 122, 316
Elizabeth, Königin von England 8, 31, 321
Eshkol, Levi 143, 154, 170

F

Fahd, König 286, 288, 290, 319
Faisal, Sharif 115
Farouk, König von Ägypten 76, 99
Fawzi, Muhammad 155ff,
Feisal, König vom Irak 8, 20, 23, 29, 34, 38ff., 45, 47, 67, 70, 76f., 86, 92, 109ff., 113, 127, 146, 317, 349
Feisal, König von Saudi-Arabien 116, 205
Feisal (Sohn von Prinzessin Muna) 133, 249, 339

Ford, Gerald 218f., 233, 366
Frankfurter, Felix 39

G

Gaddaffi, Moamar 196, 267
Gaitskell, Hugh 87
Gardiner, Antoinette
(s. Königin Muna)
Gardiner, Walker 131 f.
Gaulle, Charles de 8
Gemayel, Beschir 235f., 240
Ghasib, Atallah 192
Glubb, John Bagot (Glubb Pascha)
10, 27f., 46, 49, 57ff., 71ff., 75, 79,
82-86, 97, 108, 153, 266, 313
Gold, Dore 306
Gorbatschow, Michail 271f., 321
Gowers, Andrew 241
Greenhill, Sir Denis 190

H

Habasch, George 182, 193, 199
Haditha, Mahour 182
Haig, Alexander 233f., 235f.
Halaby, Lisa (s. Königin Nur)
Halaby, Najeb 244
Hammarskjöld, Dag 120
Hamza, Prinz (Sohn von Königin
Nur) 247, 250, 361f.
Harkabi, Yehoshafat 61
Hashem, Prinz (Sohn von Königin
Nur) 247, 250
Hashim, Ibrahim 80, 104, 109,
113
Hassan, Kronprinz (Bruder von
König Hussein) 13, 129, 146,

188, 250, 276, 312, 336f., 348,
358-365
Hassan, König von Marokko 13, 215
Haja, Prinzessin (Tochter von
Königin Alia) 136, 247, 250
Haydar, Ali 34
Heath, Edward 205
Helm, Sir Knox 65
Herzog, Chaim 205
Herzog, Yakov 143
Howe, Sir Geoffrey 260
Huda, Abul Tawfiq 25ff., 72, 74f.,
77, 80, 359
Hussein, Saddam 14, 113f., 272,
284-293, 297, 317, 319f., 329, 340,
348f., 366
Hussein, Scherif (Urgroßvater
König Husseins) 9f., 17, 26, 33-39,
42f., 51, 80, 90, 108, 146, 289,
301, 319
Husseini, Haj Amin 17, 47ff., 52
Hutton, W. M. 85

I

Ibn Saud, Abdulaziz, König von
Saudi Arabien 9, 18, 26, 36ff., 42ff.,
47, 319
Ikramullah, Sarvath 251
Ilah, Kronprinz Abdul 110-113
Iman, Prinzessin (Tochter von
Königin Nur) 247, 250
Inab, Radi 102

J

Jamil, Nasser bin 28, 70, 100f., 103,
105, 111, 113, 115, 118, 123, 125,
129f., 142, 151f., 159, 163, 168,
184, 186, 188, 314
Jarring, Gunnar 177, 208
Johnson, Lyndon B. 102, 158
Jumaa, Sa'ad 158

K

Karabiti, Abdul Karim 359
Kemp, Jack 296
Kennedy, Edward 149
Kennedy John F. 244, 246
Khaled, Prinz 286, 288f.
Khalidi, Hussein Fakhri al 99f., 103
Khalifa, Abdel Rahman al 330
Khammash, General 159, 164
Khasawneh, Awn 326
Khomeini, Ayatollah 328f.
Khouri, Elias 260
Kilani, Rasul 185
Kirkbride, Sir Alec 24, 27, 46, 54, 85
Kisch, Frederick 51
Kissinger, Henry 70, 129, 187f.,
190f., 193, 204ff., 208f., 211ff.,
216, 218f., 223, 237
Klinghoffer, Leon 263
Kurdi, Saleh 159

L

Lawrence, T. E. 34f., 37f., 41,
43, 46
Ladgham, Bahi 193
Lunt, James 205

M

Ma'an 101f.
Macmillan, Harold 8, 116f.
Madadaha, Falah al 104
Madfai, Madiha Rashid al 224, 230
Majali, Abdel Salam al „Hazza" 79f.,
123ff., 127, 301, 314, 350, 359
Marshall, George 58
Masri, Taher 259, 260, 333, 367
Mazen, Abu 299, 351
McMahon, Sir Henry 36
Meir, Golda 9, 54f., 57, 191, 199,
212
Meshal, Khaled 346, 350
Milhem, Muhammad 260f.
Mishcon, Viktor 268
Mollet, Guy 86
Morris, Benny 62
Moussa, Amr 305
Muasher, Marwan 303, 341,365
Mubarak, Hosni 234, 253, 263,
282f., 284, 287, 289f., 295f., 366
Mufti, Said al 25, 77ff., 100, 359
Muhammad, Prinz (Bruder König
Husseins) 153, 188, 361, 364
Mulqi, Fawzi al 67, 71-74, 124
Muna, Prinzessin (zweite Frau König
Husseins) 94, 131-136, 139, 171,
189, 247, 249
Murphy, Richard 255ff., 260f., 263
Musa, Abu 252

N

Nabulsi, Suleyman 89, 95-100, 103f.,
124, 127
Narkiss, Uzi 169ff.

Nasir, Kamal 199
Nasser, Gamal Abdel 76-80, 83, 86f.,
89f., 96, 99, 107f., 111f., 115, 120,
122, 124, 126f., 129, 132, 138, 140,
143-146, 150, 152-161, 164ff.,
171f., 173, 175, 181ff., 187, 193,
201f., 314
Neguib, Muhammad, 76.
Netanjahu, Benjamin 12f., 282, 305-
311, 334, 340f., 344, 346f., 351,
352, 355, 360
Nidal, Abu 235
Nimeiri, Jafaar 19
Nixon, Richard 129, 187-191, 193,
208, 210f., 233
Nur, Königin (vierte Frau König
Husseins) 136, 244-248, 250, 321,
361
Nuwar, Ali Abu 84f., 89, 99-103,
105, 123, 144, 322

O
Bull, Odd 170

P
Peake, Frederick 49
Peel, Earl 52
Pelletreau, Robert 278, 281
Peres, Shimon 12, 163, 179, 213, 259,
262ff., 269ff., 277, 283, 296-300,
303ff., 308, 310f., 344, 346
Philby, Harry St John 39, 42
Picot, Georges 37

Q
Qasem, Marwan 235, 241
Qassam, Izzedine al 48
Qassem, Abdel Karim 140

R
Rabin, Jitzhak 18, 61, 154, 175,179,
190f., 213, 216, 218f., 271, 296f.,
300ff., 303f., 308, 310f., 344, 346,
351
Rafiq, Awn al 34
Rajah, Prinzessin (Tochter von
Königin Nur) 247, 250
Rania (Frau des Kronprinzen und
jetzigen Königs Abdallah) 365
Raynor, Maurice 24
Reagan, Ronald 234, 236-242, 255,
259f., 263f., 268, 271f., 278, 280,
282
Riad, Abdel Monem 156, 161, 164,
167f., 170f., 173
Riad, Mahmoud 177, 203f.,
Rifai, Samir al 74, 81, 104, 124f.,
142, 153, 331, 359
Rifai, Zeid al 164, 186, 188, 193,
195, 197, 212f., 257, 261, 269,
271, 273, 314, 323f., 330f., 341,
348
Rikheye, Indar Jit 155, 157
Rimawi, Abdallah 99
Rogers, William 190, 209
Rusk, Dean 163

S
Saad, Prinz (Bruder v. Ibn Saud,
Abdulaziz) 36

Saad, Scheich 288
Sadat, Anwar 78, 154, 167, 178, 202ff., 213, 215f., 218f., 221-230, 234, 240, 242, 259
Said, Nuri es 76f., 109-113
Saleh, Ali Abdallah 287f.
Sallal, Abdallah al 140
Sasson, Elias 53, 60f.
Sasson, Moshe 16
Saud, Ibn, König von Saudi-Arabien 103, 114, 140
Saud, Prinz 252
Schamir, Jitzak 62,179, 217, 242, 268-273, 275, 280-285, 294ff., 303, 310, 351
Scharon, Ariel 72, 208, 234ff., 240, 262, 296
Schukeiri, Achmed al 144f., 147f, 150, 161, 182f.,
Scowcroft, Brent 280ff.
Shaker, Zeid bin 186f., 341, 359
Shara, Sadiq 123
Sharett, Moshe 53, 65
Shiloah, Reuven 16, 60, 64
Shlaim, Avi 18, 60, 64f., 194
Shoval, Zalma 296
Shubailat, Leith 322, 349
Shultz, George 236f., 240ff., 254, 256f., 258ff., 262, 264, 270-275, 277f., 280f., 285
Spinelli, Pier 120
Sulh, Riad al 15
Susser, Asher 192
Sweeny, Jannes 97
Sykes, Sir Mark 37

T

Tabara, Bahjat 98f., 105
Talal, König (Vater von König Hussein) 19ff., 24ff., 30, 66f., 74, 105, 108, 130, 367
Talhuni, Bahjat al 98 105, 125
Tall, Abdallah al 17, 61, 63, 144
Tall, Wasfi-al 139f., 142, 145, 147f., 150, 152, 159, 163f., 175, 184, 188, 193, 195ff., 314 , 356, 359
Templer, Sir Gerald 78
Thatcher, Margaret 260f., 321
Tlas, General Mustafa 192
Toukan, Alia (s. Königin Alia)
Toukan, Suleyman 104, 108, 113
Truman, Harry 59f.

U

Urquhart, Sir Brian 155f., 165
U Thant 156f.

V

Vance, Cyrus 229
Veliotes, Nicholas 237
Vickery, C.E. 42

W

Walker, Tony 241
Wazir, Khalil al (auch Jihad, Abul) 181, 198, 285
Weizmann, Chaim 40, 47
Wilson, Harold 178
Witt, Lester de 97

Y

Yadin, Yigael 61
Yamini, Achmed Zaki 181
Yariv, Aharon 183
Yassin, Scheich Ahmed 346
Youssef, Abu 197ff.,

Z

Zain, Königin (Mutter König
Husseins) 20, 26ff., 32, 71, 92, 105,
130, 152
Zain, Prinzessin (Tochter von Muna)
133

Bildnachweis

action press, Hamburg: S. 265

Associated Press: S. 22, 73, 135, 302, 367

dpa: S. 68, 81, 91 (United Press Photo), 102, 123, 131, 141 (United Press Photo), 169, 185, 210, 221, 225, 287, 307, 353, 363, 369

Keystone Pressedienst: S. 29, 30, 56, 151, 160

Press Association Photos: S. 274

Sven Simon: S. 246

Wohl kaum ein anderer Staatsmann hatte ein so dramatisches wie zugleich faszinierendes und abenteuerliches Leben. Nachdem der Großvater vor seinen Augen erschossen und sein Vater wegen eines unheilbaren Nervenleidens abgesetzt wurde, gelangte der noch minderjährige Hussein Ibn Talal 1953 auf den jordanischen Thron. Seine Regentschaft war vom ersten Tag an geprägt von dem leidenschaftlichen Bemühen, das Überleben seines Volkes zwischen Kriegen und Krisen, zwischen Ost und West, zwischen feindlichen und befreundeten Nachbarn zu sichern. Anschläge, Komplotte und Umsturzversuche waren an der Tagesordnung. Mit mindestens dreißig unversehrt überstandenen Attentaten, seinen vier Ehen und seinen elf Kindern zählte König Hussein von Jordanien zu den schillerndsten Figuren der politischen Weltbühne des 20. Jahrhunderts.